中国质量协会
China Association for Quality

U0958839

JINGJIAN
TOUSHI YILIU PINPAI DE
CHENGGONG MIMA

中国质量协会　编著

镜鉴：透视一流品牌的成功密码

中国社会出版社
国家一级出版社 · 全国百佳图书出版单位

本书编委会

主　编　王　琳

编　写（按姓氏笔画排序）

付　爽　冯晓燕　田　垚　许　睿　李娜娜
李婉婷　李伟阳　李　敏　张　毅　张　珂
张建军　张闻逸　陈　燕　林　海　罗　怡
周泉生　董金学　韩　岭

前言

QianYan

经济全球化的时代，品牌作为一个国家综合实力的体现得到国际社会广泛的认同。西方发达国家强大的品牌实力在全球经济中占据越来越重要的地位，而以中国为代表的发展中国家只是在近些年来才认识到品牌的巨大作用，纷纷强化品牌建设，以期在国际经济社会中取得更多的话语权。

当前，世界处于百年未有之大变局，面对前所未遇的不确定性，大国博弈走向显性，世界秩序逐渐重构。全球治理体系和国际秩序变革加速推进，无论是国家还是企业，都要加快培育国际经济合作和竞争新优势。随着世界主要国家产业政策的重大转变和新一轮科技革命的爆发，全球价值链重构进入关键时期，正由制造导向转为创新导向、品牌导向，品牌在竞争中的作用日益凸显。发挥品牌引领作用，深入推进供给侧结构性改革，是我国谋求全球价值链重构主导地位的重要抓手。

特别是随着数字经济的快速到来，一切可以数字化的资源都正在快车道上加速产业互联，一时间关于数字化、碎片化、扁平化、共享经济、颠覆等的讨论甚嚣尘上，企业必须进入一种非线性、多维的思考方式才能应对目前的挑战。数字化成为企业抢占全球竞争制高点的新赛道，数据已成为资源配置的重要要素。在工业生产领域，数字技术促进生产向协同化和智能化方向发展，产业链全面升级，柔性制造、网络制造、智能制造不断发展，生产效率和经济效益随之提升；在消费及服务领域，平台经济、体验经济发展迅速，新型传播手段的商业模式创新不断涌现。

时代将更多的企业推到十字路口，又没有给出导航地图，方向问题成了企业共同面对的难题。生物进化论告诉我们，能够生存下来的物种，并不是那些最强壮的，也不是那些最聪明的，而是那些对变化能作出快速反应的。市场选择与自然选择背后的逻辑并无不同，快速反应、快速适应、快速生存已经成为这个时代的必备技能。需要关注的是，在以客户价值为核心、不断创新的商业模式引领下，技术本身的价值正处在边际效用递减的状态，技术越来越通过各种创新的商业模式和关联产品才能实现价值。

如何在变化中找到机遇，并转化为企业核心竞争力？国际标杆企业能够跨越百年甚至更久的时间，仍旧可以领先的密码并不相同，但有一点是一致的，就是高度重视品牌建设。

一直以来，案例研究对于企业来说都是一种很好的学习借鉴手段。案例的作用，包括管中窥豹、见微知著和他山之石。管中窥豹，即通过研究某一个优秀企业的做法，了解类似情形下的通用做法，从而了解优秀企业所遵循的某些品牌管理规律。见微知著，即通过研究企业在一段相对长时间内的连续性的做法，了解优秀企业前瞻性的品牌战略思维，从而把握品牌管理发展方向。他山之石，即通过对比我们与所研究的优秀企业之间的异同，结合我们自身情况，从而明晰我们自身在品牌战略和品牌管理方面的挑战和机遇。

课题组自2013年起，用“全面品牌管理”的视角研究国际标杆企业的成功经验。这种全面，基于全面的品牌战略思维，更是对特定竞争环境中企业品牌目标、资源状况、核心竞争力的全面观察。在案例分析的方法论上，我们考虑到了案例的重要方面：案例描述的是什么问题，用的什么分析方法，重点在哪里，个性在哪里？数据和资料如何获得？如何提炼出对行业和行业中企业的启示？每一个案例的框架不尽相同，但基本上都包括了如下基本内容：

1. 企业简介。这一部分是案例的起始点，重点体现案例品牌的概况、成绩，尤其是介绍标杆案例品牌在国际行业市场中的地位。

2. 品牌发展历程。该部分包括品牌发展的缘起、发展历程、现状等，注重突出品牌发展的路径与特点。

3. 品牌核心价值理念分析。从品牌为自己确定的未来蓝图和终极目标入手，阐释品牌的蓝图、使命、价值观等。

4. 品牌创建路径。不同于品牌发展历程的是，该部分更倾向于解析品牌创建过程中具有开创性、代表性的方式、方法、策略、举措等。

5. 品牌管理特色。这一部分着重突出介绍品牌的管理亮点，包括品牌组织设计、品牌管理制度等。该部分重点描述企业在品牌管理上的创新做法，包括战略、产品、设计、模式等各个方面的创新。

6. 品牌传播特色。这一部分也是基于品牌定位的，包括整合传播策略、广告、公关、新媒体等。

7. 案例总结。该部分着重展示本案例给企业品牌管理带来的重要启示，成为整个案例的提炼和升华。

在案例模板的使用上，我们考虑到了企业的不同情况。比如，对于集团公司，择其有代表性的业务单元（分公司、子公司、事业部等）作为描述对象；对于服务型企业，将其服务理解为一种特殊产品，用品牌战略思维对其进行分析；对于多元化企业，将重点放在企业品牌的塑造和管理上，产品品牌作为企业品牌的实现手段；对于聚焦于某细分市场的公司，将重点放在产品品牌的塑造和管理上，企业品牌作为辅助；对于处于剧烈变动行业的公司，将重点放在企业品牌战略的适应性、独创性和对市场的引领性上。

为了做好品牌，学习先进经验是不可或缺的。但是要做好我们自己的品牌，必须要找到只属于我们自己的、基于环境和资源的、别人难以模仿的品牌之道。

在案例研究的过程中，我们得到了国务院国资委以及国家电网、中国石化、中化集团、大唐集团、中粮集团、中国建材等企业的支持，在此一并感谢。

因时间和资料所限，我们尽力让本书呈现出独特价值。但不必讳言的是，书中必定有大量的值得改进和提升的地方，敬请读者批评指正。

目录

MuLu

迪士尼：

制造欢乐的梦想家

迪士尼秉承对品质和创新不懈追求的优良传统，在全球范围内持续进行精彩的故事讲述，将快乐文化拓展到涵盖媒体网络、主题公园及度假区、影视娱乐、消费产品及互动媒体等多个领域，成就了领先的跨国娱乐行业巨头。

企业简介：

迪士尼公司全称为华特迪士尼公司（The Walt Disney Company），是一家总部位于美国的多元化国际性娱乐公司。自成立以来，迪士尼一直致力于创造高品质娱乐体验，并且一直秉承着对品质和创新不断追求的优良传统。

迪士尼成立于1923年，由华特·迪士尼及罗伊·迪士尼建立。迪士尼以动画制作起家，创造了红遍全球的米老鼠、维尼小熊、唐老鸭等众多经典动漫角色，推出了多部脍炙人口的电影，是世界上获得奥斯卡奖最多的公司之一，更是全球第一部有声动画片（《威利号汽船》）、全球第一部彩色长篇动画（《白雪公主和七个小矮人》）的创造者。但是迪士尼公司的发展并不局限于动画及电影制作，早在创始人华特·迪士尼和罗伊·迪士尼在世的时候，迪士尼公司的业务就已经延伸至主题公园、消费品等多个领域，成为日后迪士尼公司发展的根基，也是如今庞大娱乐帝国的雏形。现如今迪士尼公司已经发展为全球跨国娱乐传媒公司，成为家庭娱乐行业的领军者。目前，迪士尼公司旗下有四大业务板块：媒体网络（Media Network），公园、体验和产品（Parks, Experiences and Products），影视娱乐（Studio Entertainment）以及直接面向用户业务和国际业务（Direct-to-Consumer & International）。

一、品牌发展历程

（一）20 世纪 20 年代初—30 年代末：品牌初创期

（二）20 世纪 30 年代末—40 年代末：品牌调整期

（三）20 世纪 50 年代初—60 年代后期：品牌发展期

（四）20 世纪 60 年代后期—80 年代末：品牌波动期

（五）20 世纪 80 年代末至今：品牌重塑及成熟发展期

二、品牌核心价值理念分析

三、品牌创建路径

（一）快乐文化贯穿品牌成长

（二）精彩故事讲述打造品牌核心竞争力

（三）极致细节管理成就高质量品牌

（四）“一切皆可创新”，推动品牌持续发展

（五）大规模收购并购扩张娱乐版图

四、品牌管理特色

（一）打好组合拳，推动品牌多元化发展

（二）系统化品牌授权管理，提升品牌资产

（三）围绕“快乐文化”，进行品牌延伸

（四）建立严密的品牌保护体系，维护品牌价值

五、品牌传播特色

（一）以文化为纽带，专注兜售“快乐”

（二）结合本土文化，有效开展全球化传播

（三）强强联合，提升品牌传播力

六、案例总结

（一）独特的文化有助于打造差异化品牌形象

（二）故事讲述能力是提升文化创意产业竞争力的核心要素

（三）品牌授权是提升品牌资产的重要手段

一、品牌发展历程

（一）20 世纪 20 年代初—30 年代末：品牌初创期

1923 年，华特·迪士尼和罗伊·迪士尼一起成立了迪士尼兄弟动画制作公司，这是迪士尼公司的前身，随后在罗伊建议下，这家公司改名为华特·迪士尼工作室，自此一个传奇的品牌正式诞生。

成立初期，因为作品版权界定不明晰，导致曾经轰动一时的动画短片《幸运兔子奥斯华》被抢走，不过也正因此，才令迪士尼吸取教训，在未来发展过程中，更加注重对版权的保护。失去奥斯华版权后，华特和动画师乌布·伊沃克斯共同创作出了在后来风靡全球的米老鼠形象。随着第一部有声动画片《威利号汽船》的上映，会说话的米老鼠开始了它长达百年的星路历程，迪士尼品牌也随之唱响，1932 年，31 岁的迪士尼凭米老鼠获得了奥斯卡终身成就奖。

不过，迪士尼并未停止探索的步伐。1937 年，迪士尼运用多平面摄影机技术拍摄的第一部长篇动画《白雪公主和七个小矮人》上映，为动画故事片开辟了一个伟大的新领域，至此，长篇动画进入了与真人电影分庭抗礼的时代。这部片子让迪士尼再次获得奥斯卡终身成就奖。靠着永不枯竭的创意和不断革新的技术，迪士尼公司塑造出了独树一帜的品牌形象，俨然成了好莱坞的金字招牌。

（二）20 世纪 30 年代末—40 年代末：品牌调整期

20 世纪 30 年代末，第二次世界大战如疾风骤雨般袭来。这一时期，受战争影响，迪士尼动画大片如《木偶奇遇记》《幻想曲》等票房均表现平平。此外，迪士尼在战争期间被国务院要求制作鼓动群众情绪的宣传片以及为军队制作训练片。这样的影响一直持续到战后，致使迪士尼在一段时间内无法把握观众和市场的喜好，为了找到破局之路，迪士尼开始尝试真人电影的拍摄，同时展开了对电视领域的探索。50 年代，迪士尼渐渐复苏。

（三）20 世纪 50 年代初—60 年代后期：品牌发展期

“二战”过后，迪士尼在困境中斥巨资投入到动画电影《仙履奇缘》的制作中，这在当时无疑是一场豪赌。不过事实证明，华特·迪士尼的决策是正确的。《仙履奇缘》播出后，获得了相当好的评价与票房，也将迪士尼从赤字中解救出来，迪士尼从此迎来了黄金时期。

此后，迪士尼拍摄了包括《睡美人》在内的多部童话改编作品，推出了第一部全真人电影《金银岛》以及横扫 13 项奥斯卡提名的音乐电影《欢乐满人间》。与此同时，迪士尼也展开了在电视剧领域的探索。1954 年，迪士尼推出了《迪士尼乐园》系列剧集。这部剧集播出了整整 29 年，成为史上播出时间最长的黄金时段剧集。

而在这一时期，迪士尼更具标志性意义的举措，当属首座迪士尼乐园的建成。1955 年 7 月，由华特·迪士尼亲手打造的全球第一座迪士尼乐园于加州阿纳海姆开园。开业之初，这座乐园就创造了客流神话，6 个月的时间接待了超过 300 万人次的游客，包括各国政要，如印度尼西亚总统苏加诺、泰国国王普密蓬等。迪士尼乐园迅速闻名遐迩，成为好莱坞甚至是美国旅游必去的景点。自此，迪士尼乐园便以独特的故事讲述和沉浸式体验开启了家庭娱乐新纪元。

图 1　全球第一座迪士尼乐园

（图片来源：https：//the walt disney company. com/about/）

（四）20 世纪 60 年代后期—80 年代末：品牌波动期

1966 年华特·迪士尼去世，迪士尼一时陷入失去创意的窘局，更为雪上加霜的是，1971 年罗伊·迪斯尼在完成华特建造佛罗里达迪士尼世界的梦想后也与世长辞，公司顿时陷入前人不在的困境，迪士尼进入了波动期。

原本被视为迪士尼公司非凡成就的动画电影，在 20 世纪 70 年代，仅仅推出 4 部，迪士尼若要继续生存发展，必须为寻找新方向进行探索。在此时期，随着动画片减产，迪士尼公司的利润主要来自主题乐园，因此迪士尼公司决定远渡重洋授权日本 OLC 成立世界上最大的迪士尼乐园——东京迪士尼乐园，以增加公司的稳定营收，维持迪士尼品牌的稳定运营。

这一时期，迪士尼内部的派系之争也愈演愈烈，当时的迪士尼执行长将经营重心由具备创意理念的电影转向不动产的投资，删减创意部门，造成公司内部经营理念不合，使得一些并购野心家有机可乘，一场迪士尼争夺战就此展开。迪士尼陷入内忧外患的局面。专业企业管理人迈克尔·艾斯纳接管公司之后才逐渐挽回颓势，迪士尼公司的全名也从原本的 Walt Disney Picture Company 更改为 The Walt Disney Company，此后，迪士尼品牌继续朝着多元化经营迈进。

图2　东京迪士尼乐园

（图片来源：https：//the walt disney company. com/about/）

（五）20 世纪 80 年代末至今：品牌重塑及成熟发展期

自 1984 年，迈克尔·艾斯纳成为迪士尼 CEO 后，一方面“让动画片复活”，打造了包括《小美人鱼》《狮子王》《花木兰》等在内的多部成功动画影片；另一方面则继续更新和扩展主题公园。此外，迪士尼还通过收购并购的方式，将触角延伸到电视频道、游船、网上公司等多个领域。这一系列多元化发展思路也取得了显著成效，创下了连续 14 年 20% 的年增长率和每年 18.5% 的资产回报率的成绩。

值得关注的是，2019 年末，迪士尼上线独立流媒体平台 Disney +，意图是提升迪士尼在全球流媒体服务市场的竞争力。Disney + 的上线，也令迪士尼在 2020 年新冠肺炎疫情期间，影院、乐园等业绩持续不振的条件下，大大提升了迪士尼的抗风险能力。

迪士尼从沉潜到重生，开创出第二个黄金时代，不但继续稳占动画王国龙头地位，更成功地拓展了娱乐版图，成为娱乐行业当之无愧的领军品牌。

图 3　1983 年建立迪士尼频道

（图片来源：https：//the walt disney company. com/about/）

二、品牌核心价值理念分析

使命：通过无与伦比的故事讲述能力，娱乐、告知和激励全球人民，并展现出使我们成为世界一流娱乐公司的标志性品牌、创意思维和创新技术。

迪士尼以“快乐文化”为核心，以故事为承载，通过创造性思维和领先的创新技术，持续为消费者带来多元化的沉浸式体验，让其品牌成为梦想、欢乐的代表。

愿景：成为家庭娱乐领域的卓越领军者。

秉持“欢乐等于财富”的理念，迪士尼利用强大的故事讲述能力以及一流的创意思维和创新技术，在全球范围内不断探索开发能够给客户带来独特体验的产品和服务，以此来创造快乐、销售快乐。目前，迪士尼已经构建了包括媒体网络、主题公园及度假区、影视娱乐、消费产品及互动媒体在内的多元化的媒体、娱乐组合，业务的持续拓展在为消费者提供更加丰富多样的快乐体验的同时，也不断推动着迪士尼娱乐帝国的发展。

标志：

图 4　迪士尼 Logo

迪士尼的 Logo，是由华特·迪士尼的签名演变而来，多年来，除了一些小的美化外，该 Logo 并未发生大的变动。这也在一定程度上反映了创始人的个人色彩对品牌深厚的影响。比如，“不管怎么样，大人不过就是长大了的小孩。”“欢笑声不会停，想象力不会老，梦想永不停歇。”“全世界最珍贵的资源存在于孩子的心智当中。”华特·迪士尼的这些理念，在今天，依旧影响着迪士尼这艘巨轮的前进之路。

三、品牌创建路径

（一）快乐文化贯穿品牌成长

品牌文化可以理解为品牌的功能利益和情感利益的集体升华，对内，它是提升企业内部凝聚力的黏合剂，对外则是建立消费者品牌认同的重要纽带。迪士尼90余年的发展历程中，快乐文化始终贯穿其中。

迪士尼是一个多元化经营的全球性品牌，而将媒体网络、影视制作、主题乐园及消费产品等不同业务黏合在一起的正是迪士尼“文化首位”的经营策略。迪士尼的文化精神从创业阶段已现雏形，在此后的发展过程中不断丰富，形成了如今以创造快乐为目标，包含奇想、不羁与创新的追梦精神。如今这种文化精神早已渗透到了迪士尼生产经营的各个环节，令迪士尼在不断发展壮大的同时，始终保持着内在的凝聚力。

首先，在产品定位方面，在创业初期初步建立起以创造欢乐为目标的文化精神之后，迪士尼无论是进行内容创作、新产品开发还是收购并购，都将是否符合迪士尼的文化精神作为考量的重要指标。如此，迪士尼旗下的所有品牌及产品，往往都贯穿着迪士尼独有的价值观和品牌印记。

其次，品牌文化的另一种外在表现便是在公众面前建立体现迪士尼文化精神的品牌形象。品牌形象的传达可以分为两部分，一部分是从企业提供的服务以及从娱乐产品所传达的信息中来，另一部分则从企业的硬件设施中来。迪士尼的服务总是把营造快乐的气氛放在首位，迪士尼的员工将自己看作是主人，把顾客看作是自己家里的客人来热情招待；其娱乐节目中，题材多样，内容不一，但最终都会被迪士尼化，成为传达迪士尼文化价值信息的工具；在硬件设施上，迪士尼更是鲜明地体现出文化精神的特色，风格独特、充满乐趣的迪士尼式建筑已经成为一种经典的建筑式样。

最后，企业文化在商业决策中发挥重要作用。迪士尼经营种类繁杂，部门众多，在经营中，正是公司浓郁的文化精神将各个分支机构紧密地黏合在一起。这种统一的文化也帮助迪士尼在进行频繁的并购时，得以做出更为明智的决策，秉持相近的文化原则，被并购的组织可以很快地融入迪士尼的整体经营活动中，实现每个商业领域迪士尼品牌形象的协同性和一致性。

（二）精彩故事讲述打造品牌核心竞争力

有研究显示，阅读或聆听故事能够激发人类大脑皮层中的多个区域，这些区域已知和社交及情绪处理有关，因此，好的故事，往往能够令消费者沉浸其中，在故事中领略生活的真谛。而于以内容生产起家的迪士尼而言，持续打造精彩的故事，始终是其最核心的竞争力来源。

迪士尼现任 CEO 罗伯特·艾格在《一生的旅程：迪士尼 CEO 自述批量打造超级 IP 的经营哲学》中如此表述故事对于迪士尼的重要性："叙述故事是迪士尼的生命，无论是在电影里，还是在电视节目上，也包括主题公园。我们看主题公园的本质，幻象工程的本质，不管你是建宾馆还是饭馆，还是旅游胜地，每一件事都有故事。"可以说，迪士尼所创造的涵盖动画、电影、乐园、邮轮等多个领域的奇幻世界，就是由一个个精彩的故事打造出来的。

为了提升故事质量，早在 1930 年，迪士尼就发明和使用了一种叫作"故事板"的创作模式：迪士尼的动画片从原始状态到最后成篇，都要被做成"故事板"进行试映，并会提交给由 40 多名资深专业人士组成的"故事智囊团"进行意见征集和修改。如此悉心打磨，目的只有一个，就是为全球各地、各年龄层的观众讲一个有趣的故事，这个故事要幽默而富有情感，且充满鲜明的迪士尼特色。一般而言，在一个故事最终成型前，会经历 10 次试映，每次都会从不同角度各有侧重地进行调整。

完善而富有创意的故事创造模式，令迪士尼成为故事讲述的佼佼者，于是我们看到小狮子王辛巴在朋友的陪伴下，经历了生命中最光荣的时刻，也遭遇了最艰难的挑战，最后终于成了森林之王的故事；也看到安达拉西亚王国一位名叫吉赛尔的少女在遭恶毒女王的陷害后，穿越时光到了纽约的曼哈顿，并与当地的一名律师鲁伯特相识的奇妙之旅；还看到一位被变成野兽的王子与为解救父亲来到古堡居住的姑娘贝儿在相处中渐生情愫，最后野兽成功解除魔法与贝儿幸福地生活在一起的浪漫爱情……这些动人心弦的故事讲述，持续在受众脑海中创造着迪士尼关于梦想、快乐与爱的记忆，成为迪士尼品牌最重要最核心的价值沉淀。

（三）极致细节管理成就高质量品牌

对任何企业来说，高质量的产品和服务始终都是品牌打造的重要基础。

没有品质的保障，品牌的打造只能是空中楼阁，很难形成巨大的价值积累。迪士尼深谙此道，自成立以来，精品策略一直都是迪士尼始终如一的坚持。迪士尼前 CEO 艾斯纳甚至曾如此表述：“我们是一家成败完全取决于产品质量的公司。”

而迪士尼的高品质产品很大程度来源于其极致的细节管理。迪士尼认为任何瑕疵都会削弱迪士尼所精心构筑的幻想，当追求卓越成为目标时，那些看上去琐碎的东西就会变得意义相当重大，因此迪士尼在细节方面花费了无数心血。如迪士尼乐园中，垃圾箱的设置要严格地按每 25 英尺放一个的规定；过山车和建筑物上要毫不吝啬地用最好的油漆；为避免游客过多的时间消耗，在每一个娱乐项目入口设置一个快速通道，省去顾客不必要的排队等候时间等；雨天来临时，迪士尼会为游客提供印有米老鼠的雨具；有任何疑问，游客都可以在视线范围内找到员工求助……

迪士尼对细节的极致追求也体现在动画制作上。据悉，迪士尼当初在做《狮子王》的时候就拿真的小狮子来研究、观察；拍摄《小美人鱼》时，为了让动画制作更加贴近现实，动画师会亲自潜入水下研究女性的头发是如何移动的；《冰雪奇缘 2》中，仅艾莎的头发就用了 40 万根 CG 头发，迪士尼甚至专门开发了一款叫作 Tonic 的新程序，一根头发一根头发地进行调整。迪士尼对细节的极致追求，成就了影视作品中更真实、更令人感动的画面，也令品牌得到了广泛的赞誉。

（四）“一切皆可创新”，推动品牌持续发展

商业社会瞬息万变，唯有持续创新才能不断适应新的变化和趋势，才能不断延续品牌的生命周期，提升品牌价值。一直以来，华特·迪士尼永不满足于现实，永远秉承“敢于冒险尝试新事物”的精神早已融入了迪士尼的基因。迪士尼现任 CEO 罗伯特·艾格也曾表示迪士尼的一项经验就是“一切皆可创新”。诚然，迪士尼的创新精神贯穿于品牌发展的方方面面。

比如，在内容生产上，自 1923 年，华特·迪士尼在车库创作出米老鼠以来，此后 90 余年间，唐老鸭、布鲁托、高飞、小熊维尼等一系列原创经典卡通形象相继面世，成为迪士尼最宝贵的 IP 资源；此外，迪士尼也十分擅长挖掘既有资源，在迪士尼的 IP 形象组合中，很大一部分来自对《格林童话》《一千零一夜》《希腊神话》等文学作品的改编，成就了诸如白雪公

主、阿拉丁等一系列精彩的故事呈现。

在技术创新上，迪士尼的努力丝毫不亚于科技公司。在2D动画时代，迪士尼就发明出了能够在运动中制造更加真实效果的多平面摄影技术，这个技术最早被运用于《老磨坊》中，并在拍摄《白雪公主》后大放异彩；1999年，为了让主角泰山在CGI丛林背景中跳跃和摇摆的动作更加流畅，迪士尼动画工作室特别开发了名叫“Deep Canvas”的3D绘图制作软件，开发者还因此获得了奥斯卡科技成就奖；《超能陆战队》中，迪士尼采用光线渲染系统Hyperion，该系统使得呈现的光影更加贴近真实，电影中的世界更加细节化。如今，迪士尼几乎在所有前沿科技方面都有所布局：从VR/AR到人工智能、物联网，迪士尼以开创性思维持续提升自身的创新力，也让消费者获得了更丰富多彩、更具沉浸性的体验。

（五）大规模收购并购扩张娱乐版图

并购是企业利用资本市场实现品牌扩张的最有效快捷的方式，通过并购一个已经有一定知名度和影响力的品牌，可以迅速扩大企业的市场占有率或使品牌更便捷地进入其他行业领域。迪士尼娱乐帝国的打造就离不开并购的资本操作。

早在1996年，迪士尼就以190亿美元收购ABC与ESPN体育频道，通过ABC这一渠道，迪士尼公司的影视剧及电视节目拥有了一个稳定、高效的宣传平台和销售途径。由ABC持股80%的ESPN，更是全球最大的体育媒体，欧洲四大足球联赛和欧洲冠军杯的转播让它的收视率急速飙升，为迪士尼公司带来了丰厚的利润。通过此次收购，以内容为主的迪士尼向同时拥有传播渠道的传媒集团转变。

2006年以来，迪士尼又先后收购了皮克斯（Pixar）、漫威（Marvel）以及卢卡斯影业（LucasFilm），三次并购累计斥资157亿美元。这三次并购进一步提升了迪士尼的内容生产能力，使迪士尼的角色大大丰富，同时也将其观众从年轻的妇女和儿童拓展到所有年龄段人群。

2019年，迪士尼以713亿美元（约4800亿元人民币）收购21世纪福克斯主要娱乐资产。收购完成后，迪士尼不仅将《X战警》《阿凡达》等热门IP纳入麾下，还同时拥有福克斯电影制造业务、Hulu的控制权、FX和Nat Geo等娱乐频道以及福克斯其他的资产。这一收购同时改变了好莱坞六分天下的格局，并进一步巩固了迪士尼的王者地位。

通过并购这些强势品牌，迪士尼公司的知识产权及产品线得到了极大的丰富，同时获得了专业的技术及优秀的人才，完善了发行体系，进军到新的业务领域，扩展了公司版图。对于迪士尼品牌的扩张与渗透，起到了重要作用。

四、品牌管理特色

（一）打好组合拳，推动品牌多元化发展

作为全球最大的娱乐巨头，迪士尼旗下品牌涵盖电影、电视、游戏、音乐、旅游、出版等多产业文化娱乐生态链。为了发挥品牌更好地服务于企业业务的作用，迪士尼对其旗下公司品牌及新并购的子公司品牌分别采取不同的品牌架构策略，通过灵活的复合式品牌架构，厘清旗下各大子品牌之间的关系，最大限度地实现协同发展。

对于旗下大部分与主营业务相关的子公司，迪士尼采取母子品牌管理架构，如迪士尼乐园和度假村、迪士尼消费产品、迪士尼电视频道、Disney+等，强势背书的策略对旗下品牌发展发挥了显著作用，同时通过子品牌在市场中树立的地位，使得母品牌迪士尼的品牌资产不断增值。

此外，迪士尼公司通过收购并购获得了大量其他品牌，并购之后的公司或是整合进迪士尼下属部门，或是保持独立运营。对于强势品牌，由于其自身已经有了相当的市场份额和一定的影响力，因此，迪士尼往往会对这些品牌予以保留，如皮克斯、漫威、卢卡斯等。此外，为了维护迪士尼创造快乐的品牌形象，对于某些子公司，迪士尼也会赋予其独立的品牌，如1954年，迪士尼成立的全资子公司博伟影片发行公司就是迪士尼多品牌策略的最早体现，由于当时迪士尼刚开始试水真人电影，而像《珍珠港》这类影片则明显与迪士尼欢乐的品牌形象不符，为了避免违背迪士尼品牌形象，华特成立了博伟影片发行公司，从而既保护了迪士尼品牌，又为迪士尼的多样化开路。

（二）系统化品牌授权管理，提升品牌资产

品牌授权是指授权者（品牌拥有者或代理者）利用自身的品牌优势，以

合法的协议形式允许被授权者使用品牌，在一定时间和地理范围内，生产销售某类产品或提供某种服务，并向品牌拥有者或代理者支付授权费用的经营方式。品牌授权有助于将品牌延伸到更广泛的领域，同时也有利于品牌资产的增值。

迪士尼的品牌授权始于1929年，当时公司财务不稳定，依靠授权可以带来一笔可观的收入，因此，迪士尼成立了消费品部开始了品牌授权的业务，现如今，迪士尼公司凭借其丰富的动漫人物形象成了全球最大的品牌授权商。

1999年，穆尼上任之后，将杂乱的消费品分为服装、鞋帽、家居、玩具、电子产品、食品以及时尚7个部门，以消费者需求为导向，与被授权商建立合作关系，共同设计开发产品，一改往日盲目收取授权费的局面。被授权商根据自己所在行业申请不同的授权，清晰的分类大大降低了管理的难度。

在被授权商的选择上，迪士尼公司也有近乎严苛的规定，迪士尼要求被授权商在制造、经销或零售方面具有最少5年经验，在相关专业产品方面具有5年以上行业经验，同时通过制订《迪士尼全球劳动标准计划》，对被授权商进行了有效的管理。该计划详细地规定了在全球范围内凡是涉及迪士尼知识产权的任何产品、促销物品、出版物、印刷材料、赠品和包装等的生产标准，内容涵盖了符合相关的法律法规要求，被授权方在构建安全、包容和相互尊重的工作场所中满足迪士尼相关要求等。在这一系列详尽的规定下，迪士尼实现了对被授权方的有效管理，确保在通过授权取得收益的同时，迪士尼的品牌形象也得到持续提升。

（三）围绕“快乐文化”，进行品牌延伸

品牌延伸是指利用现有品牌名称进入新的产品类别，推出新产品的做法。品牌延伸能够让企业以较低的成本推出新产品，因而它成为企业推出新产品的主要手段。成功的品牌延伸往往能够降低营销费用，提升品牌资产，而失败的品牌延伸则可能稀释品牌价值，甚至给品牌带来严重的负面影响。而迪士尼的品牌延伸策略向来被认为是教科书级的示范，那么迪士尼的品牌延伸究竟有何秘诀？

倘若要极度浓缩这个答案，那想必应该归结于“快乐”二字。每个人都

需要快乐，迪士尼将快乐作为品牌文化基因，先天具有极大的普适性和黏性。这也为迪士尼将业务从动画领域横向延伸到乐园、消费品、邮轮等多种领域，纵向延伸至电视频道、流媒体等发行渠道提供了强大的延伸张力。尽管涉猎不同的领域，但只要是迪士尼旗下的产品，消费者第一时间就会联想到这种来自品牌的快乐联想。

从迪士尼动画到迪士尼乐园可以说是迪士尼最具价值的一次品牌延伸。迪士尼将其动画中的经典形象以创造性的方式纳入主题乐园的设计中，令迪士尼乐园成为为消费者提供沉浸式体验的场所，置身其中，仿佛进入了迪士尼的动画世界。迄今，除了美国本土的两家迪士尼乐园，迪士尼还通过特许经营方式在海外建立了东京迪士尼乐园、巴黎迪士尼乐园、香港迪士尼乐园和上海迪士尼乐园。这些乐园每年都为迪士尼创造了不菲的收入。此外，迪士尼还将触角延伸到游戏、消费品、游船等诸多领域，这些以“快乐”为内核的品牌延伸不仅为迪士尼开辟了更多的盈利渠道，还产生了协同效应，持续提升迪士尼的品牌影响力。

此外，迪士尼以内容提供商起家，随着体量的持续攀升，迪士尼开始将视线放到渠道领域。1983 年，迪士尼频道创立，最初为付费频道，主要播出迪士尼公司自主制作的动画片、系列剧、原创电影等，20 世纪 90 年代之后，改为基本有线频道，经过 20 多年的发展，特别是 2000 年以来出品的多部优秀电视剧集、卡通片、原创电影，使其成为美国三个重要的青少年频道之一。而如今迪士尼全力打造的 Disney + 更是在 Netflix 等流媒体平台不断进击内容制作领域做出的有力举措。依靠着丰富的 IP 储备和强大的内容制造能力，Disney + 或将有机会在流媒体领域与 Netflix 一决高下，届时，迪士尼将进一步摆脱对渠道商的依赖。

（四）建立严密的品牌保护体系，维护品牌价值

一个优质品牌是具有极大价值的，因此，加强品牌保护意识，维护品牌声誉理应是品牌运营过程中的题中应有之义。经过多年发展，迪士尼积累了丰厚的品牌资产，由于涉猎领域广泛，迪士尼的品牌保护也并非易事。不过，在建立之初，迪士尼就已经认识到了品牌保护的重要性，因此，迪士尼建立了严密的品牌保护体系。

制定标准化的控制体系。迪士尼公司进行海外扩张时，会通过一系列手

册详细规定场地管理、顾客服务以及演员的培训规程。

打造多样化的品牌授权体系。迪士尼的品牌授权主要表现在对米老鼠、唐老鸭、小熊维尼等动画形象的授权，授权对象是玩具制造商和服饰加工商。迪士尼通过一系列的严格规定，确保被授权对象的资质以及生产产品符合相关规定。

控制低质量授权产品。如迪士尼公司对馆藏电影配音进行了精心的控制和处理，使影片的海外版本在配音上逐渐成熟和完善。

启用法律武器。不论在美国还是海外，迪士尼都对品牌授权进行严格的控制和管理，一旦发现侵权，立刻采取法律手段来维护迪士尼品牌。

品牌维护也体现在企业出现危机时如何更好地维护品牌形象上。从迪士尼处理“香港迪士尼拒客事件”或可对迪士尼的危机公关策略窥得一二。

2006 年初，由于春节假日大量游客涌入，香港迪士尼乐园爆满，部分游客被拒之门外，引起消费者不满，此情况得到了香港社会的广泛关注。特区政府旅游事务署指出，迪士尼应该就这两天的情况检讨，重新部署未来旅游旺季的票务安排。对于这一开园危机，香港迪士尼乐园一方面迅速稳定现场情况，防止游客因情绪失控令事态更加严重；另一方面迅速出台相关解决方案，包括延长开放时间，暂时停止网上售票，并承诺持票游客可于门票 6 个月有效期内的其他时间到访乐园，未来 6 个月内无法到访的游客，可办理退款。此后，香港迪士尼乐园执行副总裁及行政总裁为此事三度向公众致歉，希望这种事情不会再发生。致歉中他还承诺，乐园在日后黄金假期将增设“特别日子门票”以得到公众的谅解，从而减少危机造成的影响。经过一系列的应急措施，此事态被平息，迪士尼品牌形象得以维护。

五、品牌传播特色

（一）以文化为纽带，专注兜售“快乐”

文化是精神层面的因素，相对于物质而言更具持久性。迪士尼自诞生以来，一直将“快乐文化”奉为圭臬，而这种对快乐无尽的追求，同样体现在迪士尼的品牌传播策略中。

迪士尼的快乐传播可以追溯到米老鼠、唐老鸭等卡通形象的打造，一个个外形可爱、个性鲜明的卡通人物的打造，成为迪士尼快乐文化的重要传播者；后来，随着对电视领域的探索，迪士尼的产品从影院转入电视播放，于是，录音带、光盘、磁带、出版物等载体帮助迪士尼实现了更大规模的传播；而迪士尼乐园的建成，可以说是将虚拟的充满快乐的童话世界搬进现实的伟大尝试，在这里，没有身份、等级、年龄的束缚，置身其中的游客，只需要毫无束缚地体会由一个个精彩故事和创新科技创造出的绝佳快乐体验。

（二）结合本土文化，有效开展全球化传播

所谓品牌传播的本土化，是指品牌为适应某一区域的伦理风俗、媒体接触特点、差异化的需求等而进行的传播思路、内容和操作手法的调整。本土化传播的目的是为了降低受众信息译码的难度和偏差，从而提升传播效率，达到最终的传播效果。作为一个大型跨国娱乐集团，迪士尼的业务已经拓展到了世界许多国家和地区，因而，跨文化传播和运营一直都是迪士尼全球化战略的重要组成部分。

近年来，迪士尼推出的《花木兰》《飞屋环游记》《里约大冒险》等影片，无论是题材还是人物造型都融入了异国传统文化元素。迪士尼用世界多民族文化进行内容生产和加工，旨在以这种强大的文化营销方式去迎合世界各国观众的口味，适应不同地区间不同文化结构习惯，继而扩大国际间的合作经营。

此外，针对特定的国家和地区，迪士尼也会因地制宜地展开营销传播。比如，上海迪士尼乐园开业的首支电视广告《奇梦邀请篇》就以“家文化”为主题，广告中出现了爷孙、父母孩子的形象，传达出“无论你是谁，无论你的年纪，请接受我们的邀请，带上家人好友……一起点亮心中奇梦。”广告场景欢快温馨，形象地传递了中西合璧的本土化理念。

（三）强强联合，提升品牌传播力

品牌联合传播是指两个或者两个以上分属于不同公司的品牌在传播过程中进行长期或者短期的组合，以期实现 1 + 1 > 2 的传播效果。这个策略要求合作双方在关联性、产品涉入度、品牌声誉等方面有一定的匹配性。

如上文所说，迪士尼的快乐文化基因使其具备了强大的延伸性，这大大降低了品牌联合传播的门槛。历史上，迪士尼进行过许多成功的品牌联

合传播。

早在 1997 年，迪士尼就与麦当劳开启了长达 10 年的联盟。麦当劳可以使用迪士尼的动漫形象进驻店内，作为回报，它也要给迪士尼公司的新电影进行免费宣传；而迪士尼和可口可乐也是长期合作的伙伴关系，世界各地的迪士尼乐园都曾在周年纪念中推出过纪念版可口可乐。2019 年，《星球大战 9》定档后，迪士尼还联合可口可乐推出了星战主题饮料；此外，迪士尼与通用汽车的合作也由来已久。在 1976 年，通用汽车就赞助了迪士尼乐园的部分园区（该园区是现在迪士尼“明日世界”的前身）。2012 年，雪佛兰与迪士尼工作人员携手合作，对位于奥兰多迪士尼乐园的“模拟赛车之旅”（Test Track）进行了创新升级，令游客可以亲手设计他们专属的虚拟雪佛兰概念车，并在高速试驾过程中享受惊险刺激的赛道驾驶体验。迪士尼与这些品牌的强强联合，一方面实现了资源共享，降低了传播成本，提升了传播效率；另一方面则借助对方的品牌力为自身加持，从而大大提升了传播效果。

图 5 《星球大战》主题可乐

（图片来源：http：//software. it168. com/a2019/1209/6102/000006102214. shtml）

六、 案例总结

（一）独特的文化有助于打造差异化品牌形象

企业在公众心目中的品牌形象，是由以产品服务为主的“硬件”和以企业文化为主的“软件”共同组成的，优秀的企业文化同优质的产品服务一样，对于提升企业的品牌形象发挥着巨大的作用，独具特色的企业文化更能产生巨大的品牌效应，这是任何产品服务都无法比拟的。迪士尼公司最成功的地方就在于它传递快乐的品牌文化，以及始终围绕品牌文化行事形成的独具特色的品牌形象。

（二）故事讲述能力是提升文化创意产业竞争力的核心要素

对于文化创意产业而言，内容永远都是品牌运营的核心。而好的内容往往以精彩的故事为承载，于叙述中持续传递品牌价值，于传播中不断提升品牌影响力。迪士尼是讲故事的佼佼者，其成功的经验表明，故事讲述不是简单的即兴发挥，一个好的故事打造往往是系统运作的结果，它需要贯穿品牌核心价值，洞察目标客户群喜好，适应不同地域风俗，还要能够与时俱进。迪士尼凭借着一个个悉心打磨的故事，在全球市场建立起了庞大的娱乐帝国，这对于我国文化创意产业品牌而言，具有极大的借鉴意义。

（三）品牌授权是提升品牌资产的重要手段

一个强大的品牌往往能让消费者清晰识别并唤起消费者的品牌联想，进而促进消费者对产品的需求，这样的品牌于企业而言往往是一份宝贵的无形资产。通过将具有良好声誉的品牌授予被授权方使用，企业可以更高效地将品牌延伸到更多的领域，从而扩大品牌影响力，提升品牌价值。当然，授权方在进行授权行为的时候，一定要对被授权方的资质以及品牌使用的权限进行严格的审查和限制，以免因为被授权方的不当行为对品牌形象造成损害，最终影响品牌价值。迪士尼就通过严格的品牌授权管理，一方面不断提升品牌资产，另一方面也对品牌产生了重要保护作用。

网飞：
颠覆与革新打造全球领先流媒体

网飞（Netflix，或译为奈飞）自诞生之日起便勇于挑战行业巨头，凭借着对市场的敏锐嗅觉以及对用户需求的洞察，网飞异军突起，并通过将科技进步与自身业务相结合，成功地在21世纪的第三个十年来临之际成为流媒体领域的执牛耳者。

企业简介：

网飞是一家美国的在线内容平台和制作公司，由里德·哈斯廷斯（Reed Hastings）和马克·兰道夫（Marc Randolph）于1997年在加利福尼亚州创立，起初是一家通过邮寄DVD开展影视租赁业务的公司。当前公司的主要业务为基于订阅的流媒体服务，订阅用户可从网飞的电影和电视剧库（包括其内部制作的电影和电视剧集）中进行在线流媒体播放，形式大致类似于国内的腾讯和爱奇艺等视频网站，双方最大的区别之一是网飞并不提供免费的视频观看服务。2020年下半年，网飞一度超越迪士尼和康卡斯特（Comcast）等巨头，成为市值最大的娱乐/媒体公司。截至2021年1月，根据数据统计公司Statista发布的数字，网飞在全球范围的订阅用户数量已超过2亿3百万，这也标志着其已成为全球流媒体领域数一数二的佼佼者。目前其主要竞争对手包括HBOmax、Hulu、亚马逊视频、Disney+、YouTube Premium、Apple TV+及AT&T等。

过去数年间，网飞在多个权威品牌相关排行榜上均榜上有名。如在2017年的“BrandZ最具价值全球品牌100强”中名列第92位；在2018年《财富》杂志的未来公司50强排行榜中排名第8；位列2019年福布斯全球数字经济100强排行榜中的第46名；在2019年Interbrand发布的全球品牌百强榜中排名第65；名列2020年《财富》全球最受赞赏公司榜单的第16位，等等。

一、品牌发展历程

（一）1997 年：品牌初创期

（二）1999—2005 年：品牌增长期

（三）2005—2011 年：品牌转型期

（四）2011 年至今：品牌扩张期

二、品牌核心价值理念分析

三、品牌创建路径

（一）在传统市场的缝隙中寻求品牌差异化

（二）独树一帜的商业模式塑造品牌独特性

（三）搭乘技术东风促成品牌高速发展

（四）通过“双轨平行”策略实现品牌扩张

四、品牌管理特色

（一）组织架构和文化为品牌灵活性筑基

（二）将个性化做到极致，提升品牌黏性

（三）“管道”与“平台”模式相结合，增强品牌核心竞争力

（四）“不要中间商赚差价”，提升品牌运营效率

五、品牌传播特色

（一）在“全球化”与“本土化”之间寻求平衡

（二）多渠道覆盖，无门槛准入

（三）充分利用新媒体与自媒体进行数字营销

六、案例总结

（一）品牌差异化是企业在激烈竞争中胜出的法宝

（二）内容与渠道对品牌发展同样重要

（三）自上而下，群策群力，方能实现品牌进化

一、品牌发展历程

（一）1997 年：品牌初创期

关于最初为何会创立网飞，至今网上还流传着好几个不同的版本，其中最广为人知的是创始人之一的哈斯廷斯由于未能按时归还在影视租赁连锁店百视达（Blockbuster）租借的《阿波罗 13 号》，被对方收取了 40 美元的“逾期费”，所以才会想到创立一家通过邮寄开展影视租赁业务的公司。最初，两名创始人考虑过邮寄 VHS 录像带，但因为其成本太高且不易邮寄而不得不放弃。1997 年 3 月 24 日，DVD 首次现身美国市场，两人立即用一张 DVD 光盘进行了邮寄测试。光盘最终完好无损地抵达了收件地点，他们下定决心要挑战一下当时市场份额为 160 亿美元的家庭影视销售和租赁行业。当时，网飞是全球首家在线 DVD 租赁商店，仅有 30 名员工和 925 部 DVD 影片（在当时这已几乎涵盖了所有 DVD 版本的影片）。其最初采用的是按租借次数收费的付费模式，租借费用和时长均接近其实体竞争对手百视达。

图 1　网飞于 1997—2000 年间使用的品牌 Logo

（二）1999—2005 年：品牌增长期

1999 年 9 月，网飞引入了按月订阅的概念，并在 2000 年初彻底取消了之前的按次付费模式。自那时起，网飞就开始建立起属于自己的独特商业模式：固定费用；无租借次数限制；不限定到期归还日；免除逾期和运输费用。不过这一新模式在初期并未获得预想中的成功，2000 年网飞仅有大约 30 万订阅用户，且只能依靠美国邮政服务来运送 DVD，其当年的赤字达到了 5700 万美元。同年，网飞向竞争对手百视达发出要约，希望后者以 5000 万美元的价格收购自己，但遭到拒绝。尽管 2001 年初网飞经历了一段快速增长期，但同年的网络经济泡沫破灭和“9·11”恐怖袭击，给公司带来了沉重打击，迫使其解雇了 120 名员工中的近三分之一。然而否极泰来，由于 DVD 相关技术的逐渐成熟和“黑色星期五”的大减价，时价 200 美元左右的 DVD 播放器成为当年最受欢迎的圣诞节礼物之一，在美国的普通家庭得到了广泛的普及。到 2002 年初，网飞的订阅业务大幅增长。同年 5 月 29 日，公司启动了首次公开募股（IPO），并在 2003 财年实现了首笔盈利 650 万美元。到 2005 年，网飞可以租借的影片数量已达到 3.5 万多种，每天都要寄出 100 万张 DVD。

图 2　2000—2014 年间网飞使用的品牌 Logo

图 3　网飞早期邮寄业务使用的信封和 DVD 光盘

（图片来源：https：//en. m. wikipedia. org/wiki/Netflix）

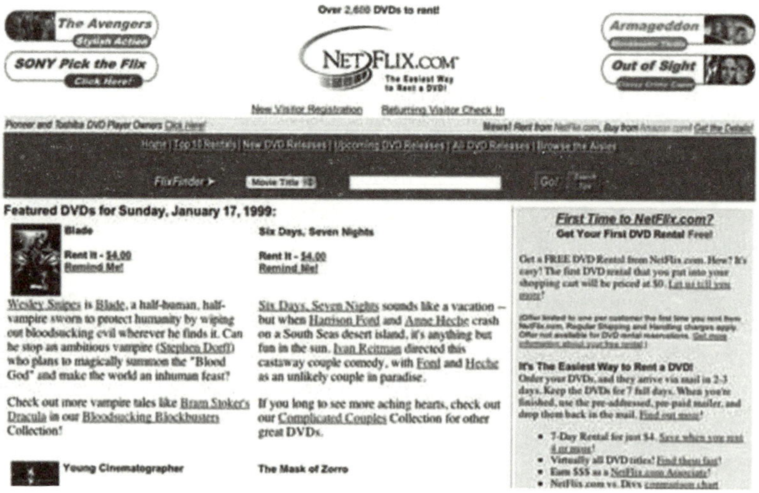

图 4　1999 年网飞使用的网站首页界面

（图片来源：https：//gibsonbiddle. medium. com/branding－for－builders－19e103ef3f1d）

（三）2005—2011 年：品牌转型期

其实网飞很早就考虑过以在线方式提供影视内容，但是直到 2005 年，随着网络数据传输速度的充分提升和带宽成本的大幅下降，这一业务才被正式提上日程。最初的想法是制作一个“网飞盒子”，类似于之前国内的各种机顶盒，可以自动下载用户想看的电影。当时，网飞已经获得了相关的电影版权，并完成了盒子的相关设计，准备公开发售。但就在这时，他们发现了一个新兴的网站 YouTube，上面一些画质并不高清的内容也异常的火爆，于是当机立断，决定放弃使用盒子这样的硬件设备，而代之以流媒体这一方式。

2007 年，公司向用户交付了第 10 亿张 DVD，并开始通过互联网引入视频点播，逐渐把重心从最初的核心业务模式——邮寄 DVD 中转移出来。从 2006 年到 2011 年，虽然网飞的 DVD 邮寄数量有所下降，但整体收入却不减反增。

网飞最初在邮寄 DVD 影片业务上能取得成功的一个重要原因是，与竞争对手百视达的实体影视租赁店相比，其可以提供的电影数量要多得多。但是当网飞在 2007 年开始向用户免费提供流媒体内容时，其中仅有不到 1000 部电影和电视节目，还不到网飞总影片量的 1%。不过随着流媒体的受欢迎程度与日俱增，可用于流媒体播放的影视节目数量也水涨船高，到 2009 年 6 月已有 1.2 万余部电影和电视节目。

到 2010 年，网飞的流媒体业务进入了飞速增长期，以至于公司在短短几个月内就从美国邮政业务量增长最快的客户，摇身一变成为整个北美夜间占用网络流量最大的互联网流媒体。从同年 11 月开始，网飞开始提供独立于 DVD 出租的流媒体服务。2011 年 7 月，网飞开始向用户收取流媒体服务费用。受这一举措影响，同年 10 月，网飞宣布第三季度有约 80 万美国用户取消了订阅，预计第四季度将有更多用户退订，结果实际上反而增加了 60 余万新用户，网飞同时期的收入也增长了 63%。2011 年全年，网飞在数字业务上的收入总额超过了 15 亿美元。

（四）2011 年至今：品牌扩张期

网飞从 2010 年开始进行国际扩张，首先在加拿大提供流媒体服务，随

图 5　2011 年网飞使用的网站首页界面

（图片来源：https：//gibsonbiddle. medium. com/branding－for－builders－19e103ef3f1d）

后是拉丁美洲和加勒比海地区。到 2014 年，网飞在美国视频流媒体市场中的份额已超过了三分之一，5000 多万用户遍布 40 余个国家和地区。同年 6 月，网飞宣布进行全球品牌重塑，启用了全新的网站用户界面和极简主义的品牌 Logo。在 2016 年的消费电子展（CES）上，网飞宣布将其服务进一步扩展到 150 个国家和地区。此后，网飞开展了一系列的国际合作，合作方包括全球五大唱片公司之一的贝塔斯曼唱片集团（BMG），百度公司旗下的爱奇艺平台，英国天空广播公司（BSY）以及电视剧《黑镜（Black Mirror）》创作者成立的公司 Broke And Bones。在 2020 年全球新冠疫情期间，全球许多电影院被迫关闭，网飞却吸引到了超过 3600 万新订户，将业务扩展到全球 190 余个国家和地区。

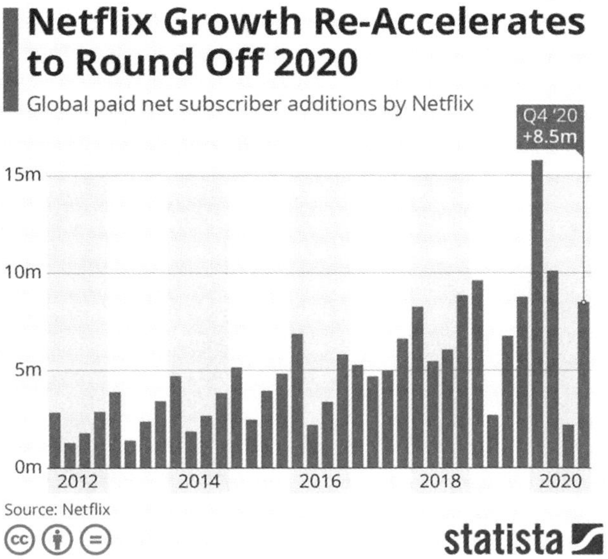

图 6　2012—2020 年间网飞每季度用户增加数量（m 代表百万）

（图片来源：https：//www. statista. com/chart/21465/global – paid – net – subscriber – additions – by – netflix/）

图 7　网飞于 2014 年开始使用至今的品牌 Logo

（图片来源：https：//gibsonbiddle. medium. com/branding – for – builders – 19e103ef3f1d）

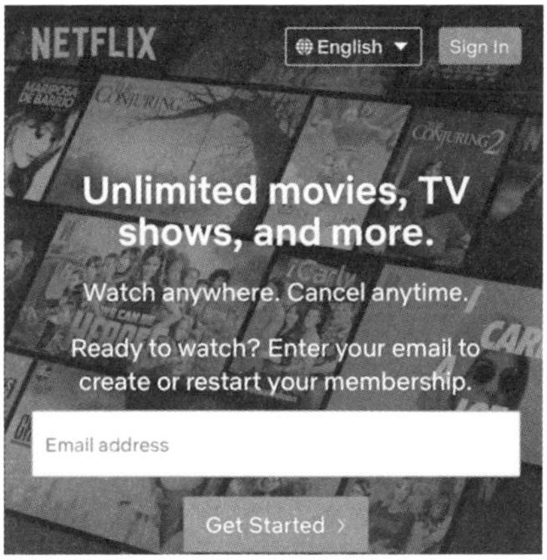

图 8　2021 年网飞使用的移动端网站首页界面

（图片来源：https：//www. netflix. com/）

二、品牌核心价值理念分析

使命：“娱乐世界”。

其要点包括：1. 娱乐；2. 全球化的规模。第一个要点表明了网飞公司的娱乐业务性质。但是，娱乐类别很广泛，包括电影、连续剧、表演艺术、舞台剧等。因此，这一点在表达网飞的业务范围方面可能过于宽泛，但同时也可能隐含了网飞将来会进行业务多元化发展的战略计划。而为了实现“娱乐世界”的目标，网飞就必须将其会员范围扩展至全球规模，这也是网飞使命中的第二个要点。这种全球性的运营规模也意味着网飞的组织架构必须具备足够能力为不同的受众和市场提供在线服务。

愿景：“继续成为互联网娱乐时代的领先公司之一”。

这一愿景与其使命的内核保持一致，强调了公司的战略目标，即始终在竞争中处于领先地位。值得注意的是，网飞曾在其一些正式文件中指出，公司的目标是“通过提供出色的娱乐体验来保持领先地位”。综上所述，网飞的愿景包含以下要点：1. 持续的领先地位；2. 互联网；3. 娱乐。关于第一点，网飞自成立之日起，就一直在通过强品牌、大平台和产出原创作品的能力来实现并巩固在行业内的领先地位。第二点“互联网”则表明在线媒体是网飞公司业务中的关键组成要素。此外，“娱乐”一词继在使命中出现后，又在愿景中作为要点再次被提及，强调了网飞是一家娱乐行业的公司。网飞的公司文化也始终注重激励员工通过确保客户满意度和公司的行业领导地位来实现愿景。

三、品牌创建路径

（一）在传统市场的缝隙中寻求品牌差异化

品牌差异化通常指某个品牌具备区别于其他竞争品牌的特征、卖点和市场位置等，从而使品牌和相关产品及服务能够在消费者的心中占领一个特殊的位置。在竞争激烈的市场和行业中，品牌差异化无疑是企业制胜的法宝之一。网飞自成立之日起至今，始终非常重视自身的品牌差异化。

其实，从网飞的名称“Netflix”就可以看出其独特性，相较于当时传统的影视租赁连锁店如百视达（英文名称为 Blockbuster，意为传统影院中上映的“大片”）等，网飞从一开始就表明了自身与“网络”（Net，起初是邮政网络，后来是互联网络）的相关性，并在随后的业务发展过程中成功地将产品和服务的便捷性、独特性与网络化结合起来。正是凭着品牌差异化路线，网飞才能在当时的影视租赁巨头百视达等竞争对手的眼皮底下，以超前的 O2O（Online to Offline，线上与线下相结合）模式征服了一大批观众：仅仅在成立两年后，网飞在 1999 年的付费用户就达到了 24 万余人，这在彼时是一个很大的数字。

（二）独树一帜的商业模式塑造品牌独特性

网飞自创立初期起就勇于舍弃当时行业中其他企业所采取的普遍商业模式，同时通过消除用户的“痛点”建立了自身的“独特卖点（Unique Selling Proposition）”，如无须用户亲自到实体店进行影片的挑选、租借和归还，在家中通过邮寄即可完成全部流程；取消当时行业内普遍存在的租借期限，免除用户对“逾期费”的后顾之忧；采取固定费率下可无限租借影片的“任你借（All you can borrow）”模式，无须每次租借再额外付款等。

上述的独特商业模式贯穿了网飞的整个发展过程，内化为其企业精神和文化的一部分。直到今天，网飞的许多做法在行业内也是独树一帜，如其会向用户提供为期一个月的免费会员资格；不同于行业内在推出新电视剧时的习惯做法，如每周或每隔一段固定时间更新一集，网飞在推出新剧时通常都是一次性更新全部剧集，这对在“追剧”时经常饱受等待煎熬的用户群体无疑有着巨大的吸引力；此外，网飞在与外部特别是外国影视工作室以及导演和编剧合作时，并不会像传统的投资方一样“指手画脚”，随意干涉作品的构思和制作过程，而是充分放权，给予影视创作和制作人员最大的尊重和自由度，这从某种程度上也就使影视作品能够最大限度地贴合当地市场用户的需求和审美。韩国编剧金银姬在参加某个电视节目时曾提及她与网飞合作的经历，表示：“网飞从来不发表意见，只给钱。”曾担任网飞首席内容官，现任网飞联合首席执政官的泰德·萨兰多斯（Ted Sarandos）也曾在不同场合多次强调：“我们愿意给好的故事讲述者一块巨大画布，任其发挥。”

（三）搭乘技术东风促成品牌高速发展

在网飞的发展过程中，有两次关键的"飞跃"：一次是在21世纪初，如前文中所提及的，当时随着DVD相关技术的逐渐成熟和DVD播放器价格的大幅下降，越来越多的美国普通家庭都拥有了DVD播放器，市场上的DVD影碟也变得供不应求。网飞借势而起，积极与DVD播放器制造商谋求合作，通过在播放器的包装中放入网飞的优惠券，使得生意源源不断。到2001年夏天，网飞拥有的DVD影片数量已经从成立之初的500部增加到了接近1万部，是竞争对手百视达最大门店影片数量的十余倍。2002年，网飞在纳斯达克敲钟上市。

与此同时，网飞的竞争对手并未停下脚步，沃尔玛与百事达都在DVD租赁业务的竞争中采取了价格战策略。当时行业内许多人都认为，与上述两个巨头相比，资金池过浅的网飞将在这场角逐中败下阵来。然而2005年形势突变，网飞与沃尔玛达成合作，后者把自己的客户都交给了网飞，回报是前者帮沃尔玛推销相关业务。就这样，百事达不仅没能凭借更低廉的会员费抢占到用户，反而损失了上亿美元。

在击败宿敌已成定局的情况下，网飞于2006年尝试提高会员费用，结果导致用户大量流失和公司股价大幅下跌，再加上当时流媒体网站的异军突起，网飞预感到，如果不作出改变，自己难免会步百视达的后尘。2007年，公司通过互联网引入视频点播，开始逐步将其业务重点从DVD租赁转向覆盖全国的视频流媒体服务。不久之后，在线的影视剧点播播放就成为网飞商业模式中的重头戏。回过头看，网飞可以说继DVD技术之后，再一次成功地把握了互联网带宽、数据压缩和传播等技术发展的机遇，实现了主营业务的转型。

（四）通过"双轨平行"策略实现品牌扩张

2010年，在北美市场不断趋于饱和的情况下，网飞开始推进全球扩张战略，并取得了巨大的成功，目前其业务范围已覆盖全球190余个国家和地区。

但在当时，网飞这一举措显得既冒险又激进，在行业内可以说是"前无古人"。不同国家和地区的不同文化背景差异，不同观众的需求以及文娱产业中一直难以被克服的“文化冲击（culture shock）”就好像摆在网飞面前一道难以逾越的鸿沟。

不过，网飞采取了非常聪明的“双轨平行”策略来应对上述问题。一方面，直接购买已在当地市场获得广泛认可的剧集的播出权。2017 年起，网飞就与爱奇艺等国内视频网站展开了一系列合作，购买了《甄嬛传》《芈月传》《琅琊榜》《无证之罪》和《白夜追凶》等一众代表性“热剧”的播放权。另一方面，网飞还积极和本土的成熟创作团队合作，“定制”属于网飞的高水准本土原创作品。其中通过后一种方式制作出的原创内容制作精良，外加保留了本土特色，可以说是佳作不断，广受好评，成为“强强联手”的典范。

事实证明，网飞的“豪赌”获得了回报。近几年来，全球市场的大门向网飞次第敞开。其中网飞在亚洲市场的表现尤为突出，特别是韩国，在投资额和拍摄数量等方面都占据领先位置。2020 年 9 月，继在英国、西班牙、巴西等原创内容制作数量较多的国家成立分公司之后，网飞又在韩国成立了“网飞娱乐韩国公司”，计划直接策划、发掘、投资和支持韩国的本土化影视制作。2021 年，网飞宣布将针对韩国本土化内容制作投资约 5 亿美元，约合 32 亿元人民币。

除了上述的“横向”扩张，网飞还积极进行跨界合作，其经营过程中曾与 DVD 播放器制作商、有线电视台、手机服务供应商、广播公司、游戏厂商、唱片公司、视频网站、实体院线、影视巨头以及独立媒体人等开展过广泛的合作，为品牌扩张提供了多样化的渠道。

四、品牌管理特色

（一）组织架构和文化为品牌灵活性筑基

网飞的一个显著特点是其品牌灵活性：从最初的 DVD 租赁品牌，到现在的流媒体娱乐品牌，这一不同品牌角色间的转换几乎达到了“无缝衔接”的地步。网飞组织架构的扁平化以及其鼓励“坦率”“分享”和“高效”的组织文化在其中发挥了重要作用。

作为国际流媒体行业的主要参与者，网飞一贯重视从战略高度来架构其组织文化，强调员工的自主权，鼓励以坦率的态度进行开放式的沟通，同时极力避免设置过于僵化的规章制度。在这种组织文化下，员工有动力提出创新的想法，也使得整个企业和品牌变得更加灵活，能够更好地响应市场的需求和消费者偏好，应对行业中的竞争和挑战。

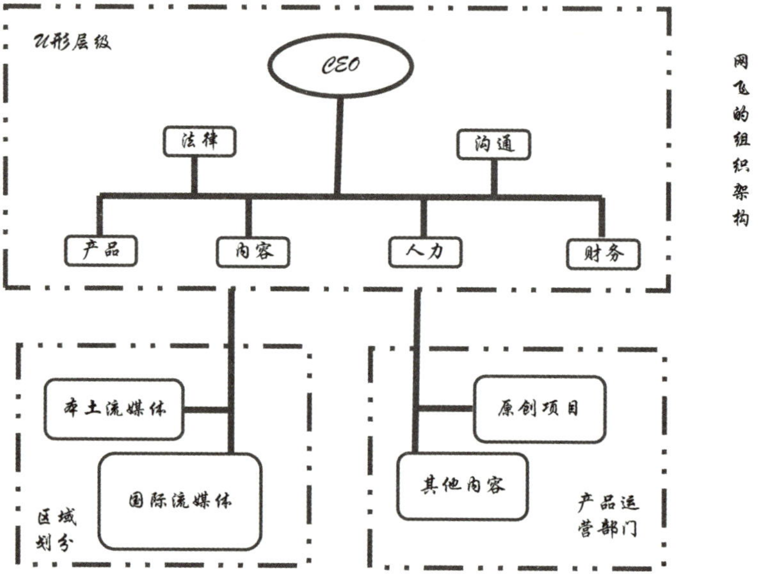

图 9　网飞扁平的组织架构

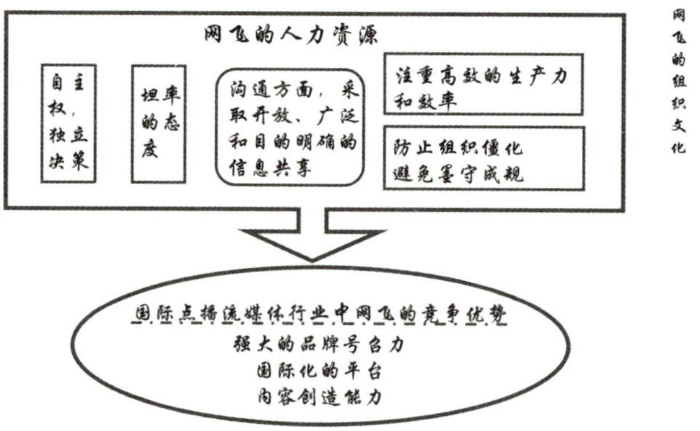

图 10　网飞的组织文化及由此带来的战略优势

（二）将个性化做到极致，提升品牌黏性

个性化是网飞的支柱之一，其主要目标是帮助用户发现自身感兴趣的内容。个性化的设置还可以使用户表达对内容的不同看法，选择自己感兴趣的内容并随着时间推移不断拓展自身的兴趣范围。

针对用户在使用产品过程中的各项体验，网飞都从多个角度进行了个性化设置，包括：网飞网址首页的式样，推荐的影视剧及其排名，影视剧的排列和显示方式等，甚至连给会员发送的消息类型也是个性化的。为了进行深层次的个性化设置，网飞还结合了多种不同的算法方法以满足每个用户的独特需求。

通过个性化，网飞还能够得知用户在使用其服务时的大致心理偏好，并可据此提供更为完善的搜索功能，以为用户展示出符合其偏好的影视剧。而要实现这一看似简单的机制却殊为不易，需要在线系统能够恰当辨别和处理来自不同设备的多种语言和输入方式（包括电视遥控器和语音控制等），背后需要强大的技术支持。

作为个性化的技术保证，网飞大规模地使用各类机器学习和推荐算法来提升个性化体验。同时，为了实现更好的个性化体验，网飞也在持续进行相关的离线试验和在线测试，不断对算法进行迭代和改进，从而在算法改进和个性化体验提升之间形成了良好的相互促进。

（三）“管道”与“平台”模式相结合，增强品牌核心竞争力

传统影视公司通常采用线性或管道化（Pipeline）的制作方式，即利用公司自身的员工与资产来生产影视产品，而互联网娱乐公司及流媒体视频网站则往往利用网络或者平台化（Platform）的制作方式，即通过一定方式组织外部的制作方来生产产品和创造价值。而网飞的商业模式则很好地结合了上述两种方式，其产品既包括直接从外部制作方购买的影视作品，也包括其自己制作的原创剧集。

与此同时，网飞还“数箭齐发”，积极用成本领先和差异化的战略指导自身的商业模式，再辅之以密集型的市场渗透战略，进一步增强了品牌的核心竞争力。

（四）“不要中间商赚差价”，提升品牌运营效率

网飞非常重视用户的反馈数据，不仅充分利用其技术优势，通过在线平

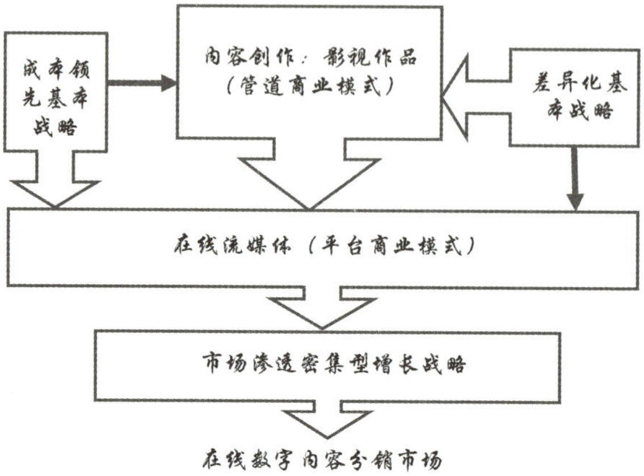

图 11 网飞“管道”与“平台”相结合的商业模式

台直接获取用户反馈，并及时将反馈数据纳入自身的战略管理、信息系统和算法当中，同时还把相关数据传递给外部的制作方，形成动态的良性循环，极大地提升了品牌运营效率。

早在网飞的流媒体上线之前，公司就下大力气开发了个性化的视频推荐算法 Cinematch。简单举例来讲一下该算法的一个应用方面：如果用户 A 和用户 B 同时观看了数部同类型电影，那么算法除了会给 A 和 B 分别推荐其他同类型影片，也会给 A 和 B 推荐彼此观看过或者未来有意观看的电影（当然是在匿名的状态下）。这样一来，即便是传统意义上的冷门小众影片，也会被某些特定用户群体注意到，从而给影片带来更多的市场价值。这一做法既提升了现有用户的忠诚度，同时也通过向潜在观众推荐此前因缺乏营销推广等各种原因而被低估的优秀影片，使一些小规模或独立的影视工作室获益，从而实现了公司、用户与外部合作方的“三赢”。网飞还曾举办算法系统竞赛，征集可以击败其现有算法 Cinematch 的开发者。一位开发人员编写的推荐算法在预测客户评分方面的准确度超过 Cinematch 10% 以上，获得了网飞提供的 100 万美元竞赛奖金。而随着网飞用户数量的不断增加，可以肯定的是，其算法的预测准确度也将随之进一步提升。

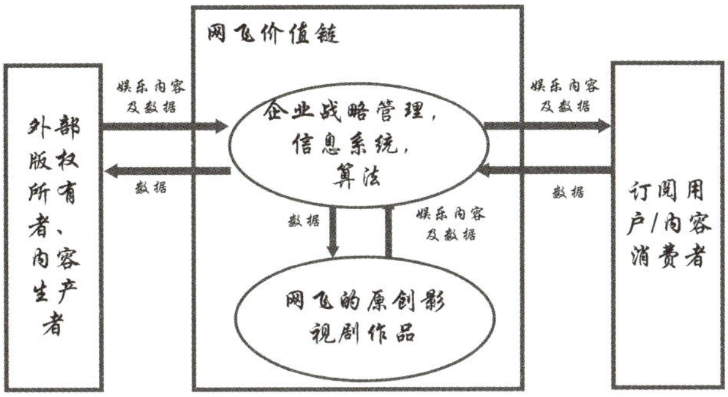

图 12　网飞将用户的反馈数据纳入整个价值链当中

五、品牌传播特色

(一) 在“全球化”与“本土化”之间寻求平衡

在 2019 年至 2020 年间，网飞在美国以外的国家/地区的用户数量增加了约 9800 万，同比增长了 33%。为了继续保持全球范围内的业务增长，网飞不仅需要能引起轰动的好莱坞式“大片”，而且还势必要加大对各业务地区的本土化原创内容制作的投入，以吸引当地观众。从某种角度上说，在网飞的国际战略中，面向本土化的影视产品比面向全球化的产品更为重要。

制作本土化的、针对特定国家/地区的原创内容的最大好处之一就是成本效益：在美国境外拍摄影视剧与在美国境内相比往往要便宜得多。网飞除了与当地的影视公司合作外，也正在未来业务增长潜力较大的地区投资自己的工作室，搭建影视作品生产网络。

这种本土化策略目前已取得显著成功。网飞在 2019 年的一份报告中称，印度、韩国、日本、土耳其、泰国、瑞典和英国等地当年最受欢迎的网飞出品的影视剧都是本土化的原创作品。

此外，网飞在本土化方面的努力不仅局限于其影视库，还体现在其品牌传播的过程中。以网飞同时在 27 个国家/地区发起的“一个故事的距离（One Story Away）”品牌宣传活动为例：活动中的品牌宣传视频特地以多种语言进行了不同的旁白配音，以满足网飞所涉足的各国市场的需求。

但是，网飞并不愿看到其制作的本土化内容仅仅在本国/本地区的范围内传播，而是希望其在全球范围内的其他市场中也取得不俗成绩。换句话说，网飞不仅制作出了众多能够在各个本土化市场上卖座的全球化产品，也在努力制作出能够在全球化市场上卖座的本土化产品。

（二）多渠道覆盖，无门槛准入

随着互联网技术的发展和网飞自身的成功转型，日益广泛的用户群体都可以通过越来越多的途径获取网飞的产品和服务，如智能电视、笔记本电脑、手机、平板电脑等。网飞还为用户提供了不同的费用选项，如美国用户可选择费用分别为8.99美元、13.99美元和17.99美元三种不同级别的“包月套餐”，不同套餐下可享受的服务也有所区别：如选择最高级别的17.99美元套餐时，最多可在4个智能设备上同时观看网飞的视频，这也意味着可以与家人或朋友共享套餐。

此外，网飞自成立之初就采用了“免费试用”这一降低用户准入门槛的策略：最初用户可以免费租借一张DVD影碟；而在流媒体业务成为重心后，用户则可以免费试看一个月的在线影视剧。对于付费会员来说，则可以免费体验一个月的“套餐升级”。而根据网飞所做的调查，在免费试看一个月之后，有约90%的用户都选择了成为付费会员。上述这种多渠道覆盖和无门槛准入的策略，无疑为网飞的品牌传播作出了巨大贡献。

（三）充分利用新媒体与自媒体进行数字营销

网飞非常擅长利用各类新媒体进行数字营销。网飞在推特上有一个拟人账户，没有购买推广，甚至在每个帖子中都没有使用太多的标签、表情符号或常见的营销词语，但其内容却非常注重原创性、幽默感、相关性和紧跟时事。针对网友的评论和提问，网飞经常给出自嘲式的答复，或是刻薄又幽默的评论和图片，还经常转发网友关于网飞的发帖，这些都进一步激发了网友的热烈反馈，使“网飞”这一关键词能够不时地登上“热搜”，而“看网飞放松一下（Netflix and Chill）”这一表述也一度火爆网络世界，并作为固定表达被收入了词典。和“百度一下”类似，“网飞”在某种程度上已成为一个动词，成为“看剧”的别称。而每登一次热搜或每次被用于固定表达，都无异于为网飞进行了一次免费的品牌营销。

此外，网飞也非常注重通过“网红（Influencer）”进行品牌营销，各个领域的网红频频晒出自己看网飞的照片，逐渐使看网飞变成了一件很潮很酷的事情。在英国最新的“最酷品牌榜单（Coolbrands）”中，网飞在所有品牌中排名第三，在同行业品牌中排名第一。

六、案例总结

（一）品牌差异化是企业在激烈竞争中胜出的法宝

回顾网飞自成立以来取得的成功，不由得感叹品牌差异化在其中发挥的巨大作用。网飞创建时，市场的竞争不可谓不激烈，竞争对手不可谓不强大，但网飞并没有去和竞争对手挤同一座独木桥，而是另辟蹊径，选择了差异化发展的阳关大道——“我不和你比大比强，我只要做到和你不同”。从省去用户租借影片的路途奔波，到取消租借逾期费用；从采取不限制租借数量的“包月套餐”，到远超实体商店的庞大影视剧库；从免费试看一个月，到更加贴近本土化的原创剧集；从个性化的网页设置和影片推荐，到社交媒体上与用户的积极互动。上述种种，都是网飞致力于品牌差异化的体现。而除了产品和服务的差异化，网飞往往更加重视品牌给用户带来的“情感差异化”，而这也正是竞争对手最难以模仿的部分，是企业在激烈竞争中胜出的法宝。正如美国桂冠诗人玛雅·安吉罗（Maya Angelou）所说：“人们会忘记你说的话，人们会忘记你做的事，但人们永远不会忘记你带给他们的感受。”

（二）内容与渠道对品牌发展同样重要

围绕影视娱乐行业的发展轨迹，关于内容重要还是渠道重要的讨论始终不绝于耳。有些人支持“内容为王”，强调只有具备持续的内容输出能力以及自有 IP，才能具备核心竞争力。而另一些人则宣称“渠道为王”，认为未来流媒体平台的进入门槛会越来越高，大部分的收益会被平台等渠道瓜分，而外部的内容制作方将在很大程度上丧失议价权，从而难以获得与付出相应的回报。网飞这种既大力开展原创剧集制作，又与外部的版权所有方和内容制作方开展广泛合作的商业模式，恰恰可以说是对上述两种观点及其所代表的趋势的综合，也许从某种角度也代表着未来流媒体平台/影视制作公司的一种发展方向。

（三）自上而下，群策群力，方能实现品牌进化

在过去的 20 年间，网飞成功地从一个 DVD 租借网站发展成为一家全球化的互联网媒体公司。从本文所述的内容中不难看出，这一品牌的成功“进化”并非仅仅源于某位“管理大师”或某个单一部门的工作，其背后有着顶层的战略设计、相关方的密切合作、各部门的不懈努力，再加上公司在产品、营销和顾客之间极力寻求和维持的平衡，以上种种加在一起才最终促成了难以复制、实现利润和满足需求的品牌和产品，以及一个世界一流的公司。

《品牌化思维》一书的作者托马斯·迦得（Thomas Gad）曾表示：“如今，品牌已重要到无法让某个部门专门负责。部门壁垒过于鲜明的组织是无法打造出充满活力、能够改变世界的品牌的。”所有旨在创建成功品牌和实现品牌进化的组织，都应重视营销和产品之间的协调合作，并通过团队合作确定品牌定位，建立相应的品牌模型，唯此才有可能实现产品和品牌的不断进化和创新。

任天堂：
创意先行　快乐至上

作为一家以游戏产品制作为安身立命之本的公司，任天堂一直秉持创造快乐的指导思想，始终强调“游戏要简单有趣”，着力以轻松、健康、有意义且充满童趣的游戏赢得用户青睐。

企业简介：

任天堂，电子游戏业三巨头之一，现代电子游戏产业的开创者。任天堂成立于1889年，总部位于日本京都市，创始人为山内房治郎。任天堂以骨牌游戏起家，经过100余年的发展，目前已经成为全球最大的电玩游戏机制造商之一，任天堂推出的包括DS、FC、Wii以及后来的Switch在内的多款游戏机，都创造了诸多销售奇迹。其创造的游戏如《塞尔达传说》《口袋妖怪》等都堪称经典，游戏中的人物如马里奥、皮卡丘等甚至还突破了游戏的边界，在电视节目、音像制品、玩具等领域大放异彩，成为任天堂的最佳代言人。

此外，任天堂在全球游戏业中始终坚持反对暴力和色情，并以开发优秀的全年龄游戏为己任，保持着弥足珍贵的社会责任和企业操守。

一、品牌发展历程

（一）19 世纪 80 年代末—20 世纪 70 年代末：品牌初创期

（二）20 世纪 70 年代末期—80 年代末：品牌发展期

（三）20 世纪 90 年代—21 世纪初：品牌低谷期

（四）21 世纪初至今：品牌重塑期

二、品牌核心价值理念分析

三、品牌创建路径

（一）“为人们带来微笑”的愿景引领品牌发展

（二）创新开拓“权利金制度”，提升品牌价值

（三）坚持游戏道德化，树立积极正面的品牌形象

四、品牌管理特色

（一）围绕品牌发展方向的 Logo 演变

（二）明星辈出的子品牌阵营，打造核心竞争力

（三）与知名品牌合作，形成品牌合力

（四）富有策略的饥饿营销，创造更多消费者需求

五、品牌传播特色

（一）病毒营销，引爆口碑传播

（二）发行《任天堂力量》，拉近与消费者的距离

（三）利用“明星角色”，持续提升品牌影响力

六、 案例总结

（一）以清晰的愿景引领品牌发展方向

（二）坚守道德准则，提升品牌形象

（三）优质的产品是品牌可持续发展的基石

一、品牌发展历程

（一）19 世纪 80 年代末—20 世纪 70 年代末：品牌初创期

1889 年，山内房治郎在京都成立“任天堂骨牌”进行花札的销售工作，不久后，任天堂开始自己制作纸牌。随着纸牌游戏的流行，任天堂骨牌也逐渐发展壮大，此后，任天堂开始进行多元化尝试，涉猎了包括食品、圆珠笔、情侣酒店等在内的诸多领域，但都以失败告终。

1949 年，山内溥出任任天堂社长，开始了大刀阔斧的改革，砍掉了如情侣酒店等在内的赔钱业务，并引入新技术，实行铁腕管理。此后，任天堂迅速发展，成为日本首屈一指的纸牌企业。1959 年，任天堂得到与迪士尼的合作机会，印着米老鼠的纸牌一经推出便销量大涨，任天堂的体量迅速扩张。与此同时，任天堂也开始进军玩具领域，并将对任天堂发展具有重要作用的“硬件教父”横井平军纳入麾下。1963 年，“任天堂骨牌”改名为“任天堂株式会社”；1969 年，任天堂正式建立游戏部门，并投入了大量资金进行研发和生产。

图 1　任天堂骨牌

（图片来源：https：//www. nintendo. com/）

（二）20 世纪 70 年代末期—80 年代末：品牌发展期

1975 年，电子游戏机引起了山内溥的注意。1977 年，任天堂与三菱电机合作，开发出面向家庭的录像游戏软件；1978 年开发出用小型电子计算机控制的游戏软盘；1979 年又开发出了大型游戏机；1980 年，任天堂开发出了液晶电子游戏与数字表盘相结合的游戏表。这是任天堂的一个重要成果，从而使它进入了一个新阶段。这种家庭游戏表很快风靡日本岛，仅1980年，这种游戏表就销出了6000万套，从而奠定了任天堂事业的基础。

1980—1983年，任天堂分别在美国纽约、西雅图、加拿大温哥华设立了分公司。与此同时，任天堂又开发出一种新软件，用动画片的形式展示出形象逼真的映像，并且具有一定的情节，使电子游戏向着更高级的方向发展。这一时期，任天堂颇具代表性的游戏《超级马里奥》《塞尔达传说》也相继诞生。

图2　任天堂游戏表

（图片来源：https：//www. nintendo. com/）

（三）20世纪90年代—21世纪初：品牌低谷期

进入20世纪90年代，索尼也开始了游戏的研发，其产品playstation（PS）成为任天堂最大的敌人。在PS推出一年半后，任天堂推出了与索尼对抗的Nintendo 64（以下简称N64），N64的处理能力是PS的4倍以上，拥有可以与当时的高端计算机媲美的处理器和3D动画处理能力。然而，之后的事实证明，任天堂推出的N64这款极其优秀的硬件完全是作茧自缚，因为以往的游戏软件开发方法完全不适用了，而且游戏软件开发的作业量、周期、投资和风险都大幅增长，如此高的硬件壁垒，成了众多游戏软件开发商难以跨越的门槛。最后的结局是，任天堂被迫放弃N64，转而开发新机型。然而，任天堂再次遭遇滑铁卢。1995 年，任天堂发布的 Virtual Boy，被称为其发展史上最失败的机型，销量惨淡，索尼趁机大肆抢夺市场资源，任天堂受到了巨大的打击。这一时期，在与索尼的竞争中，任天堂始终处于下风。

（四）21 世纪初至今：品牌重塑期

2002 年，山内溥退休，岩田聪接受社长职位。2006 年，任天堂发布了一款讲究体感操作的家用机——Wii。这款机型设计新颖有趣，取得了巨大的成功，在全球销量达到了 1.1 亿多台，此时任天堂的家用机终于能够和索尼、微软一决高下，任天堂开始强势复苏。2017 年，任天堂的最新款游戏机 Switch 发布。这款定位为家用机的游戏机兼容了掌机的功能，一机两用，设计理念空前，销售和口碑上都获得了非常良好的效果，热度至今仍在持续。2020 年新冠肺炎疫情来袭，令人们宅居家中的时间变长。任天堂发布的《健身环大冒险》等游戏正好契合了家居娱乐生活的需求，从而进一步促进了 Switch 的销量大涨。

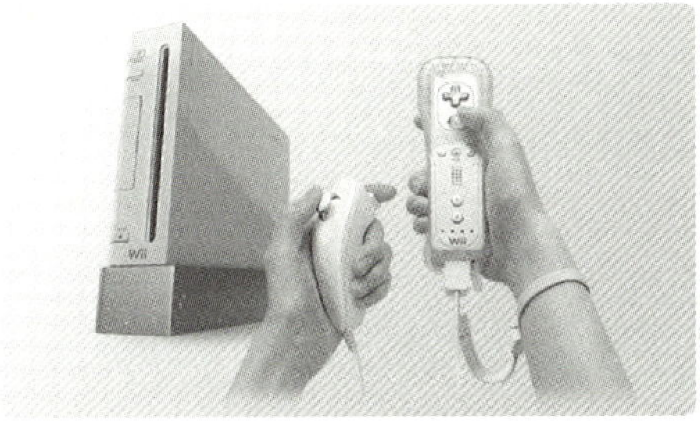

图 3　Wii

图 4　Switch

（图片来源：https：//www. nintendo. com/）

二、品牌核心价值理念分析

品牌使命：让接触到任天堂的每个人脸上都洋溢着微笑。

任天堂认为作为一家游戏软硬件生产制造商，其重要的使命就是创造快乐。在任天堂哲学中，有个“笑容连锁曲线”：有趣的游戏会换来玩家的笑容，玩家的笑容会给员工带来成就感；游戏受欢迎，代理商就高兴，业绩增长又会让投资人满意……这种循环的笑容，使每个人都真诚地把用户的快乐当成自己的快乐。

品牌价值承诺：对客户负责。

任天堂认为，对客户负责是任天堂最重要的价值观。因而，任天堂始终以给包括商业伙伴、客户和员工在内的所有利益相关者带来惊喜为目标，在商业实践中持续改进。

比如，任天堂始终关注客户需求，其创立的通过电话对顾客进行单独辅导，帮助顾客掌握游戏窍门的“辅导员制度”，不但提升了品牌服务价值，增加了游戏的技巧和趣味，同时还与其发售的免费杂志《任天堂的力量》（该杂志已于2012年停刊）一起，成为搜集顾客信息反馈的重要渠道。借助于此，任天堂发现了成年顾客市场的潜力，成功实现了用户拓展，推动了品牌发展。

此外，站在“顾客需要的是好玩的游戏”的角度，任天堂致力于开发出优质而丰富的游戏软件。于是，“权利金制度”应运而生，在这个制度下，任天堂一方面与游戏软件开发商开展策略型联盟，开发出多样化的游戏内容，丰富了客户的体验；另一方面也有效防止了滥竽充数现象，保证了游戏质量，维护了客户权益。同时，在任天堂的严格审核下，许多游戏软件开发商也凭借着出色的设计实现了跨越式发展。

三、品牌创建路径

（一）“为人们带来微笑”的愿景引领品牌发展

一个卓越品牌的塑造一定离不开清晰的愿景规划。任天堂百年的发展历程无不体现着“为人们带来微笑”这样的愿景的引领作用。

任天堂认为对于游戏娱乐这样的非生活必需品，人们往往不会有太多的耐心，因而，其游戏设计一直都以简单容易上手为出发点，比如任天堂于2004年推出的掌上游戏机NDS，操作极其简单：上面是显示屏，下面是触摸屏，手指在触摸屏上操作就可以控制显示屏里的人物。这种设计，一反当时游戏机越来越专业、复杂的趋势，吸引了大量新用户。到2012年，NDS的全球总销量已达1.5369亿部，创下当时游戏机销量的最高纪录。此外，任天堂认为必须要花200%的心思来提高客户的满意度，如果客户对任天堂稍有一点不满意，很可能马上转而支持任天堂的竞争对手。因此，为了实现用户满意的目标，任天堂对游戏的人物形象、背景、故事情节设计以及操作手法等都会进行悉心考量。比较典型的一个例子，是任天堂有个游戏检测标准——妻度计：只要让平时拒绝玩游戏的妻子好奇地拾起游戏手柄，那就成功了。除了游戏设计，任天堂也十分在乎经营“家庭娱乐”场景。比如任天堂就将 Wii 手柄设计为遥控器的样子，美观且方便收纳，同时设计出了适合亲子互动的游戏，让任天堂成为客厅的一部分。

图 5　任天堂官网截图

（图片来源：https://www.nintendo.com/）

（二）创新开拓“权利金制度”，提升品牌价值

1983 年，任天堂推出游戏主机 Famicom（FC）。这部游戏机获得了巨大的成功，但同时市场上也出现了大量低品质游戏，为了防止劣质游戏泛滥，任天堂决定，FC 游戏机只能运行 FC 游戏，使用 10NES 码锁，并且添加了任天堂的品质编织“Seal of Quality”。这种做法保障了任天堂的游戏质量，也进一步推动了 FC 的成功。但随着影响力的持续扩大，任天堂开始没有足够的资源同时进行游戏的开发和销售，于是“任天堂权利金制度”诞生。该制度对游戏制造公司进行了严格的规定：内容必须由任天堂审查；每年只能制作 3 ~ 5 款游戏；卡带必须由任天堂制造等。这种制度不仅保障了 FC 游戏的品质，还为任天堂带来了巨大的收益。

尽管这种行为在一定程度上招致了合作方的不满，但却有效避免了滥竽充数产品的出现，保障了行业的健康发展。而一些小公司在这种严格的审查制度下，设计水准也得到了提升。伴随着任天堂发展的步伐，不少小型游戏设计公司也一跃成为世界知名的游戏软件开发商。例如，日本的小波公司同任天堂签约后，年营业额从1987年的1000万美元一跃成为1991年的3亿美元，5年时间总共增长了30倍；卡卜康公司与任天堂签约没多久就成为年销售额1.6亿美元的大企业；康利美公司1986年与任天堂签约，1989年开发出《忍者神龟》电子游戏软件，到1990年就售出400万套，净赚1.25亿美元，到1991年盈利3亿美元，成为美国第八大软件公司。

任天堂还将自己的影响力积极扩展到其他领域。以“超级玛丽”为主人公的电影风靡全美，为电影公司创造了相当可观的利润。大量杂志、书籍、音像制品，乃至笔记本、T恤衫、茶杯、麦片粥、拼图玩具、洋娃娃、壁纸等都打上了任天堂游戏主人公的旗号。许多电视节目、录像带也纷纷以任天堂游戏为内容或背景。在美国的儿童电视节目中，根据任天堂的游戏规则或以它的主角为背景的动画片数量远远超过其他任何一个儿童电视节目。美国国家广播公司的周六清晨节目《超级玛丽的世界》由于收视率一直居高不下，一连播出了好几年。数不清的企业沐浴着任天堂的阳光，大开财源，茁壮成长。任天堂因此赚了不少专利费，品牌知名度也随之大幅提升。

（三）坚持游戏道德化，树立积极正面的品牌形象

对于一家以电子游戏为主业的企业，专注开发有趣好玩的游戏自是品牌发展的关键和核心。但作为企业公民，同时也需兼顾社会责任的履行，关注行业的健康发展。任天堂一直以来就非常关注游戏道德化。由于青少年依旧是电子游戏最重要的消费群体，因此，任天堂十分关注电子游戏内容对青少年的影响，极力避免游戏中出现渲染暴力或者色情的内容。即便是在《超级马里奥兄弟》中，任天堂也特意采用悦耳音乐，避免使人们产生暴力的联想。

此外，任天堂也关注寓教于乐的游戏开发，希望通过游戏培养孩子学习的习惯。不过，任天堂也坚持认为，游戏最重要的目的是娱乐，如果过分强调教育会引起孩子们的反感，游戏也就失去了意义，因此任天堂在游戏设计中也极力维持着教育和游戏的平衡。

这种近乎固执的坚持，尽管在短期内可能会对任天堂的经营业绩造成影响，但从长期来看，这种秉持游戏道德化的理念，令任天堂获得了更多的信

赖感和美誉度。这对品牌发展而言，无疑提供了更源源不绝的动力。

四、品牌管理特色

（一）围绕品牌发展方向的 Logo 演变

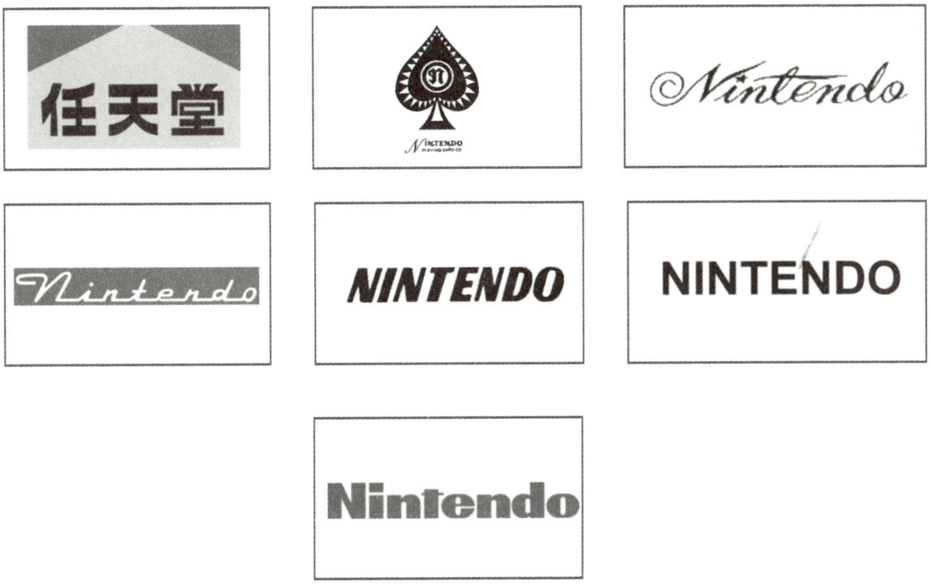

图 6　任天堂 Logo 演变

任天堂以在花札制造领域发迹，在 1950 年前，任天堂以“任天堂”三个汉字为公司的标志。

1949 年，山内溥接管任天堂骨牌后进行了一系列改革，成绩斐然，并于 1962 年在大阪证券市场上市。随着公司进入全新的阶段，任天堂也对企业标志进行了升级。全新的标志为一个黑桃。哥特体的公司名称首字母“n”居于黑桃的中央，周围以三角形的花边装饰，底部为手写体的公司名称，这个设计直观地反映出了企业的性质。

1959 年，任天堂获得了迪士尼的授权，可以在扑克上使用迪士尼的卡通形象，并大获成功。

为了配合新的产品，并向国际化企业迈进，任天堂对标志的整体风格进行了调整——以手写体的罗马字体为标志，方便西方消费者识别。

扑克牌业务上的成功激发了任天堂的野心，于是，任天堂在这一时期尝试了包括情侣酒店在内的多项业务，同时在1964年到1965年期间也短暂地使用过另一个版本的罗马字母标志。

任天堂的多元化业务大多以失败告终，为了逆转经营困境，任天堂开始着手砍掉赔钱业务，进军玩具业。为了方便低龄群体的阅读，任天堂又进行了标志更新，新标志采用了更易于阅读的无衬线体，简练而易于记忆。

随后，再次更新的标志在上文所述斜体字母标志的基础上进行了优化和调整。新的标志放弃了更有运动感的斜体，笔画的粗细在视觉上保持统一，使得新标志更为稳重可靠、亲切，易于接受。

1967年，任天堂初次使用与现在Logo相似的Nintendo标记作为棒球练习机的Logo，该文字的纵线较粗，横线较细，且i上的点是四角的，这一Logo样式逐渐稳定下来。随后的数年中，任天堂的标志虽略有改动，但核心的字母部分一直被保存了下来并成了经典。

（二）明星辈出的子品牌阵营，打造核心竞争力

任天堂以母品牌强势背书，旗下多款产品如《马里奥》《口袋妖怪》《塞尔达传说》等组成市场知名度、美誉度、忠诚度极高的子品牌阵营，共同反哺母品牌，共同打造任天堂的品牌核心竞争力。

比如，提起任天堂，“超级马里奥”绝对是个无法回避的名字。从1985年第一款正式冠以《超级马里奥兄弟》的作品在FC上诞生开始，任天堂和马里奥就从此成为不可分割的一体，每代游戏机上总有马里奥第一个冲锋陷阵。马里奥各种相关作品达到百部以上，累计销量超过5亿套，是吉尼斯世界纪录认证的世界第一游戏。

再比如《塞尔达传说》。和马里奥的大众化普及相比，塞尔达收获的更多的是专业赞美，该系列大多数作品都成为当时的游戏最高水准代表之一。塞尔达系列最鲜明的特色之一在于在传统动作游戏的基础上加入了解密要素。而随着游戏机能的不断进化，这一特色也在持续演化变革。该系列中的《时之笛》在3D游戏诞生没多久，全无参考的情况下率先给出了大量机关加解密的设计，仅凭这点就影响了无数后来作品。

而倘若没有马里奥，《口袋妖怪》必然会成为任天堂毫无争议的第一游戏。毕竟凭借一己之力改变一款游戏机的命运，这是马里奥都未能做到的事

情，将《口袋妖怪》称为游戏史上的奇迹毫不为过。在诞生7年后，原本已经显得过时的GB掌机凭借这款游戏重新来到巅峰，最终成为任天堂旗下第二个累计销量过亿的品牌。

再比如让任天堂重回巅峰的Wii以及《Wii Sports》。2006年，任天堂以体感思路创新设计出Wii游戏机，将微软的Xbox360和索尼的PS3都打了一个措手不及，从而令任天堂在与索尼的10年争锋中，终于得以再次崭露头角。

（三）与知名品牌合作，形成品牌合力

品牌联合策略是提升品牌知名度、影响力的重要手段。任天堂十分善于同其他公司合作来推出具有双方特色的产品，这一传统在任天堂销售纸牌业务时已经开始。在1964年东京奥运会前夕，山内溥与迪士尼的纸牌合作让任天堂大赚一笔。1988年圣诞节期间，任天堂与百事可乐合作，在电视上通过密集的搭配促销活动进行广告宣传，在整个活动中，总共销售了价值100万美元的任天堂产品和20亿罐可口可乐。这个活动还大大加深了任天堂产品在喜爱百事可乐的年轻顾客心中的好感。1989年，为了宣传“全家人一起娱乐”，任天堂与麦当劳合作，推出了“超级玛丽享用麦当劳大餐”活动，争取了一部分麦当劳的忠实客户。2009年，任天堂再次与麦当劳合作在日本开展了一个名为“吃麦当劳，玩DS”的服务。该活动规定在日本全国共计3200家麦当劳餐厅中，凡是在2009年6月19日~7月17日在麦当劳餐厅购买汉堡包等食物的话就能免费获取礼券，这样玩家就能免费下载《乱战口袋妖怪》的游戏试玩版。凡是购买巨无霸的，玩家同时能够获取《乱战口袋妖怪》里16只不同的妖怪。另外，在此期间玩家不仅能下载体验版游戏，同时也能下载具有教育意义的饮食教育迷你游戏。通过这些花样百出的品牌联合，任天堂实现了与合作品牌的双赢，促进了知名度和影响力的提升。

（四）富有策略的饥饿营销，创造更多消费者需求

“饥饿营销”是指商品提供者有意调低产量，以期达到调控供求关系、制造供不应求“假象”以维护产品形象并维持商品较高售价和利润率的营销策略。任天堂是近代商业饥饿营销的先驱之一，早在山内溥时期，任天堂就

依靠敏锐的商业直觉和铁腕政策，严格掌控FC实体卡带的出货量，一来保证卡带能够快速出售而不是滞销仓库，尽可能节约生产销售和库存成本；二来控制游戏卡带的上市数量，让市场始终处于需求旺盛状态，保证游戏品质的同时给玩家一种“游戏很受欢迎”的感觉，让玩家时刻关注任天堂游戏的动态，为了不留下遗憾而早早抢购游戏软件。

此后，任天堂在推出产品时，常常刻意保持产品短缺，以便创造更多的消费者需求。从某种意义上讲，短缺至少可以产生三种积极的影响：（1）产品的短缺会让消费者产生强烈的好奇心，并且使市场需求膨胀。（2）短缺现象会被媒体大肆宣扬，而满足需求则做不到这一点。产品的短缺往往使任天堂有免费成为媒体关注的机会，可以节省大笔宣传成本。（3）短缺可以帮助零售商将任天堂市场表现力不强的产品缓慢地销售出去，因为父母在孩子需要的游戏已经销售一空时，会购买别的替代游戏。这种替代游戏也许可以吸引孩子度过长假，但是孩子们还是会对没有买到的游戏念念不忘，因而父母在有了新的供货后还是要买早先卖完的游戏产品，这样任天堂卖出的产品就是两个。在 Wii 的营销策略上，任天堂就采用“短缺”策略。这款主机一上市就销售一空，加之任天堂在 Wii 发布时做的宣传，各大主要媒体都在关注 Wii 的情况，从而吸引了更多的潜在玩家。

五、品牌传播特色

（一）病毒营销，引爆口碑传播

所谓“病毒式网络营销”，是通过用户的口碑宣传网络，令信息像病毒一样传播和扩散，利用快速复制的方式传向数以千计、数以百万计的受众。也就是说，通过提供有价值的产品或服务，“让大家告诉大家”，通过别人为你宣传，实现“营销杠杆”的作用。任天堂十分擅长对这种手段的运用。

比如 Wii 于 2006 年登陆美国时，任天堂就通过病毒营销的方式赢得了广泛的关注。当时，任天堂将营销的目标受众放在非典型的群体“妈妈们”身上。任天堂首先邀请几位热爱交际并且精通电脑的家庭主妇，让妈妈们共同体验Wii所带来的快乐。任天堂将第一批口碑制造者称之为“超妈”（AlphaMom），这些“超妈”们后来又每人邀请了 35 位家庭主妇前往西好莱坞最负盛名的夏特蒙特酒店进行 Wii 的操作体验，然后由这些体验到游戏带来快乐的妈妈们将游戏推广到更广泛的人群。营销初期，游戏业内很多人持怀疑态度，因为绝大多数的家庭妇女是反对电子游戏的，在美国，这些“妈妈们”对孩子灌输的思想就是“远离游戏”。但是任天堂对此的解释是：这些“妈妈们”才是家中的老大，只有她们才会在圣诞节为孩子带来游戏机。如果将这些游戏“仇敌”吸引进来，任天堂的玩家群将会倍增。另一方面，任天堂的妈妈营销在很大程度上延续了其以家庭娱乐为切入口的品牌传播策略，避免了孩子们总是“躲进房间玩游戏”的情况，而是将更多时间与家人一起娱乐，从而拉近了孩子与家庭成员，尤其是与父母之间的距离。

更加有趣的是，很多玩家由于过度投入，导致许多遥控手柄从手中飞出并砸中电视。媒体对此进行大肆报道，美联社甚至认为“Wii 是一款电视杀手”。这种负面报道反而引起了消费者的强烈好奇心，掀起了消费者中的第二轮口碑传播。

（二）发行《任天堂力量》，拉近与消费者的距离

尽管随着纸媒的衰落，《任天堂力量》已经于 2012 年 12 月停刊，但这本杂志曾经带来的巨大影响，依旧值得在今天探讨。

《任天堂力量》最初由任天堂美国于 1988 年创刊并独立运营。发行当年，《任天堂力量》就达到了 150 万份订阅量，1990 年增至 600 万份，一度成为全美销售量最大的儿童类书籍。

在《任天堂力量》中没有任何广告，只有游戏介绍、游戏攻略和提示，目的是引导消费者选择优质游戏。在当时，一款游戏出现在《任天堂力量》上的版面数量和内容都会极大地影响成败，没能登上这家刊物的游戏甚至很难出现在宝贵的货架上。当时，任天堂规定，出现在杂志中的游戏必须是精品，而精品的评价标准则是任天堂规定的 40 分制的评分系统。该系统用于对游戏进行审查，审查的方面包括血腥、种族歧视、色情、政治、宗教等可能引起负面影响的因素，也包括一些游戏玩法方面的判断。评分在 30 分以上才有资格进入杂志，得到任天堂官方渠道的宣传。通过对内容的严格把控，《任天堂力量》成为连接任天堂与用户的重要平台，用户在这里可以了解到更多优质的游戏以及玩法攻略，而其留下的反馈意见，也成为任天堂创新拓展的重要资源。

（三）利用“明星角色”，持续提升品牌影响力

作为一家老牌的游戏厂商，任天堂是一家非常善于“造星”的公司，在短短的30年时间里，任天堂造就了诸如马里奥、大金刚、林克、皮卡丘这样的身价数十亿的游戏明星，这些游戏明星因为鲜明的个性特征和广受欢迎的特质，得以超出时间、载体甚至行业的边界，持续提升任天堂的影响力。

时任任天堂美国分公司执行副总裁迈因就曾表示：“人类的很多休闲时光是在游戏中度过，构造一个以品牌人物为主线的出色主题，将始终令公司占据有利地位，不论它是在‘任天堂64’、掌上游戏以及未来的卫星系统上运行。”迈因始终认为，任天堂的短期增长和长期优良市场表现的关键在于持续经营品牌人物的能力。任天堂的很多游戏，诸如《超级玛丽》《唐老鸭》《塞尔达传说》《口袋妖怪》等，其中的明星人物“穿越了8位机、16位机、64位机以及更高技术层面时代”。不论何种新技术成为电子游戏运行的硬件标准，任天堂只要在随后的游戏中使用这些人物，都会获得不同年龄层游戏玩家的认同。

以任天堂“口袋妖怪”家族为例，这款游戏深受人们的喜爱，以至于许多电影、电视制作人以及玩具生产商都愿意向任天堂支付巨额版权费，以获得使用“口袋妖怪”的权利。这样的交易一方面为任天堂节省了巨额的广告宣传费用，另外还为公司带来可观的收入。同时，任天堂认为继续使用被人们所熟知的人物，还会促使那些怀旧的父母为他们的孩子购买任天堂游戏。据调查显示，年纪稍大的游戏迷希望也能毫不掩饰地玩“超级马里奥”，这些游戏会让他们想起愉快的童年，并把“超级马里奥”介绍给孩子，从而实现了品牌效应的延续与传承。

任天堂对这些“明星人物”的重视，在某种程度上使任天堂在不断变化的游戏平台竞争中保持了长久的优势，依靠游戏明星的魅力，造就了一代“日本任天堂族”。

六、案例总结

（一）以清晰的愿景引领品牌发展方向

品牌愿景是指一个品牌为自己确定的未来蓝图和终极目标。品牌愿景不

仅能够为品牌带来清晰的、长远的目标，还可以增加内部员工的凝聚力和工作的积极性，同时，为品牌延伸范围进行了界定，并对品牌核心价值、识别系统等方面的规划限定了基调。任天堂的发展历程无不体现“为人们带来微笑”这一愿景的引领作用，因而无论是新产品的研发、市场的开拓还是品牌延伸，无不围绕这一愿景进行，这使得任天堂无论体量如何增大，延伸的领域如何多元，都始终体现着鲜明的“任天堂特色”。

（二）坚守道德准则，提升品牌形象

品牌伦理是企业与品牌行为在市场上给消费者与社会公众留下基于伦理与道德方面的评价，这种评价通过在消费者心里建立一种品牌情感而影响消费者购买决策。于品牌而言，品牌伦理建设是培育品牌持久竞争力的重要因素。任天堂认为随着电子游戏机的普及，市面上不可避免地会出现一些劣质的、带有暴力或者色情元素的游戏软件，这类软件的流行会对青少年造成不良影响。为了避免这种情况的发生，任天堂根据专利权契约，对游戏内容实施严格的检查，极力避免出现负面联想，从而持续增强消费者对品牌的信赖。

（三）优质的产品是品牌可持续发展的基石

对于品牌而言，若无优质的产品作为基础，其他任何的策略都只是空中楼阁。任天堂的发展壮大，离不开其严格的“权利金制度”，通过对第三方游戏软件开发商近乎苛刻的约束，任天堂在保障其游戏体验丰富性的同时，也避免了劣质内容流入市场，从而保障了品牌的美誉度，也为品牌的可持续发展提供了动力。

亚马逊：以客户为中心打造电商航母

我们的战略建立在客户需求之上，而不是建立在竞争对手之上。我们的理念是成为世界上最以客户为中心的公司。

——亚马逊

企业简介：

亚马逊公司（Amazon，简称亚马逊），是总部位于美国华盛顿州西雅图市的全球最大网络电子商务和云计算公司，公司专注于电子商务、云计算、数字流媒体和人工智能等领域。亚马逊是美国信息技术行业五大公司之一，与谷歌、苹果、微软和Facebook齐名。亚马逊被称为“世界上最具影响力的经济和文化力量之一”。最初只经营网络书籍销售业务，现在业务扩展到相当广的范围，涉足云计算、无人驾驶、人工智能、设备研发及数字化物流等领域。亚马逊以其通过技术创新和大规模扩张对成熟产业的颠覆而闻名。以收入和市值衡量，亚马逊是全球最大的在线市场、人工智能助理提供商、流媒体直播平台和云计算平台。截至2020年，亚马逊的全球品牌估值最高。

亚马逊为客户提供数百万种全新、翻新及二手商品，商品目录从A到Z，如图书、家具和厨房用品、婴幼儿用品、美妆和护肤品、酒类、健康和个人护理用品、服饰、鞋类和珠宝、数码下载、汽车配件及工业产品等。同时，亚马逊也为第三方卖家提供平台，并为其提供云计算服务和物流服务。

在2020年《财富》世界500强排行榜中，亚马逊以营业收入280.522亿美元排名第9位，较上年的第13位上升了4个名次；在Interbrand2020年全球最佳品牌100强排行中，以2006.67亿美元排名第2位，品牌价值较之前增长了60%。在2020年BrandZ最具价值全球品牌100强榜单中，以4159亿美元的品牌价值，占据榜首。

一、品牌发展历程

（一）1994—1997 年：品牌初创期

（二）1997—2010 年：品牌扩张期

（三）2010 年至今：品牌高速发展期

二、品牌核心价值理念分析

三、品牌创建路径

（一）并购助力品牌成为全球最大电商平台

（二）创新 DNA 为品牌赋能

（三）本土化经营推进品牌国际化进程

四、品牌管理特色

（一）“飞轮效应”推动品牌持续发展

（二）提升客户体验成就电商航母

（三）全产业链运营巩固品牌领先地位

五、品牌传播特色

（一）塑造创始人品牌，助力企业品牌传播

（二）布局社交网络，提升品牌影响力

六、案例总结

（一）全方位客户体验是打造电商品牌的有效途径

（二）创新是企业持续发展的内在动力

一、品牌发展历程

（一）1994—1997 年：品牌初创期

1994 年，由于看到互联网市场增长的巨大潜力，贝佐斯决定从投资公司 D. E. Shaw 辞去副总裁的位置，自己创业。贝佐斯列出了 20 种适合网上售卖的产品，并挑出了 5 种最有可能成功的产品，包括光盘、电脑硬件、电脑软件、音像制品和图书。最终，贝佐斯决定从图书入手，建立一家网上书店，因为图书市场规模大、单价低并且其标准化的程度高，十分适合于创业。同年，贝佐斯成立 cadabra 公司，并在几个月后正式将其更名为 Amazon（亚马逊），1995 年 7 月亚马逊网站正式上线。亚马逊上线两个月，它的销售额已经达到了每周 2 万美元。

贝佐斯将亚马逊定位成“地球上最大的书店”（Earth's biggest bookstore）。为实现此目标，亚马逊采取了大规模扩张策略，以亏损换取规模。亚马逊于 1997 年在纳斯达克上市。之后，亚马逊在与线下实体书店的竞争中胜出，最终完全确立了自己最大书店的地位。

（二）1997—2010 年：品牌扩张期

贝佐斯认为和传统的线下门店相比，网络零售一个突出的优势就是它能够为客户提供广泛的可选择商品范围。因此，在这个时期，亚马逊公司不断地扩大自己所经营的品类和规模并进一步提高了供应链的效率。为了进一步加快亚马逊成为世界级的全球化网上商店的发展进程，亚马逊开始部署国际市场并积极地开放了第三方销售服务平台（Marketplace），以丰富多样的选择和便宜的价格吸引全球的消费者。

1998 年 6 月，亚马逊的谷歌音乐应用商店正式在中国大陆地区上线。仅一季度，亚马逊就成了最大的网上音乐商店产品零售商。2000 年时，亚马逊的品牌口号被重新改为“最大的网络零售商”（the Internet's no. 1 retailer），同时也确立了最终的品牌 Logo。Amazon 的下方有一个箭头，从字母 a 到 z，代表“无所不包”。亚马逊不仅是一家网络书店，而是一个售卖“万物”的综合电商。此外，亚马逊还大力打造其现代化高效的供应链系统，并逐步超过了全球领军企业沃尔玛超市。

从2001年起亚马逊大规模推广第三方卖家平台（Marketplace），2002年正式推出亚马逊网络服务（AWS）；2005年设立Prime会员服务制度；2007年起亚马逊开始向第三方卖家提供物流服务（FBA）；2010年推出KDP的前身数字出版平台（DTP）等。亚马逊逐渐推出的这些产品和服务，使之远远超越了网络传统零售企业的范围，成为一家全方位综合性的服务供应商。与此同时，2007年亚马逊将拓展品类作为首要任务，Amazon kindle等均在此时期问世，这一时期的亚马逊正朝着一个最以客户为中心的品牌道路发展。

（三）2010年至今：品牌高速发展期

在本阶段，亚马逊采用“飞轮计划”业务增长策略，发挥Prime会员制度在整个零售系统的作用，重点打造AWS云计算服务，吸引更多的商家入驻第三方平台，形成“飞轮效应”的良性互动循环。亚马逊在这段时间的突飞猛进是基于扩张阶段电商和全球物流体系等基础业务上的开拓和创新。从电商领域的领军者到云计算服务领域的先驱，亚马逊完成了一次华丽的转身。2020年，亚马逊整体营业收入达到3860.64亿美元，同比增长38%。2021年初，公司市值增长到了1.51万亿美元，股价相比上市时已经涨了近167倍，成为全球商品品种最多的网上零售商和全球第二大互联网企业。

亚马逊还将电商与传统的实体零售相结合，形成线上线下联动，打造“新零售”模式。通过优化资产配置来提高企业的效率并引领消费升级。“新零售”兴起催生了Amazon Go无人实体零售店等一系列新业态门店，而新科技加深了线下与线上的高度融合。同时，亚马逊持续加大在科技创新中的投入，不断完善的AWS云计算业务巩固了其领先地位；Kindle电子书、Echo智能音箱销量增加，语音识别及面部识别等人工智能与零售的结合，推动了亚马逊零售的发展；无人机配送提升物流效率、无人驾驶技术的研发等，都展现了亚马逊在科技方面的无限潜力。

二、品牌核心价值理念分析

亚马逊的品牌愿景在其创始人贝佐斯阐述来，即是：“成为全球最大的、最以顾客为中心的企业，人们可以从这里找到和发现他们希望在线购买的任何商品。”电商类品牌基于其在线销售的特点，可以不受缚于卖场面积、售卖条件、货品摆放、导购行动等传统实体零售行业的传统桎梏，在丰富产品品类、扩大市场份额等方面具有先天优势。因而，围绕其既定的品牌愿景，从品牌创立之初，亚马逊就笃定市场份额的增长要优先于利润的增长，着眼长远，以创造长期价值为核心，长远思考才能做到看似不可能的事。

亚马逊品牌的命名也有着丰富的寓意。贝佐斯选择 Amazon. com 这个名字，因为它使人联想起孕育万物的亚马逊河，暗示亚马逊的规模巨大，选择繁多。此外，网站排序一般都是按照字母表的顺序进行，Amazon 能使网站排序更加靠前，更容易吸引顾客。

亚马逊品牌 Logo 的演变也体现了品牌的内涵和理念。最初的公司标志非常简陋，蓝色的背景上印了一个大大的 A 字，A 字还特别做成一条河流的样子，与亚马逊这个公司名称相对应。

1997 年标志上就加上了“地球上最大的书店”（Earth’s Biggest Bookstore）的字样，但依然采用了河流式的图形设计。没过多久，就被更换成了纯字母式样，但保留了“地球上最大的书店”这几个字。

1998 年公司再度两次更改标志，先是改成一个极简且突出 O 字的标志，之后改成了现在大家较为熟悉的字体样式，上方加入了“书本、音乐以及其他”（Books，Music&More）这几个字样，象征着亚马逊已经从在线书店变成了世界上最大的综合电商，出售的商品也已经不限于书本。

2000 年亚马逊的标志最终定型，下面有一个小箭头从 a 指到了 z，象征着这家网站可以满足用户的一切需求。2002 年亚马逊标志再次微调，加入“为你准备好了一切”（and you’re done）这行字，这也与亚马逊顾客至上、顾客第一的服务宗旨相符。

图 1　亚马逊品牌 Logo 演变

（图片来源：https：//blog. logomyway. com/history – amazon – logo – design/）

三、品牌创建路径

亚马逊如今已成为全球最大的电子商务平台和云计算服务引领者，海量的并购使其规模不断扩大，产品品类逐渐完善，为其实现多元化的经营奠定了良好的基础。并购后的资源整合、本土化经营助推亚马逊品牌国际化的进程。同时，创精神一直根植于亚马逊品牌 DNA 中，一直指引着其前进方向。

（一）并购助力品牌成为全球最大电商平台

“如果无法击败它，那么就买下它”，这是亚马逊在品牌发展过程中一直奉行的对待竞争对手的原则。亚马逊的收购策略帮助其迅速完成了自己的品类扩张、业务延伸和产品技术的提升，不断为品牌赋予新动能，为其成为全球最大电商打下坚实的基础。

1998 年，亚马逊开始尝试并购战略，收购英国的一家网上书店 bookpages（如今已是亚马逊英国）、建立音乐商店以及收购三家数据应用网站（IMDb、Junglee、PlanetAll），分别从三条产业链打开战略之门，为其后的图书、数据、音视频电子业务扩张奠定了基础。

在2000年互联网泡沫破裂后，亚马逊投资的很多公司破产，致使亚马逊的股价暴跌。虽然亚马逊在这一时期得以生存，但在接下来几年中，亚马逊一直在韬光养晦，很少进行并购业务，只在2000年和2004年收购了两家公司。从2005年后，亚马逊又全面开启了自己的并购之路，主要专注于媒体网站和数字零售商的收购。2011年起，亚马逊开始将重心放在收购科技公司来发展智能设备Amazon Echo和AWS服务。亚马逊积极在不同领域进行收购，实现公司多元化经营。

2012年，亚马逊收购Kiva Systems公司，并成立Amazon Robotics，率先将机器人用于仓储拣货，开启仓储运营自动化。目前，亚马逊在全球26个运营中心有超过10万个机器人。2014年起，亚马逊开始自己的生鲜业务部署，同年，入股上海美味七七，开启中国市场的生鲜业务部署。同年，亚马逊以9.7亿美元收购了知名流媒体平台Twitch，该网站主要进行视频游戏直播、电子竞技比赛直播和音乐内容等。收购Twitch为亚马逊打开了游戏市场的大门。2017年，亚马逊以137亿美元的价格收购美国高端连锁超市Whole Foods（全食超市），成为亚马逊有史以来最大的一笔收购交易。通过收购Whole Foods全面布局生鲜业务，利用物流系统的优势为消费者更快地送达丰富的生鲜产品。

大量的并购拓宽了亚马逊进军海外的道路，巩固了其在电子出版行业的领先地位，拓展了商品品类并成为全球最大电商；并购还有利于品牌不断创新和开发新技术。总体来说，正是通过大量资金的运作，使得亚马逊逐渐成为全球最大的网络零售品牌，并得以组建起一个庞大的电商帝国。

图2 Whole Foods超市

（图片来源：https：//en. m. wikipedia. org/wiki/Whole_ Foods_ Market）

图3 Twitch

（图片来源：https：//www. linkedin. com/company/twitch－tv）

另一方面，亚马逊品牌影响力的快速提升以及市场份额的扩大，是对行业竞争对手的打击，在某种程度上成为竞争取胜的关键。例如，通过并购，亚马逊品牌先是在图书领域彻底击溃美国传统连锁书店巨头 Borders（鲍德斯），并使另一对手 Barnes & Noble（巴诺）举步维艰。亚马逊还全面挑战沃尔玛，竟使这家全球零售业巨头在美国本土的销售额一连 9 个季度下滑。

（二）创新 DNA 为品牌赋能

“创新是亚马逊的 DNA”，这是亚马逊一直以来向大众传递出的理念。成立 26 年来，亚马逊一直在不断地进行创新，这些创新在给顾客带来耳目一新的产品、服务的同时，也在渐渐地改变着人类的生活方式。

从 1995 年亚马逊成立，开创了网络书店的模式后，便一直不断在业务、科技、产品、管理等方面进行创新。2005 年，亚马逊启动 Prime 会员制度，并迅速成长为全球最受消费者欢迎的会员订阅服务之一；2006 年，亚马逊正式推出 AWS 云服务。目前 AWS 仍引领着全球云计算的发展；2007 年，亚马逊发布 Kindle 电子阅读器，这是人类阅读方式与习惯的一次变革；2012 年，亚马逊成立 Amazon Robotics，引领仓储运营自动化潮流；2013 年，亚马逊公布 Prime Air 无人机计划，成为智能物流领域的先驱者；2014 年，亚马逊推出智能产品 Amazon Echo，正式开启智能语音时代；2015 年，第一家 Amazon Books 线下书店正式开业，实现了线上与线下零售的无缝衔接；2016 年，亚马逊首次推出线下实体店 Amazon Go，颠覆了传统的零售运营模式；2017 年，亚马逊收购 Whole Foods Market 并整合其物流体系、零售终端和销售系统，打造高端食品零售线上线下一体化新业态；2018 年，为儿童和年轻人制定职业规划的“亚马逊未来工程师”（AFE）公益项目启动，为计算机科学领域培养创新人才；2019 年，亚马逊携手 Global Optimism 组织发起并签署《气候宣言》，为人类可持续发展树立了又一个里程碑。截至 2019 年，亚马逊全球拥有逾 12 万项技术专利，并广泛应用于智能语音交互、智能硬件、智能购物、智能物流等各种场景，推动着整个互联网行业不断向前发展。

亚马逊的技术创新不是商业利益驱动，而总是客户需求驱动。亚马逊 20 多年的科学技术研发也见证着全球人工智能的发展：从以客户为导向构建概念，到落地应用，最终提升客户体验。以亚马逊海外购为例，借助人工智能、机器学习技术以及围绕用户行为、商品特征等多维度的大数据分析能力，亚马逊海外购在网站运维和功能开发等方面极大地减少了人为干预，并通过自动化、智能化的后台运营，真正实现了消费者个性化推荐。

（三）本土化经营推进品牌国际化进程

自品牌初立时，亚马逊就立足于品牌国际化，为了实现这一目标，亚马逊不断收购兼并、资源整合，在快速占领美国本土市场的同时，打入海外市场，攫取市场先机和份额。总体来说，亚马逊的全球化征程，同海外兼并收购、本土化运营紧密相连。

以图书业务为例，亚马逊所采取的就是通过收购海外头号网络书店进行出口扩张的战略，为其扩大海外市场和占据国际领先地位的战略提供捷径。

1998 年，亚马逊成功收购电影数据库网站（IMDb）及英国 Bookpages 和德国 Telebook 两家当地最大的网上书店；同年 10 月，亚马逊正式宣布成立亚马逊英国和德国网站，整合之前收购的两个网站的全部业务。仔细分析不难发现：这次收购令亚马逊在英国和德国的业务快速落地开花。Bookpages 提供了 120 万个英国图书品种，Telebook 提供了 40 万种德语书籍，而亚马逊则拥有 300 万个美国图书和音乐等品种，此次收购无疑为亚马逊的图书种类锦上添花。被收购的两家网上书店与亚马逊业务整合后，亚马逊植入了前者的搜索系统、推荐服务和个性化购物服务等核心技术。这次收购使得当年亚马逊海外营收达到 2100 万美元，占总销售额的 3.4%。

2008 年，亚马逊收购总部位于加拿大的全球网上图书销售平台 Abebooks，该网站覆盖美国、英国、德国、法国、意大利等国家，出售来自全球数千家图书销售商的书籍，提供超过 1.1 亿册二手、珍藏版和绝版图书，会员数达到 13.5 万。这次收购使得亚马逊在珍藏版和绝版图书业务上得以拓展，同时也将全球的图书销售商和图书爱好者联系起来，为买卖双方提供更好的服务体验。

四、品牌管理特色

（一）“飞轮效应”推动品牌持续发展

在经历从网上书店到提供数亿种产品的市场转变过程中，亚马逊一直依靠贝佐斯提出的业务增长策略［2001 年由战略家吉姆·柯林斯（Jim Collins）首创，称为“飞轮效应”］，以坚持客户至上的原则。“飞轮效应”意在推动企业业务板块间的相互融合、相互联动，就如同齿轮一样，在不断磨合的过程中带动企业整体效益高速飞转。

公司早期的“飞轮效应”是这样运作的：“低廉的价格吸引着更多的客户访问亚马逊，增加了销售量，吸引了更多第三方卖家入驻平台，从而使亚马逊能够从固定成本中获得更多，比如履行中心和运行网站所需的服务器给这个飞轮的任何部分供电，都会加速其循环”。①

图 4　亚马逊“飞轮效应”模型

（图片来源：https：//feedvisor. com/resources/amazon – trends/amazon – flywheel – explained/）

飞轮的主体是 Prime 会员服务，由第三方卖家平台（Marketplace）和亚马逊云服务（AWS）两大部分组成。Prime 会员人数的增加，推动了第三方商家入驻平台。为了让第三方商家能够降低自己的成本，亚马逊为这些商家提供了 FBA（Fulfillment By Amazon）的物流服务。让第三方卖家可以把自己的货物寄存在亚马逊的物流中心，一旦有用户下单，亚马逊将负责配送，而第三方卖家只需要交一笔服务费。亚马逊强大的物流系统会使更多的第三方卖家选择 FBA 服务，从而进一步拓宽 Prime 会员业务的价值。同时，亚马逊会为第三方商家提供 AWS 服务，让他们把自己的 IT 系统放在云服务上，由

① ［美］布拉德·斯通（Brad Stone）著：《一网打尽：贝佐斯与亚马逊时代》（李晶、李静译），北京·中信出版社，2014 年版。

此三大核心业务相互配合、相互联动，从而带动整个企业的发展。

从本质上讲，亚马逊飞轮模型是以价格价值为中心的。价格越低，竞争力越强，产品对潜在客户的吸引力就越大，促使更多的第三方销售商和品牌想在市场上销售。利益相关者的涌入增加了亚马逊庞大而多样化的产品选择——这是与竞争激烈的市场形成竞争优势的一个因素——并继续降低成本，进一步促进客户参与度和转化率的提高。伴随着丰富客户体验的增长，亚马逊能够降低成本结构，同时为客户提供更低的价格，并将资本再投资到新的计划中，例如，对亚马逊来说，这包括不断优化其优质服务。

（二）提升客户体验成就电商航母

亚马逊品牌无时无刻不在向市场传达这样的声音："我们的战略建立在客户需求之上，而不是建立在竞争对手之上。我们的理念是成为世界上最以客户为中心的公司。"在亚马逊成为"全球最大电商"的愿景下，是亚马逊对于客户体验的极致追求。

亚马逊的品牌建设逻辑为：高质量的客户体验会为企业带来更多的流量，从而吸引更多的第三方卖家加入，为亚马逊提供更丰富的产品、更便捷服务，进而提升客户体验。与此同时，企业的规模会不断扩大，运营成本也会被更多客户分摊，降低成本结构，亚马逊将节省下的部分回馈给客户，可以带给客户更好的价格体验，形成品牌发展的良性循环。在客户体验提升方面，亚马逊有以下几点做法表现出众。

一键下单

亚马逊在 1999 年 9 月被授予了 One Click 专利（一键下单专利），One Click 允许客户使用用户先前输入的完成购买所需的支付信息进行购买。更具体地说，它允许使用互联网市场的在线购物者在不必使用购物车软件的情况下购买商品。用户可以使用单击购买来使用预定义的地址和信用卡号来购买一个或多个项目，而不是手动输入购买的账单和发货信息。自亚马逊专利到期以来，出现了 Bolt、Fast 和 PeachPay 等结账体验平台，这些平台正在使类似的一键式结账流程自助化。

一本法律杂志上的文章将其形容为"可能是一款最让人忘不了的非原创软件专利"。科技书出版商蒂姆·奥莱利称这是"知识产权圈子里又一个疯狂的案例"。这些在业界看来有些"疯狂"的举措，却是亚马逊将客户体验放在首位的充分体现。亚马逊将商业知识、科学技术和客户理念融合到一起，形成了现代商业社会标榜客户体验的先知，最终成就了亚马逊品牌的崛起。

过硬的产品质量是成就品牌的基础

产品质量主要包括两方面：一是产品要符合产品描述；二是产品的使用质量要过关。

众所周知，亚马逊是单品为王，这一点奠定了电商行业最基本的行为规律：选品是一切的前提。listing 为王，一个 listing 的核心就是产品。抛开产品特色先不谈，如果你的产品质量有问题，就会导致退款、差评，甚至索赔。任何一个差评所带来的后果都是难以弥补的，那是数个好评都不可挽回的损失。关于产品质量，亚马逊在三个细节方面表现出众：第一，相关认证到位。亚马逊的产品认证，外观认证，电子产品、服装工具等认证一应俱全，尤其是欧洲站，规定更加严苛。第二，产品英文说明书。具备地道的产品英文说明书，有助于减少售后事务。第三，包装要规范。规范的包装可以建立良好的品牌印象，还可以告诉客户：你是一个真正做产品的，不是纯粹卖货的。

亚马逊物流服务（FBA）

FBA（Fulfillment by Amazon）亚马逊物流服务是亚马逊提高用户体验的重要手段。亚马逊物流服务（FBA）在速度和配送时效上要远远优于第三方卖家自己处理的订单。所有加入亚马逊物流服务（FBA）的产品，上面都会有标志，表明这款产品是由亚马逊发货并完成订单的，客户信任度很高。

此外，亚马逊物流（FBA）还可以提高产品在搜索时的排名。当客户搜索某件产品时，带有亚马逊物流服务（FBA）标志的产品会排在普通商品之前，虽然价格较高，但客户会更加信任带有此标志的产品。第三方卖家愿意选择亚马逊 FBA，因为可以成倍提升其销量。亚马逊物流服务（FBA）通过强化自身运营品质，提升客户体验，成为亚马逊品牌提升美誉度的重要手段。

建立自己的粉丝阵地

有人说“客户体验是客户使用产品的心理、感受，之后对产品的印象、评价”。时下的社交网站就是人们倾诉这种感受和评价的最大阵地，所以通过 Facebook 等社交网站营销非常重要。亚马逊是一个品牌集中基地，于亚马逊而言在Facebook上聚集的粉丝，就好比国内在微博上聚集粉丝。众所周知，曾经的博客、后来的微博以及现在的微信公众账号为淘宝引流非常可观。

（三）全产业链运营巩固品牌领先地位

经过20多年的发展，亚马逊已经从最初的网上书店发展成为全球最大的网络电商。在这期间，亚马逊形成了由多项业务组成的生态发展体系。这种生态体系，也是对原生社会的一种改变。在这个生态体系中，亚马逊不断寻求品牌的新生之道。不断创新，完成全产业链布局，在客户面前呈现终端产品。在这种全产业链+终端产品的模式之下，用户不必操心运作模式、操作细节，包括图书音像服务、云服务、流媒体服务、物流服务等。这些都由亚马逊来完成，用户只需要支付一定的费用便可以享受到高性价比的服务。

以亚马逊的图书主业为例，亚马逊已经通过在数字内容领域的收购战略，将数字内容业务拓展至产业链的各个环节。同时在图书出版业和数字内容的战略投资都表明亚马逊时刻捍卫自己在图书和电子书出版行业的领先地位。

亚马逊在数字内容领域的探索可以追溯到2000年投资Audible.com网站。亚马逊斥资百万美元购买Audible.com网站5%的股权，与之成为战略合作伙伴。亚马逊客户可以享受Audible公司超过2万小时的数字视频内容，Audbile则给予亚马逊3年3000万美元的丰厚回报。2000年，亚马逊正式推出电子书商店，为用户提供可下载的有声读物，也为亚马逊2008年成功收购Audible.com网站埋下伏笔。

2007年，亚马逊推出自创的Kindle电子阅读器，正是其进军数字内容出版行业的标志。同年，亚马逊还收购了美国最大的独立有声读物出版商Brilliance Audio公司。该公司提供非常丰富的完整或删节的畅销小说的音频格式，并出售给任何形式的商家，进一步完善了亚马逊在图书业务领域的全产业布局。

五、品牌传播特色

（一）塑造创始人品牌，助力企业品牌传播

个人品牌的塑造逐渐成为企业进行品牌传播的一个重要手段。通过塑造品牌创始人的个人品牌，提升企业品牌的知名度和曝光量。个人品牌也是企业无形的品牌资产。从华尔街精英到全球最大网络商店的创始人，杰夫·贝佐斯（Jeff Bezos）的传奇经历一直为大众所津津乐道，贝佐斯也毫无疑问地被视为企业家的标杆，影响并激励着众多企业家前行。

贝佐斯有着自己独特的经营企业的哲学，在亚马逊内部，贝佐斯要求员工在开会时将报告材料整理成 6 页的文章而不是用 PPT 来进行讲述，这样可以锻炼员工的阅读、总结能力，用故事的方式讲述工作，增强其逻辑思考能力。亚马逊的业务增长模式“飞轮计划”也是贝佐斯提出的，利用三大核心业务之间的良性互动和循环推动企业的持续发展。贝佐斯最著名的身份是亚马逊的创始人兼首席执行官，但他也一直坚守着自己的热情和梦想，成立太空公司“蓝色起源”，一直在默默打造航天器，最终目的是让数以百万计的人在太空工作和生活。贝佐斯身上不仅仅拥有成功企业家所具备的基本特质，还一直坚守着自己的初心和热情。贝佐斯成功塑造了自己的个人品牌，收获了无数的粉丝，获得了客户的信任，同时也无形中提升了亚马逊的品牌影响力。

（二）布局社交网络，提升品牌影响力

对于电商企业而言，社交媒体平台的电子商务转化率一般都很高。亚马逊在不同的社交媒体平台上发布新闻、商品促销、广告视频等信息时，都可以得到大量粉丝的关注和评论，为其带来巨大的流量。而这些评论能够吸引消费者从 Facebook、Twitter、Instagram 和其他社交媒体平台到亚马逊网站进行消费，完成流量到购买的转换，从而大幅度增加亚马逊销售额。社交媒体调查公司 Brandwatch 2016 年发布最新的社交媒体展望分析报告，报告分析了 15 种不同行业中超过 450 个品牌在社交媒体上与消费者的互动情况，根据这些品牌在 Twitter 和 Facebook 上与关注者的互动指标来排名，如点赞数、

@提及数、回复数、评论数、页面分享数及页面点赞数等来进行判断。结果，从表现排名和得分来看，亚马逊在社交媒体上的可见性分数都是最高的。报告指出，80%的顾客在实体店购买之前会先在网上搜索、研究产品。相反，41%的顾客会先在商店查看商品，然后再到网上购买。

亚马逊的社交媒体传播布局可以追溯到2007年。2007年，亚马逊第一次收购了数码评论网站——Dpreview. com。该网站总部位于伦敦，主要专注于数码相机市场有关的评论、信息、新闻和论坛。亚马逊正是看中了该网站积累的大批信用度较高的摄影爱好者，可以对亚马逊网站上的数码用品评论区进行补充。该网站除了自带流量“光环”，每月独立用户超700万，浏览量超过1.2亿，同时还能为亚马逊提供大量的网络广告，通过在数码产品的评论中附加该产品在亚马逊的网址链接，为亚马逊带来更多数码产品的新用户和销量。

2008年，亚马逊收购图书爱好者社交网站Shelfari，该网站主要为图书爱好者提供交流平台，同时允许用户创建虚拟书架，显示用户已读或想读的图书，用户可以发表书评或对图书评分，并与好友分享图书目录。收购Shelfari有助于亚马逊把创建的社区工具添加到其Kindle电子图书商店中，从而促进图书销售。2009年，亚马逊又收购了作者图书社交网站Booktour. com。作者可以在该网站上创建自己的个人主页，并与粉丝进行交流，发布自己的最新动态和工作时间表。收购后，亚马逊将Booktour的作者工作时间表显示在该作者的亚马逊主页上，让用户可以更为便捷地获取任何他们所喜爱的作者的动态。这种拉近读者和作者距离的方式，也为亚马逊的图书业务带来了新契机。

六、案例总结

（一）全方位客户体验是打造电商品牌的有效途径

客户体验成就了亚马逊“以亏为赢”商业模式获得胜利的奇迹。亚马逊坚持这一模式的逻辑非常简单：客户体验足够好，就能够带来更多流量；更多的流量就会吸引更多卖家来网上销售；有了更多卖家，亚马逊就能够拥有更丰富选品，提供更便捷服务，自然也会对客户体验有所提升。而随之带来的规模扩大，运营成本也会被更多客户分摊，这样一来成本结构也就更好，可以把剩下来的钱回馈给消费者，又从价格层面提升了客户体验。

这种客户至上的品牌发展理念为亚马逊积累了高筑的品牌美誉度的同时，帮助亚马逊获得了大笔的市场份额，并且令其许多全新的实验性理念得到了广泛的认可，从而更加夯实了其强大的品牌影响力。从某种意义上讲，顾客至上、注重体验的品牌发展理念，成就了亚马逊商业模式，构筑了一个全球性的电商航母，并且颠覆了相关行业传统的运营生态。

（二）创新是企业持续发展的内在动力

创新精神一直根植在亚马逊的品牌 DNA 中，持续不断地进行技术、产品、理念等创新是亚马逊发展的内在动力。同时，亚马逊一直将自己视为科技企业，科技的创新是其生存和发展的灵魂。从最初的网上书店到现在全球最大的电商平台，并成为在云计算服务、人工智能、机器学习、人脸识别、无人驾驶技术等领域的佼佼者，亚马逊一直在创新的路上。

面对如今不断变化的环境，创新是企业跟上时代发展步伐的必要条件。同时，创新也是企业进行多元化经营的重要前提。创新可以提高企业的生产力，减少成本，提高企业的利润和竞争力，从而增加企业品牌价值。

法国电力：
高度重视CSR的电力领跑品牌

多年来，法国电力始终把持续的经济发展和逐渐增强的对社会及环境的责任意识结合在一起，通过技术创新、品质服务、社会责任形象塑造等方面的努力，逐渐成为世界电力行业的领跑品牌。

企业简介：

法国电力集团（EDF）是法国电力工业的支柱和骄傲，也是欧洲乃至全世界能源产业的领跑者。作为一家在核能、热能、水电和再生能源方面具有世界级工业竞争力的大型企业、能源转型的领军企业之一，拥有超过70家子公司和分支机构，投资遍布世界各地，为全球近4000万用户提供能源服务。法国电力多年来重视品牌建设，持续为企业品牌形象塑造活动投入资源，在品牌战略、社会责任、企业文化、技术创新和企业管理方面作出了许多努力，将效率与责任作为其战略的核心，力求将经济效益、社会公平与环保责任紧密联系，堪称专注可持续发展的典范企业。

法国电力公司在2020年《财富》世界500强排行第110位，在Brand Finance发布的2020全球最具价值品牌500强中排行第155位。2019年9月，法国IFOP（法国公共舆论研究所）发布了最新一期“法国人最爱的法企TOP10”的民调结果，法国电力公司名列第10位。

一、品牌发展历程

（一）1946—1972 年：品牌初创期

（二）1973—1989 年：品牌创新期

（三）1990 年至今：品牌引领期

二、品牌核心价值理念分析

三、品牌创建路径

（一）持续技术创新成就品牌领先地位

（二）相关多元化发展提升品牌竞争力

（三）履行社会责任树立卓越品牌形象

四、品牌管理特色

（一）以视觉形象演变助力品牌全球化

（二）以技术输出为手段进行品牌延伸

（三）不断优化用户体验提升品牌忠诚

五、品牌传播特色

（一）借助国际级活动平台实现品牌出圈

（二）以故事化的手法传递品牌核心理念

（三）组织“EDF Pulse”大赛强化能源品牌领军者形象

六、案例总结

（一）能源企业要把履行社会责任作为品牌建设的重中之重

（二）技术创新是培育世界级核心竞争力品牌的关键要素

（三）中国企业在“走出去”过程中要突出国际化品牌形象

一、品牌发展历程

第二次世界大战以后，法国的发、输、配、售电业务基本由私营企业经营，少数地区由地方政府、公私合营企业或用户协会管理。为了加强对国民经济的调控能力，战后法国政府开始对一些与国民经济密切相关的企业实施国有化，法国电力集团（英文缩写“EDF”）正是诞生于这样的背景下。其经历了以下几个主要发展阶段。

（一）1946—1972 年：品牌初创期

“二战”结束后，能源成为法国恢复经济必须要解决的首要问题。1946 年，在法国政府大规模实施企业国有化的背景下，由众多私营中小电力企业并购成立的法国电力公司（EDF）正式诞生，为战后的法国提供重建所需的能源供给成为新成立的法国电力公司最重要的使命。次年，法国电力公司积极参与到大容量发输电基础设施的兴建之中，其中包含被誉为“现代化的大教堂”的法国迪涅水电站；法国电力公司也积极布局核电领域，若干座石墨气冷堆核电站在同期纷纷建成，发电基础设施的完善有效地保证了法国当时的电力供应。相关数据显示，战后不久，90% 的法国家庭就已经能够享受到有充足电力提供的照明和使用小型家用电器的便利，而在此之后，法国全国用电量以平均每 10 年翻番的速度不断刷新。

（二）1973—1989 年：品牌创新期

20 世纪 70 年代前法国的电力主要来自石油发电，但法国的石化资源非常少，大部分依托于进口，1973 年，中东石油危机爆发，欧派克组织（OPEC）在一年内将石油价格提高 4 倍。为了应对能源危机，实现能源独立，法国政府在关键时刻提出了一个庞大的核能发展计划。该计划称，到 1985 年法国要建造 80 座核电站，到 2000 年建造 170 座核电站，最后实现法国电力全部由核电提供的宏伟目标。这个计划被称为“梅斯梅尔计划”，它开启了法国核电的大发展时代。

在 1976 年法国政府核能发展规划的指引下，法国电力公司通过对核电工程技术的不断完善，形成了特有的核电工程管理模式，从而使核电安全水平以及技术创新能力持续提升，保障了核电的经济性和安全性；另一方面，通过向公众开放运营中的核电站，向公众进行核电知识普及等一系列做法，增强了公众对于发展核电的支持。经过蓬勃发展，核电成为法国国家能源结构中的重要组成部分，法国核电也在世界上处于领先地位。

（三）1990 年至今：品牌引领期

围绕着法国电力市场的建立，法国政府进行了一系列的电改配套工作，对法电集团进行了拆分和改制，结束了其上下一体化的垄断地位。与此同时，法国电力公司国际化的步伐进一步加快，在全世界设立了多个子公司，法国电力公司扩展为法国电力集团，开始了规模化的运作，这使得它在市场中更具竞争力，经过转型发展形成了基于核电、水电、新能源的多元化电力结构，业务几乎涉及电力价值链上的所有环节，包括发电、输电、配电到售电等业务，经营地域涉及全球五大洲。法国电力公司应用综合性的发展模式，对上游资产组合和下游资产组合进行管理，确保对客户的能源供应并达成最优化的利润。在将近 70 年的时间里，法国电力公司已经发展成为全球顶级能源公司。

二、品牌核心价值理念分析

作为一家能源企业和公共服务企业，法国电力的使命就是尽最大的努力，用最节能、高效、环境友好的方式为业务地区供应电力，满足人们日益增长的能源需求，促进国民经济的发展。

在制定其品牌战略的同时考虑到企业的立足之本和差异化优势，法国电力兼顾品牌的未来定位，提出企业的品牌愿景：满足全球不断增长的能源需求，应对气候变化和保护自然资源的挑战，遵循可持续发展理念，共同改变能源结构，为创建更美好的未来作贡献。

寻求差异化是品牌定位的根本，相比其他国际知名电力企业，法国电力最大的竞争优势就是新型能源的主要技术掌握者和倡导者。因此，根据企业的品牌战略，法国电力将企业品牌定位为：全球低碳能源的领军者、电力和能源行业创新解决方案与服务提供商。

为成为低碳能源的领军者，法国电力坚持几十年专注核电和新能源技术开发，强调引领技术创新是法国电力品牌的差异化特点和企业发展的侧重点，突出法国电力品牌新能源行业的引领者地位，尤其在核电发展中充当领军者的行业角色。

作为电力和能源行业创新解决方案与服务提供商，法国电力致力于在全球范围内与各界的合作伙伴一起用科技创新助力低碳转型，为人类构建一个“零碳能源”的未来。

三、品牌创建路径

（一）持续技术创新成就品牌领先地位

“法国电力不是一家设备公司，所以法电开展的研发主要是吃透技术，并且不被设备牵着‘鼻子’走。只有自己掌握技术，才能实现一体化企业的优势”

——法电研发国际副总裁
雅克·萨克雷斯特

技术创新是品牌价值的基础，是企业维持可持续竞争力和创造价值的重要来源。企业作为技术创新的主体，通过投入创新资源，能提高企业的技术水平和产品质量，而新兴的技术能够提升品牌的知名度，高科技的产品能够提升产品美誉度并降低顾客的选择成本，从而形成品牌效应、提高品牌价值。

作为一家集发、输、配电为一体的国企巨头，法电聚焦于提升一体化电力全行业业务链的技术能力。早在20世纪70年代，法国电力公司就开始将目光转向清洁能源和低碳排放发电形式，确立了品牌的定位和发展模式，将科研主力投入到新型发电技术上。作为全球最大的核电运营商，法国电力公司在核电领域深耕多年，因此前期其技术研发主要围绕在核电领域，此外其在火电、水电及新能源发电领域均有涉及。法国电力根据自身的业务板块，确定了技术研发的三大战略支柱：①开展核电和可再生能源，巩固并发展有竞争力的低碳发电技术；②竞逐法国本土及全球能源系统，准备下一代电力系统；③关注用户和局部用户群体，为用户开发并测试新能源服务解决方案。可以看到，在三大战略支柱中，除了要通过研发保持其在核电领域的优势外，对于未来电力系统及数字化应用都极为重视。

法国电力现在每年在技术研发上的预算将近6亿欧元，其中70%用于核电、水电、新能源、大数据、客户端数据化等应用研究，30%用于探索性前沿科技的研究。除了技术研究外，法国电力同时支持年轻初创企业的创新项目，直接与客户进行沟通，共同开发对其业务有利的产品和服务，并通过支持法国巴黎银行青年企业家论坛奖鼓励推动创新创业。

经过几十年的清洁能源发电研究，法国电力在非石化发电技术领域享有许多世界前沿技术，持续的技术创新奠定了法国电力集团全球领先的行业地位，使其“全球低碳能源的领军者、电力和能源行业创新解决方案与服务提供商”的品牌定位深入人心，更加成为法国电力品牌最具代表性的竞争优势。

（二）相关多元化发展提升品牌竞争力

品牌的多元化发展有利于原品牌资产所形成的品牌势能，为新产品或者品牌赋能，实现品牌收益的增量，因此，多元化发展成为许多企业发展到一定阶段的战略选择。

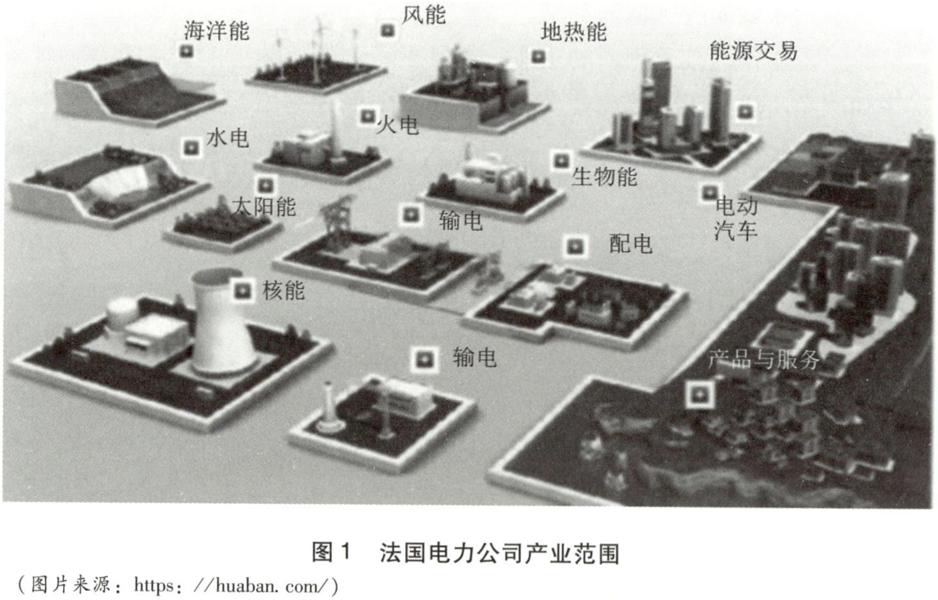

图1　法国电力公司产业范围

（图片来源：https：//huaban. com/）

法国电力经过半个世纪的努力，建立起涉及电力产业各类发电形式产业集群，业务范围既有海洋能、风能、太阳能、核能等清洁能源，又包括火电、水电等传统发电方式，在保证现有业务平稳运行的基础上，不断寻求未来各类能源生产的可行性，实现企业多元化的发展道路。除了能源运营本身，法国电力的业务还涵盖电力销售、能效管理和能源大宗贸易等各个环节，甚至包括电力投资、电力工程设计以及电力项目管理与电网配送在内的一体化解决方案，旨在为居民、专业客户、公司企业、城市或区域提供集成解决方案。

毋庸置疑，完整立体的产业生态链使法国电力受益匪浅，通过专门的集团协调部来沟通各个部门，节省了大量上下游环节间的成本投入；通过了解上下游的需求，相互促进技术和服务的进步，多元化的品牌战略促使法国电力在其品牌生态中不断为各相关方创造价值，使其成为品牌生态系统中的核心。

（三）履行社会责任树立卓越品牌形象

履行社会责任是企业树立品牌形象的重要途径，是预防品牌空心化的有效措施，以履行社会责任为手段彰显企业的公共价值，更加能够获得各相关方的认同，也是实现品牌长远发展的必由之路。

法国电力公司认为，电力和能源是人类重要的生存资源，是经济和社会发展的基本条件，生产、输送、分配和经营电力需要有高度的社会责任感。这种责任感应该落实到从事该领域活动的企业及其全体员工，成为他们的自觉行动。而且，这种社会责任感不仅涉及法国电力集团各公司与其员工之间的关系，同时还涉及公司与客户、承包商和供货商的关系，与公众和地区的关系，从广义上说，涉及整个生态圈。

环境责任是法国电力践行社会责任的重点。作为低碳增长的拥护者，法国电力公司根据联合国的 17 个可持续发展目标，选择了 6 个企业责任目标（气候变化、人类发展、节能、能源安全、对话与协商、生物多样性）作为承诺，并每年提交成果报告。在国际化进程中，法国电力也将环境责任作为重点，将项目当地的环境问题视为重点。如通过子公司法国电力贸易公司成为中国清洁发展机制（CDM）电力项目最大的买家；在遏制气候变暖和温室气体排放等国际热点问题上，作为世界可持续发展工商理事会下属“电力项目”的联合主席企业，积极与各国政府部门及电力企业接触与合作，在技术转让、二氧化碳减排等方面积极交流等。在履行环境方面，较为典型的是老挝境内的南屯2号水电站项目，该项目完全按照法国及欧洲的环境标准开展，并根据信息透明的原则，委派公司企业社会责任代表进行定期访问，组织国际、当地非政府组织前往项目施工地查看移民以及生物多样性保护问题等，多方面进行监督。

链接　法国电力集团可持续发展的“灯塔”项目

老挝是南亚最贫穷的国家之一，充分利用境内水利资源是解决贫困的途径之一。老挝境内的南屯2号水电站（装机107万千瓦）于2005年开工建设，其95%的电力将出口到泰国，为老挝换回重要的国民收入（相当于老挝国家预算的1/3）。法国电力集团是该电站最大的投资股东（35%），也是项目建设的总承包和运营商。由于项目可能对周边居民及生物多样性产生影响，国际贷款银团（世界银行、亚洲开发银行、法国开发署等）对南屯水电站有限公司建议的行动计划规定了极为严格的环境与社会标准后才同意贷款，这些在环境与社会领域以合同形式确定的承诺是此类电力工业项目中有史以来第一次。南屯水电有限公司承诺自2004年起的30年间，每年投入100万美元用于保护相当于水库面积10倍的生物多样性保护区，并使其发挥价值功能，这一面积为4000平方千米的自然保护区覆盖着原始森林和该地区罕见的生物多样性区。将相当于项目总投资额的13%（共计1亿6千万美元）用于社会与环保措施，堪称是法国电力公司集团可持续发展的灯塔项目或称典范项目。

2020年，新冠疫情在全球210多个国家和地区的蔓延，对世界经济和电力行业产生深刻影响。面对新冠疫情冲击，法国电力公司积极采取应对措施，启动商业持续运营计划，随事态发展调整公司应急状态，加强对重点人员和关键设备的管理，确保企业和电网稳健运行；允许小企业延期或在疫情结束后6个月内分期缴费，缓解社会用能负担，为重点客户提供可靠电力供应；通过简化财务手续，缩短中小企业供应商付款结算周期，提前支付1.9亿欧元尾款，扶持中小微企业度过困难期。

法国电力致力于为整个生态圈相关方创造价值，从各个方面积极履行社会责任，努力推广企业价值，塑造负责任的领军企业形象和企业文化，使其渗透在公司的各个方面，树立了世界清洁能源领军企业的品牌形象，为公共服务企业优秀品牌的塑造提供了成功的经验。

四、品牌管理特色

法国电力的品牌管理归属于战略和发展部，该部门是法国总部的直属部门，主要负责包括法国和国际地区的法国电力品牌整体战略规划、调整，并制订相应的发展计划。此外，在品牌推广方面，在法国本部、中欧、西欧、地中海、非洲、美洲、亚太部均有各自的品牌推广部门，以便做出满足不同文化口味的品牌传播方案。

作为世界电力品牌的标杆，法国电力在品牌管理方面有很多值得借鉴的地方：

（一）以视觉形象演变助力品牌全球化

2005 年之前

2005 年至今

在品牌竞争的时代，企业形象对于市场竞争来说，是一件锐利无比的武器。而 Logo 作为一种代表企业形象、凸显企业文化的有效工具，它的价值已经被证明是一种功能强大的推进剂，在市场竞争中发挥重要作用。法国电力通过改变 Logo，助力品牌全球化发展。

成立之初法国电力的业务立足于本国，出发点是国家公共服务电力企业，因此Logo是形象化的房屋中的电力，并标识“EDF”，用以表明其国民用电来自法国电力。随着简洁化审美浪潮的冲击，法国电力也随之将其Logo简化，同时突破了原有Logo代表房屋用电的局限性，体现其从单一的房屋用电业务逐渐发展为一家提供综合性用电服务的集团的业务转变。21世纪初，法国电力进行战略调整，定位是为用户提供多元化能源和多样化服务的集团。为了体现其全球化的雄心，开始重新考虑它的标志，进行全球招标，历时6个多月的甄选，于2005年更换旧标志，启用新的企业标志识别系统，将品牌形象定位为奔跑的“动力世界”。设计创意源于法国电力服务于五大洲的发展战略与经营理念，摒弃常用的大工业企业过于冰冷、刻板、理性的设计手法，而是将西方人文科学的哲学思想与东方古典美学元素通过国际化的视觉语言充分展示出来。将中国书法的笔触元素与西方文化有机融合，动感的橙色体现能源的属性，整体图形仿佛一个勇于向前、不断奔跑的能源体，而人形的处理象征企业以人为本的人性化经营管理思想。

法国电力集团启用的新Logo，标志其原有的业态发展方向的改变，将企业走出法国、走向世界的宏伟理想呈现在世人面前，标志着法国电力国际化发展新历程的开始。

（二）以技术输出为手段进行品牌延伸

由于行业的特殊性，法国电力的品牌延伸具有一定的局限性，主要集中在同行业的产业上下游延伸，延伸的主脉络是清洁能源。除此之外，得益于掌握先进的低碳排放技术，法国电力针对电力产业链上下游低碳排放需求，不断进行业务和品牌延伸。

多年的电力设施建造让法国电力拥有丰富的工程经验和先进的低碳技术，他们将这一企业优势看作是企业发展的新商机，建立电力咨询公司，向他国电力建设尤其是低碳改造提供技术支持。在民用核技术领域，法国电力代表着行业先进水平，是众多寻求核电能源国家的主要技术提供者。除此之外，还提供管理咨询业务，为其他电力企业提供管理咨询服务，解决电力企业的运营、管理、销售等问题。

借助于母品牌在能源行业建立起来的强大影响力，法国电力成立的EDF Trading能源贸易公司成为活跃于全球能源市场的贸易商，2000年9月起开始参与交易欧洲能源市场的主要产品；2001年4月获得英国天然气集团长期天然气供应合约以及使用比利时天然气管道的权利；2003 年起，法国电力贸易公司将业务扩展到了亚洲，并在新加坡开展煤炭及相关货运贸易，与越南、老挝、泰国等国家开发新的水电、煤炭和天然气发电项目。法国电力公司与中国的合作已经有 20 多年的历史。在中国，法国电力公司的发电机组总装机容量达 3720MW，是在华最大规模的国际发电运营公司。在此基础上，法国电力公司继续发展和中国的合作伙伴关系，以便扩大在核电、常规火电和水电等新技术开发项目中的合作。

经过十几年的发展，EDF Trading 的经营结构包括：煤炭和天然气、生物质能、碳排放权、可再生能源四个方面。并于 2004 年开始介入气候变化领域，在看到自身碳排放优势的同时将碳排放权贸易纳入其经营结构中，是欧盟排放许可权及“京都项目减排额”交易的“领头羊”之一。在 CDM（开发清洁发展机制）领域，EDF Trading 参与的项目遍及全球各个角落，业务伙伴包括中国、印度、巴西以及俄罗斯的项目开发商。EDF Trading 认为，参与 CDM 等减排项目是抵消集团电能生产中排放的温室气体的一种“低本高效”的途径。在全球范围内，EDF Trading 是当之无愧的 CDM 项目顶尖买家。通过与世界各地项目开发商的合作，EDF Trading 成功地开发了众多 CDM 项目，极大地增加了自身的 CERs（核证减排额）持仓额度。

（三）不断优化用户体验提升品牌忠诚

法国电力市场是自由经济体制下的市场化运作，除了法国电力外，还有其他中小电力机构，并且随着法国电力市场的逐步开放，除法国电力之外的独立零售商在竞争性市场中的供电用户数量和市场份额正在缓慢上升，竞争机制促使法国电力通过细分用户，提供有针对性的服务，进一步优化用户体验来提升品牌忠诚度。

首先是客户分类服务策略。法国电力公司对工商业用户市场采用 B2B 策略，对基于请求的业务类别设置相应的客服代表提供服务进行分类管理，对居民用户市场则采用 B2C 策略，共享一个全国性的客户服务中心，基于其请求的业务类别的差异由相应的客服人员对其提供服务；其次是不断对产品和服务进行创新，利用成本优势提供“固定价格”的优惠，面向家庭用户提供便捷灵活的支付方式，提供能源诊断和能源效率服务，允许用户监控自己的消费及控制成本，提供分布式新能源发电及存储解决方案等使产品和服务更加多样性。最后，通过提供在线注册与合同签订、在线比价、账户信息查询和消费电量实时查询等服务，将其互联网技术应用于智能家居领域，从而推动服务的便捷化。同时，法国电力通过使用数字化技术、社交媒体、移动应用进行品牌推广与服务活动，提高品牌曝光度和评估客户满意度，实现与客户的多种渠道沟通，不断提升客户的满意度。

五、品牌传播特色

法国电力的品牌传播体现了品牌定位的主张，每个传播活动都有一系列完整的设计，传播的核心内容是突出法国电力低碳生产、新能源倡导者和公共服务精神。

（一）借助国际级活动平台实现品牌出圈

相对于 C 端等高认知度、贴近人们日常生活的行业，以 B 端业务为主的能源企业与公众的品牌接触点相对较少，在对消费端的品牌传播上向来存在着颇具难度的挑战，如何使此类关注度相对有限的议题在受众心中产生广泛的共鸣是众多能源企业在品牌转型升级中面临的重要问题，许多优秀的能源品牌通过参与大型活动，为能源品牌的圈层化传播作出了良好的探索和实践。

在众多探索和实践中，法国电力和伦敦 2012 年奥运会的合作堪称经典，不仅助伦敦奥运会实现了“低碳”目标，也使得法国电力致力于能源可持续发展的品牌形象深入人心，在全球范围内得到广泛传播。伦敦 2012 年奥运会申办时，承诺要“举办一届可持续的奥运会”，这其中能源供给必然是非常重要的一环。作为欧洲最大的电力生产商，法国电力一直致力于探索能源的可持续发展，并将可持续发展理念融入其管理经营及企业文化中，将其作为企业战略的核心，理念的高度契合使得法国电力从伦敦申办时即成为伦敦申奥委的合作伙伴。

具体到做法上，法国电力 2009 年 7 月创建了 Team Green Britain 在线社区，从家庭、食品健康、生活方式、旅游和金钱消费这 5 个主题出发向公众提出有关可持续生活方式的相关建议。为了进一步扩大平台的影响力，法国电力倡议将每年的 7 月 10 日设立为 Green Britain Day，号召全社会作出改变，共同努力实现“绿色英国”。伦敦奥运会的相关人员也积极参与，如伦敦奥组委主席塞巴斯蒂安·科承诺更多食用自己种植的蔬菜，奥运会冠军安德鲁·辛普森承诺绿色出行，等等。在法国电力和相关意见领袖的倡导下，伦敦奥运会举办前期有超100万人注册Team Green Britain在线社区，并承诺践行可持续生活方式。在奥运会举办过程中，法国电力在奥林匹克公园、伦敦塔桥和伦敦眼等地标建筑上安装了实时能源监控Visi装备，公众通过法国电力能源公司的Power the Games Live计划，经由移动设备上的一个软件，能够实时跟踪2012年伦敦奥运会和残奥会期间主要场馆的实时能耗，从而帮助公众用户更加了解建筑设计和可持续技术如何影响能源消耗和能源成本。在奥运村内，法国电力设立了一个电力展厅，利用不同的区块和功能展现电力供应新技术，并通过互动式、体验式的方式，让到访者感受到人们最习以为常的电力供应实际上在可持续方面有着很多新的潜力。

法国电力通过充分利用线上线下平台，开展一系列的以可持续为核心的营销活动，将可持续的发展理念落实到伦敦奥运会赛前、赛时和赛后全流程当中，为世界呈现了一场极具启发意义的低碳奥运会的样本示范，由此触发了全世界对于大型活动可持续性管理的关注，也助力法国电力公司在全球树立备受公众认可的领先的可持续能源企业形象。

（二）以故事化的手法传递品牌核心理念

品牌故事是向相关方传达思想的一种有说服力的方法，并且是一种有效的品牌沟通方法，使受众能快速接收信息并了解信息。在新媒体迅速发展的新时代，伴随着媒体触点粉尘化、传播渠道多样化以及传播内容价值回归等特征，品牌故事成为众多企业进行品牌理念传递的重要手段。法国电力公司通过充分发掘行业特点，从“国营”“低碳”和“清洁能源”等关键词入手，跨界合作，创作系列故事传递品牌理念，与大众建立了深厚的连接，让我们发现：电力公司也可以成为人们喜爱的品牌。

在法国电力公司的官网上，公司的发展历史以题为“聚光灯下的国际电力公司”（A Global Electricity Company In The Spotlight）故事时间轴的形式呈现。在20世纪30年代的法国，大约有200家私营公司发电，还有100家私营公司参与输电，1000多家私营公司向消费者分配电力，各地区和公司价格差异巨大，建立单一的电力公共服务成为必要。“二战”后，法国重归自由，百废待兴，公共服务提升到国家优先地位。法国电力公司将国家未来的建设者作为自己的使命。此后，法国电力公司经历了马歇尔计划、战后繁荣、石油危机、法国加入欧盟等历史大事件，在民族复兴和国家现代化的过程中扮演了重要的角色。通过将企业发展与国家命运、世界局势紧密结合，将品牌形象植入大众熟知的历史事件中，极大地提升了法国电力品牌的知名度和美誉度。

在欧洲无煤化政策和循环经济政策的影响下，法国电力关注如何协同发展核电与可再生能源，巩固并发展有竞争力的低碳发电技术，并以此为主题进行品牌故事讲述。法国电力旗下子公司 EDF Energy 与创意营销代理公司 Brilliant Noise 开展跨界合作，拍摄了系列电影《电动汽车探险之旅》。EDF Energy 为每个人提供了一辆电动汽车，并拍摄了他们的电动汽车冒险之旅，希望通过他们的旅途故事提升人们对 EDF Energy 电动汽车新主张的认识。在电影拍摄前，EDF Energy 和它的合作伙伴对电动汽车市场中的内容、现状进行了调研，将搜索量与该内容的质量和广度进行了比较，发现目前消费者对电动汽车的焦虑并没有以一种易于理解的方式得到解答。因此在这部以受众为导向的系列电影中，EDF Energy 通过 KOL 回答了受众的问题。《电动汽车探险之旅》系列电影，很大程度上提升了人们对 EDF Energy 电动汽车新主张的认识，解开了人们对于核电、智能充电桩的误解，是 EDF Energy 通过基于洞察力的新方法表达品牌主张的最大规模的整合营销活动。

法国电力公司通过讲述企业品牌故事，将价值内核与低碳生活方式联系起来，建立了广义文化的故事系统；将法国电力公司与温暖的家庭、有趣的朋友、勇敢尝试、自我实现和充满乐趣的旅程等大众追求的理想生活相结合，并把这些关键词融入其品牌形象中，通过故事化的手法传递品牌理念，提升品牌美誉度，实现品牌价值增值。

（三）组织“EDF Pulse”大赛强化能源品牌领军者形象

赛事活动由于其极强的参与性、互动性和易传播性，是众多企业品牌传播的重要渠道之一。

自 2010 年以来，法国电力的研发部门启动了一系列开放创新活动，形成了由 8000 余家初创企业组成的庞大网络，并成立了年投资能力达 3000 万欧元的创投基金。自 2014 年起，法国电力先后在法国、意大利、英国、非洲和印度启动“EDF Pulse”大赛，奖励为人类福祉和能源低碳转型不断变革求新的初创企业。6年来，80多家企业从2200名候选者中脱颖而出，获得法国电力在资金和宣传等领域的支持。2021年在中国提出碳达峰、碳中和路线图的背景下，法国电力将“EDF Pulse”带到中国，大赛面向成立10年以内的中国初创企业，征集“智能电网”“智慧城市”“智慧生活”三大主题的产品与解决方案，旨在与中国蓬勃的创新力量一起，用突破性的创新技术助力中国实现能源低碳转型和碳达峰、碳中和目标。

通过在相关国家开展“EDF Pulse”赛事，依托于自身强大的技术研发水平，鼓励当地初创企业积极创新，与其一起探索实现能源低碳转型的最佳解决方案，以协助者的姿态和相关方共同发展，其全球低碳能源的领军者的品牌形象进一步强化。

图2　法国电力“Pulse能创未来”大赛海报

（图片来源：https：//www. edf. fr/pulse/prix－locaux/chine）

六、案例总结

（一）能源企业要把履行社会责任作为品牌建设的重中之重

随着经济全球化和世界新秩序的形成，能源在人们生产生活中的地位日益重要，能否掌握能源不但会影响一国国力，以永续经营为目标的企业亦无法置身事外，因此，很多企业将承担企业和社会可持续发展的责任提上了重要议事日程。

对于能源类企业来说，利润和企业社会责任不是博弈关系，企业同时实现经济和社会目标并不矛盾。企业完全有可能从履行 CSR 中得到实实在在的好处，比如扩大销售和市场份额、增强品牌和影响力、降低运营成本、增加吸引人才和投资者的能力等。只有将 CSR 整合到企业的经营和战略中，才能同时实现企业和社会的可持续发展。法国电力一直致力于成为世界企业公民，是第一个发布社会责任报告的电力企业，多年来一直在打造负责任的品牌形象方面进行努力，也获得了行业内外的高度认可。

（二）技术创新是培育世界级核心竞争力品牌的关键要素

能源是所有生产生活的基础。当今世界能源发展趋势是转型加快、增速趋缓、创新活跃，各国都在积极抢占能源技术创新和商业模式创新的制高点。储能技术、分布式能源、智慧能源管理等都是能源产业与互联网数字技术深度的融合，在能源领域，技术创新尤为重要。

法国电力凭借持续的技术创新奠定了全球领先的行业地位，使其“全球低碳能源的领军者、电力和能源行业创新解决方案与服务提供商”的品牌定位深入人心，更加成为法国电力品牌最具代表性的竞争优势。

（三）中国企业在“走出去”过程中要突出国际化品牌形象

能源类垄断企业在“走出去”过程中，需要采用市场化手法，以品牌作为开拓市场的武器。这需要企业的品牌战略具有高度与前瞻性，要与企业发展目标紧密结合，才能通过品牌引领企业的发展和成长，实现企业愿景。只有将品牌战略与企业战略实现完美匹配，品牌战略才能实现引领作用，才能在国际市场上将自身最擅长的领域发挥到极致。

法国电力能够在国际化的道路上成绩斐然（海外收入占比 45%），离不开其突出国际化企业形象的包装，强调国际化地位而不是政府的支持，尽可能地减弱海外国家的战略性抵触心理。

壳牌：创新驱动的能源行业引领者

壳牌是世界领先的能源企业之一，至今已有百年历史。壳牌注重与客户、合作伙伴和政策制定者的密切合作，并通过有效的品牌管理塑造企业强大的影响力，推动企业可持续发展。

企业简介：

荷兰皇家壳牌石油公司（Royal Dutch Shell），简称壳牌，总部位于荷兰海牙，由荷兰皇家石油公司与英国壳牌运输贸易公司于1907年合并组成。目前，壳牌既是全球大型能源企业之一，是国际上主要的石油、天然气和石油化工生产商，也是全球最大的汽车燃油和润滑油零售商。壳牌业务遍及全球70多个国家和地区，主要业务包括三部分：上游业务(勘探和生产石油及天然气)、下游业务(提供高质量的润滑油、沥青、燃油、化工等产品和加油站服务)、技术和项目部(技术许可和能源咨询)。2020年《财富》世界500强排行榜中，壳牌以3521.06亿美元营收排名第五位。

一、品牌发展历程

（一）19 世纪 30 年代—90 年代：品牌初创期

（二）19 世纪 90 年代—20 世纪 30 年代：联合发展期

（三）20 世纪 40 年代—80 年代：品牌调整期

（四）20 世纪 90 年代至今：持续发展期

二、品牌核心价值理念分析

三、品牌创建路径

（一）技术与创新保持品牌在行业内的领先地位

（二）围绕产业链进行品牌延伸，培育品牌竞争新优势

（三）能源领域进行并购壮大品牌竞争力

四、品牌国际化策略

（一）具有包容性的多元文化助推国际化进程

（二）因地制宜的本土化策略促进国际化发展

五、品牌管理特色

（一）设计个性化的视听标志，增强品牌的辨识度

（二）进行品牌集中管控，增强主品牌的凝聚力

（三）进行品牌维护，丰富和保护品牌资产

六、品牌传播特色

（一）传播内容凸显文化内涵，增强受众的品牌认同

（二）善于通过专业活动及赞助赛事实现精准传播

（三）擅长讲述品牌故事，增加与受众的沟通与交流

（四）通过公益营销树立良好的品牌形象

七、案例总结

（一）寻找品牌差异点进行深耕，避免同质化竞争

（二）全方位品牌管理维系良好的品牌美誉度

（三）系统化的品牌传播塑造良好的品牌声誉

一、品牌发展历程

作为世界知名的百年品牌，壳牌的发展历程可以概括为四个时期。

（一）19 世纪 30 年代—90 年代：品牌初创期

壳牌的历史可以追溯至 19 世纪初位于伦敦的一家小店，当时塞缪尔（Samuel）家族主要在店里销售各种贝壳。1897 年，马库斯 · 塞缪尔两兄弟成立壳牌运输贸易公司，采用贻贝壳作为公司标志。同一时期，荷兰人安昆 · 邵克在荷属殖民地印尼的苏门答腊地区发现石油，并创办了荷兰皇家石油公司，这为后来壳牌的持续发展奠定了基础。

（二）19 世纪 90 年代—20 世纪 30 年代：联合发展期

1907 年，壳牌运输与贸易公司（英属）与荷兰皇家石油公司合并，两家公司联合后，开始了国际化发展，业务拓展至世界各地。此后，壳牌的国际化发展步伐不断加快，并迅速发展成为横跨欧、美、亚、非四大洲的能源巨头，品牌国际影响力不断彰显。

图 1　20 世纪初，壳牌开始迅速扩张，在欧洲、亚洲和美洲开设了分公司

（图片来源：https：//www. shell. com/about - us/our - heritage/our - company - history. html）

（三）20 世纪 40 年代—80 年代：品牌调整期

中东地区于 1908 年发现石油，但 20 世纪 30 年代以前，中东地区的石油开采规模并不大。“二战”后，石油在军事战略上的地位日益重要，20 世纪 40 年代，中东迎来了石油开发高潮，这在很大程度上改变了世界能源格局。

20 世纪 50 年代，石油的角色发生重要转变——石油取代煤炭成为人们日常生活的主要能源供给；20 世纪 60 年代，OPEC 成立，这改变了石油业原有的竞争格局。

图 2　1964 年，第一批来自阿尔及利亚的液化天然气在甲烷公主号中交付
（图片来源：https：//www. shell. com/about – us/our – heritage/our – company – history. html）

20 世纪七八十年代发生的能源危机在改变原有石油业国际秩序的同时，深刻影响了世界经济。在石油业发生重大变化的过程中，壳牌不断进行自我调整，以适应不断变幻的石油业。

（四）20 世纪 90 年代至今：持续发展期

随着经济和社会的不断进步，进入 20 世纪 90 年代，企业社会责任运动在欧美发达国家兴起。企业社会责任要求企业必须超越把利润作为唯一目标的传统理念，强调要在生产过程中对人的价值关注，强调对环境、消费者、社会的贡献。伴随着企业社会责任运动的发展与民众环保意识的提升，壳牌开始关注多方利益者价值的平衡，并将安全、环境和社会责任作为经营活动的核心，追求可持续发展。

二、品牌核心价值理念分析

核心价值观：诚实、正直和尊重他人。

壳牌认为，人是最宝贵的资源，是壳牌开展一切工作的基础，壳牌秉持并与利益相关方共享核心价值观。壳牌的商业原则、《行为准则》和《道德准则》皆基于其“诚实、正直和尊重他人”的价值观。

壳牌宗旨：通过更多更清洁的能源解决方案推动社会进步。

壳牌认为，未来数十年内，不断增长的全球人口及生活水平的提升可能会继续推动对能源的需求，包括石油和天然气。同时，应对气候变化的需求意味着全球正在向低碳能源系统过渡。而壳牌所要发挥的作用，就是确保以能够盈利且对环境和社会负责任的方式，开采和提供这些能源，并通过与客户、合作伙伴和政策制定者密切合作，促进对能源和自然资源的更高效、可持续的利用。

三、品牌创建路径

世界能源行业经历了一个世纪的快速变化与周期性动荡。在这个过程中，壳牌不断进行自我调整，以适应变化的市场与行业环境。

（一）技术与创新保持品牌在行业内的领先地位

壳牌一直是业内的技术先驱。伴随着世界能源行业的进步与发展，壳牌通过不断进行技术研发与创新，释放与提供更多、更清洁的能源，以应对气候变化对人类能源需求带来的深刻影响。

目前，壳牌是国际油气公司中研发投入最大的公司之一，每年研发投入超过10亿美元。壳牌形成了遍布全球的技术开发网络，数千名科学家在壳牌工厂工作并管理着先进研发项目。如寻求将天然气转化为更清洁的燃料和节能润滑剂的项目，安全、经济、高效地从海底提取原油的项目等。基于技术研发与创新，壳牌拥有了多项先进技术，在能源开采技术上，有致密气、页岩气、煤层气等非常规气开发技术，多分枝水平井，蛇形钻井等先进钻井技术；在下游产品技术上有液化天然气技术、天然气制油技术、生物燃料生产制造技术等。

多年来，在上游产业，壳牌的安全、环保管理有口皆碑，企业客户对壳牌的技术非常信任，多以引进或者获得壳牌技术支持的目的与壳牌合作开发项目，这使得壳牌在石油天然气开采方面声誉卓著。如 2012 年，壳牌在卡塔尔完成了 Pearl GTL，Pearl GTL 为当时世界上最大的天然气合成油（GTL）装置。Pearl GTL 装置满负荷运行，使得壳牌公司成为唯一的可从内部来源满足其Ⅲ类基础油需求的石油大公司。

下游产业的企业用户和普通消费者普遍表现出对壳牌的百年品牌的信赖，认为壳牌油品质量高，安全可靠，因此壳牌牢牢占据着高端润滑油、燃料、沥青等市场。壳牌不仅致力于在产业链的上下游业务的完善，还积极凭借自身品牌、技术和管理优势开拓技术服务市场，实现产业转型升级。

在当今世界能源发展向绿色低碳转型的背景下，壳牌更注重低碳技术。壳牌的技术研发与创新重点就包括风能和太阳能等可再生能源，电动汽车充电和氢能等新的出行方式以及互联的电力业务。壳牌的技术研发与创新带有显著的时代特征，其技术领先的三大支柱是创新、应用和伙伴合作。壳牌认为，创新是开发不同产品的基础和核心，只有创新才可以为客户提供他们需要的产品，也可以占领很多的市场先机。因为重视技术与创新，技术优势也成为壳牌显著的竞争优势。

新的时代，数字技术正在改变世界。数字化已成为壳牌适应时代，构建未来发展方向，实现全球性投资发展的重要手段。客户为先、持续创新、合作共赢是壳牌全球数字化战略的核心。客户为先：壳牌以客户需求为中心，为客户提供精准、有温度的服务。持续创新：壳牌是能源行业百年老店，创新是其根深蒂固的基因，从产品升级到能源转型，实现数字化战略布局。合作共赢：壳牌本着扎实、共享和高效的理念，与行业巨头合作，共同探索如何高效打通全产业链各个环节，共享理念与资源，助力企业转型升级。

（二）围绕产业链进行品牌延伸，培育品牌竞争新优势

能源行业一直在变化中发展。为把握机遇以及有效应对能源行业的挑战，壳牌在发展过程中通过相关多元化不断壮大品牌实力、提升品牌价值。

壳牌的多元化有其历史根源。20 世纪 60 年代末期和 70 年代初，中东的

动荡导致国际石油价格飙升，廉价能源时代由此结束。为应对行业的变化，提升品牌的抗风险能力，壳牌开始多元化发展，石油勘探开采之外，业务拓展至煤炭、核能和金属矿业等方面。壳牌在这个时期还开始将目光投向传统石油生产国以外的地区，并加大了在北海和美国的勘探力度。

壳牌品牌延伸的最大特点是围绕主业进行品牌延伸，用公司母品牌沿着产业链向上下游延伸。在产业链某一细分市场上，再用产品品牌进行延伸，根据产品诉求定位产品品牌。这样做的好处是极易有效地拉平季度不同的收益。在勘探和生产、提炼和销售及相关化工产品之间保持了良好的平衡。

壳牌的品牌延伸主干是业务范围延伸，从上游的石油、天然气供应，延伸到下游的液化天然气、燃油、润滑油等产品品牌。然后将工业用油和日常用油区别，根据客户对产品的诉求细分市场，成立不同的产品品牌，满足客户需求。

针对不同细分市场，壳牌会根据消费者的需求采用产品品牌策略进行品牌延伸。如壳牌润滑油本身定位高端工业油品市场，但是依然会注重不同消费层次市场的需求来进行品牌延伸。以石油化工下游产业市场最大的汽车润滑油为例，壳牌虽然依靠超凡喜力和蓝壳喜力牢牢占据着高端润滑油市场，但是随着各大品牌纷纷专注高端市场，壳牌却看到低端润滑油市场大品牌产品的空白，转而进行品牌低端化延伸，推出喜力低端化品牌白壳和黄壳。尤其在中国市场，中低端润滑油市场占行业 80% 的市场份额，大品牌低价格无疑极具吸引力和竞争力。

随着世界能源系统的改变，壳牌的品牌延伸也在进行动态调整。一方面，壳牌不断在变化的市场环境中巩固其传统优势，近年来，壳牌持续强化其全球油品运输、贸易、炼油和经销等业务，并加大了在亚洲地区的化工业务投入，进一步强化其传统业务的市场竞争力；另一方面，壳牌不断在风能、太阳能、新型交通能源、互通互联的电力业务等领域加大投入与研发力度，培育其新能源领域的竞争新优势。

（三）能源领域进行并购壮大品牌竞争力

在壳牌品牌发展过程中，适时进行品牌并购是壳牌不断壮大品牌核心竞争力的有效途径。自 1907 年壳牌运输与贸易公司（英属）与荷兰皇家石油公司合并之日起，并购就成了壳牌不断发展壮大的显著特征。

2005 年，壳牌进行了重大的结构重组，原因是荷兰皇家石油公司与壳牌运输与贸易公司之间有着近百年历史的合伙关系被解散，壳牌将其公司结构统一为一家新的控股公司——荷兰皇家壳牌公司。但这并未影响一直以来壳牌的并购传统。通过品牌并购，壳牌不断增强其传统乃至新业务领域的实力。2016 年，壳牌收购了英国石油和天然气生产公司 BG Group，该项收购进一步扩大了壳牌的石油和天然气业务。同年，壳牌创建了新能源业务，并专注于探索和开发风能和太阳能等可再生能源的商业机会。壳牌致力于成为一个专业的能源品牌，所以在能源领域的并购行为成为其品牌发展的常态。

2018 年，壳牌收购了英国第一电力公司，该公司是英国六大独立电力供应商之一。对英国第一电力公司的收购强化了壳牌在全球电力市场的实力，事实上，壳牌计划在 15 年内成为全球最大的电力公司。而在同年的 11 月，壳牌又收购了澳大利亚第二大电力公司（ERMPower），成为占有澳大利亚商业和工业零售市场 25% 份额的电力供应商。壳牌聚焦能源领域，通过并购调整业务组合，不断壮大品牌竞争力。

四、品牌国际化策略

作为一家跨国能源化工企业，壳牌的品牌发展史即是一部国际化的历史。

（一）具有包容性的多元文化助推国际化进程

壳牌国际化由来已久。追溯壳牌历史，早在 1833 年，当马库斯·塞缪尔（Marcus Samuel）决定扩大其伦敦业务时，他决定利用当时在室内设计行业中的知名度尝试出售东方贝壳，于是，他开始从远东地区进口贝壳，这为公司进出口业务奠定了基础。此后的 1907 年，当壳牌运输与贸易公司（英属）、荷兰皇家石油公司合并后，壳牌的国际化业务日益壮大。

在壳牌国际化进程中，多元文化发挥着至关重要的作用。很多跨国公司在进行国际化过程中，跨文化管理存在不足，致使不同文化存在隔阂，难以有效融合，导致国际化陷入窘境。壳牌品牌带有多元文化基因，品牌国际化进程中，壳牌所崇尚的多元文化更具有包容性。

壳牌的多元文化根植于英国文化与荷兰文化，这两种文化的奇妙组合，奠定了壳牌多元文化的基础。英国文化的绅士与自由、荷兰文化的多元与技术精神，深植于壳牌文化之中。壳牌的国际化之路，无论是凭借技术获得能源领域的领先优势，还是不断通过并购拓展业务领域，提升品牌综合实力，多元文化至关重要。需要强调的是，壳牌尊重多元文化，但围绕“诚实、正直和尊重他人”的核心价值观形成的关于健康、安全、环境和社会绩效（HSSE&SP）的承诺和政策却适用于壳牌全球所有公司。

（二）因地制宜的本土化策略促进国际化发展

壳牌国际化过程中，善于制定与实施本土化策略。本土化策略使壳牌能够灵活地整合与利用资源，实现品牌的国际化布局。

作为一家跨国能源企业，壳牌业务几乎遍及全球。壳牌在全球的业务是通过与各个国家或地区的企业以合资、独资或合作的形式开展的，壳牌主要的功能是进行宏观调控，各下属企业拥有较高的自主权，可以根据属地情况进行自我管理，这为旗下公司提供了充分的自由度。壳牌集团由控股公司、服务公司和营业公司组成，分布在世界各地的营运公司需要各自制订发展计划，自主操作，各管理部门独立承担责任，除非出现脱离集团战略和过度透支资金的问题，否则经营上的决策都在当地作出。壳牌在海牙和伦敦设立办事处，作为这些营运公司的资金融通机构和专业技术提供中心。

本土化策略能够善用全球智慧。如壳牌的全球人才战略。在全球人才战略框架下，壳牌会依据本土化策略，对不同国家与地区、不同市场的人才需求情况进行评估，最终确定符合壳牌人才战略、适应属地需求的人员。来自全球不同国家、拥有不同文化背景、认同壳牌核心价值、符合壳牌所需的各类人才发挥所能，为壳牌服务，这成为壳牌国际化的一个显著特征。

五、品牌管理特色

壳牌重视品牌管理，公司设有声誉和品牌事务委员会，该委员会的主要职责包括组织制定与实施品牌战略、进行品牌审计等。壳牌高层直接参与品牌战略的制定，同时在市场部设立品牌专业管理部门，并设品牌经理对企业整体品牌传播、营销策划、声誉等进行管理。针对特定地区，壳牌设有不同的品牌经理，对于不同的产品品牌也设有专属的品牌经理。

（一）设计个性化的视听标志，增强品牌的辨识度

壳牌的黄色和红色扇贝标志是世界上最易辨认的品牌视觉识别符号之一，但实际上它是从黑白贻贝壳开始的。壳牌发展过程中，其标志几经演变。

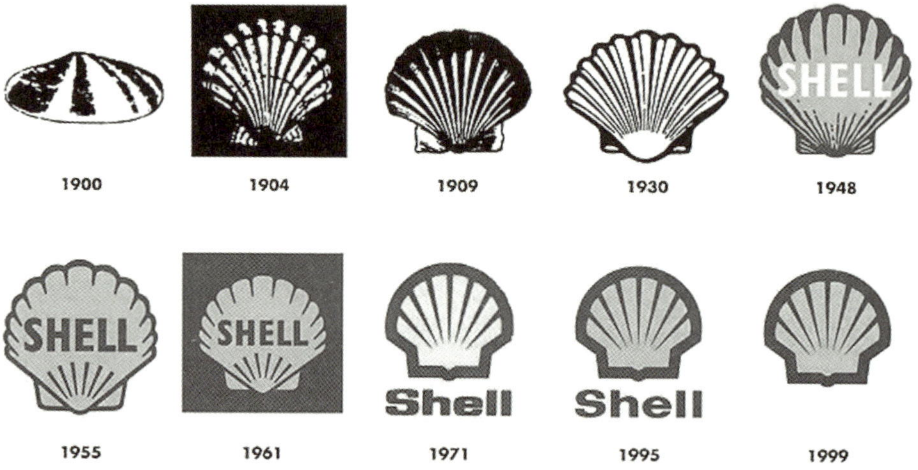

图3　壳牌标志的演变

（图片来源：https：//www. shell. com. cn/zh_ cn/about – us/the – shell – brand. html）

壳牌标志的变化与其战略调整紧密相关，但在标志演变过程中，黄色和红色一直是品牌形象中一致的元素。1897 年，马库斯·塞缪尔成立了壳牌运输与贸易公司，为了纪念其父亲生前创办的事业，选用“SHELL”作为公司名字。1900 年，马库斯·塞缪尔采用一个蚌壳图案作为公司的标志。最初蚌壳图案设计缺乏个性，为了增强品牌标志的辨识度，1904 年，壳牌标志进行了重新设计。1907 年，荷兰皇家石油公司与壳牌运输与贸易公司合并，新公司继续沿用了扇贝标志。壳牌醒目的红、黄搭配，最早出现在 1915 年。当时，壳牌在美国加利福尼亚建立首家加油站，为了击败竞争对手，他们选择了红黄两种鲜亮的颜色。1948 年，壳牌在红、黄两色的壳牌标志上添加了白色的“SHELL”字样。1955 年，壳牌将英文字母改为黑色。1971 年，以设计可口可乐瓶而闻名的 Raymod Loewy 帮助壳牌重新设计了标志。伴随着社会的变化与壳牌的发展，壳牌标志不断演变，总体上变得更简洁、更个性、更易于辨识。

视觉识别之外，壳牌还注意塑造独特的声音标志。20 世纪初至今，壳牌在视听传播中使用了音乐元素，如与歌手平·克劳斯贝（Bing Crosby）和小萨米·戴维斯（Sammy Davis Jr.）开展合作。2015 年，壳牌与英国影视配乐作曲家汤姆·豪（Tom Howe）合作，推出了“壳牌之声”——一个能够捕捉壳牌品牌的价值观和能量的声音标志。其结果，诞生了一段时长 3 分钟的管弦乐作品以及一组包括超过 50 种不同音乐体裁和风格变化的组曲。最短的声调是两秒钟的助记声调——或称关键曲调。例如，其往往与壳牌宣传短片结尾处的贝壳标志一同出现。壳牌希望通过声音标志的打造，能像贝壳标志那样，增强壳牌的品牌辨识度。

总体而言，在不同的历史时期，壳牌通过适时进行标志调整去迎合当时的社会大众审美，增强品牌识别度。

（二）进行品牌集中管控，增强主品牌的凝聚力

壳牌聚焦能源领域，实施多元化经营，在品牌架构管理上，壳牌采用伞品牌和背书品牌结合的复合式品牌架构，并进行规范化管理。

企业品牌壳牌统领业务、产品等众多品牌。在 B2B 市场，壳牌多采用伞品牌的策略；在 B2C 市场，壳牌多采用背书品牌策略。这样做的好处是可以对各品牌和旗下产品进行整体营销，便于管理；缺点是品牌承担风险较大。

壳牌旗下拥有众多的产品品牌，特别是在产业链的下游，如润滑油、煤油、汽油等。壳牌会依据不同市场的品牌诉求成立子品牌，占领细分市场。以壳牌旗下润滑油为例，常用的车用润滑油有壳牌喜力、劲霸和爱德王子。在工业润滑油范围，高端液压油有产品品牌得力士（Tellus）液压油系列、可耐压（Omala）工业齿轮油系列、确能立（Corena）空气压缩机油系列、施倍力（Spirax）变速器油系列、通拿（Tonna）机床导轨油系列以及佳度（Gadus）润滑脂系列等。

喜力润滑油、劲霸柴油机油、爱德王子润滑油、壳牌统一、V – Power 燃油等都是壳牌根据不同的市场诉求量身定制的产品品牌。喜力的“超凡喜力挑战极限”针对高端车型在各类环境下对于速度、驾驶感的需求；劲霸的“保护发动机，一路陪伴你”主要针对大型卡车平稳安全的运行；爱德王子的“澎湃动力，驾驭由我”针对的是摩托车润滑油市场，包括壳牌汽油的“帮引擎保持清洁，一路畅行无忧”都是各个主打产品的品牌诉求。

除了产品品牌，壳牌还拥有一系列的服务品牌。如 2020 年壳牌新发布的“超凡精养”服务品牌，新服务品牌以“无套路，可追溯”为其诉求，依托壳牌的产品技术和数字化技术，提供产品和可追溯的服务。此外，壳牌还有润滑分析师（LubeAnalyst）、壳牌润滑策划师（LubePlanner）、壳牌润滑油回收（LubeReclaim）、壳牌润滑辅导（LubeCoach）和壳牌润滑专家（LubeExpert）等众多服务品牌。

壳牌通过打造服务品牌，帮助客户选用合适的润滑油，提高设备可靠性，减少意外停机导致的成本损失。壳牌主要以具体市场方向和服务来划分建立品牌，但是这些品牌都统一属于背书式品牌，在每种产品包装上都可以看到醒目的贝壳品牌标志，始终强调主品牌的重要性，不断提升其凝聚力。

（三）进行品牌维护，丰富和保护品牌资产

壳牌非常注重品牌维护，这主要表现在两个方面：一方面，高度重视品牌声誉管理；另一方面，强化商标等知识产权的保护。

在进行品牌声誉管理中，壳牌积极融入当地，建立互信。当壳牌计划开发新项目或扩建现有设施时，壳牌会与当地社区展开对话，尽早了解社区居民的社区期望和顾虑；在整个项目实施阶段，壳牌会与当地社区保持密切沟通，发现社区的需求和发展机遇，以保护其生活方式和文化习俗，通过建立与社区的互信，获得社区支持，促进业务发展；壳牌的工作体系中还包括如何避免非自愿搬迁的指导方针；在计划实施一项重大项目或对现有设施进行扩建时，壳牌会开展环境影响评估，作为环境影响评估的内容之一，企业会评估业务活动对当地生物多样性的潜在影响，并采取相应的措施。

壳牌积极投入环保，塑造品牌形象。壳牌积极投入与环保有关的公益活动，如携手湿地国际改善俄罗斯北部的生态系统，在伊拉克、爱尔兰、哈萨克斯坦、尼日利亚和英国制订本地生物多样性保护计划等，转变能源公司在环保方面的负面形象，化解与公众的最主要矛盾。

注重安全，防患未然。壳牌对员工制定了著名的 12 条救命法则，涉及工作中各个安全环节，提醒员工时刻规范操作，以免因为工作疏忽发生安全事故。针对漏油或火灾等突发事故，壳牌制订了应急预案，并开展相应的演习。为了不断提高应急能力，壳牌还与当地应急人员以及政府机构紧密合作，定期对壳牌的应急预案和流程进行检验。而一旦事故发生，则备有多项

补救措施能最大限度地降低事故对人员和环境的影响。

壳牌注重强化商标等知识产权的保护。

商标注册管理。壳牌在业务所涉及的70多个国家和有潜在业务发展的国家均注册了“SHELL”和标志性红黄相间贝壳图案的商标，同时也在不同国家对当地语言“壳牌”进行商标名称注册申请，类似于将中国的“壳牌”进行商标注册。

打击品牌侵权。为了保护品牌权益，壳牌在防伪标志上采取了诸多措施。如润滑油市场假货很多，是品牌侵权的重灾区。为打击侵权，壳牌首先是不断更新包装，提高造假者的造假成本；其次是在包装上采用各种先进的防伪技术帮助消费者进行辨别。以壳牌喜力为例，在产品外包装上采用了光变膜、滴水消失、激光全息膜、唯一条形码、微缩文字、无色紫外荧光等防伪识别技术；此外还有只能一次有效的防伪电话，当查询为正品后，第二次拨打就会失效，以免被不法分子重复利用。

开展危机管理。能源行业对环境非常敏感，容易发生危机事件。为应对危机，很多能源企业建立了危机管理机制。壳牌在危机管理中引入了情景推演的方式，情景推演本来是一种军事规划方法，通过对未来可能发生的各种情景进行设想，提前制定应对预案，一旦设想情景出现，快速作出反应。壳牌是率先将情景推演引入商业领域的企业，这一方式在壳牌危机管理中发挥着重要作用。1972年，壳牌负责处理危机的团队针对能源危机进行了情景推演，并制定了应对措施。1973年第一次石油危机爆发，壳牌迅速启动了危机预案，有效化解了危机，在石油行业，壳牌是唯一一家启动危机管理预案抵御了危机的大石油公司。情景推演在壳牌危机管理中一直得到有效运用。如2020年新冠疫情发生后，壳牌中国即启动危机管理机制，多次开展情景推演，有效应对疫情对壳牌造成的影响与冲击。

六、品牌传播特色

在跨国能源企业中，壳牌是较擅长品牌传播的公司。在品牌传播中，壳牌很注重将品牌理念与价值观有效植入传播活动中，增强与受众的沟通，通过有效传播树立专业、个性化的品牌形象。

（一）传播内容凸显文化内涵，增强受众的品牌认同

壳牌的品牌传播既注重形式，也关注内容。在壳牌的品牌传播中，非常突出的一点是非常注重传递文化要素。不止如此，壳牌在致力于传递独特的品牌文化要素的同时，采取积极主动的方式，将品牌历史与文化有机关联在一起，提升品牌的文化内涵。

早在20世纪20年代和30年代，壳牌就开始与著名艺术家合作，制作海报和指南，这使得壳牌的广告更具有文化内涵。而这也逆转了彼时广告和营销中使用插画家的趋势。当时英国艺术界的一些知名人物，如艺术家约翰·阿姆斯特朗、本·尼科尔森、爱德华·阿迪佐尼等都与壳牌有良好的合作。《壳牌指南》也成为1934年至1984年间广受喜爱的系列。这些富含文化要素的出版物有效促进了当时作为休闲活动的汽车活动，并通过协会促进英国大乡村的发展。壳牌的这些出版物结合了文学、历史、艺术和设计，分享了使用汽车探索世界的乐趣。

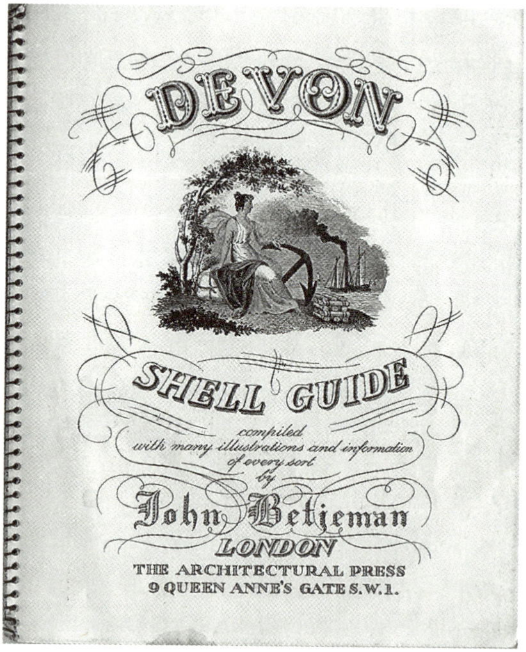

图4　从20世纪30年代到80年代，壳牌委托创新作家、艺术家、设计师和学者为英国各县制作现代而全面的指南

（图片来源：https://www.shell.com/about-us/our-heritage/our-company-history.html）

壳牌非常注重品牌与文化的关联，并有许多有效举措。英国博利厄国家汽车博物馆很著名，该馆收藏着世界上最精美的汽车、摩托车和汽车纪念品，殊不知壳牌遗产艺术品收藏也在该馆得以收藏。壳牌遗产艺术品收藏是英国最重要的商业艺术品收藏之一，展出了保罗·纳什、凡妮莎·贝尔、格雷厄姆·萨瑟兰和邓肯·格兰特等著名艺术家的作品。专用的展览空间涵盖了从1900年代到1950年代壳牌的广告活动，并反映了海报、新闻广告、绘画和插图等一系列不同应用程序中的艺术风格的多样性。该系列展示了壳牌利用艺术、赞助、产品和非凡营销手段开发和推广壳牌的独特方式。时至今日，品牌传播中注重文化内涵也成为壳牌的一个传统。

图5　壳牌遗产艺术展

（图片来源：https：//www. shell. com/about－us/our－heritage/shell－heritage－art－collection. html）

（二）善于通过专业活动及赞助赛事实现精准传播

壳牌在品牌传播中善于通过支持或者赞助专业活动、赛事实现精准传播。壳牌目的很明确，就是希望通过赞助和支持专业活动或赛事，品牌影响直达目标受众。如在20世纪早期，壳牌支持探险家欧内斯特·沙克尔顿（Ernest Shackleton）和斯科特上尉的南极探险活动，为该项活动提供壳牌的燃料。布莱利奥特首个跨海峡飞行使用的燃料也是壳牌支持的。在为专业性活动提供支持的过程中，通过有效传播，彰显壳牌的专业性并扩大品牌影响。

壳牌对赛事，尤其对汽车赛事很热衷，赞助的主要汽车赛事有：以旗下品牌劲霸的名义赞助欧洲卡车锦标赛勒芒站；赞助F1赛车法拉利车队等。

链接1

在壳牌支持的所有车队中，最著名的当数法拉利一级方程式车队。其合作关系可追溯到20世纪20年代。自1951年壳牌与法拉利车队合作首次在一级方程式大赛中胜出至2014年，已累计赢得100多次分站冠军和16次年度F1车队冠军。当法拉利迎接一个又一个的世界一级方程式赛季时，壳牌燃油和润滑油也在为车队作着必不可少的贡献，而法拉利的辉煌战绩和巨大的影响力也让壳牌在世界上家喻户晓。法拉利和壳牌都属于一级方程式世界锦标赛自1950年开办以来最为成功的参与者，经过双方的长期合作，壳牌已经发展成为F1车坛中最具技术优势的燃油和润滑油技术合作伙伴。壳牌委派专业研究团队在法拉利工作站的一个壳牌区域内运用壳牌的专业技术和先进设备进行工作，与法拉利的同事一起对赛车中的燃油和润滑油进行分析，并为车队提供详细数据；将重要的燃油和润滑油分析数据记入技术摘要和报告中，以确保法拉利车队有尽可能充分的信息进行战术安排。再没有其他哪个一级方程式车队同时拥有一部燃油分析设备和另外一部专门的润滑油分析设备。壳牌与法拉利的合作伙伴关系意味着他们拥有一级方程式车坛中最全能的燃油和润滑油分析系统。法拉利的创始者传奇人物恩佐·法拉利曾经说过："壳牌的工作人员总是高度重视来自赛车运动的经验，所以他们公司才能取得如此优异的成绩。"法拉利现任总裁卢卡·迪·蒙特泽莫罗这样说，"我们需要一个可以和我们一起开发新的引擎和新的技术解决方案的合作伙伴。壳牌实验室提供的技术设施是全世界最好的。这正是我们所需要的。"正是这些从赛车运动中获取的经验和专门技术使壳牌得以在一级方程式引擎这个高性能实验室中开发出令用户满意的高效产品，帮助壳牌在民用市场大获成功。壳牌与法拉利车队这种类似的合作方式还有许多，现在双方已经形成了牢固的战略伙伴关系，因为他们清楚地知道，双方的品牌经过长期的捆绑传播，在消费者心目中已经成为一个整体，人们总是会从其中一个品牌自然地联想到另一个品牌，当对方的品牌取得成就的时候，就是在相应的成就自己的品牌，这已经超越了简单的赞助关系，而是真正意义的战略伙伴。

支持与赞助之外，壳牌也自行举办有关活动，比较有影响的是壳牌汽车环保马拉松。壳牌的活动赛事传播致力于宣传环保，这种赛事赞助符合壳牌的品牌定位。

链接 2 壳牌汽车环保马拉松

壳牌汽车环保马拉松是一项独特且颇具挑战的全球教育创新项目，邀请科学、技术、工程和数学等学科的学生自己动手设计、制造和测试超级节能的车辆，并在赛道上以“用最少的燃料，跑最远的路”为目标一较高低。

壳牌汽车环保马拉松每年分别在亚洲、欧洲和美洲举办三场洲级比赛，同时在全球几个不同国家举办环保马拉松挑战赛，号召充满激情的青年学子齐聚一堂，开发创新的交通解决方案，应对能源挑战。每年全球都有数以千计的学生组成自己的车队，紧密合作，利用前沿科技、批判性思维和创新想法，将自己提高能效的理论付诸实践。

比赛期间，参赛车辆将在赛道上完成一定的圈数。然后活动举办方将计算其能源效率，并公布各个燃料类别车辆组别的优胜者。另外，主办方还会颁发“赛道外奖项”来表彰车队在其他方面所取得的成就，如车辆安全性、团队合作和设计等。

比赛分为两个组别，参赛车辆共分为两组，每组都有三个能源选择：内燃机（汽油、乙醇、柴油）、电动和氢燃料电池。

·原型车：未来主义的流线型三轮或四轮汽车，旨在减少阻力、最大限度地提高效率。

·城市概念车：与乘用车外形相似的四轮车，设计符合道路规范，需要附加其他功能。

作为这项学生参与活动的前身，壳牌汽车“里程马拉松”于 1977 年在英国开始举办。

1985 年，壳牌汽车环保马拉松在法国正式启动，并于 2007 年首次登陆美国。2010 年，首届亚洲壳牌汽车环保马拉松在马来西亚举行。2019 年，这项赛事进入中国。

（三）擅长讲述品牌故事，增加与受众的沟通与交流

作为能源企业，能源行业的特征往往容易使传播内容显得专业、生硬，不太容易与受众产生共鸣。壳牌在传播中善于创造故事、构建故事、讲述故

图6 2019年壳牌汽车环保马拉松选手
（图片来源：https：//www. shell. com. cn/zh_ cn/make - the - future/shell - eco - marathon/past - event. html）

事，通过讲述故事打动受众，增强沟通，引发共鸣。如壳牌汽车环保马拉松的传播，这项活动的缘起就很有趣。1939年，一群在美国伊利诺伊州工作的壳牌科学家们开了一个玩笑：看谁能让汽车最省油。当时这场比赛的获胜者勉强实现了每加仑行驶50英里（21km/L）的成绩。正是这样一个简单的玩笑，慢慢演变为一场更有组织性的赛事。为做好赛事传播，壳牌充分研究受众群体，并制造大学生群体感兴趣的话题，挖掘与构建故事，通过讲故事的方式吸引大学生群体参与赛事，增强对壳牌节能、环保理念的理解与认同。

2020年新冠疫情对赛事造成影响的情况下，壳牌创新比赛形式与传播内容，充分运用新媒体手段，通过线上进行比赛，运用当代大学生感兴趣的话题讲述壳牌能源环保、低碳转型的故事，在吸引大学生群体广泛关注与参与的同时，也成功出圈，引发了广泛的反响。

壳牌精心设计故事的情节与内容，将故事与壳牌的技术、产品、文化、历史、形象等巧妙结合起来，整合多种传播方式，如邀请名人讲故事、讲童话故事、讲睡前故事等，通过讲故事打动与吸引受众，引发受众认同与共鸣。

图7　2020 年壳牌通过漫画故事传播赛事

（图片来源：https：//www. shell. com. cn/zh_ cn/make－the－future/shell－eco－marathon. html）

（四）通过公益营销树立良好的品牌形象

履行社会责任是能源企业的一贯作风，通过履行社会责任树立良好的、负责任的品牌形象，是壳牌塑造品牌的有效路径。

壳牌根据品牌的环保定位确立慈善捐助方向：能源教育和能力建设。壳牌的很多社会公益项目都是从这两个角度出发的，包括：壳牌美境行动、青少年能源可持续发展教育项目、壳牌大学生能源调查项目、新经济中国项目以及“5·12”小额信贷项目等。这些项目的背后，体现了壳牌对可持续发展的追求。2020 年新冠疫情发生后，壳牌积极投入到抗击疫情之中。壳牌中国向武汉市慈善总会捐款，全国壳牌加油站采取多种措施保障顾客加油等，助力全社会共同抗击疫情。壳牌的公益活动注重本土化，这进一步加深了当地民众对壳牌的接纳和认同。

除了投身社会公益事业以及模范履责，最值得一提的是壳牌的社会责任管理。20 世纪 70 年代中期至 90 年代中期，在企业社会责任运动中，壳牌的社会责任意识逐渐萌生并注重回应社会关切。20 世纪 90 年代中期至今，壳牌的社会责任管理一直处于理性发展的时期。1998 年以来，壳牌连续发布《可持续发展报告》，报告主要内容之一就是向社会公开其经营表现，包括发展策略、原则、安全、社区、环境和应对气候变化，以及具体活动和外部审查委员会的评估等，以此树立负责任的品牌形象。

新媒体时代，壳牌的品牌传播与时俱进。壳牌在每一个业务国家的主流社交媒体上均注册有官网账号，负责实时发布最新品牌讯息，分享各类与品牌相关、内容丰富的视频、图片、员工故事等，这些已经成为壳牌传递品牌文化的有效手段。

七、案例总结

壳牌自成立起就一直积极地建设和经营品牌，不论从品牌识别还是品牌管理上都付出超出同行业其他企业的精力和投入，在其他能源品牌还不是十分知名的时候，壳牌已经被各行各业的人所熟知。这样的品牌知名度让其在石油化工产业下游衍生品市场受益匪浅。

（一）寻找品牌差异点进行深耕，避免同质化竞争

能源企业往往存在同质化的现象，但壳牌总能找到差异点并进行深耕，避免严重的同质化竞争，形成自己的竞争优势。

能源企业产品的同质使得企业之间的同质化竞争现象尤为突出。壳牌较早地意识到了这一点，并把品牌建设作为实现企业差异化竞争的重要抓手。壳牌一直非常注重品牌的视觉形象建设，并通过鲜明独特的品牌识别体系设计与其他石化公司明显地区别开来，能够满足部分消费者追求个性的需求，也能影响更多的消费者产生品牌倾向性，让消费者对壳牌产生年轻、活力、愉悦等诸如此类的好感。

按照“竞争战略之父”迈克尔·波特的理论，企业成功只有总成本领先、差异化战略和专一化战略三种战略。差异化战略的核心思想是“细分市场，针对目标消费群进行定位，导入品牌，树立形象”。是在市场细分的基础上，针对目标市场的个性化需求，通过品牌定位与传播，赋予品牌独特的价值，树立鲜明的形象，建立品牌的差异化和个性化核心竞争优势。

（二）全方位品牌管理维系良好的品牌美誉度

美誉度对能源企业至关重要。一个没有良好声誉的能源企业，在如今竞争越发激烈的能源市场只会举步维艰。为了在市场上获得较高的美誉度，壳

牌开展了系统化的品牌管理工作。如将安全作为企业文化对员工进行观念灌输，培养每一个员工的安全责任心；不断完善安全、环保管理制度，并从技术上提供强大支持；确立以环保和青少年能力培养为主要方向的公益活动，扩大社会对壳牌的认可；应对危机事件采取透明化、高效率的处理手段，最大化消除公众的不满等，这些都是壳牌在品牌美誉度方面的具体努力，也是维系企业健康发展的重中之重。

现阶段国际能源巨头进入中国市场的步伐越来越快，无论是能源勘探开采还是润滑油、煤油、天然气等市场抢夺已经给中国本土企业形成压迫感。企业只有积极塑造品牌，不断提高品牌美誉度，才能有效应对国外企业的威胁，弥补劣势。

（三）系统化的品牌传播塑造良好的品牌声誉

壳牌注重长期持续一致的品牌传播，无论是赞助法拉利还是勒芒，都有着超过 20 多年的历史，这两个具有全球影响力的赛事确实对壳牌的品牌价值产生了巨大的提升作用。法拉利和勒芒赛事都是世界知名品牌，强势品牌之间合作只有长期化才能产生成长性的品牌传播效果，短期合作往往是高成本和低效果的，不能对消费者产生持续的影响力，难以培养忠实顾客。而事实上，很多产品的主要营收都是来自忠实顾客的反复买单。品牌合作方的品牌价值和形象往往是可以互相转化和附加的，如同法拉利能够促进消费者对壳牌喜力高端化的认可度；环保马拉松让更多从事专业汽车环保改造的专家和学生认可并宣扬壳牌对环保的努力，产生更大的社会效益。事实证明，品牌传播的一致性和连续性是非常重要的。真正在市场上卓有成效的传播是坚持单一的、持续的、能抓住核心诉求的传播。更进一步说，在任何既定的情况下，只有一个方向上的市场努力才能得到真正的回报，为企业品牌积累品牌资产。正面的品牌认知，首先需要长久一致的品牌传播，不断地对大众和客户输送正确的品牌理念，还需要企业对内管理执行和对外宣传的完美结合，让客户的体验与企业的宣传达到一致，并且让企业员工对品牌有高度的认同感和自豪感，由内到外的长期措施逐渐使人们形成对品牌统一的个性联想，使之呈现出一个优秀企业公民的形象，在市场中为其赢得品牌美誉度与认可度。

埃克森美孚：
聚焦主业的“硬核”能源专家

埃克森美孚是世界上最大的私营企业品牌之一，其发展历经数百年跌宕。新的时期，世界能源格局正在发生变化，作为传统能源行业巨头，与竞争者不同，埃克森美孚并未投身能源转型大潮之中，而是依然固守传统油气业务，在持续改进中继续前行。

企业简介：

埃克森美孚公司是世界领先的石油和石化公司，由约翰·洛克菲勒于1882年创建，总部位于美国得克萨斯州爱文市。其前身为1870年1月10日洛克菲勒在美国俄亥俄州创建的股份制标准石油公司。埃克森美孚通过其关联公司在全球大约200个国家和地区开展业务。

埃克森美孚公司是世界最大的非政府油气生产商、世界最大的非政府天然气销售商；同时也是世界最大的炼油商之一，在全球150多个国家销售产品；全球拥有3.7万多座加油站及100万个工业和批发客户。2020年，埃克森美孚公司以2649.38亿美元营业收入位列《财富》世界500强第11名。

一、品牌发展历程

（一）19 世纪 70 年代初—70 年代末：品牌初创期

（二）19 世纪 70 年代末—20 世纪初：品牌强基期

（三）20 世纪初—90 年代末：品牌调整期

（四）20 世纪 90 年代末至今：品牌发展期

二、品牌核心价值理念分析

三、品牌创建路径

（一）聚焦油气生产，做精产品增强品牌影响力

（二）通过技术创新保持品牌领先优势

（三）通过并购或联合壮大品牌的综合实力

（四）做优秀企业公民塑造优秀能源品牌

四、品牌管理特色

（一）对品牌标志进行动态调整增强品牌个性化特征

（二）集团品牌与明星子品牌良性互动形成强大影响力

（三）通过标杆管理寻找差距，打造卓越品牌

（四）聚焦油气领域进行品牌延伸，降低品牌风险

五、品牌传播特色

（一）通过增强消费者的品牌体验打破圈层

（二）借助重大赛事进行传播，扩大品牌影响力

（三）积极参与公益事业打造良好品牌形象

六、案例总结

（一）技术与创新是能源品牌发展的永恒主题

（二）标杆管理是铸就卓越品牌的有效途径

一、品牌发展历程

（一）19 世纪 70 年代初— 70 年代末：品牌初创期

1870 年，洛克菲勒和他的同事成立了标准石油公司。选择“标准”这个名称是为了表示高的、统一的质量。1872 年，洛克菲勒计划把所有的炼油厂合并成一个巨大的联合体，以抑制价格的大起大落，挽救整个行业。

1879 年，标准石油公司控制了美国炼油能力的 90%，还控制了几乎所有的进出产油区的石油管和汇集系统，并握有运输的支配权。这一时期标准石油公司的发展为后来埃森克美孚品牌的发展奠定了坚实的基础。

图 1　19 世纪 70 年代的标准石油公司

（图片来源：https：//corporate. exxonmobil. com/About – us/Who – we – are/Our – history）

（二）19 世纪 70 年代末— 20 世纪初：品牌强基期

这个时期又可被称为“标准石油托拉斯时代”。1882 年 1 月 2 日，洛克菲勒和他的合伙人正式签署了一份《标准石油公司托拉斯协定》，从而成为世界上第一个大“托拉斯”。在这个托拉斯中，洛克菲勒合并了40多家厂商，垄断了全国80%的炼油工业和90%的油管生意。为了争取消费者，标准石油公司又向销售市场进军。

1889年，标准石油公司雇用的德国化学家赫尔曼·弗雷彻研究成功氧化铜去硫法，利马石油的价格立即从标准石油公司买进时的每桶15美元涨到30美元，而且继续爬升。

1906年11月，罗斯福政府在圣路易斯联邦巡回法院对标准石油公司提出起诉，指控这家公司违反了反托拉斯法，联邦法院判处标准石油公司解散。

（三）20世纪初—90年代末：品牌调整期

1911年7月，标准石油公司被分拆成34个独立的公司。几经变动，“路易斯安娜标准石油公司”1966年更名为“美孚石油公司”，“新泽西标准石油公司”1972年更名为“埃克森石油公司”，这一时期，以美孚和埃克森美孚为龙头的“标准系”石油品牌处于调整期。

（四）20世纪90年代末至今：品牌发展期

1999年，埃克森和美孚再度合并，成立“埃克森—美孚石油公司”。埃克森美孚一跃成为当时全世界最大的石油公司，埃克森美孚品牌也进入了新的发展时期。数次荣登财富500强榜首。不过，近些年埃克森美孚发展有所波动，虽然如此，埃克森美孚仍然掌控着美国石油产业，在全球石油行业依然有着重大的影响力。

二、品牌核心价值理念分析

使命：持续满足全球能源需求。

作为世界上最大的公开交易能源供应商和化学品制造商之一，埃克森美孚致力于帮助安全和负责任地满足世界对能源和高质量化学产品日益增长的需求。

愿景：致力于成为世界上首屈一指的石油和石化公司。

埃克森美孚将企业的良性运营作为实现其愿景的基础和条件，不断强化和优化企业投资经营循环，以期在坚守做大做强企业的同时，不断反哺社会。在不断追求可持续发展的同时，以高效、负责的方式提供高品质的石油、石化产品和服务，为客户和股东创造价值。

核心价值观：方式和结果同样重要。

埃克森美孚的核心价值观表达的思想是，以对环境和社会负责任的方式，在盈利的同时，注重生产运营过程中对环境和社会的影响。

三、品牌创建路径

埃克森美孚在品牌发展过程中，专注于油气领域，注重技术研发，并通过并购不断壮大品牌实力，提升品牌的强大影响力。

（一）聚焦油气生产，做精产品增强品牌影响力

埃克森美孚是世界上最大的石油和天然气生产商，一直以来，埃克森美孚聚焦于石油天然气生产，通过做精产品，不断满足世界对能源和高质量化学产品日益增长的需求。

百年品牌历史，埃克森美孚积累了巨大的全球品牌资产，网罗了全球优秀的人才，拥有了先进的技术与专业知识储备，这些都为其做精产品提供了坚实的基础和保障。

世界能源行业处在不断变化的过程中，在批评者看来，新的时代，在变化的能源行业，埃克森美孚对石油天然气的固守显得有些僵化与不合时宜。由于一直坚持深耕石油天然气生产，在增强品牌影响力的同时，多少显得缺乏灵活性，但这种传统从约翰·D. 洛克菲勒时代开始就一直如此。批评者的看法似乎在2020年的新冠疫情影响下得到佐证。新冠疫情冲击了世界经济，能源行业同样受到波及，随着石油和天然气需求下降，这导致埃克森美孚盈利下滑并出现了亏损。

基于传统，至今埃克森美孚对石油天然气领域的坚守并未因能源领域的变化而发生改变，即便许多竞争对手已将业务重点向新能源转移，埃克森美孚虽然有这方面的投资，但并不多。埃克森美孚是一艘巨轮，即使最终要进

行转型，也难以在短时间完成。

（二）通过技术创新保持品牌领先优势

埃克森美孚的技术创新极为显著，它是西方石油领域的技术风向标。埃克森美孚的科技投资具有反向操作特征，即几乎在每一次全球经济危机或石油危机期间，埃克森美孚都会加大科技投入，进而为经济恢复后的快速发展提供强有力的技术手段。作为老牌石油、石化公司，成就埃克森美孚的，不只是油价。多年磨就的雄厚技术实力是它拉开与其他石油公司之间距离的主要因素。数据显示，该公司每年的研发资金超过 6 亿美元。迄今为止，该公司获得的专利数超过 3800 项。这在一个向来不以技术创新为主要依托的传统产业，该数据已相当惊人。

埃克森美孚的科技创新及其投资始终围绕改善生产指标进行。埃克森美孚在做科技投资决定前会不惜时间深思熟虑，各重大新技术研发立项都必须通过公司非常严格的审查程序。然而一旦作出决定，就会不遗余力付诸实施，并全力以赴打造载体将其标准化。埃克森美孚强调自主知识产权，独立研发为主，合作发展为辅。在合作研发中，埃克森美孚注重合作研发中的主导性，其排名第一、第二的专利占比均为 27.5%。

在技术的开发方向上，一方面，公司强调与业务的发展相匹配，实现技术突破；另一方面，公司强调领先技术的不断拓展，以求发掘更大的增值潜力并始终保持领先地位。埃克森美孚长期以来重视技术的开发，因此一直保持着技术上显著的领先地位。埃克森美孚在全球范围内拥有数十个大型研究和工程中心，并配置了许多较小的研究所和技术服务设施。埃克森美孚在行业内取得了若干个基础性技术突破，这种技术创新造就的领先地位成为埃克森美孚持续保持长久的核心品牌竞争力，保证品牌可持续发展的基础。凭借技术优势，埃克森美孚打造了一大批知名品牌，如美孚 1 号、美孚速霸、埃能宝等，并快速抢占了市场。与此同时，埃克森美孚利用技术创新实现了在环境保护等公益应用领域的领先地位。

埃克森美孚是百年企业，历经能源行业周期性变化。在品牌发展中，埃克森美孚不断在适应与调整，并通过技术研发走在行业前端。数字化时代，埃克森美孚也在完成自身的转型。如 2020 年 9 月，作为埃克森美孚全面润滑解决方案的重要组成部分，美孚优释达系列服务推出两大数字成员——美

图2　美孚欧洲技术中心

（图片来源：https：//corporate. exxonmobil. com）

孚优释达数字平台（MSDP）和美孚优释达智能在线油液监测服务，结合阿里云物联网技术，打造数字化服务体系，为中国客户提供专业、前瞻、定制化的维护方案，帮助用户进一步提升设备管理水平。数字时代，埃克森美孚深刻洞悉产业变革，不断通过技术创新开拓产品和服务，以满足并不断超越用户期待与需求，应对产业变革带来的挑战。

链接　埃克森美孚的数字化

数字化工具协助运营者安全地将石油和天然气提炼为燃料和原料。同样地，得益于向数字化制造的转型，炼油厂和化学工厂的运营效率得以提升，而碳足迹减少。

埃克森美孚使用机器人沿输油管道穿梭移动、扫描，以检测管道内部状态。这可让员工以近乎X光透视的效果，检视埋藏于墙体的管道内部，使整体运营更加安全。2019年，巴布亚新几内亚的员工在埃克森美孚全球的机构间率先达成创举，使用配备声学共振技术的机器人检测管道内部，其原理类似于声纳音波，是一种非破坏性的程序。

在新加坡，埃克森美孚采用当地供应商的定制化无人机解决方案，并由公司内部的合格驾驶员操作无人机来检查设备，借此提升安全性，减少高空作业的风险。在埃克森美孚的全球机构中，这支团队率先开发出这套技能，并且建立了全厂区的无人机部署安全标准，可供全球其他厂区仿效参考。在这支团队的努力下，新加坡埃克森美孚获得新加坡民航局颁发的公司史上第一份无人机运营许可证。

埃克森美孚采用最先进的数据分析技术，开发全新仪表板，将数据准确提交到决策者手中。这将可以带来更迅速、更卓越的洞察能力，同时发掘新的协同效应，使复杂运营作业的效率提升。具体而言，这些仪表板有助于工程师掌握设施中的传感器和其他关键设备所产生的大量数据，并从中发掘出未显露的模式。

有了先进的移动应用程序，员工可以将自己专属的指挥中心放入口袋随身携带。不论身处庞大复合厂区的何处，新型手持装置都可以使作业人员对工厂状况一目了然。其他优点包括可以存取并输入多个数据点（例如地理定位和压力），以及监控众多设备的状态，即使不在现场也没问题。

——资料引自“中国润滑油网”

（三）通过并购或联合壮大品牌的综合实力

正如美国品牌营销专家拉里·莱特所言，“拥有市场比拥有工厂更为重要，而拥有市场的唯一途径是拥有占统治地位的品牌”。如今，越来越多的企业认识到了品牌的价值，开始进行品牌建设。但是，对于企业而言，仅依靠公司内部资源投入的传统品牌创建模式来进行品牌建设，打造强势品牌，成本较高、风险较大。通过并购建立强势品牌不失为一种有效的手段，以此保证企业不断迅速占领市场，并且为企业的未来持续受益提供保障。

通过合作或者并购的方式进入或壮大某个业务领域，一方面可以快速确立在该领域内的主导地位；另一方面可以获取该业务发展所需的技术。这是埃克森美孚壮大品牌的一个可行途径。如埃克森美孚曾以 410 亿美元收购领先的非常规天然气巨头 XTO Energy 公司，不仅加强了其在非常规天然气领域的资源基础，同时强化了非常规天然气开发的技术优势地位。

埃克森美孚作为石油行业翘楚，其品牌并购行为还会受到一些典型的行业因素影响。例如，石油行业是一个拥有 53% 国际贸易的全球化市场，石油市场占世界贸易的 10%。由于石油市场遍布全世界范围，因此就会存在石油质量参差不齐等情况，而且对管道和特殊分配的需求不同以及营销手段的不同，便产生了地理性的市场细分。加之考虑到受 OPEC 的冲击和石油价格不稳定等因素的影响，大规模并购有利于适应技术、全球化、行业转换和企业家革新所带来的巨大变革，有利于埃克森美孚品牌应对市场挑战，从而始终保持行业领军地位。

埃克森美孚史上最具影响力的并购行动非 1999 年埃克森石油公司与美孚石油公司再度合并莫属，此次并购最终更名为埃克森美孚石油公司。合并后的埃克森美孚公司在石油开发、生产、精炼、营销、化工产品生产等领域基本上都处于全球领先位置。此外，业务分布地域分散化，一定程度上也规避了地区经济波动带来的风险。合并后第一年，公司员工从 11.8 万人减少到 9.4 万人，公司费用总共减少了 28 亿美元，原油生产成本和过去相比也大幅下降。当年公司实现盈利 111.79 亿美元，成为有史以来世界上最赚钱的石油公司。此举也使埃克森美孚公司规模更大、品牌业务更多元化，从而能抵御油价变动等不利影响，始终处于竞争中的有利地位。

品牌联合也是埃克森美孚壮大品牌的有效方式。在埃克森美孚的品牌发展历程中，非常善于联合具有良好品牌声誉的相关行业品牌，扩展品牌价值链，形成更具效率与效益的品牌传播整体，持续实现品牌价值链接的较低成本和较快利益转化，创造更多价值及传统形态所无法比拟的竞争优势，互补共赢。例如，埃克森美孚自 1987 年就已经开始为世界上最大的土方工程机械和建筑机械的生产商之一的卡特彼勒公司提供私有品牌润滑剂。此后，埃克森美孚成为卡特彼勒全球唯一供应商。

埃克森美孚和卡特彼勒的强强联手带来了世界一流的产品并创造了能直接延长卡特彼勒设备使用寿命的润滑剂技术。这些润滑剂和机器、引擎一起作为一个系统进行工作，为卡特彼勒的客户提供了最佳性能并降低生产成本。

埃克森美孚与卡特彼勒建立的全球合作关系包括一个支持卡特彼勒项目的专门小组，负责为全球所有卡特彼勒经销商和设备提供技术和营销培训。为了符合全球更高的标准，埃克森美孚和卡特彼勒早已开始为开发更新型的油剂进行合作。此外，埃克森美孚正在探索研究能符合更低污染排放要求的发动机润滑油以及其他机器润滑剂，并借此可以延长元件的寿命。

市场的接纳和认可证明了卡特彼勒和埃克森美孚品牌结盟的价值。埃克森美孚供应的卡特彼勒品牌油剂销售量在过去十多年里平均以10%的速度增长，而其他润滑剂行业的增长速度却低于2%。与此同时，埃克森美孚与卡特彼勒高端联合为利益相关方客户带来了新的利益单元，刺激其记忆点，从而为双方品牌带来了极佳的品牌声誉，从而有效提升了品牌的核心竞争力。

不过，需要强调的是，虽然并购或者联合是壮大品牌实力的有效方式，但并购或者联合也存在潜在风险。2010年，埃克森美孚完成对XTO公司的收购，收购的目的在于获得压裂技术和珍贵的天然气田，彼时天然气价格正处于高峰，但此后几年时间里，随着大宗商品价格的下跌，该公司处于亏损状态，2020年11月，埃克森美孚撤销了大部分投资。不过，总体而言，并购和联合依然是埃克森美孚的品牌扩张路径。

图3　美孚海上平台

（图片来源：https：//corporate. exxonmobil. com/Operations/Global－operations）

（四）做优秀企业公民塑造优秀能源品牌

对石油化工企业来说，安全与环保始终是企业需要审慎对待的问题。曾经埃克森美孚在环境保护等领域的“劣迹”也令社会公众舆论对其品牌评价不佳。例如，1989年阿拉斯加南部瓦尔迪兹港污染事件，尽管法院判处埃克森美孚赔偿45亿美元，但是埃克森美孚却数十年拒不支付；再如，埃克森美孚前CEO雷蒙德多次公开表示对《京都议定书》深恶痛绝，并宣扬执行《京都议定书》的成本远远超出因此而产生的效益，等等。

被当作“商业机器”运转的埃克森美孚在公众舆论的指责之下，品牌形象大大受损，就连其股东也不得不施压，要求埃克森美孚迅速停止忽视可持续发展的粗暴态度和做法。因而，在近年来，埃克森美孚迅速转变，全面致力于可持续发展，尽可能在实际运营实践过程中体现埃克森美孚追求长远目标，以及其在人地和谐方面所拥有的战略高度与系统的品牌规划：即埃克森美孚不希望为实现短期效益而影响了未来，因而致力于节约能耗并减少碳排放，以实现当下低碳时代的可持续发展，以塑造良好的企业公民形象。

随着世界能源需求的增加，到2030年，与能源紧密相关的二氧化碳排放量将每年递增1%。埃克森美孚化工的科学家致力于新技术的开发应用，节约能耗并减少碳排放，以实现当下低碳时代的可持续发展。埃克森美孚化工的战略重点，就是坚持通过优势原料、更低成本生产工艺和高端产品取得竞争优势。尽管这看来很简单，但仅有极少的公司能持续做到三者兼而有之，埃克森美孚化工能够将这三者付诸实践，并通过其高端产品为股东创造价值，同时也为消费者提供了更高效使用能源的可持续方案。另外，能效作为埃克森美孚化工可持续发展举措的重要支柱，是公司生产运营的核心。

通过可持续发展战略的落地实施，埃克森美孚向社会公众展示了健康良好的品牌形象，展示了企业作为社会公民的积极姿态，提高了企业品牌的知名度和美誉度，有利于形成品牌偏好和品牌忠诚度，在石化行业同质化严重的今天，成为区别于竞争对手的有力武器。

四、品牌管理特色

（一）对品牌标志进行动态调整增强品牌个性化特征

1999年以前，埃克森和美孚是两家独立的公司。因此，公司拥有独立的标志。

埃克森石油公司最早的标志是1915年采用的来自挪威的老虎形象。这个标志一直伴随公司的发展。1922—1972年间，公司的标志中出现了“STANDARD”“Initialsgor Standardoil”的音译“Esso”的标志、圆形

“STANDARD”标志、更新设计的“Esso”标志，直到1972年，公司由新泽西标准石油公司更名为埃克森石油公司，开始启用新的标志——“Exxon”。

1911—1931年间，美孚石油公司的标志继承了原标准石油公司1904年的野兽形象，1931年，公司名为纽约标准真空石油公司，于是，启用了新的标志——朝向左方向的双翼飞马。1963年，公司更名为美孚。1966年，公司将飞马的朝向进行了调整，改为向右，同时，“Mobil”从双翼飞马的标志中分离出来，“Mobil”中间的“o”改为了红色。只用当中的红色字母“o”突出传达一种饱满而雄浑的形象，象征着公司从事的能源无处不在、无所不能。

图4　美孚1966年标志

（图片来源：https：//www. pinterest. com）

1999年，埃克森石油公司和美孚石油公司合并，埃克森美孚石油公司的标志改为“Exxon Mobill”。这个标志沿用至今。

图5　美孚1999年使用至今的标志

（图片来源：https：//corporate. exxonmobil. com）

（二）集团品牌与明星子品牌良性互动形成强大影响力

目前埃克森美孚所采取的品牌架构为复合式品牌架构，即“企业品牌+事业品牌+产品或服务品牌”的架构模式。

第一层级为企业品牌埃克森美孚；第二层级事业品牌包括埃克森美孚化工、加拿大帝国石油等事业品牌；第三层级产品品牌则脉络更加丰富，以埃克森美孚知名的润滑油产品为例，作为世界上最重要的润滑油基础油生产商和世界上首屈一指的润滑油销售商，埃克森美孚打造出Exxon、Mobil和Esso三大知名润滑油品牌。在全球范围内，埃克森美孚以四个品牌销售燃料和润滑剂：埃索、埃克森、美孚和埃克森美孚化工。

埃克森美孚的品牌发展战略中，集团品牌与子品牌的成长是相辅相成、紧密关联的。强大的集团品牌对现有或新创立子品牌的品牌力形成强大背书作用，而子品牌在快速发展形成强大市场影响力之后，又反哺集团品牌。例如，埃克森美孚经典润滑油子品牌美孚黑霸王机油一直在全世界各地的重型柴油发动机领域口碑甚佳。

在设计美孚黑霸王产品配方以及供应产品过程当中，埃克森美孚专攻重型车辆发动机技术的润滑油团队进行了全面的室内试验以及广泛的现场测试，一起深入研究当今重型发动机所需要的性能特性。自从在1925年推出美孚黑霸王机油以后，其为全世界各种行驶状况下的卡车发动机提供动力与保护。如今，美孚黑霸王已经成为优质润滑油的基准，并成为今天全球使用极为广泛的重型发动机油品牌。埃克森美孚公司每年都会向研究与产品开发投入巨资，以测试与升级其旗下的美孚黑霸王Delvac重型发动机油系列产品，从而确保其能够满足最新、最尖端的产业要求以及全球各地的设备制造商（OEM）规范。

全球前五大重型卡车发动机原始设备制造商目前都选用了美孚黑霸王，除此以外，美孚黑霸王还得到了2000多家不同制造商的认可以及300家全球与本地制造商的优先支持。美孚黑霸王通过业内出众的稳定性、可靠性等优越性能表现以及强大的市场号召力，持续占有高端细分市场，从而形成了对集团母品牌的有效反向驱动，在母品牌埃克森美孚的强势背书作用下，进一步促进了母品牌形成整体的板块概念，从而形成与母品牌之间互为驱动的良性发展。

（三）通过标杆管理寻找差距，打造卓越品牌

在品牌管理中，埃克森美孚注重标杆管理。1992年经一项调查后，公司决定对自身的服务进行变革。当时美孚公司询问了服务站的4000位顾客什么是重要的，结果得到了一组令人震惊的数据，仅有20%的被调查者认为价格是最重要的，其余的80%想要三件同样的东西：能提供帮助的友好的员工、快捷的服务和对他们的消费忠诚予以一些认可。于是，美孚开始推行标杆管理。美孚把这三样东西简称为速度、微笑和安抚。

美孚的管理层认为：论综合实力，美孚在石油企业里已经独步江湖了，但要把这三项指标拆开看，美国国内一定还有做得更好的其他企业。美孚于是组建了速度、微笑和安抚三个小组，去找速度最快、微笑最甜和回头客最

多的标杆，以标杆为榜样进行改进与提升。

经过寻找，三个标杆都找到了。速度小组锁定了潘斯克（Penske）公司。微笑小组锁定了丽思－卡尔顿酒店作为温馨服务的标杆。安抚小组则将“家庭仓库”公司作为标杆。经过对标杆公司进行深入研究，分别与美孚进行了对标，根据对比结果，找出差距并制定了整改措施，持续改进。

标杆管理是埃克森美孚在品牌建设过程中的一次有效尝试，在同行业或跨行业的寻找、学习和追赶标杆品牌的过程中，埃克森美孚不断朝着既定的目标、在正确的发展道路上，不断缩小与标杆品牌的差距，始终关注客户的需求，并且着力完成这些需求，使得标杆管理在发挥出最大效能的同时，真正实现了对品牌的有效促进作用。

（四）聚焦油气领域进行品牌延伸，降低品牌风险

埃克森美孚实施品牌多元化策略，但其多元化聚焦在油气领域。品牌多元化的好处就在于能够“深挖洞、广集粮”，满足不同消费者的差异化需求，保证每一个产品都拥有自己的定位和独特的个性，形成市场的卡位与深耕密作，降低单个产品的失败对总体的影响等。而埃克森美孚虽然产品线很多，但其核心仍是围绕石油、石化实施相关多元化品牌战略。如埃克森美孚涉足勘探、天然气、润滑油、化工、汽车等领域，主要是围绕核心业务石油展开的。

基于定位，埃克森美孚石油公司确立了在上下游业务中的基本战略。上游业务战略是：与上游业务的长期性质相一致；下游业务战略是：埃克森美孚拥有规模巨大的、多元化的以及高利润率的下游业务，公司将自己定位于该产业的领导者。

产业结构上，埃克森美孚的纵向一体化战略表现突出，公司的业务布局从原油的勘探、开采、炼制到产品的批发和零售，是一个紧密相关的上下游一体化格局。在产品线多元化的过程中，埃克森美孚的品牌多元化同样顺势展开，各产品品牌尽可能坚持产品同属性、品牌内涵覆盖性以及文化等同性等，相关多元化的品牌战略让埃克森美孚在世界范围内的核心竞争力不断增强。

在相关多元化过程中，埃克森美孚非常注重部分重要业务的“业内最佳”“业内第一”地位的保持。例如，埃克森美孚化工是世界最大的芳烃生

产商，生产包括对二甲苯和苯；同时也是世界最大的烯烃生产商之一，生产如乙烯、丙烯，还有聚烯烃，包括聚乙烯和聚丙烯；在世界上一些产量大和增长快的大宗石化产品方面居于领先地位。另外，埃克森美孚化工还拥有居于世界领先地位的多样化系列特种化工产品……所有这些产品在全球市场排名第一位或第二位，应用领域非常广泛，具有先进的性能，并为客户带来了更多实际的收益。

“业内首位”的品牌认知不仅在体量上成就了埃克森美孚的市场优势，同时更在消费者心理认知上形成了强势定位，尽管它与“品类第一”并不完全对等，但是却具有一定的优势，更快速进驻消费者大脑，在消费者的心脑阶梯上形成品类第一或者品类前几的顺序排位，从而始终占有持续优势。

五、品牌传播特色

作为能源企业，埃克森美孚注重传播内容与专题和品牌理念的深度契合，并注重洞察消费者的消费需求与心理，通过增强品牌体验、支持与赞助赛事活动以及深度参与公益事业，树立良好的品牌声誉。

（一）通过增强消费者的品牌体验打破圈层

作为跨国能源企业，埃克森美孚在品牌传播中善于本土化运作。在品牌传播中，埃克森美孚通过研究所处地域文化特征、消费者需求，创新传播手段与形式，将埃克森美孚的品牌理念有机融入传播中，在增强与消费者的互动体验过程中，打破圈层。

2020 年 11 月，为了能让消费者从全新的角度感受美孚 1 号 TM，传递其“1 号力量，表现超越想象”的品牌精神，埃克森美孚在敦煌举办主题为“恒久动力 经久弥新”的品牌体验日活动。该项活动把中国古老的敦煌文化与埃克森美孚的技术理念结合起来，通过古老东方文化为润滑科技赋能，为消费者提供高品质的产品和服务，增强消费者对埃克森美孚的全新品牌体验。

为了不断提升消费者的品牌体验，埃克森美孚以消费者为核心，不断探索更多的跨界联动平台，打破圈层，与消费者进行互动。埃克森美孚希望通过创建全方位的品牌体验，让消费者深度理解埃克森美孚、认同埃克森美孚。

在中国市场，埃克森美孚不断延伸品牌触点，通过多场景与消费者深度互动，实现沉浸式、端到端的品牌体验。埃克森美孚全触点品牌体验模式包括全新的数字化会员社区，庞大的全渠道品牌服务网络及高度相关性的品牌合作资源。借助数字化技术，埃克森美孚打造了数字化会员服务平台，通过多渠道提供个性化、高价值的体验服务，消费者在该平台上可以充分体验埃克森美孚的产品与服务；埃克森美孚不断拓展全球服务网络，如与电商平台开展合作，满足消费者日益变化的消费习惯；不断探索与埃克森美孚品牌契合度高的品牌开展深度合作，如通过消费者感兴趣的综艺或者娱乐节目进行跨界联动，增强消费者的品牌体验。

（二）借助重大赛事进行传播，扩大品牌影响力

为了让消费者认识和了解埃克森美孚的产品，进而支持其品牌承载的先进技术，对品牌形成忠诚度，埃克森美孚借助一些重大的体育赛事来传播品牌，这让埃克森美孚的传播内容与元素更加丰富多元。如，作为领先的润滑油品牌，埃克森美孚与 F1 车坛老牌强队迈凯伦车队已维持了长达 20 余年的合作。

FIA 曾做过统计，平均每年收看 F1 比赛的人次大约在 530 亿，为了更多地借力 F1 车队，商业巨头们打得不可开交。埃克森美孚赞助 F1 的商业动机绝对不仅限于运动本身，他们追逐的是运动背后的庞大市场。F1 自然也深谙此道，哪儿市场活跃，F1 就会将跨国公司们引向哪儿。

埃克森美孚当然能够意识到 F1 运动在世界体育版图中占有的重要地位。以 F1 这个超级广告秀来进一步打造自身的品牌形象，是一项具有长远价值的投资。因此，它在 F1 的大家庭中选择的合作对象为强大的迈凯伦 – 梅赛德斯车队。美孚 1 号、迈凯伦 F1 车队和梅赛德斯 – 奔驰公司的技术合作始于 1995 年，由于赛车运动为燃料、润滑油以及日常驾车提供了最好的测试环境，此项合作也使埃克森美孚的技术得到不断改进。美孚 1 号品牌、迈凯伦车队和梅赛德斯公司结盟，为埃克森美孚提供了很好的全球品牌展示场所。对于埃克森美孚来说，除了能够凭借一支真正优秀的赛车队赢得 F1 比赛，更重要的是，能够通过比赛追踪研究及测试开发、交付新的产品。迈凯

伦与埃克森美孚的技术合作对于迈凯伦－梅赛德斯 F1 车队的运转至关重要。在长期富有成效的合作中，双方都极为满意。多年来，除 F1 之外，埃克森美孚与 NBA、CBA 等顶级赛事等都进行了深入合作。

（三）积极参与公益事业打造良好品牌形象

埃克森美孚在世界各地支持一些与其品牌理念相契合的公益项目，也自行开展一些以环保、节能、技术创新、社区关爱等为主题的公益活动。通过积极投身公益事业，埃克森美孚向公众展现与打造良好的品牌形象。

2020 年，为了应对新冠肺炎大流行，埃克森美孚最大限度地提高了关键产品的产量，如用于制造洗手液的异丙醇以及用于防护口罩、长袍和湿巾的聚丙烯。此外，该公司重新配置在路易斯安那州的业务，以生产医用洗手液，捐赠给需要的地区，扮演好企业公民的角色。

疫情中，埃克森美孚努力帮助满足一线医护人员的需求，以及那些在家里保持社交距离的人的需求。埃克森美孚为消费者、急救人员、卫生保健官员和医务人员提供应对这场全球卫生危机所需的燃料和产品。

疫情期间，埃克森美孚建议品牌批发商、零售商及其服务站人员确保埃克森美孚品牌的网点得到更频繁的清洁和消毒——从燃料喷嘴到商店台面到门把手。在加油站，通过埃克森美孚奖励应用程序＋使用移动支付，以减少与表面的接触。在便利店，加油站经营者专注于储备食品和个人护理用品等必需品。

六、案例总结

埃克森美孚的品牌实践表明，作为能源企业，技术创新与标杆管理在铸就卓越品牌的过程中起到了重要作用。

（一）技术与创新是能源品牌发展的永恒主题

处于一个相对垄断、同质化竞争激烈的领域，埃克森美孚在全球经济环境的变化中，虽然品牌有分合，但有一点却始终没有变，就是根据市场情势与行业发展及顾客需求，不断进行技术革新与创新。进行技术研发与创新，对埃克森美孚来说，一个重要的意义还在于要确立品牌在行业内的领先地位，拥有了技术优势，尤其是通过技术手段占领了市场，埃克森美孚就拥有了该领域的话语权。

（二）标杆管理是铸就卓越品牌的有效途径

标杆管理是企业有效的管理方法，起源于20世纪70年代末80年代初。在美国学习日本的运动中，首先开辟标杆管理先河的是施乐公司。标杆管理的核心是向业内或业外的最优秀的企业学习。通过学习，企业重新思考和改进经营实践，创造自己的最佳实践。

在数百年品牌建设过程中，埃克森美孚不断进行有益学习与尝试，实现自我超越。其中，标杆管理是埃克森美孚在品牌发展过程中自我改革的一次系统尝试。通过对可衡量的、可观察的、可控制的模块进行分析，寻找标杆品牌，在对标的过程中不断发现问题、解决问题、持续改进，进而超越，充分实现了品牌基准管理的有效目的，使得标杆管理在发挥出最大效能的同时，真正实现了对品牌的促进作用。

巴斯夫：
在"连接"中构筑共赢品牌生态

作为一家百年化学企业，巴斯夫能够充分发挥自身优势，审慎分析市场需求、行业环境以及竞争对手，成功塑造了一个积极、健康、充满社会责任感的百年化工企业的品牌形象。

企业简介：

巴斯夫（BASF）是世界领先的化工公司，始建于1865年，总部位于德国的路德维希港。巴斯夫致力于向全球客户提供一系列高性能的化工产品，其产品分属六大业务领域：化学品、材料、工业解决方案、表面处理技术、营养与护理、农业解决方案。

巴斯夫强调一体化（Verbund），一体化理念贯穿巴斯夫生产、技术、市场和数字化的各个环节，推动巴斯夫面向可持续发展的未来的创新解决方案。巴斯夫在企业发展中着重构建一体化（Verbund）体系，一体化体系是巴斯夫产品组合的基础，也是其品牌优势之一。一体化体系集成了生产、市场及技术平台，将巴斯夫各项业务紧密联系起来。目前，巴斯夫在全球90多个国家运营六个一体化生产基地与355个其他生产单元，形成了庞大的品牌网络。

作为全球最大的化工公司之一，巴斯夫曾被美国《财富》杂志评为"全球最受赞赏化工公司"。2020年，巴斯夫以707.225亿美元位列《财富》世界500强排行榜第143位。在英国品牌价值评估与战略咨询公司Brand Finance发布的"2020年全球化工最具价值品牌25强排行榜"中，巴斯夫为全球化工最具价值品牌。

一、品牌发展历程

（一）19 世纪 60 年代—20 世纪初：品牌初创期

（二）20 世纪初—40 年代：品牌调整期

（三）20 世纪 40 年代—50 年代：品牌重塑期

（四）20 世纪 50 年代至今：品牌崛起期

二、品牌核心价值理念分析

三、品牌创建路径

（一）技术研发与创新激发品牌活力

（二）业务并购与分拆优化品牌资产

（三）差异化发展确立品牌竞争优势

四、品牌管理特色

（一）标志在业务变化中调整，增强品牌辨识性

（二）创新管理模式，拓展品牌服务功能

（三）出众的人力资源管理，增强内部客户满意度

五、品牌传播特色

（一）持续进行社会责任传播，打造良好企业公民形象

（二）运用 B2C 的传播技巧，增强与受众的沟通与交流

六、案例总结

（一）化工品牌要强化绿色、健康、积极的品牌形象

（二）差异化定位是实现品牌基业常青的关键

一、 品牌发展历程

巴斯夫至今已有156年的品牌发展历史，在品牌发展过程中，主要经历了四个时期。

（一）19世纪60年代—20世纪初：品牌初创期

1865年4月27日，巴斯夫公司的前身——巴登苯胺碱厂于德国西南小镇曼海姆创建。1869年，巴斯夫公司的化学家卡洛与拜耳公司的科学家格雷贝和李伯曼合作，人工合成了茜素染料，这为巴斯夫拓展全球市场开启了大门。此后，巴斯夫又发明并向市场推出了曙红、槐黄和偶氮等新染料，一举奠定了它在染料产业的领先地位。

1900年，专注于染料研发与生产的巴登苯胺碱厂已发展成为世界上最大的化工厂之一。1901年，化学家邦恩发明了醌还原新染料，巴斯夫由此成为世界上最大的以染料为业务核心的化学品制造商。因此，这一时期也被称为巴斯夫的“染料时代”。

（二）20世纪初—40年代：品牌调整期

20世纪初，由于成功进行了新的技术研发，巴斯夫的业务重点发生了转移。1908年，巴斯夫研发出了Haber－Bosch合成氨工艺，以此工艺为基础，巴斯夫的研发以及业务重点开始逐渐调整。

1913年，巴斯夫开始了合成氨的工业化生产。1922年，巴斯夫开发出了合成尿素，1924年开发出了合成甲醇。此后，巴斯夫的研发仍在持续，业务仍在调整中拓展。在这个过程中，随着巴斯夫业务的调整，其之前的染料品牌形象也在发生着变化。

20世纪20年代，伴随着汽车工业的兴起，巴斯夫的技术研发与产品生产又拓展至与汽车相关的领域，巴斯夫涉足了汽车燃料、合成橡胶、表面涂料、车用试剂等领域。

1925年，巴斯夫与拜耳、赫斯特等5家公司合并组成法本工业联合公司。这之后，法本工业联合公司不断向市场推出新产品，巴斯夫在业务研发与调整中持续发展，直至1939年第二次世界大战爆发。

（三）20 世纪 40 年代—50 年代：品牌重塑期

巴斯夫的业务调整与拓展因第二次世界大战而遭受重创。“二战”结束时，巴斯夫 33% 的工厂被完全毁坏，61% 遭受严重破坏。为恢复生机，巴斯夫开始进入了品牌重塑期。

1948 年，巴斯夫刚恢复不久的工厂发生一起严重爆炸事故，工厂重建工作不得不在重大损失基础上重新进行。

1952 年，巴斯夫以“巴登苯胺苏打股份公司”的名称进行重建。“二战”前巴斯夫建立的农业站以及开发的农业化肥研制技术在品牌重塑过程中发挥了重要作用，巴斯夫在这个时期重新研发了一系列农业化学产品。与此同时，巴斯夫也充分利用“二战”前积累的高分子聚合物技术，开发聚乙烯薄膜等塑料制品，并得到市场认可。聚乙烯的原材料是石油和天然气，巴斯夫利用自身的技术优势，由此进入了石油化工领域。

1952 年，法本工业联合公司解体，“巴登苯胺苏打股份公司”作为继承者之一，重新进行了注册。“二战”后，为了同拜耳等化工业巨头进行差异化发展，进一步确立自己的市场定位，巴斯夫秉承注重研究开发的优良传统，继续在新兴的塑料工业的工艺开发中保持领先地位。

（四）20 世纪 50 年代至今：品牌崛起期

20 世纪 50 年代，石油代替煤成为石油化工的原料，意味着石油化工时代的开启。巴斯夫进入石油化工领域后，通过绿色、环保的化学创造使品牌很快崛起。

1965 年，巴斯夫开启了国际化之路。1973 年，“巴登苯胺苏打股份公司”正式启用“巴斯夫”的名称。此后，巴斯夫在化工领域持续发力，并通过技术研发与产品创新不断满足市场需求，通过并购持续壮大品牌实力，最终成长为世界知名、多元化的化工品牌。

图 1　巴斯夫德国路德维希港总部

（图片来源：https：//www. basf. com/global/press - photos）

二、品牌核心价值理念分析

品牌宗旨：创造化学新作用，追求可持续发展的未来。

巴斯夫的品牌宗旨反映了“做什么”以及“为什么这样做”。巴斯夫要为创造更美好的世界作出贡献，提高每个人的生活品质，让未来可期。巴斯夫以实际行动贯彻品牌宗旨，负责任地采购和生产，成为公平可靠的合作伙伴，激发和联结人们的创造力，从而找到满足市场需求的最佳解决方案。

价值观：创造力、开放性、责任感、企业家精神。

创造力：为客户提供绝佳的产品和解决方案；勇于接纳大胆构想，并助其发展；乐观进取，相互激励。

开放性：重视多元化，无论是人、观点，还是经验；鼓励以坦诚、尊重和互信为基础的对话；前覆后戒，从挫折中吸取教训。

责任感：把人的健康和安全放在第一位；严格遵守合规和环境标准。

企业家精神：以客户为本，无论作为个人还是团体；抓住机遇，立足长远；积极主动，勇于担当。

三、品牌创建路径

在156年的品牌发展历程中，巴斯夫善于把握市场变化并及时调整发展策略，利用技术与研发优势开发符合市场需求的产品，顺应产业发展方向。

（一）技术研发与创新激发品牌活力

在巴斯夫的品牌发展史上，技术研发与创新是其一个显著特征。巴斯夫在世界化工史上留下了诸多经典产品：茜素染料、曙红、槐黄和偶氮等，奠定了它在染料产业的领先地位，同时树立了领先的世界级化工品牌。

巴斯夫于2011年发布了“创造化学新作用”战略，自新战略发布以来，巴斯夫持续努力，以化学方式结合各种化合物，为客户提供功能性产品和解决方案。

在新战略指导下，巴斯夫每年研发投入近20亿欧元，不断强化公司的研发能力。目前，巴斯夫在全球拥有超过10000名研发人员致力于化学领域的创新，研发人员占员工总数的10%。除了企业的研发人员，巴斯夫还强化与全球科学界、商界众多合作伙伴的密切合作，建立了一个跨国、跨学科的专业知识一体化网络。巴斯夫与600多个大学、行业研究机构等结成合作伙伴，进行研发合作。巴斯夫专利资产指数排名连续多年位居行业第一，其研发投入位于世界化工企业前列。

近些年来，全球经济增速放缓，工业生产疲软，抑制了化学品产量，而2020年的新冠肺炎疫情则进一步冲击了全球经济、冲击了世界化工市场，全球化工品牌绝大多数都处于疫情阴霾之中。这对所有化学工业品牌而言都是难熬的时期，化工行业以往的传统发展模式遭受严峻挑战。巴斯夫的应对之策是利用自身的创新能力。尽管遭遇新冠疫情，但美国《化学周刊》公布的2020年世界化工“10亿美元俱乐部”的排名中，巴斯夫仍以年度销售收入666.47亿美元居于榜首。

图2 巴斯夫在农业方面的研发提升了种子处理产品、化学和生物解决方案

（图片来源：https：//www.basf.com/global/press－photos）

对于巴斯夫，创新是在充满挑战的市场环境中脱颖而出的关键。遍布全球、各有专长的高素质研究团队是巴斯夫创新实力的坚实基础。此外，巴斯夫的众多合作伙伴也参与创新过程，巴斯夫以此确保科学和商业的广泛接触。巴斯夫追求开放创新，与其他创新企业一起，整合不同领域的专业知识，开发最佳实践，协同创造可持续的产品和解决方案。2020 年，巴斯夫取得 950 项全球新专利。

信息时代，巴斯夫的创新将数字技术整合到日常运营中，并使其成为任何研发项目工作流程中不可分割的一部分，从而提高研究成效和效率，开创新的创新机遇。值得一提的是，巴斯夫新业有限公司（BASF New Business GmbH）在创新中发挥着重要作用，该公司致力于研究行业和社会长期趋势及创新课题，发掘未来市场、分析增长潜力并判断新业务领域是否适合巴斯夫。

巴斯夫在高投入基础上实施的创新，一方面持续不断地寻找一系列新想法，颠覆各个行业的旧有观念，开创新的项目；另一方面更是通过各种途径帮助客户，不断提升产品的加工性能、优化服务质量，从而提高其竞争力。

这一系列创新举措都在目标市场为巴斯夫塑造了良好的、体验优异的、与市场互动紧密的科技品牌形象。

（二）业务并购与分拆优化品牌资产

如果说并购实现了巴斯夫品牌的强化与壮大，那么后来巴斯夫大力拆分其非核心业务，进一步优化其核心业务则是为了集中更多资源和精力打造其核心业务的品牌，提升巴斯夫品牌的影响力。加大投资力度，优化资产组合，实现一体化战略是巴斯夫自创立之初就一直坚持的基本战略，它涵盖了巴斯夫生产、研发、服务、销售所有环节，是巴斯夫企业哲学中不可或缺的一部分。

在各类一体化战略中，最重要的是上下游一体化战略，即通过加强上游基础原料竞争力，为下游高端产品提供稳定的、低成本的原料，从而提升公司整体竞争力，并为公司提供强大的抗市场波动能力。

图 3　巴斯夫广东一体化项目基地

（图片来源：https：//www. basf. com/global/press - photos）

目前巴斯夫正在世界范围内进行新一轮的大规模投资，主要投资方向为：增强一体化生产网络，加大新兴市场投资力度，投资美国利用廉价页岩气，投资欧洲提高传统生产基地竞争力等。主要投资方式为新建、改扩建、合资和收购。

在收购对象的选择上，巴斯夫主要基于两个标准：战略上青睐于创新驱动型，优于行业平均增长水平，能够有效缩短公司经营低谷期的业务；财务标准上则要求被收购对象的投资回报率必须高于8%，且每股收益（EPS）要保持3年以上的持续增长。2020年虽受疫情影响，但巴斯夫的收购并未停止，如2020年1月31日，巴斯夫联合道默化学完成了对索尔维聚酰胺（PA6.6）业务的收购。

收购之外，巴斯夫也对业务进行分拆。巴斯夫曾先后剥离了Polyad Services塑料添加剂公司的业务、Styrolution公司的苯乙烯类塑料业务、Ellba Eastern公司的苯乙烯和环氧乙烷业务。

通过并购与业务分拆，巴斯夫不断壮大与优化品牌资产，进行资源整合，持续增强品牌竞争力。

（三）差异化发展确立品牌竞争优势

巴斯夫、拜耳和赫希斯特公司是德国化学产业的“三巨头”，三家公司代表着德国化学产业发展的不同路径。最初三家公司的发展同质化，都生产合成染料系列产品。此后，拜耳逐渐向着医药保健、生物学和高科技材料领域拥有核心竞争力的全球性企业方向发展，赫希斯特转向了以生命科学为基础的新产品领域，巴斯夫则选择了纵向发展核心化学业务，专注绿色和环保的化学创造。

巴斯夫自20世纪60年代开始致力于环境保护，持续投入大量资金对化学生产废物、污水、废气等进行处理。源于合成染料的巴斯夫品牌，用技术创造了化学世界，用合作赢得了市场，更用绿色和清洁的新理念将化学品创造进行到底。避免同质化竞争的最佳路径就是发展技术深度和实现产业的专业化，获得差异化竞争优势。

虽然同竞争对手一样都是染料起家，甚至在最初为了避免同质化竞争而进行垄断联合，但后来巴斯夫坚定地走了品牌专业化道路，在技术上夯实了自己的独特之处。技术深度和专业化是许多德国重量级企业的共同特点，也是许多中国企业所缺乏的。

巴斯夫是一家自信的公司，同时期的其他化工巨头们都避免称自己为

“化学公司”，但它却明确定义自己的品牌形象，公开称自己是“唯一的化学公司”（The Chemical Company）。通过这种方式，巴斯夫表达了自己对化学行业的承诺和专注，而且希望通过自己的努力告诉人们，化学是一门正面的科学，且于社会、环境有益。这不仅体现出巴斯夫对自身实力的自信，更帮助目标市场树信心，无形中为品牌信誉形成有力担保。

四、品牌管理特色

（一）标志在业务变化中调整，增强品牌辨识性

BASF 由其全名“Badische Anilin－und－Soda－Fabrik”（巴登苯胺苏打厂）缩写而来，BASF 四个字母是巴斯夫的注册商标。

伴随着巴斯夫业务的调整与战略的变化，巴斯夫在品牌发展过程中也进行了标志的变更。1873 年至 2014 年间，巴斯夫的品牌标志进行过 9 次调整，标志的变更，更简洁、更富有时代特征、更容易辨识。

2014 年 10 月 8 日，巴斯夫宣布采用新口号“We Create Chemistry”（创造化学新作用）。与以往一样，这个口号写在了巴斯夫的标志上。2004 年，在巴斯夫变更品牌标志时，将口号“The Chemical Company”写入了标志中。标志的变化强调了巴斯夫将与客户及伙伴进行合作，携手创造可持续发展的未来。

2015 年 1 月 1 日起，巴斯夫全面采用新的品牌标志。巴斯夫强调其品牌精髓是“联系”，品牌口号从“The Chemical Company”转向“We Create Chemistry”，新口号不仅与科学有关，也体现了人与人之间的“化学”关系。

（二）创新管理模式，拓展品牌服务功能

在品牌发展历程中，巴斯夫不断探索与创新管理模式。巴斯夫重视品牌资产并进行有效管理。在巴斯夫的品牌体系中，巴斯夫作为母品牌位于其品牌架构体系的最顶端，处于核心位置，统帅业务、分子公司、产品与技术等一系列品牌。不过，巴斯夫不少单独的品牌之间比较独立，缺少联系。巴斯夫也在不断根据战略调整业务组合、优化品牌结构，以增强品牌之间的关联，形成强大的协同效应。

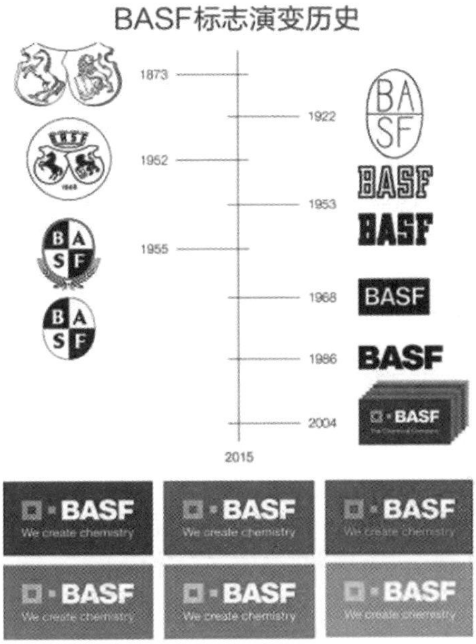

图 4　巴斯夫品牌标志的演变

（图片来源：https：//www. logonews. cn/basf – new – logo. html）

需要强调的是，作为化工品牌，注重技术产品之外，巴斯夫大力发展品牌服务功能，以塑造优质的品牌形象。

首先，向定制化服务延伸，直接面向客户。在巴斯夫公司的化工业务板块中，近半数业务单元已从传统石油化工行业延伸至能源资源。在建筑、交通、农业、健康、电子等下游细分市场，巴斯夫的定位也从传统的产品供应商转变为以解决方案为导向的系统服务提供商。

为更好地服务客户，巴斯夫创新业务管理模式，为一些关键客户或行业专门创立了“目标行业团队”。这些行业团队是位于各产品和业务部门之上的横向管理部门，接到项目时，团队有权整合集团内各种资源，形成合力，为客户提供完整的一站式解决方案服务。

以风能市场为例，巴斯夫整合了 5 个业务部门的专家成立了一个全球行业团队，与客户共同开发能够提高风力涡轮生产和工作效率的智能解决方案，主要业务涉及粘合剂、涡轮叶片涂料、变速箱润滑液和液压液、地基和塔的混凝土外加剂等。巴斯夫的“目标行业团队”已经覆盖汽车、制药、包装、建筑、油漆涂料、食品与农业、电子电气、采矿、风能 9 个行业。

其次，采取差异化客户服务模式。巴斯夫对不同业务采取差异化的客户服务模式，传统化工原料业务更强调成本，高端产品和解决方案业务更强调贴近市场和客户。

（三）出众的人力资源管理，增强内部客户满意度

根据美国国家科学基金会（National Science Foundation）统计，在美国，科学家和工程师这一类熟练从业人员中有将近 40% 超过 50 岁，替换他们的人才渠道正在萎缩。不只是美国，德国、日本这些工业强国也面临类似的人员结构问题。

巴斯夫认为自己找到了解决人才缺乏的办法。巴斯夫由产品经理、科学家和工程师组成的熟练工作团队已经积累了数十年的经验。2020 年，巴斯夫大部分的德国员工将处在 50 至 65 岁之间。这使得它的人员结构问题比大多数公司都严重，因为它的运营地点主要在老年人占人口比例越来越大的德国、日本和美国。

尽管巴斯夫努力从基础层面开始补充劳动力，但这只能解决 2050 年的问题。眼前未来 10 年的问题更加紧迫。为了解决这一问题，巴斯夫决心制订一系列促进员工长寿和提高劳动生产率的计划，其中一项就是保持健康。医生到实验室和工厂去，评估自愿接受检查的员工的身体状况，并提供建议。另一项计划对准工作场所本身。在办公室，公司制定了“人体工学检核制度”。在工厂，经理给中青年员工分配了为老员工减轻压力的任务。例如，将年轻和年老的员工混编在团队中，充分利用各年龄段所擅长的技能。

但即使老员工做得再久、再出色，他们终将永远离开，而且是带着经验离开。因此，巴斯夫鼓励老员工带学徒。为确保技能传递下去，巴斯夫创办了名为“知识接力”的教学项目，让老员工向新员工传授知识。为了奖励老员工提供的指导，公司还改变了薪酬计划。现在，全面评估包括了受指导者的反馈。在只根据资历来确定大部分奖金的德国，这一做法比较少见。良好的人力资源管理运行，极大地提升了“内部客户满意度”，从而使得品牌的社会口碑和声誉获得了由内而外的提升，塑造了积极健康的企业公民形象。

五、品牌传播特色

（一）持续进行社会责任传播，打造良好企业公民形象

作为化工企业，巴斯夫致力于通过履行社会责任以及持续进行社会责任传播，打造良好的企业公民形象。巴斯夫将其坚守企业社会责任的方式形容为可持续、“蜜蜂型”。

在追求可持续发展的过程中，巴斯夫关注能源、环境与气候，除了支持一些公益项目，巴斯夫也通过开展活动塑造其负责任的企业公民形象。例如，早在1997年，巴斯夫就在集团总部设立了“小小化学家”实验室，并免费对6~12岁的孩子开放。巴斯夫“小小化学家”活动，旨在激发年青一代对于化学学习的热情，助力年青一代探索科学，用知识塑造未来。目前，该活动已经在全球30多个国家展开，并成为一项全球性的针对青少年儿童的科普公益活动。

2006年，巴斯夫在中国首倡“1+3”企业社会责任项目，旨在通过传播可持续发展的理念及实践建立责任价值链。“1+3”的模式，即每个公司带动其供应链中的三大业务合作伙伴（供应商+客户+物流服务供应商），向他们传授企业社会责任的最佳实践和量身定制的解决方案，从而推动可持续发展。之后，这三家合作伙伴再向自己供应链上的另外三家合作伙伴继续传递这一理念，从而产生“雪球效应”。

巴斯夫强调企业社会责任应该是一个可持续的过程，并且把可持续发展作为企业的战略支柱之一。巴斯夫是全球首家发布企业综合碳足迹的公司。他的碳足迹计算包含了每个分子在其被开采到最终回收或销毁的整个生命周期中的碳排放，无论这些排放是否由巴斯夫的生产所导致。计算结果表明，使用巴斯夫产品所能减少的温室气体排放量，是产品从生产到废弃过程中所产生温室气体总量的3倍。

巴斯夫在社会责任层面的努力印证了它要做“蜜蜂型的企业”的承诺，即在酿蜜的同时，还要播种。作为一家工业品公司，巴斯夫没有面对终端消费者的产品，甚至很多人没有听说过这家公司，但是它却能够异常自信。

2020年新冠疫情发生后，巴斯夫积极行动，参与抗疫。巴斯夫在全球范

围内发起了“‘手’护行动”。作为该行动的一部分，巴斯夫依托技术与研发优势，通过科研团队，助力寻找有效成本对抗病毒，并采取有效措施，尽力保障下游疫情防控重点物资生产企业相关的原料供应。同时，以不同形式支援抗疫，履行企业社会责任。

图 5　巴斯夫采购抗疫物资支援抗疫

（图片来源：https：//www. basf. com/cn/press－photos）

（二）运用 B2C 的传播技巧，增强与受众的沟通与交流

作为一家老牌化工企业，巴斯夫并不直接面对消费者。一般而言，工业企业往往给人一种僵化、刻板、高冷的印象，除此之外，化工企业还容易让人们与环境破坏者联系起来。品牌传播中，如何通过内容的策划、传播渠道的选择、传播技巧的运用，与受众拉近距离、产生联系、形成共鸣，是新时期工业企业品牌需要改进的。工业企业需要树立良好的品牌形象，化工品牌更需如此。

事实上，在巴斯夫品牌发展过程中，也的确对环境污染负有一定责任，尤其是品牌发展的早期。如巴斯夫的工厂曾经对莱茵河造成过污染。但随着品牌的壮大与发展，巴斯夫的战略调整与变化，巴斯夫追求可持续发展，关注资源、环境、气候，并希望树立与打造亲民的品牌形象。

巴斯夫在多年的品牌传播中探索并运用 B2C 的传播技巧，传递其可持续发展理念的同时，通过运用亲民的风格与通俗易懂的内容，与受众进行沟通。巴斯夫一直强调品牌的“联系”，品牌传播无疑是强化这种联系的有效途径。

巴斯夫的品牌传播走亲民路线，如它的一则广告语：“如果说爱是一种化学作用，那么，我们相信化学定能让世界变得更美好。化学作用就是在元素之间创造和谐关系，是化解冲突、探索和谐之道的秘密方程式。化学最终创造了人与人以及万物之间的和谐关系。”这种朴素的、颇具亲和力的语言，很容易引发公众的共鸣。B2B 企业的品牌传播运用 B2C 的方式，是一种趋势。

链接　巴斯夫的世博营销

世博营销同其他大型活动赞助一样，关注度高、媒体报道力度大，是珍贵的品牌推广时机。巴斯夫在 2010 年世博期间曾推出了以“创造化学新作用”为主题的全球统一的品牌宣传活动。世博会开幕前，巴斯夫参加的另一化工界盛会——“CHINAPLAS2010 国际橡塑展”于 2010 年 4 月 19 日至 22 日在中国上海新国际博览中心举行，此展会是史上规模最大的一届。两次盛会巴斯夫展示的产品都是各种节能、环保型的新型材料，以及如何借助它们改善当今的社会和生活。

巴斯夫全球同步的推广活动就是配合这两次展会进行的。在亚洲，中国大陆是巴斯夫重要的战略推广地区。以往，巴斯夫的形象广告在不同的国家总是有不同版本，此次大规模品牌推广活动首次在全球使用同一主题——“We Create Chemistry”，只是在表现形式上根据特定地区的文化特点做了细微的调整。比如，在一则“创可贴爱上玩水”的平面广告中，中国大陆版本的主角是一名亚裔男孩，全球版本则是一名西方血统的男孩。该传播活动覆盖了印刷、电视和网络广告等多种推广形式，其目标受众则为商业和社会机构中的决策者。

电视广告围绕“创造化学”的双关意思来展开，即不仅指通过化学作用进行生产，还指人与人之间通过化学作用产生相互联系：“化学作用就是在元素之间创造和谐关系，是化解冲突、探索和合之道的秘密方程式。化学作用就是通过一次次实验，让创可贴不再怕水，让麦子可以承受虫害，让舒适的房间不再为电费单烦恼，就连汽车和城市都能和睦相处。化学作用最终创造了人与人，以及人与万物之间的和谐关系。在巴斯夫，我们不仅创造化学产品，更创造化学新作用……”利用优美的音乐、深情的画外音和大众所喜闻乐见的儿童、花朵、麦田、带滑道的游泳池、桌球等元素以及各种形象的比喻，使化学这种似乎离受众生活很远的东西产生吸引力并容易理解。另外，为提高广告信息传播的效果，巴斯夫广告作品还在以下几个方面做了改进：首先，广告中的英文信息根据不同国家的语言文字特点进行了适当的引申，比如，原意为“巴斯夫创造化学”的推广主题针对中国大陆翻译为“创造化学新作用”；其次，为充分表达巴斯夫通过化学作用在看似对立的事物中制造“和谐”的意思，在电视广告和平面广告中，广泛使用“爱”这个词，让一向怕水的创可贴“爱上”水，让大自然“爱上”容易制造污染的汽车，鼻子“爱上”通常会散发难闻气味的油漆……这种让生活更美好的“和谐”，也暗合了上海世博会的口号——“城市让生活更美好”。

六、案例总结

（一）化工品牌要强化绿色、健康、积极的品牌形象

在全世界范围内，化工企业的品牌形象似乎一直与高污染、高耗能联系在一起，并因此令化工品牌饱受诟病。所以，以环保科技创新和管理创新为突破点，着力在市场上塑造化工品牌的低碳化、绿色环保的品牌形象对于新时期的化工企业发展而言，尤为重要。

巴斯夫直面行业的业务弊端，从技术革新、生产管理、品牌形象宣传等方面入手，全面塑造企业品牌洁净、安全、绿色、环保的形象，用绿色和清洁的新理念将化学品创造进行到底，以可持续发展理念赢得了市场的尊重和信赖，极大提升了品牌美誉度。

巴斯夫将品牌定义为“唯一的化学公司”，很大程度上是出于对自身品牌绿色环保理念的自信与拥趸。这种形象的设置，为品牌进一步获得目标市场认可、塑造良好的社会公民形象、形成良性品牌认知具有深远意义。

（二）差异化定位是实现品牌基业长青的关键

在各行各业的竞争中，同质化是制约品牌发展的瓶颈之一，诸多品牌由于无法突破同质化竞争的胶着状态，导致品牌前进态势始终不温不火，甚至在动荡时期无以为继而被市场所淘汰。而巴斯夫能够在优势业务面前，勇于作出差异化选择，在充分分析自身优势和市场需求的基础上，实现断舍离，不断进行调整和转型，在转型中不断求得发展。当然，这需要品牌本身具有很强的韧性、技术根基深厚、内部具有强大凝聚力，而不是追求一时的野蛮发展。每次环境巨变，都会增强品牌与企业自身的适应能力、包容性和发展动力，使其根基更加牢固深厚。只有这样的品牌，才有可能基业长青。

宝马：
追求极致体验　诠释百年品牌

作为一家从飞机发动机起家的企业，从成立之初宝马就将探索、创新、追求极致融入自己的基因，始终坚持做“终极驾驶机器”，打造创新、动力、美感的品牌魅力，从而为客户提供极致完美的用户体验。

企业简介：

宝马集团是全世界成功的汽车和摩托车制造商之一，创建于1916年，总部设在慕尼黑，旗下拥有BMW、MINI和Rolls-Royce三大品牌；同时提供汽车金融和高档出行服务。作为一家全球性公司，宝马集团在14个国家拥有31家生产和组装厂，销售网络遍及140多个国家和地区。百年来，宝马从最初的一家飞机引擎生产厂发展成为今天以高级轿车为主导，并生产享誉全球的飞机引擎、汽车和摩托车的企业集团。

2020年，宝马集团在《财富》世界500强企业中排名第56位；在Interbrand全球最具价值品牌100强排行榜中，宝马集团以397.56亿美元的品牌价值位列第11名。

一、品牌发展历程

（一）20 世纪初—20 年代：品牌初创期

（二）20 世纪 20 年代初—50 年代末：品牌成长期

（三）20 世纪 60 年代初—90 年代初：品牌开拓期

（四）20 世纪 90 年代中期至今：品牌绽放期

二、品牌核心价值理念分析

三、品牌创建路径

（一）独特的驾乘文化黏结用户和品牌

（二）创新的产品和技术打造竞争优势

（三）兼并重组占据细分高端市场

四、品牌国际化策略

（一）“品牌全球化，营销地方化”的品牌策略

（二）当地履责提升品牌声誉

（三）广建“朋友圈”，加快转型升级

五、品牌管理特色

（一）卓有成效的多品牌融合的架构管理

（二）顺应时代的品牌标志更新

（三）进入服装领域，营造品牌文化

（四）售后服务的品牌化管理赋能品牌体验

六、品牌传播特色

（一）体育赛事赞助，传递品牌精神与内涵

（二）围绕“BMW”塑造宝马多元形象

（三）与奔驰的竞合营销实现共赢

（四）涉足文化领域，借势提升品牌影响力

七、案例总结

（一）深耕差异化优势是赢得品牌竞争的关键

（二）“娱人娱己”品牌营销为宝马品牌传达情感特质

一、品牌发展历程

（一）20 世纪初— 20 年代：品牌初创期

1916 年 3 月 7 日被官方认定为宝马的诞生日，然而在当时，宝马的身份还是巴伐利亚制造厂（Bayerische Flugzeugwerke，缩写为 BFW），即宝马的前身。1917 年，该工厂在 BFW 始创人古斯塔夫·奥托（Gustav Otto）退休后，改名为巴伐利亚发动机制造厂（Bayerische Motoren Werke，缩写为 BMW），专门从事飞机发动机的研发和制造，而著名的“蓝天白云”标志，随后正式注册成为 BMW 的商标。随着“一战”的结束，在 1918 年 8 月 13 日，BMW 改制为股份制公司（BMW AG）。但因为德国是“一战”战败国，宝马的飞机被“凡尔赛和约”列为“战争武器”禁止生产，初创期的宝马品牌一度陷入了危机。

（二）20 世纪 20 年代初— 50 年代末：品牌成长期

“一战”后，“凡尔赛和约”禁止德国制造飞机发动机 5 年，宝马果断开辟了摩托车业务。1923 年，第一款宝马摩托车 BMW R32 亮相。BMW 的摩托车具备良好性能和拉风的外形，是所有 BMW 摩托车的鼻祖，它所采用的基本设计理念——安装在管状双联框架中的平列对称发动机与轴传动一直沿用至今。宝马在摩托车市场取得了巨大的成功，使其走出了因“一战”停产而带来的危机，摩托车制造在当时成为宝马重要的利润来源。

到了 20 世纪 20 年代末，宝马进入汽车市场的机会出现了。当时埃森纳赫汽车厂在大型汽车市场很成功，但是 20 年代的经济衰退令它失去了市场。1928 年，宝马并购了埃森纳赫公司，开辟了第三大支柱产业：汽车生产。但是由于德国在“二战”后成为世界上最大的瓦砾堆，汽车厂的生产都处于停顿状态。在经历了严重的财产损失和人才流失后，宝马于 1948 年开始恢复了生产。1951 年，宝马以豪华车重新开始，搭载 M337 直列六缸发动机技术的 BMW 501 在法兰克福车展惊艳亮相。这款车被称为“巴洛克天使”，具有多项创新技术亮点，成功地在战后恢复了宝马的优秀汽车制造商地位，这也是 BMW 品牌在汽车制造领域辉煌成功路的开始。纵然经历了种种战争的劫难，宝马最终通过实力度过了危机，使品牌逐渐成长起来。

（三）20 世纪 60 年代初—90 年代初：品牌开拓期

1961 年，BMW 1500 首次亮相法兰克福车展即大获好评，其经典的霍夫斯特弯角的设计更是一直沿用至今，成为现代宝马汽车品牌的鼻祖。可以说，BMW 1500 开启了现代宝马车系的历史。1500 是“新生代”的第一款车型——“新生代”紧凑型运动轿车——的成功，也带动了其他车型的销售。1968 年，BMW 2500 和 2800 车型的发布让公司坚定地重返大型轿车市场。宝马的重要技术——六缸发动机，也被装备在各种款式的轿跑车上，进一步激发了宝马品牌在汽车高端市场的表现。

（四）20 世纪 90 年代中期至今：品牌绽放期

这一时期的宝马通过兼并收购实现了品牌的快速扩张，品牌影响力得以迅速提升。为了拓展市场以顺应集团的日益增长，宝马于 1994 年收购了英国的罗孚集团，包括名下的罗孚、路虎、MINI 以及 MG。宝马在收购上支出的费用为 8 亿英镑。后来，路虎被出售给美国福特公司，但宝马却决定保留 MINI 品牌，并开始研发新一代的 MINI 车型。在 BMW 的集团范围内，MINI 是一个独特、独立的品牌。MINI 的设计别树一格，历经 50 年成为宝马品牌中不可分割一部分。到了 2002 年，宝马再次购买了“劳斯莱斯”这个商标品牌，准备同大众掌握的宾利品牌争夺高端市场。2003 年 1 月，属于宝马的劳斯莱斯推出了第七代的幻影轿车。而且随着中国汽车市场的不断壮大，宝马在 2003 年正式成立了自己在中国的合资公司——华晨宝马。现在的宝马已成为全球最杰出的汽车制造商之一。

二、品牌核心价值理念分析

一个卓越品牌的塑造首先从规划清晰的品牌核心价值开始，其秉持的品牌理念有利于吸引消费者，帮助建立品牌忠诚度，进而为客户创造品牌优势地位。作为一家从飞机发动机起家的企业，从成立之初宝马就将探索、创新、追求极致融入自己的基因，宝马将重心放在了为驾驶者带来极致体验方面，这是宝马汽车一直致力于实现的品牌追求。

宝马汽车的成功因素之一就是其差异化的品牌定位。宝马是个百年汽车品牌，它依据社会分层和价值观的变化，洞悉了现在消费者消费时最直接的考量标准已不再是价格，而是身份归属。面对高端汽车市场的激烈竞争，宝马汽车将目标消费者定位于那些追求驾驶乐趣的成功人士、中青年社会精英以及具有高消费能力的人群。不论以何种方式进行品牌宣传，宝马始终围绕“驾驶乐趣”为核心理念，树立卓越的驾驶者之车的品牌价值定位。

除了对于目标消费群进行定位以外，宝马在品牌内涵的定义上也凸显差异化。不同于奔驰、凯迪拉克、林肯等品牌强调舒适的尺寸、柔软的内饰等豪华定位表现，宝马的品牌核心价值体现在发动机罩下，让“豪华”的定义转变到产品性能上来。自 20 世纪 70 年代中期开始，“终极驾驶机器”就是宝马在市场上的主旋律，这句口号是汽车行业历史上持续时间最长也是最经典的一个。现在宝马的一个众所周知的口号是“纯粹的驾驶乐趣”，其强调驾驶体验的理念精华也得到了延续。当然精准的定位需要强大的支撑，宝马汽车通过设计、动力和科技三方面高标准的定位，树立了宝马汽车“尊贵、年轻、活力”的形象。

今天的宝马集团已经不仅仅是一个汽车制造商，除了汽车、摩托车、发动机业务外，还涉足了金融、服饰等领域，宝马集团致力于成为未来移动服务的多元化供应商，以创新科技为引领，为用户提供安全、高效、便捷、灵活、主动的个性化体验，从而实现宝马集团驾趣梦想的承诺。

三、品牌创建路径

（一）独特的驾乘文化黏结用户和品牌

品牌就像一面高高飘扬的旗帜，品牌文化代表着一种价值观、一种品位、一种格调、一种时尚，一种生活方式。其独特魅力就在于它不仅仅提供给顾客某种效用，而且帮助顾客去寻找心灵的归属，实现他们情感的追求。在塑造品牌文化方面，宝马集团旗下汽车品牌无疑是行业的标杆：宝马品牌一直秉持着一种积极的态度，一种勇于挑战的精神来追求驾驶的乐趣；MINI 始终将“热情”作为驾驶中所追求的体验；劳斯莱斯则将其带来的驾驶感受形容为“罕见之悦”。虽然宝马集团旗下不管是摩托车还是汽车品牌有着各自清晰的品牌形象，但共同点是十分注重驾驶乐趣的品牌文化，它已经成为宝马集团旗下汽车品牌的差异化竞争优势。

以宝马汽车品牌为例，在中国，宝马汽车将品牌文化以“BMW 之悦”这几个字来诠释，让宝马汽车品牌和客户建立更紧密的情感联系。“BMW 之悦”涵盖了身心感受之悦、成就梦想之悦，责任和分享之悦多个层次的情感传递。通过这个主张，宝马汽车的品牌内涵在中国被不断丰富。它不仅代表着高性能和有纯粹驾驶乐趣的汽车，而且代表着创新和积极进取的乐观精神，以及关心社会和关注未来的公益心与责任心，并将它与商品的效用联系起来，为品牌塑造典型的文化个性。

宝马集团的产品通过设计美学、动感和动力性能和整体品质等方面将驾驶乐趣的品牌文化内涵表现出来，通过给用户提供切实的驾驶体验，使消费者感受到宝马集团各品牌独有的品牌魅力。

（二）创新的产品和技术打造竞争优势

自成立以来，创新一直是宝马集团成功的主要因素之一。无论在哪个领域，创新是宝马集团的 DNA。在宝马百年历史中，创新的技术、创新的产品举不胜举。比如 BMW328，将美学、动力相结合，严格采用轻量化设计、理想的重量分配、符合空气动力学的外观线条、完美的发动机、精心调校的底盘以及无懈可击的抓地能力，打造了由内而外的品牌魅力。宝马集团最值得骄傲的创新技术就是发动机，宝马集团不断推动发动机这种内燃机的进化，从四缸发动机到六缸发动机。为了应对全球环境的严峻问题，宝马集团研发了发动机启停功能、新燃料技术、制动能量回收系统等，从而有效地降低了二氧化碳排放，使汽车高效运行。

宝马不仅在汽车制造技术方面追求极致和创新，还在平台服务上积极创新。宝马汽车发现数字化和车联网服务将是未来高档汽车品牌脱颖而出的关键力量，于是不断研发引领汽车行业发展的创新科技，通过软硬件的无缝衔接带给用户更好的体验。比如 BMW 互联驾驶，宝马汽车将互联网与宝马车辆的软件、驾驶辅助系统硬件完美融为一体，实现人与车、车与车、车与环境三个层级的高度互联；借力互联网大数据提供的图景，不断提升车辆的安全性、使用便捷性，同时不断丰富符合用户习惯的信息娱乐功能。

不断生产满足市场需要的产品，与消费者产生情感共鸣，提供满足用户需求的服务模式，这些是宝马集团创新基因的外化体现，而内核正是宝马集团居安思危、不断创新的管理理念。通过实施由“创新研究、创新控制、创新转化”组成的创新管理，构建和提升企业核心竞争力，推动企业的技术创新和产品创新管理，同时也使得宝马母品牌和子品牌的知名度、美誉度得到提升，进一步扩大了品牌市场份额。

（三）兼并重组占据细分高端市场

全球化带来的发展使汽车工业的并购、结盟的趋势越来越明显，几乎所有的跨国汽车巨头的成长史都是一部并购、结盟史。宝马通过收购 MINI、劳斯莱斯的策略，使宝马成为唯一一家专注于高档汽车和摩托车的服务商。值得关注的是宝马的“选秀”标准，20 世纪 90 年代初，日本三大汽车巨头丰田、本田和日产陆续在高端市场上推出了雷克萨斯、讴歌和英菲尼迪品牌，影响了宝马在美国市场的份额，品牌单一的宝马公司意识到他们需要扩充自己的品牌系列，挑选什么样的品牌作为收购对象成了宝马高层面前的一个难题，宝马有一套严格的标准：首先，其品牌同样像宝马那样占有着机会市场，即别人看得到，但不易进入的市场；其次是品牌定位要高端，他们认为低端品牌会削弱宝马核心品牌的影响力；第三，这个对象应该市场定位非常明确，品牌哲学非常清晰，而且其进入的市场又是宝马品牌无法触及的市场。经过与罗孚集团的短暂联姻和大众的争夺战，宝马旗下增添了 MINI 和劳斯莱斯品牌。MINI 小车填补了宝马 3 系以下的空缺，劳斯莱斯则填补了顶级豪华品牌的空缺，占据了从小型车到顶级豪华汽车品牌的各个细分市场的高端。

链接 1　宝马与大众争夺劳斯莱斯

1998 年 3 月 30 日，英国维克斯集团宣布，德国宝马汽车制造公司将以 10 亿马克（约合 5.71 亿美元）的价钱，买下集团旗下的劳斯莱斯汽车制造公司。在与德国大众对劳斯莱斯的这场争夺战中，宝马公司曾以它与劳斯莱斯长期合作的这一优势同大众公司抗衡，而大众公司为了压过宝马，喊出了高价，并最终以 14.4 亿马克（约合 8 亿美元）接手劳斯莱斯。但在大众买下劳斯莱斯的第 6 天，宝马宣布它将从明年夏天起解除向劳斯莱斯供应零部件的合同，这一还击将使易主的劳斯莱斯公司面临生产难以为继的危险。大众被宝马卡住了脖子，为了继续得到宝马对劳斯莱斯的零部件供应，大众不得不与宝马达成分别占有劳斯莱斯资产的协议。根据这一协议，大众被迫让出劳斯莱斯的品牌所有权，它自己只拥有劳斯莱斯另一种豪华轿车“本特利”的品牌和英国劳斯莱斯汽车制造厂的厂房和设备。宝马为获得劳斯莱斯的品牌拥有权，花了1.2亿马克（约合6700万美元）的购买费，但为数不大。相比之下，大众则付出高于宝马十几倍的代价，得到的是陈旧的厂房和设备以及“本特利”汽车品牌。尽管“本特利”轿车的档次、技术含量和设计水平都与劳斯莱斯相差无几，但知名度远不如劳斯莱斯。

四、品牌国际化策略

（一）“品牌全球化，营销地方化”的品牌策略

宝马认为每一个民族有其共同的价值观，但对个体而言，每个人希望展示自己的风格又不尽相同，因此，不同国家具有某种相同或相似需求的人便成了宝马细分市场中的目标群体。为了满足不同国家和地区的不同要求，宝马坚持全球一致的品牌定位和理念，在营销上采取地方化的策略，并采取直销的方式，即“品牌全球化，营销地方化”。以亚洲为例，宝马在亚洲直销有两个主要目标：一是有能力面对不确定的目标市场；二是能把信息成功地传递给目标顾客。除此之外，直销可以加强宝马与顾客的沟通，使宝马成为距离顾客最近的一个成功企业，利用与顾客的交谈，建立长期稳定的关系；利用已有的宝马顾客口碑，传递宝马的信息，树立宝马的品牌形象；利用现有的顾客信息，建立起公司内部营销信息系统。如今宝马的汽车销售遍及全球，这个遍及五大洲120多个国家的销售网络由27家销售公司和3200家独立的代理商组成，销量较小的市场则通过指定进口商提供服务。

（二）当地履责提升品牌声誉

公司的声誉与消费者购买意愿之间存在着密切的关系，因此企业必须努力与消费者建立起密切的纽带。对于跨国企业来说在全球范围内建立起良好的声誉并非易事，这要求企业努力赢得本土消费者的信任和尊重，积极投入

地方和国际活动，在所有市场上都进行本地生产、雇用本地人、参与解决本地事务等，这也是本土化的重要举措。宝马集团在全球140多个国家开展业务，拥有约13万名员工，是一个真正的全球雇主。每年由全球私人咨询公司声誉研究所列出的福布斯“全球企业声誉榜”，宝马集团都高高居上。这主要源于宝马集团将声誉管理与业务经营相结合的策略。

此外，履行社会责任是建设品牌声誉的关键。宝马集团结合自身资源和核心竞争优势，根据当地社会的实际需求，通过企业社会责任典型项目，有效带动各利益相关方长期、积极参与，创造可衡量的社会效益，努力为自己树立本地企业的形象。

例如在中国，宝马集团将企业社会责任与可持续发展战略相结合，将核心竞争力与解决社会热点问题相结合，开展了“BMW 中国文化之旅”“BMW 儿童交通安全训练营”、“BMW 童悦之家”儿童关爱计划，成立中华慈善总会宝马爱心基金和 BMW 企业志愿者协会等一系列的企业社会责任项目。除此之外，宝马带动授权经销商、车主及员工在内的利益相关方积极参与到企业社会责任活动中来，共同为中国社会创造共享价值。宝马因地制宜地开展社会活动，积极帮助解决地方社会问题更使得宝马的品牌赢得广泛的认可，提升了品牌声誉。

（三）广建“朋友圈”，加快转型升级

当今时代，在应对产业升级和行业转型的过程中，企业需要以开放的胸怀和心态，与各行各业的公司开展合作创新。宝马深谙此道，以中国市场为例，宝马在华广建自己的“朋友圈”，除了车辆制造环节的传统供应商，近年来宝马先后与百度、联通、腾讯、阿里、国网电动、宁德时代等龙头企业建立合作，还不忘追求与初创企业的深度沟通。

作为宝马不断扩大“朋友圈”的成果之一，宝马与腾讯开展数字化合作，将车载轻应用生态“腾讯小场景”和“微信车载版”引入 BMW 车上，“小场景”基于云端更新、无须下载安装，支持语音交互，更符合驾驶环境下的使用习惯，满足特别是新生代希望“全时在线”的数字化需求。值得一提的是，宝马和腾讯并不是第一次合作。2018 年，宝马和腾讯签署战略合作协议，围绕腾讯的数字化产品和宝马的车机端及手机端数字平台进行整合。2019 年，宝马和腾讯再次达成合作，建立宝马集团中国高性能数据驱动开发

平台，支持自动驾驶技术等研发。与中国互联网企业的合作，让宝马这样的传统车企的豪华品牌，看起来更像年轻的新造车企业，也显示了其数字化转型的紧迫感。

五、品牌管理特色

（一）卓有成效的多品牌融合的架构管理

宝马集团旗下有三大汽车品牌宝马、MINI、劳斯莱斯，这三个汽车品牌自成体系，且占据的都是高端消费市场，并且他们有共同的诉求。虽然三个品牌独立存在，但是他们丰富了宝马集团的品牌内涵的同时，也增加了宝马集团的细分市场占有率。从产品品牌层面来分，宝马汽车品牌旗下又分为 BMW i 系列、BMW1/3/5/7 系列、BMW M 系列等，不同的系列产品覆盖了跑车、轿车、运动型汽车等，虽然产品系列不同但都是使用统一的宝马品牌命名。

宝马集团通过不同层次的产品覆盖尽可能多的市场，以满足更多消费者的需求，这样有利于提高消费者的品牌认知度。对于多品牌的设定，经营者需要做充足的准备，每个系列产品或品牌都需要有独特的个性。比如，宝马 i 系列车型将主要以插电式混合动力和纯电动技术作为驱动技术；i3 和 i8 车型分别应用了纯电力驱动和插电式混合动力系统驱动。简而言之，i 系列是宝马汽车品牌下最环保的品牌系列，也可以理解成是现阶段宝马汽车给出的最佳新能源可行方案；而宝马汽车品牌的 X 系列都是 SUV 型汽车，更富运动感、更具安全性；Z 系列则是宝马汽车不断配置最优化的发动机的一系列产品，因为该系列的车属于跑车，对于发动机性能要求极高。

为了给客户带来独特体验，宝马旗下还有多项品牌化的服务：Designworks 是一家全球创意咨询公司；宝马金融是汽车领域领先的金融服务商；还有出行解决方案、充电服务、整体停车解决方案等品牌化的服务。宝马集团的多品牌的品牌架构，使得宝马集团的市场一步步扩充，同时每个品牌的差异性精准地把握住不同需求的目标消费群，为客户带来全方位的价值体验，在各个细分市场占据自己独特领先的位置。

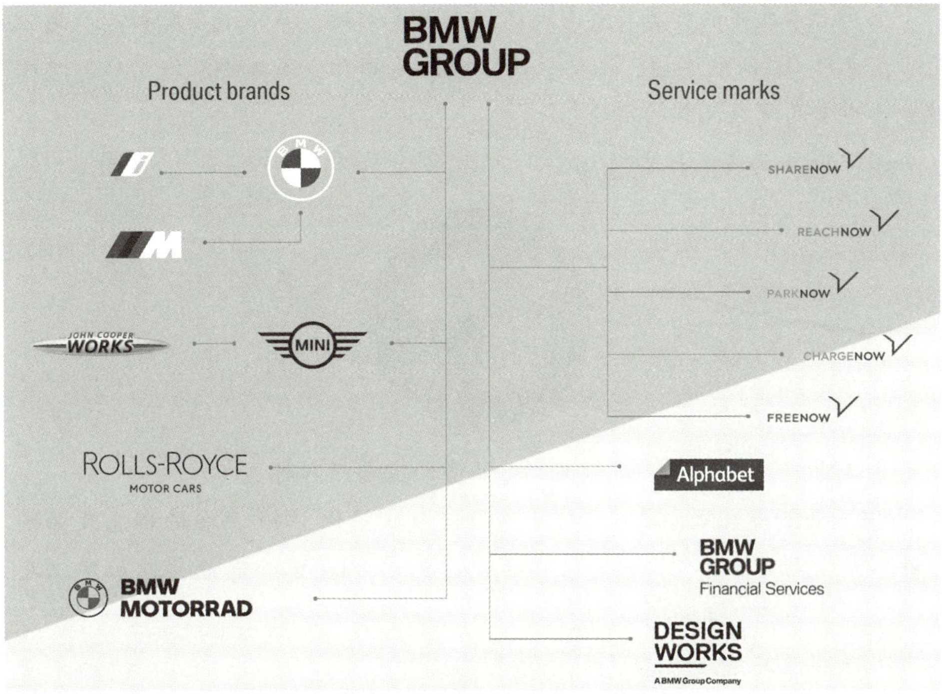

图 1　宝马集团旗下的产品品牌和服务品牌

（图片来源：https：//www. bmwgroup. com/en/brands – and – services. html）

（二）顺应时代的品牌标志更新

自宝马汽车品牌诞生以来的 104 年间，为了顺应时代发展和消费市场的变化，宝马品牌标志经历了 6 代变更，但是构成宝马汽车标志的主要元素却基本没有变过，品牌核心价值始终如一，那就是对驾驭体验的追求。宝马通过不断探索和创新来刷新品牌核心价值，塑造崭新的品牌形象。

链接 2　宝马标志的变迁

字母 B. M. W. 是巴伐利亚汽车制造厂的意思；标志的色彩和组合来自宝马所在地巴伐利亚州的州旗，巴伐利亚州的州旗是蓝白相间的，宝马的 Logo 就是以此为原型设计的，寓意宝马汽车品牌拥有巴伐利亚州的纯正血统，代表了德国最精湛的制造技术。

第一阶段：1917 年，宝马汽车标志的诞生宝马汽车最早的标志其实与现在标志大体一致，只不过当时标志采用金边、金色的 BMW 的字样，主要原因是金色是尊贵、高端的象征。从标志中就能体现宝马汽车品牌的定位。

1917 年宝马汽车标志

第二阶段：1933 年，更加沉稳、高贵的宝马汽车标志

1933 年宝马集团首次对其标志进行修改，对比 1917 年版的标志改动幅度并不大，主要修改包括内外双圆的金边加粗，BMW 字母改用粗体字以及缩小了 3 个字母之间的间隙。

1933 年宝马汽车标志

宝马集团之所以在此时决定修改其标志，是为了顺应时代的发展，加深宝马汽车标志在人们心中的印象。修改后的这枚宝马汽车标志比较起 1917 年版的宝马汽车标志变化虽然很小，但加粗后的双圆金色边框与字体，确实看起来更加沉稳、高贵。通过对于字体与边框的加粗，给人们带来的视觉冲击会加强，而且更加凸显宝马品牌的沉稳、高贵的品牌形象。

第三阶段：1953 年，年轻化的宝马汽车标志

1953 年宝马集团第二次对其标志进行修改，对比此前的 1933 年版标志，变化比较明显，新的标志完全弃用了旧标志中的内外双圆金边以及金色 BMW 字母的设计，改用白色圆边和字母，字母的字体以及字间距也经过了修改，内圆中的蓝色扇形部分也改用了更加年轻化的浅蓝色。

1953 年宝马汽车标志

宝马集团在这枚新标志启用前，对之前的旧版本标志在样式上没有做非常严格的规范，虽然“蓝天白云”的内圆图案从未改变过，但是在“BMW”字体颜色和样式、双圆边框粗细还有颜色上都没有作出统一。产品设计人员可以在宝马集团的标志“模板”上再做细节调整，使得那时候的宝马标志种类非常繁杂。不过经过了这次改变后，宝马集团在其标志的设计上完全弃用了金色的双圆边框与字母的金色配色，而且规定统一采用白色的双圆边框与字母配色作为宝马集团印刷品上的标志配色，在摩托车和汽车上的宝马标志则是采用银色双圆加上白色“BMW”字母的配色方案。

第四阶段：1979 年，更有科技感的宝马汽车标志

1979 年宝马汽车标志

1979 年宝马集团再次修改了公司标志，此次修改主要集中在 BMW 的字体改变以及加粗了内外双圆的白色边框，而 1953 年版标志中内圆的浅蓝色扇形部分则重新加深为更早之前的深蓝色。

宝马历史上的第三次标志修改，改动幅度依旧非常小，包括了将老标志中的淡蓝色扇形部分重新改回天蓝色以及把略显过时的字体替换掉。修改后的新标志更加动感，而且在保持了上一版标志年轻化的特点的基础上又多了些许科技感，同时也比此前的标志更加能够传达出那个时代产品所强调的运

动与高科技的特点。

第五阶段：1997 年，现代化的宝马汽车标志

1997 年宝马汽车标志

宝马汽车的第四次标志修改发生在 1997 年，这次修改幅度同样不大，那就是在旧版标志的基础上加入了立体的效果，使得修改之后的标志不仅保留了之前老标志的所有特点，而且更加醒目、动感，更加现代化。宝马集团在多年强调宝马汽车的“动力与操控”性能后，选择在这时更换其标志，目的就是让新的图标更加符合现代宝马汽车的特点。

第六阶段：

2020 年宝马汽车标志

2020 年，宝马 Logo 更换首次出现于新能源车型——全新纯电动车 i4，象征着宝马对于未来移动出行和驾驶乐趣的重要关注。开放的扁平化设计迸发别致活力，具有未来感，将全面应用于品牌传播中。最富历史感的变化是，宝马舍弃了拥有百年历史的黑环。而去掉立体化效果，也颠覆了自 1997 年以来的经典造型。更纯粹的白色边框和更清澈的“蓝天白云”除了更加悦目，还意味着宝马对年轻的消费者更加开放和透明，更好地实现数字化转变，再次创新时代精神。

（三）进入服装领域，营造品牌文化

BMW Lifestyle 是宝马集团旗下的服饰品牌。为了最大化营造品牌文化，

2000年，宝马集团与宝姿时装达成合作协议，授权宝姿生产和经销宝马品牌服饰，宝马服饰有男女正装、运动休闲与配饰系列，面向时尚、崇尚健康、喜爱运动的消费者群。BMW Lifestyle 的产品以精湛的工艺、上乘的面料及国外著名服装设计大师的精心打造，深受消费者喜爱。此外，这个品牌除了延续宝姿知性优雅的一贯风格外，还添加了更多运动休闲的元素进去，与宝马汽车"运动、精确、潇洒"的风格保持一致。宝马服饰还将一些新技术运用到服饰中，不仅增加了服饰的高科技感和现代感，还加强了服装的舒适性和实用性。比如宝马推出的"恒温"面料，具有储存和释放热量的特性。这点也与宝马汽车品牌不断创新的精神相契合。BMW Lifestyle 的服饰向人们展示了宝马精良的品质和完美的细节。宝马汽车与服饰，都诠释着一致的品牌核心价值。

（四）售后服务的品牌化管理赋能品牌体验

宝马对质量的追求，不仅体现在产品质量、网络质量、人才培养上，更体现在售后服务的质量上。为了满足客户的多样化、个性化需求，把优异的售后服务打造成稳定的业务支柱与竞争优势，宝马汽车推出一系列高品质服务。宝马是第一家将售后服务进行品牌化管理的高端汽车品牌，并明确将"客户满意度"作为售后服务质量的核心。2020年9月1日起，"BMW 售后服务"正式更名为"BMW 客户服务与支持"，旨在更加全面诠释售后服务业务的本质——服务与支持，并坚持以"服务质量"为基石，以"价值、便捷、关爱"为核心，始终践行"以客户为中心"的理念。

3年的基础质保服务只是硬性标准，宝马作为一个豪华品牌率先提升了标准，推出了 BMW 延长保修服务，车主通过这项服务，可以获得最长可达7年、不限里程的原厂保修服务，部件覆盖范围与新车质保完全一致。为满足客户对于方便快捷的服务需求，推出58分钟机油保养服务，缩短客户等待时间，还有全方位客户尊享用车服务，将售后服务从传统店内形式延伸到店外，让客户日常出行更便捷。针对快速增长的二手车客户群体，创新性地推出"二手车回家"标准服务，致力于让每一位客户感受到支持和关爱；当客户遇到紧急情况时，BMW 道路救援服务 7 * 24 小时在线守护，以强大安全网络为客户提供安全保障。宝马还推出"BMW/MINI 服务体验官"和"宝马忠诚之悦"项目，为客户提供长期有效的在线反馈渠道，全方位改善服务质量，创造更加卓越的服务体验。

图 2　My BMW App 官网海报

（图片来源：https：//www. bmw. com. cn/zh/topics/owners/my_ bmw_ app. html）

不仅如此，宝马以数字化升级进一步打通线上线下，推出 My BMW App 和远程升级服务等线上数字化解决方案和创新服务模式，打造 BMW 网络领创项目，让客户的每一次品牌接触都有出色体验。通过品牌化、数字化的售后服务，让客户了解宝马汽车独具特色的服务优势。服务与产品同样的高质量、高品质，提升了宝马汽车品牌的客户满意度，建立了更好的客户关系，通过售后服务的带动，进一步提升宝马汽车在市场上的竞争力，为宝马汽车品牌带来了无限附加值。

六、品牌传播特色

建立鲜明的品牌定位，充分利用各种强有力的内外部传播途径，有助于形成消费者对品牌在精神上的高度认同，创造品牌信仰，最终形成强烈的品牌忠诚。宝马集团在品牌传播方面有着自己独特的传播策略，尤其对于其旗下宝马汽车品牌的推广和传播，可谓是创意十足、效果最佳。

（一）体育赛事赞助，传递品牌精神与内涵

借助具有广泛关注和影响力的大型赛事，可以提升品牌的知名度和信赖感。多年来，宝马汽车都积极与体育运动项目进行全方位、长期的合作，将

其品牌内涵与运动精神融为一体，在潜移默化中建立起宝马汽车品牌对体育运动爱好者的影响力。其在体育营销上的坚持与专注，无论是对市场销售还是品牌塑造，都产生了深远的影响。

图3　虚拟赛车 BMW Z4 GT3

（图片来源：https：//www. bmw. com/en/performance/classic - racing - cars. html）

宝马汽车主要赞助高端的体育赛事，如 F1 赛车、高尔夫和帆船比赛。在高端品牌这一目标下，不同的体育营销演绎了宝马汽车不同的品牌诉求：F1 体现了宝马汽车对速度的追求，F1 已经成为宝马汽车的标志性体育赛事。对于宝马集团而言，一级方程式的作用如同一个高技术实验室和技术催化器，作为连续的赛车发动机供应商，驱动着宝马不断地强化发动机技术。

高尔夫运动是力量、激情与智慧的结合，是一项非常阳光和绅士的运动，球手在高尔夫运动中，既要充满力量与激情，又需要克制，才能精准掌握好力度和角度，在挑战自我中体验丰富的情感，获得由衷的乐趣，这与宝马个性尊贵、独特的美学品牌及精益求精的品质不谋而合；帆船赛对于航线的设计和风向的把握，需要非常精准的技艺，这与宝马汽车产品本身对精准和科技的把握，一脉相承。

随着这些运动项目的普及程度越来越高，宝马汽车可以借助对这些体育赛事的支持，将它所倡导的生活方式与精神传递给更多的参与者和观众，让他们在特定场景上与宝马汽车产生关联，从而潜移默化地影响到其中一部分参与者和观众，在他们更换自己车辆的时候也许宝马会成为他们的首选。

（二）围绕“BMW”塑造宝马多元形象

宝马汽车的娱乐营销，可以说是成功的典范，它不仅愉悦了受众，也让自己的品牌知名度大大提升，带来了“悦己”的营业收入。以中国市场为例，宝马围绕“BMW”品牌名字所开展的营销深入人心，并随着时代背景的变迁，持续赋予“BMW”新的含义，不断刷新品牌价值。在2006年，在热映电影《疯狂的石头》里植入的宝马汽车广告，从经典台词“别摸我”到对宝马品牌“BMW”的联想，让宝马在中国的别名声名鹊起，建立了“高大上”的汽车品牌形象。

图4 《巴依尔的春节》影片中 Bà Mā Wǒ 的镜头

2020年春节，宝马携手宁浩打造的贺岁微电影——《巴依尔的春节》，故事从生硬的直译名“巴依尔”，到具有身份象征的“别摸我”，再到暖心的“爸妈我”，在春节这个节点上，借家这个主题，把“BMW”这个曾经高大上的品牌，和消费者建立了更亲密的联系，也将宝马（BMW）深入研究中国用户需求，追求创造卓越服务体验的态度表达了出来。2021年，宝马延续这个创意，抓取大江南北的过年场景，重新解读了（Bà Mā Wǒ）的身份：

将传统意义上的“爸妈我”延伸到其他家庭成员。这一延伸不仅让BMW的语义更丰富，同时也更加贴合中国语境下的“家团圆”。紧跟其后的情人节，宝马中国又推出了浪漫微电影《婚礼》，刷屏了社交圈。该片由《隐秘的角落》导演操刀，易烊千玺献唱片尾曲，微博话题《一台车的爱情故事》造势，再加上社交媒体大量投放与意见领袖助阵转发，为品牌和微电影带来巨大的声量，也让“BMW = Be My Wife”这句无声的爱情宣言深入人心，令不少人直呼“未来结婚也要买宝马”。宝马围绕“BMW”主题，借助娱乐元素及形式为自身品牌与客户之间建立情感联系，通过营销重新塑造更贴近中国语境的品牌形象，形成了品牌影响力扩大带动销售增长的双重效益。

（三）与奔驰的竞合营销实现共赢

在中国素有“坐奔驰，开宝马”一说，宝马和奔驰的竞争关系和品牌定位早已深入人心。对于同为高端品牌来说，奔驰和宝马均领会到除了直接竞争对手的身份之外，他们其实更是同呼吸共命运的角色。于是“相爱”“相杀”的品牌营销轮番上演，升温了品牌热度，获得了消费者的好感。

近期最获好评的当属宝马在梅赛德斯－奔驰的掌门人迪特·蔡澈宣布退休时推出的广告片，与同事一一握手道别、与大家合影、递交工牌，在大家的掌声和簇拥下，迪特·蔡澈坐上了一辆奔驰 S 级豪华轿车，回到了家，结果出现了反转，伤感的迪特·蔡澈等到司机离开后，从车库里开出了一辆宝马，背景音乐也瞬间变得欢快了起来，尤其是最后的油门声……宝马配的文案也很有意思：“退休意味着你可以告别过去、拥抱未来……感谢多年以来的竞争！祝你一切顺利，享受纯粹驾驶乐趣吧。”向观众传递了这样一个理念：这既不是一次恶搞，也不是一次嘲讽，而是来自竞争对手的致敬。最后，宝马中国的官方微博还专门@了竞争对手，并且配以“奔驰一生，宝马相伴”的文字说明。更有意思的是，奔驰还特地作出了回应，并且将文字倒了过来：“宝马相伴，奔驰一生”。

宝马通过这样一支视频，显示出了对竞争对手的尊敬，在消费者心中树立起“心胸开阔”“大度和自信”的品牌形象；另一方面，又通过退休 CEO 刚回到家就从车库开出了一辆黄色的宝马汽车，暗示消费者“就连奔驰 CEO 也爱宝马”的高端形象。

图 5　奔驰与宝马的微博互动

（四）涉足文化领域，借势提升品牌影响力

跨界合作是个新鲜的主题，借势文化交流和当下文化产业的蓬勃发展，寻求具有国际影响力的品牌合作，不仅有助于提升品牌知名度，为国际化推进创造契机，还可促使品牌年轻化，增强深度品牌曝光，拉近与消费者的亲密感与互动性，并获得持续的媒体关注。近 50 年来，宝马集团将在文化领域的履责当作是品牌传播的重要组成部分，认为无限的创造潜能对艺术领域和成功的商业企业的突破性创新同样至关重要。

宝马集团意识到自己在文化领域的社会责任，并参与了国际范围内艺术表达各个领域项目的可持续和长期支持，在全球拥有 100 多个文化支持项目，并将重点放在现代和当代艺术、爵士和古典音乐以及建筑和设计上：早在 1979 年就建立了德国最早的公私合作伙伴关系之一，即 Spielmotor MüncheneV；随后于 1995 年举办了 SPIELART 剧院节；1998 年举办了 DANCE 当代舞蹈节；自 2018 年以来，宝马一直是歌剧院的主要全球合作伙伴；在爵士音乐领域，宝马集团为巴西、中国、波兰、摩尔多瓦和德国的音乐节和音乐会提供支持。2016 年设立享有盛誉的 BMW Welt 爵士奖和 BMW Welt 青年艺术家爵士奖。

七、案例总结

（一）深耕差异化优势是赢得品牌竞争的关键

差异化战略是增强企业竞争优势的有效手段。自成立以来，宝马品牌成功演绎了“纯粹的驾驶乐趣”。优秀的运动和动力表现，加上无与伦比的设计和独特的品质，成了宝马汽车的独特风格。宝马汽车将“纯粹的驾驶乐趣”植入每一个产品系列，技术和设计的完美性和创新性成为所有宝马产品的身份特征，为自己的品牌赋予了特殊的社会象征意义，这种根深蒂固的品牌体验就是宝马汽车塑造的区别于其他汽车品牌的最大优势，是宝马汽车深耕差异化的结果。深耕品牌差异化可以形成强有力的产业进入障碍，设置了较高的壁垒。而且差异化本身可以给企业产品、品牌带来较高的溢价。这种溢价应当补偿因差异化所增加的成本，并且可以给企业带来较高的利润。产品的差异化程度越大，所具有的特性或功能就越难以替代和模仿，顾客越愿意为这种差异化支付较高的费用，品牌获得的差异化优势也就越大。所以说，对于汽车企业来说，当技术和创新成为普遍的追求时，深耕差异化就成为品牌可持续发展以及竞争的关键因素。

（二）“娱人娱己”品牌营销为宝马品牌传达情感特质

如今不得不说“全民娱乐的时代已经来临”，在营销手段的选择上很多车企都开始把目光转向电视电影等娱乐式营销。美国商会《国际经济》中有这样一句话，“如果你不把娱乐的因素加入你的行业中去，那你的公司就等着完蛋吧！”话虽然有些夸张，但是当面对全民皆娱乐的 21 世纪，企业是需要有点娱乐精神的。虽然对于品牌而言，娱乐营销就像一把双刃剑，合作节目、电影、代言人等的选择，都极具风险。但是一次成功的娱乐营销，考验的就是品牌的勇气与谋略：对合作方的预估眼光、对娱乐发展的精准判断和对娱乐市场的了解。成功的娱乐营销可以自然地烘托出各品牌或车型独特的个性气质。就像宝马汽车的“悦人悦己”的娱乐营销，与奔驰的高级“互怼”，一个个关于“BMW”的故事，都起到了良好的传播效果，让品牌获得更大的好感。娱乐营销不是自娱自乐，需要车企关注消费者，向消费者传达品牌的“特质”，所以品牌需要找到适合自己品牌的娱乐营销模式。这就是为什么宝马遍寻潮流和趋势，并将之融入品牌，使宝马品牌拥有令人为之一振的个性和创新性。在宝马的营销理念中，技术创新和情感合二为一，才能触动品牌价值的新脉搏。

丰田：

“精益哲学”塑造行业标杆

以精益管理提升品牌竞争力，以层次清晰、边界严明的多品牌战略实现高度差异化和定位准确的品牌识别，通过打造独立品牌开拓市场，以高段位传播手段实现有效、积极的品牌推广——丰田以全方位的品牌塑造视角打造一流汽车品牌。

企业简介：

丰田汽车公司简称“丰田”（TOYOTA），创立于 1933 年，是一家总部设在日本爱知县丰田市和东京都文京区的汽车工业制造公司，是日本最大的汽车公司。丰田汽车隶属于丰田财团，丰田财团是丰田佐吉创立的以丰田自动织机为母体发展起来的庞大企业集团。丰田财团旗下拥有5家世界500强企业，分别是丰田汽车、丰田自动织机、丰田通商、爱信精机、日本电装。十几家财团一级企业均是世界知名企业，产业链覆盖汽车产业从上游原料到下游物流的所有环节。不仅如此，丰田还立足于汽车产业的未来，不断在环保和新能源领域投资，成为环保汽车的领军者。

丰田汽车公司名列2020年《财富》世界500强排行榜第10位。与此同时，丰田汽车以515.95亿美元，卫冕Interbrand发布的汽车类最有价值排行榜冠军，已连续17年蝉联Interbrand汽车类最有价值排行榜冠军。除此之外，尽管受到2009年至2010年“召回门”事件影响导致评价大幅下降，但是丰田汽车在美国权威消费者专业杂志《Consumer Report》公布的2011年汽车制造商品牌调查的结果中，继续蝉联美国汽车品牌评价第一名。由此，丰田品牌的市场影响力可见一斑。

一、品牌发展历程

（一）20 世纪 20 年代—40 年代：品牌创业期

（二）20 世纪 50 年代—70 年代：品牌成长期

（三）20 世纪 80 年代—21 世纪初：品牌国际化

（四）21 世纪 10 年代至今：品牌转型期

二、品牌核心价值理念分析

三、品牌创建路径

（一）以精益管理打造品牌核心竞争力

（二）通过创建独立高端子品牌开拓高端市场

四、品牌管理特色

（一）层次分明的品牌家族

（二）促进“全球丰田”发展的品牌标志演变

（三）出众的经销渠道管理

（四）因地制宜开展品牌本土化

五、品牌传播特色

（一）针对目标客户的主题公关活动

（二）贴合品牌精神的体育赛事赞助

（三）社长亲自为品牌代言

六、案例总结

（一）要始终将提升产品品质作为品牌建设的基石

（二）创建独立子品牌是拓展细分市场的有效方式

一、品牌发展历程

（一）20世纪20年代—40年代：品牌创业期

丰田集团的创始人丰田佐吉生于1867年，他一直秉持“通过发明为社会作贡献”的理念，于19世纪90年代，先后发明了丰田式木制人力织机和日本第一台“动力织机”，从此开始了由人力织机到动力织机，再到自动织机的研发和改良之路。

1921年，丰田佐吉的长子喜一郎踏上了欧美考察之旅。此时的欧美社会中，汽车已经渐渐成了人们的代步工具。1923年，日本发生了关东大地震，东京变成了一片废墟，此时，福特、通用的进口汽车成了重建急需的交通运输工具。在这种情况下，两家公司瞄准了日本市场，相继建厂，开始组装汽车。1929年，丰田喜一郎再次到欧美考察。他考察了美国汽车、机械工业的现状，归国后开始着手汽车的研发工作。1933年，丰田喜一郎设立了汽车部，开始真正通过日本人自己的力量制造国产汽车。

丰田喜一郎以实现国产轿车的量产为目标进行汽车的研制工作，并于1935年完成试制车的研制。但鉴于当时的形势，丰田决定优先生产卡车，并于1935年8月研制出G1型卡车，于1936年研制出AA型汽车，这是丰田喜一郎和研发团队参照当时最新型的美式轿车等制成的产物。

（二）20世纪50年代—70年代：品牌成长期

20世纪50年代至70年代是日本丰田国内自我成长期，“二战”后大规模国际贸易和自由资本促进了民用车的发展，日本的轿车市场被出租车、公司用车所占据，丰田看准了私家车时代即将到来，于1955年开发出了纯国产的皇冠。前悬挂采用日本国产首例独立悬挂方式，以美式车为蓝本，对开式车门是其外观设计的一大特点。1956年，皇冠参加了当时声势浩大的“伦敦—东京五万公里行”。第二年，参加环澳大利亚拉力赛，并跑完全程。

第一代Corona问世于1957年。第2代车型在性能方面仍有不足之处，销售情况并不乐观。在研发团队对该车型进一步改良后，第3代车型于1964年9月上市。第3代车型参加了在刚开通的名神高速公路上举办的“10万公里连续不间断公开测试”，并在 2 个月的时间里跑完了 10 万千米。此次尝试大获成功，第 3 代 Corona 由此被定位为“耐用高速车型”，在上市后的短短 4 个月内就成为日本国内市场的销量冠军。该车型在海外市场上的销售表现也较为良好，对扩大面向美国的出口发挥了重要作用。

20 世纪 60 年代中期，为满足迅猛发展的市场需求，卡罗拉车型应运而生。卡罗拉帮助丰田实现了创业以来的夙愿“汽车普及化”，由于在性能、质量、配置和价格方面兼具优势，一经上市销售就获得了火爆人气，成功引领了日本的机动化时代。1969 年，卡罗拉成为销量冠军，并在此后的 33 年中一直稳居冠军宝座。1966 年，丰田卡罗拉车型和日产 DATSUN Sunny 车型相继问世。这一年因而被世人称为日本的“私家车元年”。

1963 年在铃鹿环形赛道举办的日本首次汽车大赛颇受世人关注，人们对高性能汽车的呼声越来越高。为此丰田集结了技术骨干，在雅马哈的协作下开发出了 2000GT。在上市前的车速测试中创下 3 项世界纪录和 13 项国际纪录。在 007 系列电影《雷霆谷》中，2000GT 被改装成敞篷车惊艳亮相，引来热评如潮。1974 年，丰田与日野、大发等 16 家公司组成了丰田集团，同时与 280 多家中小型企业组成协作网。丰田汽车品牌进入以国内为主要市场的品牌快速发展期。

（三）20 世纪 80 年代— 21 世纪初：品牌国际化

20 世纪 80 年代之后，丰田开始实施品牌国际化战略。1982 年 7 月，丰田汽车工业公司和丰田汽车销售公司重新合并，正式更名为丰田汽车公司。丰田汽车公司先后在美国、英国以及东南亚建立独资或合资企业，并将汽车研究发展中心合建在当地，实施当地研究开发设计生产的国际化战略。1984 年，丰田汽车与美国通用汽车组建了合资公司 NUMMI（New United Motor Manufacturing，Inc.）。此次合作的目的在于与美国车企进行业务合作，以实现现地化生产。雷克萨斯是丰田汽车于 1989 年在美国打造的豪华车品牌。基于周密的市场调研的商品企划以及精心制定的市场营销、服务策略带领雷克萨斯走上了成功之路。1989 年丰田决定开始在英国现地化生产，同年着手发动机工厂和 TMUK（Toyota Motor Manufacturing UK Ltd.）的建设。1992 年 12 月，Carina E 投产。1997 年，在即将迈入被称为“环保世纪”的 21 世纪时，丰田发布了全球首款实现量产的混合动力车“普锐斯”。该款车同时装配有汽油发动机和电动机，可根据不同的行驶状况转换为最合适的驱动制动系统，以惊人的低油耗著称。现如今，丰田已经跃居全球汽车生产商第一，而且在利润上超过全球第一和第二汽车公司的总和。到 20 世纪 90 年代初，丰田年产汽车已经超过了 400 万辆，接近 500 万辆，击败福特汽车公司，汽车产量名列世界第二。2008 年，丰田汽车公司逐渐取代通用汽车公司而成为全世界排行第一位的汽车生产厂商。

（四）21 世纪 10 年代至今：品牌转型期

汽车行业正在以史无前例的速度步入变革期，在此背景下，丰田致力于支持建设一个“人人都可以挑战各自潜力的社会”，从而推动人们生活与整个社会的改善与提升。为应对能源变革，丰田瞄准氢能源车市场，并针对氢产业链的各个环节进行了实证实验。

丰田认为“移动”不能成为人们自我挑战的障碍，而要为实现梦想提供无限可能。因此，丰田将突破以往狭义的移动工具（汽车）的概念，积极思考如何提供移动解决方案。“Start Your Impossible”这一丰田作为移动出行公司未来挑战的新方向，包含了“让每一个人都能够自由出行”的期望。丰田开始从传统的汽车制造商向移动出行公司转型，以响应人们的各种出行需求，并秉承丰田生产方式的精髓“准时化生产（JUST IN TIME）”理念，向用户提供丰田移动出行服务。

二、品牌核心价值理念分析

《圣经》里有一句话：“哪里没有愿景，人们即将灭亡。”一个卓越品牌的塑造，首先从规划清晰的品牌愿景开始。愿景是关于一个品牌未来的最重要的描述，它描绘了“品牌想要创造什么”的美好蓝图，它告诉利益相关方：品牌未来的发展方向是什么、品牌未来要达到什么目标、品牌为什么存在。品牌愿景能够给人一种清晰的品牌聚焦和激励人心的凝聚力、感召力，一经确定就能形成一种无坚不摧的精神力量，推动着品牌不断前进。经历 70 多年起起伏伏，2011 年 3 月 9 日丰田发布了“丰田全球发展愿景”，这是丰田对企业应具备的核心素质的梳理和定义，是对“丰田要成为怎样的企业、丰田要秉承怎样的价值观”的明确回答。

链接 1 丰田全球发展愿景

为了您的微笑，超越您的期待

提供安全放心、令人心动的驾乘感受，
创造全球美好生活与富裕社会，
这是我们在未来社会中领跑移动工具领域的愿望。
为此，每一个丰田人都在打造高品质，
都在时刻追求领先于时代的创新技术，
都秉持与地球环境友好相处的意识。
我们坚信，这是一个宗旨超越客户期待、
为顾客和所在地区创造快乐和幸福的丰田。
在坚持“精益求精”和永无止境的改善精神的同时，
我们还将倾听来自支持丰田发展的顾客的心声，
锐意革新，实现更高更远的目标。

丰田在制定全球发展愿景时，以“树根”“树干”“果实”构成的树来进行整理和思考。以象征强大自然力量的树木来比喻丰田愿景，主要包含着不断成长，持续繁荣的构想。“丰田纲领”“丰田基本理念”“丰田价值观”“丰田哲学”和“丰田之路”这些自丰田创立以来的共同价值观以及造物精神构成了丰田开展企业活动的根基，即“树根”。同时“树根”支撑着丰田强大而稳定的经营基础“树干”，在树干的顶端结满了构成愿景的十二构想“果实”。“树根”“树干”“果实”三位一体相互关联，也表现了为了达成愿景丰田的每个人团结一致共同进取的思想。同时这棵树也表示了社会与人的联系，丰田为了客户的微笑而努力工作。树的背景描绘了丰田同全世界客户的密切关系。这棵树不仅是一个愿景树，同时也是丰田打造一流汽车品牌的路径之树，搭建了丰田与内外部形成良性循环的生态体系。

链接 2 丰田纲领和丰田基本理念

丰田集团创业至今，贯彻经营核心的精神来自“丰田纲领”。根据丰田集团的创始人丰田佐吉先生的思想精华而总结出的“丰田纲领”是“丰田基本理念”的基础。随着公司的扩大、员工人数的增加，丰田利三郎、丰田

图1　丰田全球发展愿景

喜一郎等初期创始人决定将佐吉先生遗训明文化，并颁布了“丰田纲领”。1992 年 1 月，丰田基于“正因企业处在外部环境发生很大变化的非常时期，更应意识到坚守理念认准前进目标的重要性”这一认识，制定了“丰田基本理念”。

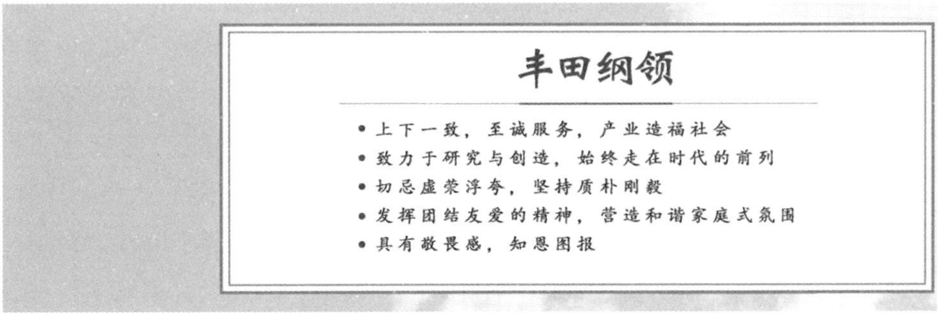

丰田纲领

- 上下一致，至诚服务，产业造福社会
- 致力于研究与创造，始终走在时代的前列
- 切忌虚荣浮夸，坚持质朴刚毅
- 发挥团结友爱的精神，营造和谐家庭式氛围
- 具有敬畏感，知恩图报

图2　丰田纲领

（图片来源：http：//www. toyota. com. cn/about/idea. php）

丰田基本理念

·遵守国内外的法律法规，通过公开、公正的企业活动争做得到国际社会信赖的企业公民。

·遵守各国、各地区的文化习俗，通过扎根于当地社会的企业活动为当地经济建设和社会发展作出贡献。

·以提供环保安全的产品为使命，通过所有企业活动为创造更美好舒适的生存环境和更富裕的社会而不懈努力。

·在各个领域不断研发最尖端的科学技术，提供能满足全球顾客需求且充满魅力的产品和服务。

·以劳资相互信赖、共同承担责任为基础，营造出能够最大限度发挥个人创造力和团队力量的企业文化。

·通过全球化的创造性经营努力实现与社会的协调发展。

·以开放性的业务往来关系为基础，致力于相互切磋与创新，实现共生共存、长期稳定发展的良好关系。

三、品牌创建路径

（一）以精益管理打造品牌核心竞争力

1. 举世闻名的“丰田生产方式”

一提到精益管理，会不约而同地想到丰田生产方式（Toyota Production System，TPS），涵盖其准时化、自动化、看板方式、标准作业、精益化等生产管理的各种理念。20 世纪后半期，世界汽车工业进入了一个市场需求多样化的新阶段，而对质量的要求也越来越高，这给制造业出了一个新课题：有效地组织多品种、小批量生产，避免生产过剩所引起的设备、人员、库存、资金等一系列资源浪费。彼时，从丰田佐吉开始，经丰田喜一郎及大野耐一等人的共同努力，综合了单件生产和批量生产的特点和优点，创造了一种多品种、小批量混合生产条件下高质量、低消耗的生产方式。于是，倡导“品质的打造源于每道工序”的精益生产方式被尊为全球企业管理经典的生产模式，并被应用于全球范围的丰田制造工厂。从此，丰田深深打上了精益生产的品牌烙印。丰田汽车则由于首创并全面实践了丰田全球统一的质量管理体系，更是成功打造了“高质量”车型的品牌形象，形成了消费市场的高忠诚度。

与此同时，由于丰田精益生产方式的优越性不仅体现在生产制造系统，还体现在产品开发、协作配套、营销网络以及经营管理等各个方面，被誉为当前工业界最佳的一种生产组织体系和方式，被全球企业广泛学习，丰田品牌伴随丰田精益管理模式深入各行各业，成为质量管理标杆典范的代言，从而为丰田品牌赢得了强大的核心竞争力。

2. 开创“TNGA”全新造车理念

丰田精益求精，不断挑战自我，于2012年首推TNGA（Toyota New Global Architecture的首字母缩写），即丰田新全球架构，“TNGA”理念可以说是“精益生产”的再升级，是一种颠覆性的造车理念。它通过混合规划设计，打破了汽车发展的框架。它是一个涉及汽车研发、设计、生产、采购等全产业链价值在内的创新体系，是丰田全新的造车理念和方法论。在新的TNGA生产模式下，丰田可以更加巧妙地共用零部件和总成，并与供应商更紧密地合作来降低成本。例如，在过去丰田不同系列发动机往往采用不同设计，零部件通用性不高，TNGA将更多采用发动机模块化策略，让发动机拥有同一种设计，并可以应用在其他车型上，发动机的规格和数量较以往有所减少，零部件通用化率提高。在其体系的运作下，汽车产品动力性和燃油性可以获得有效提升，产品外观设计更加个性化，实现更高效的研发和精益化生产，并且能够创造更具竞争力、性能更好的车型，巩固丰田汽车产品的市场优势。丰田这一举措也是为了贯彻“制造更好的汽车”理念，满足世界各地顾客的多样化需求和期望，致力于实现丰田全球愿景。

（二）通过创建独立高端子品牌开拓高端市场

在品牌国际化时期，不同于宝马集团，丰田的扩张并不热衷于兼并重组，而是善于利用自身的资源开发新品牌。即使是在日本经济泡沫破裂后的时期，丰田汽车的股价依旧坚挺。与美国通用和福特公司相比，丰田起步较晚，但其生产厂在世界地图上也是星罗棋布。丰田全球化从一开始就有一个明确目标——进入美国市场。但是丰田旗下各品牌如花冠、皇冠、佳美等在消费者心目中“低档、省油、廉价车”的形象已根深蒂固，甚至在某种程度上正是由于这种深入人心的品牌定位令丰田旗下高档品牌皇冠败走麦城。对于那时的丰田来说，想要进军高档车乃至豪车市场，就必须推出新品牌。也就是说，在原有的丰田品牌基础上，塑造另一个汽车品牌。经过一番辩论之后，丰田公司放弃了原本保守的风格，于是“雷克萨斯”品牌诞生。

1983 年，丰田董事会召开了一次意义重大的董事会，丰田英二直接向欧美豪华汽车品牌宣战。为了研发雷克萨斯，丰田组织了一支由 1400 名工程师以及 2300 名专业技师组成的团队，投入 10 亿美金，进行了 450 款车型的分析，经过了 6 年精心筹划——1989 年，丰田在美国推出了 LEXUS（2004 年中文译名由“凌志”改为“雷克萨斯”）。当时知名度几乎为零的雷克萨斯品牌不但面临美系豪华车凯迪拉克、林肯、克莱斯勒等传统品牌的竞争，还遭受着德系豪华车宝马、奔驰、奥迪等品牌的夹击。为应对挑战，雷克萨斯制定了周密的应对之举：超过或者等同于竞争对手的配置、性能标准，但是成本相对于竞争对手更低；丰田系统的可靠性优点被一以贯之地延续下来；特别关注和留意产品整合以达到最优良的性能，从而提高竞争力。

与此同时，雷克萨斯成功调动了品牌管理中的各个要素：为了不受丰田廉价车形象拖累，雷克萨斯（LEXUS）的英文读音与“豪华”（Luxury）一词相近，车身上也隐去了丰田的标志；在美国建立独立渠道体系、独立专卖店、独立推广体系；严格控制经销商数量和质量，并对雷克萨斯经销商员工进行更加严格的培训；在 16 年内，雷克萨斯都不曾在日本本土销售，直到 2005 年才开始出口转内销。最终，雷克萨斯获得了巨大的市场成功，成为美国豪华车销量第一的品牌。2000—2003 年，雷克萨斯连续 4 年蝉联美国豪华车销量冠军宝座，2004 年在美国的销量突破 30 万辆，连续 8 年获得客户满意奖。

雷克萨斯的成功使得丰田母品牌成功拓展了高端市场，对于母品牌只能生产中低端经济车型的品牌形象改善起到了重要的改进作用。与此同时，雷克萨斯品牌的成功市场运作，在很大程度上提升了母品牌的品牌价值，为母品牌积累了丰厚的品牌资产。

四、 品牌管理特色

（一）层次分明的品牌家族

1. 伞状品牌架构

丰田汽车品牌可以划分为四个层级，最高层级为企业品牌，也就是丰田汽车；第二层级为业务伞（母）品牌，包括丰田、雷克萨斯、赛昂、大发、日野五个品牌，其中丰田（Toyota）既是企业品牌，又可以被看作是产品主品牌；第三层级为产品品牌，如丰田品牌下包括 Camry、Corolla、Corona、Crown 等数十个产品子品牌；第四层级为产品款型，如同样为 Corolla，又具体细分为运动款、标准款、天窗版、LE 版等多种型号，以示不同产品的区别。如下图所示：

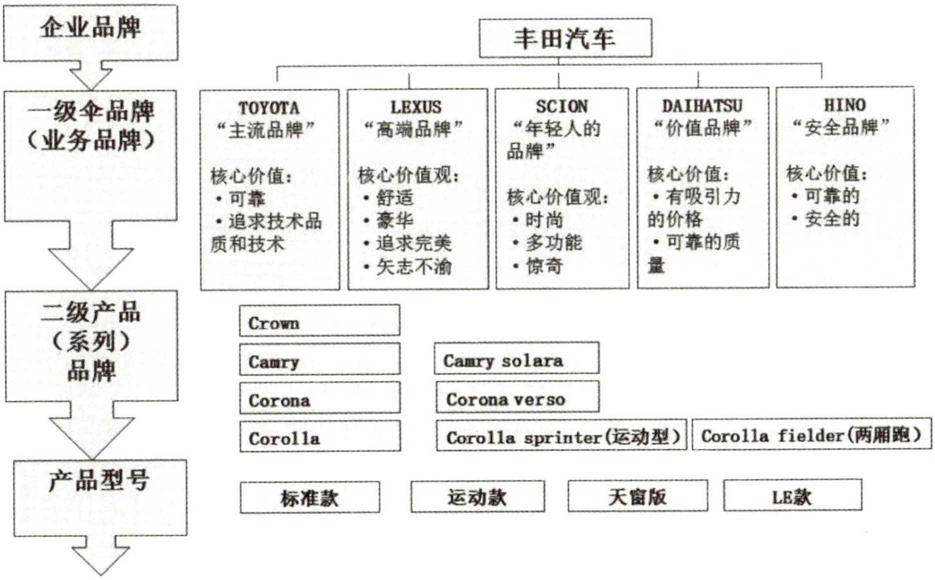

图 3 丰田伞状品牌架构示意图

丰田汽车的品牌架构层级分明，如同家族的族谱，孙子、儿子、父亲、祖父等辈分明确，品牌地位越高，属下品牌成员数量越多，呈现为金字塔形状，或者说是伞状。在这个塔形品牌体系中，层次清晰、一目了然，直接从车前的Logo和车尾的标志上就能分辨得很清楚，便于外界的认知和内部的管理。

2. 清晰的差异化品牌规划

丰田汽车之所以涵盖了五个旗下品牌，是基于不同品牌的核心价值之间有明显差别。五个品牌中，大发和日野是丰田通过兼并重组后独立运营的品牌，雷克萨斯和赛昂则是丰田汽车自发衍生出来的独立品牌。这些品牌在消费者感知层面，都表现为相互独立区隔，产品风格和特点表现不同，营销和传播层面也相对独立。

丰田作为销量最大、产品涵盖最广的主品牌，核心价值诉求“可靠耐用、追求品质和技术”，其产品设计、制造也完全围绕这个核心理念进行。雷克萨斯作为丰田集团1989年精心打造的高端品牌，与丰田的品牌定位有着明显的区隔，一开始对标奔驰、宝马等高级轿车，主打“豪华、舒适、品位”的高端情怀；2002年新推出赛昂，则是顺应时代潮流，响应年轻人对车的需求特点而开发的，重点突出年轻人追求的“与众不同、前卫、时尚”品牌精神；作为被丰田兼并的大发则继续其原有品牌定位，坚持“低成本、可靠质量”的核心价值，主打的则是关注性价比、追求低成本的消费者，这样可以有效弥补丰田原有品牌不能覆盖的细分市场；而日野作为商用车品牌，其针对的目标市场主要集中在组织客户上，其品牌诉求则集中在“安全、可靠”上。

而细化到每个产品品牌分支之下，其子品牌定位同样清晰，边界严明。以丰田旗下Corolla、Camry、Crown的定位为例。Corolla属于紧凑型车，主要用于工薪阶层。油耗低，质量好，平顺性不错，最初目标受众为刚步入社会的年轻人；Camry属于商务级，车身宽敞，做工好，目标消费市场锁定事业初有成的群体；皇冠是丰田系的旗舰车型，主要是公务车和高档豪华车，主要面向高端成功人士。

通过丰田汽车的品牌架构分析可以看到，丰田品牌规划关注了以下四个基本原则：首先，不同产品品牌核心价值诉求不同；第二，不同产品品牌对应的目标细分市场和目标消费群体不同，相互之间不产生冲突；第三，支持不同产品品牌的设计理念、风格特点存在差异，用以支持其价值定位；第四，不同产品品牌的渠道终端相互独立，终端设计风格也完全体现其不同品牌定位的价值诉求。四项原则中，品牌定位是核心，而目标细分市场是品牌价值定位的基本动因，产品设计理念和渠道终端风格则是品牌定位的进一步体现和支撑。

（二）促进“全球丰田”发展的品牌标志演变

1. 从“TOYODA”到“TOYOTA”

TOYOTA 这一名称源自企业创始人丰田的姓氏（字母拼写为 TOYODA）。丰田初期生产的 G1 型卡车和 AA 型轿车是由丰田（TOYODA）自动织机制作所的汽车部研制的，因此起初冠名为“トヨダ（TOYODA）”。

图 4 丰田 TOYODA 标志

（图片来源：https：//global. toyota/en/mobility/toyota - brand/features/emblem/）

1936 年夏，丰田汽车部研制出了轿车，并公开征集 Logo，汽车部从全日本征集到的 27000 份构思中，决定采用在经过艺术处理后的日文假名“トヨタ（TOYOTA）”的外侧加一个圆环的图案作为 Logo，Logo 上的文字使用“トヨタ（TOYOTA）”而非“トヨダ（TOYODA）”的理由包括以下几点：设计鲜明、视觉效果明快；企业是一种社会性的存在，避免使用个人名字；文字由 8 画构成等。新的名称从 10 月开始启用。紧接着在第二年 8 月，汽车部从丰田自动织机制作所独立出来，成为丰田汽车工业公司。这是一个很好的转变，TOYOTA 比 TOYODA 读起来更上口，同时也标志着丰田从一个小的个人公司发展成为一家社会企业。

2. 从汉字图案到今天的椭圆形设计

链接 3 早期标志

1937 年开始批量生产的早期轿车“丰田 AA 型”上，采用了由体现速度感的羽翼和丰田的汉字图案组合而成的设计。

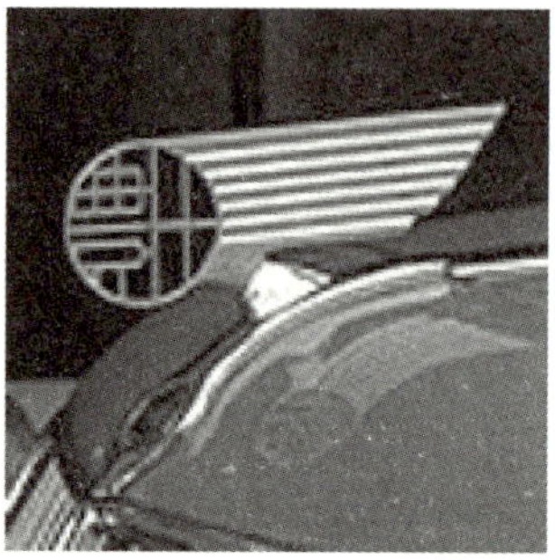

图5　丰田早期羽翼标志

图6　丰田早期带有名古屋象征物的标志

（图片来源：https：//global. toyota/en/mobility/toyota－brand/features/emblem/）

由“丰田”汉字与丰田发源地爱知县首府名古屋市的象征物组合而成的标志被用于丰田最早的G1型卡车上。

图7　丰田现在的品牌标志

现在的丰田标志是在1989年10月公司创立50周年纪念时发表的。它的设计耗费了大约5年时间，当时，丰田在海外的知名度不断上升，因此要有一个与其知名度相称的标志。设计中要有两个要素，即远距离也能辨识出丰田车，并且与其他汽车相比更具视觉冲击力。

新标志中有3个椭圆，左右对称，在大椭圆内的两个相互垂直的椭圆分别代表顾客和厂家的心，其轮廓线重叠象征着彼此心心相印。这两个相互垂直的小椭圆的整体外轮廓为“Toyota”的首字母“T”，象征着丰田，同时也象征着方向盘，即车辆本身。外面的大椭圆象征环绕着丰田的世界。而每个椭圆的轮廓线都参考了毛笔书法的精髓，采用了不同粗细的笔画。

标志的背景空间表示丰田要传达给消费者的“无限价值”，它包括：卓越品质、超越期待、驾驶乐趣、创新以及对安全、环境保护和社会责任的诚信。

（三）出众的经销渠道管理

在买方市场大行其道的今天，经销渠道是品牌同消费者构建联系的一个重要枢纽站，它直接关系到消费者对于品牌的直观印象，并且体现品牌的个性特质和品质水准。

丰田旗下五大品牌相互之间没有任何冲突，产品设计理念、产品风格特点各不相同，各自都能强力支持其价值定位。不同伞品牌的渠道终端相互独立，加之严格的价格区隔——产品品牌价位延伸上下不宜超过其中间价位的20%，没有形成内部恶性竞争的冲突。另一方面，老品牌的影响力迅速带动了新车型的销售。这些使得丰田无论如何纵向发展车型、还是横向延伸品牌，都延续着明确的规则和要求。如是渠道管理对于品牌自身清晰的个性识别提供了必要的基础。

多品牌管理的重点在于对品牌的边界进行严格管理。在生产、后勤、采购、渠道谈判、研发、财务、人才等消费者无法感知的方面，品牌之间可以形成共享，从而充分利用规模效应形成竞争优势。但是，在消费者可以触及了解的任何领域，必须通过一切手段强化品牌之间的区分，并且与消费者实现顺畅对接。在汽车领域，这意味着对经销商的管理。

一方面，在丰田的商业哲学中，经销商同样也是丰田的客户，对经销商的重视，从侧面表现出了丰田对客户满意度的重视。另一方面，经销商作为直接向客户展示品牌形象的宣传推广一线，其表现直接影响消费者对丰田品牌的评价。因此，丰田对经销商工作的规范非常直观：例如，丰田在美国大行其道的时代，位于南加州的伦戈丰田店作为丰田的销售商，拥有世界最高的销售纪录，上百名销售人员中能够使用 30 种语言，每年销售近 3 万辆。从你停车进入大厅就有工作人员上来迎接，有的工作人员还会到停车场来迎接你。在大厅里除了购车的客人以外，要求配有车检、维修服务，配备互联网、咖啡，以及各项标准化的、无微不至的服务。

同时，由于丰田与经销商的良性互动，在实现销售向技术延伸的同时，有效反哺品牌竞争力。例如，美国丰田销售方面会依据市场反馈及时提出改进要求，技术部门可以据此及时改进。销售商要求增加混合动力车的供应量，他们就将凯美瑞混合动力的比例提高到 35%。丰田在美国有研发人员 1000 多名。350 家零部件供应商分布在全美各地，由此从根本上提升了产品对市场的适应性以及对于消费者而言的魅力。

（四）因地制宜开展品牌本土化

在长期的品牌推广过程中，尤其是在全球化品牌传播过程中，丰田充分意识到，关注不同地域、国家的文化特点、消费习惯与偏好、消费水准等，对于帮助品牌顺利推广具有至关重要的作用。

例如，1957 年，丰田美国销售公司正式成立，然而，截至 1958 年底，只在美国卖出了 287 辆，第一款产品 Toyopet 以失败收场。由于丰田在美出售的车型是从日本市场出口过来的，并不符合美国人的消费习惯。随后丰田从中吸取了经验教训，1960 年丰田决定暂停向美国出口轿车，根据客户的要求，在当地生产，在当地销售。此后，丰田整整花了 5 年时间，研究美国客户需求和方式。1965 年，新型 Corona 一炮打响，加之 1968 年新型花冠的锦上添花，丰田在美国的销售量直线上升，1969 年销售额达到 13 万辆。这一年，丰田的美国经销商第一次参加全美 50 州汽车经销商大会，而做到这一天，丰田花费了 10 年的时间。

丰田还关注不同国家的文化特点开展本土化的品牌传播，以中国为例，20 世纪 80 年代初，北京机场路附近竖起了一块广告牌，整个广告牌以红色为主色调，颜色十分鲜艳，在周围白纸黑字、颜色单一的广告牌群中异常醒目，广告牌上一排清晰的大字“车到山前必有路，有路必有丰田车”。这句广告语巧妙地借用了中国民间谚语——“车到山前必有路”，然后借题发挥，“有路必有丰田车”，朗朗上口的同时表明了丰田对自己产品的信心，加之该广告相较于当时的其他广告而言更加醒目独特，丰田的这则广告一出，就受到媒体和营销界人士的大力吹捧，丰田汽车的名声也因此在中国打响。直至今日，这句经典广告语依旧被丰田使用。

TOYOTA

车到山前必有路　有路必有丰田车

图 8　丰田中国品牌口号

五、品牌传播特色

（一）针对目标客户的主题公关活动

丰田善于通过富有时效性和话题感的主题活动，以进行品牌内涵的深究以及传播效果的发挥。例如，丰田 2014 年主推的 600 万元梦想基金活动。丰田在包括中国在内的全球 99 个国家和地区启动为年轻人倾力打造的“GET GOING 步步向前”全球品牌活动。此次活动意在为怀揣梦想、持续努力、意志坚定的年轻人提供一个向梦想更近一步的机会和舞台。特别邀请在全球范围内享有较高知名度的美国歌星碧昂丝·吉赛尔·诺斯为此次活动代言，以“GET GOING 步步向前”为口号，诠释着丰田务实与创新的品牌精神。活动期间，除了在线上线下展开丰富多彩的宣传，丰田还特别投入 100 万美元（约合 600 万元人民币），设立“Get Going Challenge 步步向前 激情挑战”丰田梦想基金。在世界范围通过网络构筑年轻人展示逐梦宣言的舞台，并通过网络投票等方式从中甄选 9 个呼声最高、具有代表性的梦想，帮助他们挑战实践。这一主题活动契合了年轻消费群体密切关注的“梦想”“向前”“机遇”等关键词，从而在展示品牌精神的同时，赢得了消费市场认同。

（二）贴合品牌精神的体育赛事赞助

选择与品牌特征一致的体育赞助，是诸多车企巨头的常规做法。对于丰田来说，永不放弃、挑战不可能的体育精神正和丰田精益求精、持续改进的理念相契合；另外体育具有团结和统一的力量，可以鼓舞观众和参与者，帮助组织和社会发展更大的财富，也是丰田所推崇的，这点可以从丰田全球发展愿景充分展现。受到运动员的鼓舞，丰田不断追求创新，努力超越自己。为了传递这样的品牌形象，丰田一直密切参与各种业余和专业的体育运动。基于这个理念，丰田的体育赞助在体育赛事赞助与体育建筑赞助两个方面颇有成效。

1. 体育赛事赞助

丰田常年赞助达喀尔拉力赛、世界耐力锦标赛等传统赛车项目，以展示丰田汽车产品出众的性能。除此之外，丰田还赞助IAAF世界田径锦标赛等体

图9 参加世界拉力锦标赛的丰田赛车

（图片来源：http：//www. toyota. com. cn/mediacenter/2021wrc/index. php）

育赛事。例如，2014 年丰田赞助 IAAF 世界田径锦标赛的主旨为 Beyond Limits（超越极限），意欲以运动员挑战极限、追求新纪录的热情同丰田制造汽车的理念相契合，传达相应的品牌联想。丰田还支持每 4 年举办一次的奥林匹克运动会和残奥会。

2. 体育建筑赞助

体育建筑赞助不同于赛事赞助的即时性特点，其具有影响力的高品质、高承办能力以及赛事吸引力的体育建筑，能够持续不断地为品牌带来曝光率和正面传播效应。

例如，丰田体育场（Toyota Sutajiamu），位于爱知县丰田市，球场于 2001 年建成并可以容纳 4. 5 万人，是日本职业足球联赛球队名古屋鲸八足球俱乐部的主场，其赞助商丰田汽车亦拥有球场的冠名权。2005 年至 2008 年，丰田体育场成为世界冠军球会杯的其中一个比赛场地。

再如，丰田中心（Toyota Center），位于美国得克萨斯州休斯敦市中心，由日本丰田汽车公司冠名赞助。体育馆现为国家篮球协会（NBA）休斯敦火箭队、女子国家篮球协会（WNBA）休斯敦彗星队以及全美冰上曲棍球联盟（AHL）休斯敦航空队（Houston Aeros）的主场。常年高曝光率的赛事转播为丰田品牌的传播产生了积极效果。

图 10 丰田参加卡塔尔拉力赛

（图片来源：http：//www. toyota. com. cn/mediacenter/2021dakar/race12. php）

（三）社长亲自为品牌代言

企业家走到台前重视品牌的推广，对外是一种有效的营销策略，对内更是提振凝聚力的旗帜。过去到荧幕前为自己品牌代言的企业老板并不少见，在中国有格力的董明珠、小米的雷军等。在丰田也有这样的一位掌门人——丰田家族第四代长孙丰田章男（Akio Toyoda）。年过六旬的丰田章男来中国开通微博，一天“吸引粉丝”近 5 万，首条微博评论近 8000 条，转发量 2 万，一夜间成为网红。比起当年丰田邀请明星高圆圆、张震代言双擎技术，社长带来的品牌推广效应显然更加有效和生动。在丰田中国的官网上专门有一个栏目叫“社长愿景”，内容有接地气的节日问候、有社长的二次元世界，有对达喀尔拉力赛等赛事的祝贺，有与马自达联手的短视频回应，还有系列暖心故事等。更有意思的是除了丰田汽车社长这一头衔，丰田章男还强调自己是“雷克萨斯首席试车手”，这一身份无疑拉近了与消费者的距离。丰田章男利用微博这样的公开社交工具，“传教士”般地表扬自己的“孩子”的做法，诚意十足，效果深入人心。但值得思考的是，企业家的品牌代言不仅仅是几句广告语那么简单，更是靠实力说话，这也是丰田章男以“卡哇伊”形象出现在社交媒体上为丰田站台的勇气来源。

六、案例总结

（一）要始终将提升产品品质作为品牌建设的基石

品牌产品的耐久性、可靠性、精确度、易于操作性和便于修理性等有价值的品质属性，是与客户感受度密切相关的，他们将直接关系到该品牌是否能够赢得顾客的“货币选票”，以及未来潜在被消费可能。在品牌塑造过程中，要着重通过加强管理、积极创新以提升产品品质，建立品牌声誉，不断提高顾客感知质量，从而在同类产品竞争中胜出。

丰田所开创的精益生产模式在汽车界被广泛推广并且延伸到各个行业，从而形成了具有广泛影响力的丰田质量声誉，为塑造积极正面的形象提供了有力支撑。作为日系车的领军车企，高可靠性、节能环保性技术品牌成为丰田的标志性形象之一，成为其赢得大批市场份额的制胜关键。

（二）创建独立子品牌是拓展细分市场的有效方式

借助丰田的经验可以得知：当主品牌的原市场定位已经确定，想要再拓展新的细分市场，此时原有的市场定位可能并不利于新市场的开发需求，从而产生品牌发展桎梏。故而，此时推出符合新细分市场定位的独立品牌，将有效解决上述问题。

但是，对于国内车企推出高端独立子品牌而言，需要注意几个问题：在推出子品牌之前，一定要进行充分的市场需求分析和论证，确定精准的品牌定位、推广战略与规划，切忌盲目跟风高端或者潮流。所推出的子品牌一定需要有极具品质竞争力或者性价比作为品牌推广的基础和保证，在此过程中务必量力而行，切忌不科学价格战等。做好全方位品牌传播推广工作，以确保新推出的独立品牌能够不受原有主品牌定位影响，顺利获得目标市场认可。

哈雷戴维森：
坚守自由与冒险精神的“美国鹰”

哈雷戴维森被标榜为“美国制造”的典范，它并不仅仅是在销售摩托车，而是销售一种“以摩托车为工具的生活方式和生活文化”，这就是哈雷品牌在同行业高价位上占得坚挺的一席之地，并斩获高顾客忠诚度的主要原因。

企业简介：

哈雷戴维森，全球知名摩托车品牌。1903年，由威廉·哈雷和戴维森兄弟在密尔沃基创建，100多年来，它经历了战争、经济衰退、萧条、罢工、买断和回购、国外竞争以及市场变幻的重重洗礼，成长为世界顶级休闲摩托车品牌，并成为激情、自由、勇敢、个性的象征。哈雷戴维森倡导独特文化与骑行体验，并将这种文化和体验持久地传递给每一位拥趸者。

以“贴近客户的理念”作为哈雷戴维森品牌设计和营销的核心，除了生产摩托车产品，哈雷戴维森摩托部件与配件、服饰和多样化产品深受全球消费者青睐，并且涉足金融等领域。目前，哈雷摩托已经行销到200多个国家。

2019年《财富》美国500强企业排行榜中，哈雷戴维森品牌位列第492位；在2019年Interbrand“全球最佳品牌”100强排名中，哈雷戴维森排名第99位。

一、品牌发展历程

（一）20 世纪初：品牌初创期

1903 年，哈雷戴维森品牌由威廉·哈雷（William Harley）和戴维森（Davidson）三兄弟在密尔沃基创建。他们从狭窄的地下室起步，随后搬进了在自家后院搭建的木屋，在木屋的门板上写有 HARLEY – DAVIDSON MOTOR CO. 的字样，这是哈雷、戴维森两个姓氏第一次被放在一起。自此，一个为全球摩托车迷所疯狂的传奇品牌正式诞生。但此时哈雷还仅仅处于“产品”初创阶段。1908 年在第七届美国摩托车耐力与可靠性竞赛全国年度联赛上，华特·戴维森获得 100 分的满分。三天后，华特又以每加仑行程约 303 千米的好成绩创下了美国摩托车联赛的省油纪录。哈雷戴维森摩托车过硬的性能和质量很快为人们所熟知。之后密歇根州底特律警察局购买了一辆哈雷戴维森摩托车，这是第一辆用于警务的摩托车。初创期的哈雷品牌凭借其出众的质量以及对市场需求的有效把控，为接下来的发展奠定了坚实的基础。

（二）20 世纪初—20 年代：品牌成长期

1910 年之后，哈雷积极参加摩托车赛事且成绩斐然；1917 年至 1918 年“一战”期间，哈雷的半数产品都卖给了美国军方，战争结束后，军方共使用 20000 辆左右摩托车，其中大多数为哈雷产品。停战协定签署后的一天，盟军的罗伊·霍尔茨下士骑着哈雷摩托车成为踏上德国领土的第一人。第二天，一则名为《一个美国人和一辆美国摩托》的新闻图片成为全球报刊头条，哈雷摩托声名鹊起。1920 年，哈雷戴维森已经成为世界上最大的摩托车生产厂家，哈雷品牌在美国市场的知名度迅速提升，进入“概念化品牌”阶段。

（三）20 世纪 20 年代—60 年代中期：品牌稳定发展期

这一阶段哈雷公司迅速发展，以其纯金属的坚硬质地、炫目的色彩、大排量大油门所带来的轰响为显著标志，让战后迷茫的年轻人在哈雷品牌那里找到了精神家园和宣泄的路径。在这一时期，哈雷品牌得到了稳固的发展，但与此同时，哈雷品牌也很不幸地与流氓、匪徒、机车党的形象纠缠在一起，极大地影响了品牌正向发展。

（四）20 世纪 60 年代中期— 80 年代初：品牌动荡期

20 世纪 60 年代中期开始，日本摩托车开始大量进入美国市场，再加上哈雷与诸多负面元素密切勾连造成品牌声名不雅，从而致使公司利润一落千丈，亏损并濒临破产，市场份额曾经一度下降到 3%，品牌形象跌落谷底，面临着前所未有的生存危机，时刻有被市场淘汰的可能。

（五）20 世纪 80 年代初至 2020 年：品牌重塑并探索发展期

1981 年，哈雷迎来转机：13 名哈雷的高级管理层从收购哈雷长达 16 年之久的 AMF 公司手中回购，哈雷品牌正式开启重塑。在哈雷管理层得以重建的同时，基于过往雄厚的品牌文化和历史积淀，哈雷得到了消费者的广泛支持，甚至是来自政府的支援。1988 年，4 万多人参加了哈雷的 85 岁生日庆典，哈雷所代表的品牌文化作为时代变迁的象征，逐渐向精神图腾的方向转化，从而被消费者赋予了竞争对手所难以超越的力量，品牌一度摆脱困境，高歌猛进。

然而，幸福的瞬间总是不能长长久久，自 2014 年哈雷财政收入达到顶峰以来，其销售和收入一直处于持续下降的状态，新的消费主力千禧一代对于摩托车的兴趣和爱好有所转变，大型、嘈杂、重型摩托不再是许多年轻人的首选，而高价位也在全球经济不景气的环境下，成了拖累哈雷销量的重要因素。

（六）2020 年至 2025 年：拭目以待 Hardwire 战略

时值 2020 年，哈雷品牌似乎又来到了另一个生死轮回的临界点。首席执行官被罢免，股票价值和销售一路走低，公司迫切地需要再一次涅槃重生的机会。曾经的彪马品牌的总裁 Jochen Zeitz 临危受命，接任哈雷品牌的首席执行官兼总裁。在他的主持下，公司启动了代号为“Rewire”的重生计划，以聚焦高利润业务，削减虽雄心勃勃、但与品牌整体发展目标相悖的项目，以摆脱市场不佳的表现。

二、品牌核心价值理念分析

哈雷的品牌愿景被官方表述为："哈雷戴维森将通过创新、改革和情感沟通，引领我们的行业，打造属于哈雷的传奇。"创新与情感沟通是哈雷品牌成为一个行业领域的精神图腾的决定性因素之一，而不断的改革则帮助哈雷品牌度过一次次危机，闯过一道道瓶颈。哈雷的品牌愿景被彻底而坚实地贯彻到品牌建设过程当中，成为企业组织最具价值的无形财富。

哈雷创始人之一戴维森曾经说，"摩托车总是很有戏剧性。他们不是为每个人，永远不会。这是一个产品，人们可以采取的一种极端的自我表达的手段。"哈雷品牌认为，自身的使命"不仅是摩托车制造商，更代表了永恒的冒险精神和灵魂自由"。哈雷并不将品牌事业定位为生产摩托车这么简单，而是着力定义摩托车骑行文化和生活方式，通过提供产品和体验"激起内心的情感"，这才是近百年来哈雷的珍贵初心。

自诞生之初，哈雷就将自己定位为"休闲摩托车"，并在近一个世纪的发展过程中，赋予品牌超越代步工具的精神价值，成为美式自由、独特、潮流的生活方式的代言，以绝对的独特个性塑造高端摩托车行业领军品牌。

三、品牌创建历程

（一）核心技术创新成就品牌

哈雷品牌自诞生之初即紧盯市场需求、关注技术更新，适时推出既符合时代审美观念又突出品牌特色，既有鲜明性格又具备一流性能的优秀车型，并借此满足骑手，占领市场，引领行业。

众所周知，哈雷摩托车乃至美式摩托车的核心特征是纵置 V 形双缸发动机，但是滥觞之初，哈雷生产的并非双缸而是单缸发动机。1905 年到 1908 年间，哈雷生产出所谓的"四轮马车发动机"（buckboard motor）。如名所示，哈雷暗示这台发动机的最佳用途是安装在四轮马车上取代马匹。但是这台发动机用途很广，可以用于船舶或者摩托车等。1908 年，沃尔特·戴维森正是凭借装有这一发动机的哈雷牌摩托车，在纽约市的卡茨基尔山（the

Catskill Mountains）为哈雷打响品牌，在美国联邦骑手耐力和可靠性对抗赛中获得100分，成为第一个获得满分的骑手，这让哈雷摩托车威名大振，次年产量就扩大近3倍。并且借此机会，尚处于起步阶段的哈雷于1908年成功地向密歇根州底特律警察局销售出了自己的产品。

受益于核心技术对品牌知名度的超高影响力，哈雷高层意识到摩托车工业是生机蓬勃的未来产业，唯有进一步提高产品核心零部件的卓越性能，才能执稳摩托车行业之牛耳。1909年，哈雷搭载了V形双缸发动机的首台摩托车5D问世。这台发动机最大功率达5.1kW（7马力），可以驱动5D的最高时速达到90km/h，这在当时的路况下，可以说是近乎疯狂的速度。尽管这台发动机设计并不完美，但正是哈雷的这台V形双缸，在若干年之后成为美式巡航摩托车的经典标志。此后，哈雷对V形双缸进行改进，并于1911年卷土重来，这就是F头发动机。此后，哈雷的扁头发动机、盘头发动机、铲头发动机、铁头发动机、“进化”发动机、双凸轮发动机等相继问世，使哈雷在继承与创新、传统与改革之间不断实现自我超越。

（二）创建哈雷骑行文化

哈雷摩托车的销售价格甚至可以匹敌中高档轿车，它的品牌优势凸显在：并不仅仅销售摩托车，更是销售一种以摩托车为工具的生活方式和生活文化。在哈雷漫长的产品变革和市场推广过程中，机车的造型、轰鸣、马力、速度感和品牌精神融合为一体，“哈雷品牌”在消费者心目中的认知已经超越商标的意义，而是代表了某种生活方式、某种体验和特定的表现自我个性的工具。这就是哈雷在同行业高价位上却能够维持相对稳定销售，且斩获顾客高忠诚度的主要原因。

哈雷文化源于崇尚自由奔放的牛仔文化。这种文化将旷野上自由自在、纵横驰骋、放荡不羁的思想行为作为精神图腾，其中极具特色的服饰、用具、约定俗成的行为准则等都深刻地影响了哈雷的品牌文化。当大工业文明来临，策马扬鞭的牛仔生活不再是日常，但是牛仔精神却保留了下来，并被嵌入哈雷文化元素当中。例如，“DIY”——自己动手的习惯。物质匮乏时期，对很多美国人来说“自己动手丰衣足食”是习以为常的，房屋自己修，家具自己打，草坪自己剪，地板自己铺……这种传统延续下来，并被当作牛仔文化的一部分受到人们的推崇。哈雷在品牌创建过程中完美地吸收了这一文化的精髓，突出量身定制、个人专属。为此，哈雷戴维森建立了接单后生产的营销系统，即：确定订单以后，再根据顾客的个人喜好量身定做个人专属哈雷车。彼时，百年企业美国福特汽车坚持的“让一辆汽车和另一辆汽车一模一样”标准化理念早已大行其道。然而，哈雷却与大机器生产时代被奉为圭臬的经营理念背道而驰——从把手改装到座椅改装，再到边箱改装……哈雷的个性化文化不仅降低了零件与成品的库存成本，同时更成为车主个人性格最大化延展，每位骑手都可以根据自己的喜好为爱车进行改装，不同的造型代表不同的自我风格，同时差异化改装更加符合消费者的诉求。

一方面，哈雷产品自身的目标市场决定了它品牌基因中的野性和阳刚之气；另一方面，哈雷品牌的发展与美国经济和社会的前进结伴而行，历经美国20世纪30年代经济大萧条、“二战”与80年代美国高科技经济繁荣的哈雷戴维森，不仅是历史的见证者，更是参与者，因而为其品牌打上了国家和民族文化的烙印。美国著名品牌战略研究专家大卫·艾格在他所著的《建立强势品牌》一书中曾评价哈雷品牌：“某些人似乎觉得，骑哈雷摩托车比起遵守法律更能表达强烈的爱国情怀。”美国西部大开发英雄主义的怀旧情结在哈雷戴维森忠诚的品牌拥趸者身上体现得淋漓尽致。皮质机车服、紧身皮裤、大墨镜、长发、牛仔靴……这种品牌识别已经上升到了象征意义的层面，成为一种精神昭示。从某种层面上说，哈雷戴维森品牌流淌着美利坚的血液，它以机车的品牌精神阐释了美国文化中的自由主义。以至于当时美国流行一句谚语：“年轻时有辆哈雷戴维森，年老时有凯迪拉克，则此生无憾了。”

（三）哈雷品牌形象重塑

在20世纪五六十年代，哈雷摩托车风靡全美，赚得盆满钵满，哈雷戴维森品牌亦在短时期内获得大批拥趸者。然而，好景不长，在哈雷公司于1969年由美国机械制造公司（AMF）接管之后，尽管产量大幅提升，但是却出现了漏油、易损等质量问题，公司信誉严重受损。与此同时，大量物美价廉的日本轻型摩托车大举进军美国市场，本田、雅马哈、铃木和川崎在美国市场上大量抛售外形酷似哈雷，但重量更轻、价格更便宜、质量优异的高性价比摩托车。一时间，内忧外患，哈雷面临生死存亡大关。

为及时挽救哈雷品牌，1981年，哈雷戴维森的13位高级管理人员从

AMF 收购哈雷戴维森，此后“雄鹰独自翱翔”成了公司的口号，对哈雷而言这无疑是第二次生命的转机。为了重塑哈雷昔日风华，庆祝“自由骑士”回归，公司组织了众多哈雷戴维森的粉丝骑行前往公司的发迹地密尔沃基小镇“朝圣”。这次长途跋涉的骑行不仅挽回了摩托车迷心中一度跌落的哈雷品牌形象，也让市场重温当年自由、不羁、无所畏惧的精神个性。

链接 1　哈雷的涅槃求生

委身 AMF，让哈雷戴维森品牌经历了 12 年的飘忽动荡，是坎坷，更是曲折前行中的宝贵经历。

1969 年，为了同日系摩托车品牌缠斗，哈雷选择与美国机械制造公司（AMF）合并，从此 AMF 开启了对哈雷戴维森长达 14 年的掌控。这期间，外界关于 AMF 时期的哈雷戴维森褒贬不一，但有一点可以肯定，这一时期的哈雷质量问题频出，并经历了生死危机。

脱离 AMF 之后，为实现品牌重塑，哈雷找到了联邦政府的国际贸易委员会，并且向时任美国总统里根寻求关税保护，呼吁给美国摩托车一丝喘息的空间。1983 年，在各方努力下，国际贸易委员会终于同意了哈雷戴维森的关税保护请求。在 5 年的保护期内，哈雷戴维森摩托车获得出口减税许可，而从日本进口的大排量摩托车则需缴纳高额关税。事实证明，哈雷戴维森就是利用这 5 年的宝贵时间完成逆袭。这 5 年让哈雷对市场有了更清醒的把握，并且愿意放下姿态去向对手学习。当时掌管大权的比尔斯还曾经带队参观了本田位于美国俄亥俄州的工厂。他们发现本田真正强大的地方并非在于设备和产品，而是有一群懂得商业运作和具有长远战略眼光的职业经理人。

为保证品质，哈雷戴维森的员工每人每年都要至少接受 80 小时的教育和训练，提高专业技能。同时，哈雷通过提高待遇以及改善工作环境等方式，招揽并留住人才，激发创造力。另外，哈雷戴维森在渠道建设覆盖方面也下足功夫，建立起了全球经销商资讯网络，该网络不仅协助公司及时了解零部件以及附属产品的库存情况，同时可让经销商们通过它进行订货。

1987 年，哈雷戴维森在纽约证券交易所上市，并向国际贸易委员会申请尽早终止对重型摩托车维持了 5 年的关税。这一举动充分显示了哈雷品牌经历重塑之后参与市场竞争的信心。

四、品牌管理特色

（一）品牌 Logo 演变

有说哈雷贴有横条加盾徽的 Logo 最早见于 1910 年的摩托车产品目录的封底。不过哈雷最早申请的商标样式是否是横条加盾徽图案，并未可知。

图 1　哈雷早期商标样式之一

1922 年左右，哈雷 Logo 开始采用黑色和橙色，这一举措让哈雷的整体形象有了眼前一亮的感受。1930 年，哈雷向美国专利局提交了商标专利的申请，在申请中指出横条加盾徽的商标“自 1910 年 5 月 6 日起一直不断地申请使用于商标用途”。

从 20 世纪 60 年代开始哈雷开始使用“菱形商标”，如同一只展翅欲翔的美国鹰。美国鹰，可谓是哈雷外在与内涵的象征。1976 年，哈雷开始正式使用沿用至今的商标设计，即黑橙色搭配的字母组合标志。

（二）背书式与母子式相结合的品牌架构

为了更好地为品牌发展服务，哈雷对于分支机构品牌和新并购的子公司品牌分别采取不同的品牌架构策略。对于核心业务的品牌，哈雷戴维森采用背书式品牌管理架构，让哈雷公司品牌“Harley – Davidson”出现在核心业务的品牌商标上，强调公司品牌的核心地位，充分利用公司品牌效应占领市场，最大化地突出公司品牌。

其间，哈雷戴维森以“Motor Clothes”为品牌，生产部分服装、配饰，以及其他新潮且实用的产品。哈雷此举的初衷是为了维护公司主品牌的声誉

图2　哈雷现用 Logo

免受假冒伪劣产品的侵害。在品牌风靡初期，一些未经授权经营者冒用哈雷的品牌冠以各种品类的商品，而这些产品品类多是哈雷没有涉足的领域，这对哈雷的声誉造成了极大影响。因而哈雷公司干脆自己开创衍生物品牌，从而向市场提供“正版”的官方多元化产品，一方面可以加强对衍生品的控制；另一方面又不过分消耗母品牌做价值驱动，从而最大化保护了品牌价值。随后，零售商们发现，这些质量过硬的周边商品深受欢迎，甚至一些银行家、医生、律师等“高阶”群体也开始购买，于是哈雷的多元化子品牌蓬勃成长起来。

对于收购的子公司品牌，哈雷则采用母子式品牌架构模式，保留其原有的品牌。例如，哈雷曾经把意大利著名摩托车制造商奥古斯塔集团（MV Agusta Group）收至麾下，不仅保留了奥古斯塔的品牌和经典车型，并且在此基础上进一步进行品牌多元化延伸。

哈雷戴维森不断开发能适应各种严苛条件的服装以完善摩托车驾驶体验，同时非常注重对时尚潮流的影响。许多服装设计师如 Versace，Gaultier，Dolce and Gabbana 和 Karl Lagerfeld 都从哈雷戴维森品牌和摩托车骑手身上汲取灵感，将带有摩托风格的服装带到了 T 台上，从而形成了对哈雷文化的再次有效传播。与此同时，哈雷在新品研发中非常注意对公司品牌原有的鲜明的品牌文化加以继承和发扬，从而将原有的崇尚自由、英雄、随性、爱国情怀的品牌联想转嫁到子公司品牌上，利用品牌效应更容易打破进入新市场领域的壁垒。

（三）品牌社群成就高忠诚度

1974 年，美国史学家布尔斯廷通过对美国历史的研究，提出了消费社群（consumption community）的概念。自此，在美国工业革命后的新兴消费文化中，社群的意义开始从原来地域上的人员聚集关系，被延伸为使用某一产品或品牌相关的人与人之间的联系。而“哈雷俱乐部”则成为全球品牌管理史上品牌社群领域中无法绕过的一个经典案例。

1983 年，哈雷面临着非常大的困境，一方面市场上受到来自日本的性价比更高的摩托车冲击；另一方面，哈雷消费者的忠诚度降到低点，哈雷必须着手作出改变。哈雷对组织进行了全面的变革，从企业文化到管理架构，这一切都渗透着社群驱动的理念。这个战略源于哈雷公司认识到 brotherhood（这里可以理解为手足之情或者同胞兄弟）可以成为哈雷品牌赋予消费者的一种精神象征。为了更加广泛组织客户，保有客户忠诚度，并且更好地传递品牌价值，哈雷戴维森于 1983 年成立哈雷官方车友会，其名为“H. O. G”（Harley Davidson Owner Group），是每个国家或区域的哈雷车迷的聚集之所。该车友会在日后成立了全球最大的摩托车俱乐部。在成立 6 年之后，H. O. G 成员猛增到了 9 万多人，如今全球约有超过 1400 家哈雷车主会地方分会，过百万成员。每年，H. O. G 都会组织全国骑行活动，哈雷车主们来自五湖四海，拥有各自不同的职业，他们互相交流，进而将哈雷精神传递给更多的人。这种建立在消费者之间的、专门化的、非地理意义上的社区，以消费者对品牌的情感利益为联系纽带，基于消费者对哈雷品牌的特殊感情，其成员的人生观、价值观与哈雷戴维森品牌所宣扬的体验价值、形象价值相契合，从而产生心理上的共鸣。通过既定的程序和专项活动，享受特殊待遇和服务，加入哈雷俱乐部的成员强化了对品牌的归属感，从而进一步深化了对品牌的图腾崇拜和忠诚。

链接 2 哈雷车主会的吉祥物

H. O. G 就是哈雷摩托车主会的简称。H. O. G 的吉祥物形象是一只野猪。“HOG”在英文里是野猪和公猪的意思，俚语也指横冲直撞的驾车者和又重又大的摩托车。所以 H. O. G 野猪标志作为哈雷车友会的标志简直恰如其分。

关于野猪吉祥物的来源，可以追溯到 1920 年。据说在宣示“一战”结束、和平时代重返的赛事上，车手 Ray Weishaar 与队友骑乘哈雷连庄称霸，并抱着一只小猪作为吉祥物的留影，于是这张照片称为最早用 Hog 一词来比喻哈雷机车的典故。因此，20 世纪初期，人们将哈雷骑手亲切地称为“HOG BOYS”。

1999 年，哈雷曾经尝试将 HOG 作为旗下其中之一的商标进行注册，然而，由于“HOG”一词已经成为大排量摩托拥有者约定俗成的术语，因此未能最终注册成功。

（四）充分进行品牌延伸

在哈雷品牌文化已经深入人心的前提下，借助品牌影响力，哈雷积极发展品牌延伸，实行品牌多元化发展，扩展业务范围。从 T 恤、夹克、牛仔裤、靴子、手套到手电筒、打火机，饰品、家居用品，甚至是女性内衣——哈雷品牌被广泛延伸到了与摩托车相关（甚至看起来关联性不大）的行业里，哈雷戴维森生产重型街车、旅行车和定制改装车，并且提供完备的零配件、附件、服装和其他产品。

哈雷的多元化注重围绕哈雷骑行文化打造专属于消费者的产品，竭力与哈雷迷保持互动并且疯狂满足他们的需求，完全融入消费者的生活。除此之外，哈雷在多元化的过程中非常注重与知名品牌的合作，例如，哈雷与 zippo 合作的“zippo 哈雷系列”，受到众多摩托车爱好者的钟爱。

哈雷的多元化除了带来丰厚的利润回报之外，还在很大程度上促进了品牌影响力的延伸。即使这类消费者根本没有驾驶哈雷摩托车的经历，也能通过消费这些产品体验到独立、自由和野性的美感。当然，哈雷公司对这些附属产品的品质，亦相当地坚持与重视，或者是通过合作生产，或者采用授权生产的模式，竭尽所能地保护并增值品牌资产，以扩大哈雷家庭产品的影响力，塑造特有的哈雷文化。

图3 哈雷周边产品

链接3 “Motor Clothes”，哈雷的服饰生意

无论哈雷的骑士骑行哪款摩托车，无论他驾驶风格如何，哈雷戴维森 Motor Clothes 骑行服饰系列产品都能满足他们的需要。它们不仅是骑行装备，同时也成为哈雷骑士表达个性的宣言。在骑行之外的时间，从令人侧目的酷炫图案到功能完善的骑行装备，哈雷戴维森服装饰品为每一位哈雷骑士演绎个性风格，以独特的方式表达自我诉求。

自 1914 年起，哈雷戴维森就开始了生产服装和配饰的业务。早期的哈雷摩托车服装基本沿袭了西装的样式，颇具绅士风格。20 世纪 20 年代末，哈雷戴维森推出了首个皮夹克系列——Brown Leader 和 De Luxe Leather Jacket，并以“一战”时期飞行员夹克为借鉴，将棕色变成当时流行的黑色，牛皮也取代了马皮。其中，Cycle Champ（机车冠军）夹克于 1947 年面世，被猫王穿着上了《Enthusiast》杂志后，称为彼时的潮流代言品。与此同时，它还受到了摇滚乐坛领军人物 Buddy Holly 和 Gene Vincent 的青睐，并在电影《The Wild One》中出现。黑皮夹克很快成了自由和独立的象征。哈雷戴维森继续生产各种不同款式的夹克和其他摩托车服装，而 Cycle Champ 和哈雷戴维森首款女装夹克 Cycle Queen（机车女皇）成了 20 世纪 60 年代最受欢迎的款式之一。

哈雷戴维森骑行服饰始终坚持以用户安全为先的理念，这不是简单的口号，而是一个严肃的承诺。头盔、皮衣皮裤、马甲、夹克、手套、骑行靴，每款骑行服饰并不仅仅出自工作室中，而是诞生于风驰电掣的道路上。以骑行服为例，哈雷戴维森深知骑士们的需求，因而其品牌骑行夹克都是根据人在骑行中的力学原理设计，在人体重要部位如肩部、肘部和脊柱部位采用了耐磨材料，用以提高布料的耐用性，形成有效保护。同时为了保证骑士在各种环境下的骑行安全，所有衣服的重点部位（前面、后面和侧面）会采用上好的3M Scotchlite反光面料，并配以嵌边，使人体身形在低光或夜间条件下从各个角度都更加易于辨认。一定量的回射材料及其恰到好处的布局设计为骑行者在低光条件下的行驶提供了最佳视角。

除此之外，Motor Clothes品牌还注重个性化图案设计和运营。无论是哈雷戴维森经典盾牌还是经典骷髅头、呼啸飞鹰、哈雷火焰标志图案样式，为骑士提供多样化服装和装备，在展示品牌精神的同时，让客户尽情展示个性。

五、品牌传播特色

（一）赛事助力品牌崛起

1902年，美国的摩托车制造业呈现出“你方唱罢我登台”的红红火火态势，全国各地大大小小的摩托车制造厂商多达300家。1903年哈雷品牌诞生之后，由于受知名度制约，前期的订单并不多。直到1905年，当时一位车手驾驶哈雷戴维森的摩托车在美国独立日举办的一场比赛中胜出，这才让哈雷戴维森订单逐渐增多起来。

20世纪初期，美国密尔沃基市还没有修建高速公路，城市大部分道路都用鹅卵石铺就，街道更多的甚至是砂砾路或者土路，民众多是步行或是自行车出行，四轮马车是主要的大型交通工具，汽油车价格昂贵且并不普及。消费市场对于摩托车的诉求是：耐受力强，能适应不佳的地面状况。鉴于此，向客户证明车辆的可靠性的办法就是参加场地耐力比赛，摩托车将会经受森林、沙石、陡坡、河流各种地形的考验。时值1910年，摩托车比赛逐渐成为公众喜爱的运动项目，每周举行的拉力赛成绩成为人们茶余饭后议论的焦点。哈雷戴维森延续着出道以来强势的表现，在各类比赛中获得了 7 个不同项目的冠军，其中包括耐力赛和横穿美国的山地赛。

得益于赛事助力品牌知名度提升之后，哈雷对于这一手段是极尽支持：1913 年成立了专门的赛车部，代表哈雷参赛的除了普通车手，还有时任总裁沃尔特·戴维森。沃尔特·戴维森是一位出众的机械师，也是一位极具天赋的赛车手。他参加的第一项比赛是行程长达 587 千米的卡茨基尔山耐力赛，最终沃尔特·戴维森不仅成功力压其他 60 多位车手胜出，更是创造了多项纪录，沃尔特·戴维森名声大噪，哈雷戴维森也因此能够与印第安等对手相抗衡，成为大家信赖的高品质品牌。

（二）借力政治成就品牌影响力

1908 年，底特律警局购买了第一辆哈雷摩托作为警务用车，此后美国很多警署也纷纷购买了哈雷戴维森摩托车作为警用车。短短几年时间，哈雷产品遍布美国各地的警署，毋庸置疑，政府采购成为哈雷戴维森品牌的绝佳背书。

哈雷戴维森赢得政府甚至军方的信任绝非偶然，这得益于前期良好合作所积累的口碑。1913 年，一群墨西哥革命者在新墨西哥州哥伦布镇杀害了几名美国人，几天后，哈雷戴维森收到一封来自美国军方的电报，要求提供摩托车以帮助追击沙漠地带的反政府武装。这些摩托车包括跨斗车，可把机关枪直接架在跨斗上，经此一役，哈雷高度配合的态度和出色的产品性能得到军方肯定。

第一次世界大战爆发后，哈雷戴维森已经做好应对军需的准备，它号召摩托车爱好者坚定支持自己国家的军队，同时想方设法多渠道报道哈雷戴维森摩托车在战场上的出色表现。1917 年，美国正式加入“一战”，哈雷戴维森顺理成章地成为美国军用摩托车供应商。1918 年，军用需求进一步加大，哈雷戴维森生产的车辆几乎有一半都销售给了美国军方。据统计，“一战”期间美国军方共使用了近 2 万辆摩托车，其中近 1.8 万辆都来自哈雷戴维森。

第一次世界大战使得哈雷戴维森名扬天下。1920 年，哈雷戴维森超越最大竞争对手印第安成为全球最大的摩托车生产商，在全球 67 个国家有 2000

多家经销商网点，年产销量达到2.8万辆。这时公司开始认为是时候向世人宣传其领导地位了，于是开始大笔投入广告宣传，向群众传递了其是行业领导者的品牌形象。广告设计非常精美，且充分体现了哈雷崇尚自由、反对集权和奴役的精神文化，至今都是哈雷品牌传播历程中的高光时刻。

链接4 哈雷军品与民品的“小历史”

1908年，第一辆给警察执勤用的摩托车到了密歇根警局，至此，哈雷终于撬开了警用摩托车市场的大门。到了大萧条时期，整个美国的摩托车工业差点全军覆没。在几百家生产摩托车的公司中只有印第安公司和哈雷戴维森公司逃过了劫难幸存下来。究其原因，它们生产的摩托车的买主是美国军队和警局。不过，两家企业的销售量也大为萎缩，1933年，哈雷戴维森公司总共才售出6000辆摩托车。

1941年，美国陷入了第二次世界大战，哈雷戴维森公司再次搭上军火工业的快车。美国政府与它们签订了多宗数额巨大的购车合同，让它们为盟国供应军用摩托车。例如，抗日战争期间，美国总统罗斯福批准捐助中国政府1000辆哈雷军用车以支援抗战。美军本身对摩托车的需求量也很大，为全面保障军用车辆的供应，民用摩托车几乎全部停产。1945年，第二次世界大战结束，哈雷戴维森已经为美国军方生产了9万多辆WLA摩托车。

不过，哈雷并没有躺在军品供应的光荣册上自我陶醉太久，彼时的哈雷当家人威廉·哈雷颇有远见，他及早利用了在政界的关系，获准在国内市场销售一定份额的民用产品。而其主要竞争对手印第安公司，为了追求利润却把产品全部供应给了军队。最终的结果是，哈雷戴维森公司保存了它在国内的销售网络和品牌的知名度，而印第安公司几年下来就被普通消费者忘却了。

（三）打造行业代表性杂志推广品牌文化

1916年，哈雷戴维森创刊《The Enthusiast》杂志（中文译名《狂热者》），成为目前世界上持续发行时间最长的摩托车杂志。《The Enthusiast》最初的发行目的是号召全美摩托车爱好者支持政府军队，报道哈雷机车在欧洲战场的卓越表现，以强化哈雷摩托车的软性宣传。战争结束后，《The Enthusiast》的价值有所转变，成为向目标受众渗透品牌文化，与消费者进行沟通的重要媒介。

如今，《The Enthusiast》已经是现存历史连续发行最悠久的摩托车杂志，旨在通过哈雷戴维森品牌的视角展示悠久的摩托车文化和自由的骑行生活方式。作为会员权益的一部分，哈雷车主会的成员可获得《The The Enthusiast》杂志的免费订阅。该杂志的免费 App 版本也可在 iOS 和 Android 手机以及平板电脑上进行订阅。据说，哈雷还酝酿在电子商务平台、零售机构、经销商和精选的摩托车精品店出售该杂志。

值得一提的是，历经近百年的《The Enthusiast》杂志所承载的文化内涵已经由 20 世纪 60 年代时期的非主流文化转化为今天的主流文化，曾经叛逆寻梦的哈雷小子们如今已经成为社会中坚，与此同时，他们将哈雷的品牌内涵提升到精英文化的层面，这种过渡使得《The Enthusiast》所反映的文化不再总和狂放不羁、惹是生非的莽汉相联系，反而越来越多地成为精致理想生活的一个放肆的姿势。

（四）影视作品植入广告效果显著

影视大片无疑给哈雷戴维森做了极为成功的广告，它使得全球观众都对哈雷摩托产生了浓厚的兴趣，许多人从好莱坞的电影中认识了哈雷，从而迷恋哈雷，进而购买哈雷戴维森机车，形成高忠诚度。

最初，哈雷在影视传播方面是以教训长见识的。1947 年，因摩托车手引发的“霍利斯特骚乱”后，嗅觉敏锐的好莱坞因此筹拍《The Wild One》（中文译名《飞车党》），但哈雷戴维森认为影片题材不良，为避免影响销售拒绝借出摩托车。谁承想，《The Wild One》上映后横扫全球，被称为“摩托车公路片的鼻祖”。主演马龙·白兰度身穿黑色皮夹克酷劲十足，而片中能与马龙·白兰度的魅力分庭抗礼的并不是艳丽的女主演，而是极具冷峻气质的摩托机车。哈雷万万没想到一招不慎白白错失了千载难逢的宣传良机，反而让对手火了一把。

吃一堑长一智，此后哈雷戴维森品牌摩托积极地在众多电影大片中发光发热，如《荒野大飙客》《逍遥骑士》《世界上最快的印第安摩托》《摩托日记》《极速飞车》《终结者 2》《终结者 3》《刀锋战士》《灵魂战车》等都曾出现哈雷摩托的帅酷身影，哈雷纯粹的野性气质尤其适合美国好莱坞大片的调性，同时，经过商业大片的渲染，哈雷品牌被最大范围传播出去，赢得了全世界的关注。

链接 5 霍利斯特事件

1947 年，在加州一处小镇的国庆活动中，美国摩托车协会赞助举行年度的“吉卜赛巡游节”，结果从全国涌来 4000 名摩托车手，随后车手们打砸抢，场面一度失控，最后演变为骚乱，被称为霍利斯特事件。虽然事件与哈雷戴维森没有直接关系，但公司领导层却为此感到十分担心，因为这些负面信息和行为严重影响了摩托车手的形象，连带让哈雷戴维森过往健康的形象受损。哈雷的担忧不无道理，即使人们知道滋事分子只不过是一小撮人，但对摩托骑手的恐惧却深种时人心中。对于这种情况，有记者曾形象地写道：“没有人喜欢骑在摩托上的骑手，除了另一个骑手。”

后来证明，霍利斯特事件是个相对复杂的社会问题。骑手中有一部分人是复员军人，刚刚经历过战争的残酷和刺激，和平在他们看来显得无聊和没劲。心态上的落差让英雄们无法融入正常生活，滑入社会底层的同时，用制造事端来弄出动静，以取得人们的关注。还有一部分滋事分子其实和当时的大部分人一样，心里都带有一点反叛精神，希望能够偶尔改变一成不变的日常生活，去寻找刺激，摆脱束缚。

有意思的是，这些滋事分子对自己的摩托车进行的改装不乏创意，让人感受到他们充满想象力的一面。例如，有的骑手直接就把弹簧折了，将车座安装在低低的车架上，看上去酷极了。

（五）名人效应扩大品牌影响力

上百年的文化沉淀让哈雷品牌早已成为一个将机器和人性完美融合的金属明星。目前它的追随者多达数十万人，遍布世界上百个国家。放眼国内外，在哈雷忠实的拥趸者中，熠熠生辉的“名人”随处可见。名人的举手投足、喜恶总是受到人们的追捧与模仿。而名人的推介于品牌而言，往往能够起到事半功倍的作用。

例如，人所共知俄罗斯总统普京热衷于哈雷摩托，他曾多次骑哈雷摩托在公开场合亮相，并且对摩托车爱好者的自由精神大加赞赏；美国摇滚鼻祖猫王，是最早让哈雷涉足时尚的人，猫王年轻时就是哈雷的忠实粉丝，并且身着哈雷服饰登上《The Enthusiast》头版；施瓦辛格对哈雷摩托的钟爱体现在他的电影中，电影《终结者》中，施瓦辛格以古罗马雕塑般完美健壮的体魄身穿夹克、戴墨镜，手持猎枪，摇起哈雷摩托咆哮嘶鸣的时候，将溢满雄性激素的“真男人的世界”表达得淋漓尽致；商界亦不缺哈雷死忠，例如天性张扬、善于交际的福布斯先生，一生购买了100多辆哈雷摩托车；在中国，葛优、李亚鹏等一线明星同样热爱哈雷；除此之外，诸如卡蕾·奥蒂斯、蒂娜·特纳、碧姬·芭铎等热爱哈雷戴维森摩托的女性名人更是为哈雷开拓了女性市场。

六、案例总结

（一）品牌长青要以品牌核心价值主张为支撑

哈雷戴维森品牌历经百年沉浮，其长盛至今的关键在于形成了将机器和人性融合为一体的精神象征和文化内涵，通过潜心打造的独具特色的“摩托文化”来体现品牌的价值内涵，通过延续和凸显“骑士精神”，巧借金属的质感、炫目的色彩、独有的轰鸣声，成为美国自由主义精神文化的品牌代表，并且深刻地影响着目标消费群体的衣着打扮、生活方式、价值观，从而形成极高的品牌忠诚度。

（二）品牌传播以综合性、全方位为宜

哈雷戴维森从美国本土品牌到成长为全球性多元化品牌，其巨大的品牌影响力得益于全方位、综合性传播手段的运用，从组织品牌社群到赛事传播、自办媒体，再到影视作品的广告植入，哈雷戴维森全面运用多种传播路径和方式宣传品牌文化和特色产品，在同品类产品中给消费者留下了鲜明、深刻的印象，建立了综合性的品牌传播体系，有效地树立了品牌形象，提升了品牌影响力。

西门子：
矢志科技引领　打造行业先锋

从发明家维尔纳·冯·西门子创建企业开始，创新就成为西门子品牌最重要的“基因”，伴随西门子品牌的成长，并引领西门子企业始终站在行业前沿。

企业简介：

西门子是世界最大的电气工程和电子公司之一，也是历史最悠久的工业品牌之一。1847年，德国著名的发明家、物理学家、企业家维尔纳·冯·西门子创建了西门子公司，他利用雪茄盒、马口铁、铁件、绝缘铜线等设计发明出了世界第一台指针式电报机，一年后就获得了从柏林到法兰克福的长距离电报线的巨额订单，并引发了电信革命。“siemens”也成为了国际单位制中的导抗单位。

今天的西门子，是全球电子电气工程领域的领先企业，业务遍及全球200多个国家，专注于电气化、自动化和数字化领域，在全世界约有29.3万名员工。公司的业务板块为：数字化工业、智能基础设施、西门子交通、西门子Advanta、专项业务、医疗、金融服务、全球服务业、房地产服务业。西门子的业务发展不断对人类未来的生活方式产生影响，其正在研发新的解决方案，以迎接未来来自卫生、能源、水处理、通信、交通、安防、物流和自动化领域的挑战。

2020年，西门子的营业额为57.1亿欧元，净收入为4.2亿欧元。2020年Interbrand发布的“全球最佳品牌”榜单中，西门子排在第61位。在2020年《财富》世界500强排行榜中，西门子排在第74位。

一、品牌发展历程

（一）19 世纪中叶—19 世纪末：发明家品牌的初创期

（二）19 世纪末—20 世纪 30 年代：国际化品牌的成长期

（三）20 世纪 30 年代至今：统一品牌战略的实践期

二、品牌核心价值理念分析

三、品牌创建路径

（一）坚持做世界制造业的创新者

（二）坚持走高端化路线

四、品牌管理特色

（一）以企业品牌为主导的复合品牌架构

（二）传递品牌个性的品牌 Logo 演变

（三）“看似多元实则相关”的品牌延伸

（四）把商标注册管理作为品牌保护的常规武器

五、品牌传播特色

（一）围绕品牌定位开展传播活动

（二）借助大型活动提高品牌影响力

六、案例总结

（一）对制造型企业而言，要把创新作为塑造卓越品牌的第一动力

（二）对于多元化 B2B 企业而言，要将企业品牌作为品牌资产的核心

（三）对于国际化企业而言，要高度重视品牌资产保护

一、品牌发展历程

自西门子创始人维尔纳·冯·西门子（Werner Von Siemens）于 1847 年制造出全球第一台指针式电报机始，西门子品牌已经走过了 100 多年的历程，凭借其独特的创新基因，其一直处于全球电气工程和电子领域的发展前沿。西门子品牌主要经历了以下发展阶段。

（一）19 世纪中叶— 19 世纪末：发明家品牌的初创期

19 世纪中叶，当时德国的政治、工业和社会都处于变革时期，各类技术的进步改变着人们的生活。维尔纳·冯·西门子（Werner Von Siemens）通过他的发明和大规模的技术革新，在推动这一变革的过程中发挥了重要的作用，他所创建的公司从一个简单的教育局发展成一个大型电气公司。

西门子很快着手进行公司的国际化发展，1850 年在英国、1855 年在俄国、1858 年在奥地利分别成立海外分公司。1890 年，维尔纳·冯·西门子退休，西门子公司的员工达到 5500 余名，其中有一半在海外工作。西门子的名字成为电气工程的同义词，甚至德文电气“Elektrotechnik”一词的首次出现也是在维尔纳·冯·西门子（Werner Von Siemens）于 1879 年写给邮政总局局长冯·斯特凡的信中。

（二）19 世纪末— 20 世纪 30 年代：国际化品牌的成长期

1897 年，西门子从家族企业改组为股份制公司，更名为“西门子与哈尔斯克股份公司”。第一次世界大战期间，西门子公司失去了几乎所有的海外资产，为此公司总裁卡尔·福里德里奇改变了公司的经营方向，将公司业务集中于电气工程，同时，覆盖电气工程的全部领域，从那些“非本企业的”领域中撤出。到 1939 年，西门子公司的销售额第一次突破 10 亿马克，成为世界上最大的电气公司。第二次世界大战期间，公司被迫增加生产战时用品。战争结束时，公司的大多数工厂被摧毁，公司失去了大约 80% 的资产。战后，西门子公司在德国西部的两个工业重镇爱尔兰根和慕尼黑开始了重建工作。

这个阶段的西门子掌舵人都是具有博士头衔的技术专家和经营管理能

手，他们始终坚持开拓新的技术领域和创新发展，曾多次通过创新性技术和产品引起整个电子技术和电气技术的革命，西门子品牌也逐渐成了创新的代名词。

（三）20 世纪 30 年代至今：统一品牌战略的实践期

日益激烈的竞争和大规模销售的兴起为市场带来了转变。这是西门子第一次使其产品从竞争对手的产品中脱颖而出，并且让公众了解西门子产品与众不同的特性及优势。卡尔·福里德里奇意识到他不断追求的“公司的统一性”应由稳定的形象来反映。于是，在 1935 年，西门子设立了公关广告部，它的任务就是通过对广告、产品设计以及公司形象的一体化来保证公司规划的协调一致性。用单一的综合性品牌“Siemens”这一名称来代表公司所有产品的本质特征——高质量、高效率、高可靠性。并通过多种传播手段，使客户一想到 Siemens，便会联想起旗下所有产品。

二、品牌核心价值理念分析

西门子的品牌口号是 Ingenuity for life，中文译为“博大精深、同心致远”。西门子在全球启动了“2020 +”愿景，主要目标是在西门子企业品牌的支持下，赋予各业务集团部门更多的自主经营权，专注于各自的市场。为实现“2020 +”愿景，西门子制定了 7 个具体的目标，包括：增加公司价值；将业务中心聚焦于电气化、自动化和数字化；成为客户的首选；专注于全球市场；实时精益治理并推动持续优化；成为首选雇主；企业文化激发对西门子的热情和自豪。

图 1　西门子 Logo 和口号

（图片来源：https：//www. brandchannel. com/2015/12/10/siemens - logo - 121015/）

自动化发展方向的提出，更加明确了西门子百年来积累的业内创新者的品牌形象，这也是西门子能够始终保持品牌活力的关键所在。100 多年来，西门子集团的多元化业务已经涉及人们生活的方方面面，通过其革命性的科技发明，其代表创新的品牌形象已经深入客户心中，西门子也顺理成章将品牌定位成未来生活方式引领者，这一点在西门子的多个主题广告中均有体现。西门子长期致力于诸如此类的直接关系人们未来生活的技术投入，目的是坚持将品牌推在引领未来生活变革的第一线，将西门子品牌赋予未来感、科技感，成就品牌的崇高地位。

三、品牌创建路径

西门子始终坚持为客户提供高技术含量、高附加值、高品质的产品，遵循做产品先做品牌形象，再做销量，始终坚持维护创新技术这一品牌的核心竞争力。西门子的创新以两方面为主：一是以客户为导向，满足或创造客户需求；二是在技术上不断追求更节能、更环保、更高效的资源利用率。可持续发展推动着西门子的科技创新，也让这样一个依靠核心技术生存的企业始终保持竞争力，纵横工业制造 100 多年。

（一）坚持做世界制造业的创新者

在 100 多年的发展历程中，西门子以持续的研发投入、快速的技术革新、高效的产品推新始终用最新的技术和产品为客户提供解决方案。西门子目前销售的 75% 以上的产品投入市场的时间不超过 5 年。正如西门子 20 世纪 90 年代 CEO 冯必乐所言，西门子成功的要义就是最快地找到解决问题的方案并凭借新技术获得竞争优势。

西门子公司的传统优势在于其创新能力、客户为本、全球性业务以及财务实力。西门子的业务活动主要集中在全球电气市场，在专利领域，西门子在德国高居榜首，在欧洲名列第二，在美国则跻身十强行列。在西门子近 4.7 万名研发人员中，大多数从事软件项目的开发，这使得西门子成为世界上最大的软件研发机构之一。

近几十年来西门子投入研发的资金始终保持较高水平，为公司保持研发创新驱动力提供保障，支撑公司可持续发展。西门子公司的研发活动分成两大部分，其一是具体产品的研发，这部分工作由业务部门主导；其二是在不同领域的各类产品研发过程中会出现一些共性的技术研发，比如 IT 技术、安全技术以及那些有可能带来新业务的技术，这些属于西门子研究院的工作范围。

以中国市场为例，西门子中国面对的是一个新兴的市场，与欧美等成熟市场不同，中国客户往往不了解自己的需求如何通过技术实现，因此，了解客户各种需求成为西门子创新工作的第一步。

西门子中国研究院在参与项目时，都会直接到现场和客户沟通，了解他们的困难和需求。如在北京奥运地铁项目里，他们和运营公司打交道；在工业通信方面，如大众、本田的项目中，他们也会直接到工厂去了解情况，这让他们能够看清楚自己工作的价值和客户的真实需要。

基于市场需求和西门子自身宽广的业务领域进行“集成创新”，利用自身业务领域广泛优势，为行业客户提供一整套完整的解决方案。比如一家工厂的自动控制系统，西门子可以提供从现场管理到应急控制的所有环节，这样既可以降低客户的成本，也能使他们尽快地看到投入回报。

为了配合这种模式，西门子的人员培训也是在创新实践中完成的。尤其是对刚出校门的大学生，虽然技术能力很强，但是没有受过独立工作训练，对市场不够敏感，西门子研究院会有意识地从研究目的、创新成果市场化、客户需求和支付意愿等方面，通过与客户密切沟通积累经验。

西门子研究院会定期研究分析各个行业的新兴市场和社会发展趋势，看看有哪些需求是现有技术无法满足的，再将这部分技术需求纳入研发的战略体系当中。此外，在与相关业务部门沟通和合作过程中，双方碰撞出的新想法，也即“自下而上”的改进式创新，这对产品改进和提升也是大有益处。

研究院和业务部门共同组建了一个联合战略决策团队，西门子中国研究院的经费由两部分组成：小部分由公司管理层划拨，用作对于基础技术的探索和研究；大部分则来自与业务部门合作，保证所需要的研发服务。

（二）坚持走高端化路线

西门子的产品特征是德国品质、高科技含量、高定价，坚持走高端化路线使得西门子在全球市场所向披靡。

西门子的目标客户是追求生活品质的个人、追求高生产率的优秀企业和追求最先进城市解决方案的政府，这源于西门子高端化的品牌定位。在西门子看来，虽然其产品定价与市场同类产品相比定价较高，但是优质的产品所能提供的回报会超出其他品牌的预期，长久使用才能体现出西门子品牌的性价比。

作为一家多元化公司，西门子凭借其强大的研发能力、产品品质走出了一条“高质高价的差异化路线”。

如在医疗器械领域，西门子从一开始就锁定高端市场。西门子医疗事业部的目标是：通过专注于发展其影像系统业务，为医院提供量身定制的解决方案，同时提高本地附加值，从而实现其高速的增长计划。西门子旗下不同子公司产品各有所长，但都有一个共同点——制造技术先进、质量可靠的高科技产品以及全方位的用户服务支持；作为研发中心，它们还不断地提供满足本土化市场需求的技术和产品。

在家电行业，西门子家电公司研发投资一直保持在销售额的 7% 左右，占整个德国研发支出的 10% 左右，正是通过这种研发高投入、技术领先，西门子在欧洲一直是高品质的象征。在华市场上，不同于伊莱克斯、惠而浦等外资白电巨头策略的摇摆不定，西门子一直固守高端路线，远离价格战，抢占高端冰箱市场。因此相较于其他品牌，西门子公司的使用人群主要面向高端的中高收入消费者，客户因为品质的保证以及品牌的力度，会选择长期使用。

四、品牌管理特色

（一）以企业品牌为主导的复合品牌架构

西门子可能是世界上最多元化的企业之一，产品、业务涉及的行业面非常之广，品牌架构也较为复杂。总体来说，西门子的品牌架构方式还是以突出主品牌为主，辅以对子品牌灵活的处理方式，意图将品牌优势发挥到最大化的同时分散主品牌的压力，在品牌管理上也有效分担了集团品牌管理部门的压力，能够更加集中地解决主品牌问题。

西门子为了更好地管理品牌，实行了复合式的品牌架构方式。将企业真正的核心业务，尤其是 B2B 业务，全部采用单品牌制，即使用西门子主品牌。

西门子也认识到如果集团所有公司均采用单一品牌，对于西门子这样多元化的企业来说，主品牌的负担就会过重。因此，对子品牌，尤其是采取收购、并购方式获取的子公司品牌，西门子尽量采取灵活的方式处理这些子公司品牌，尽量保留行业内已经颇有地位的品牌，让其既独立又协同地发展，如欧司朗、传奇电气。而对于影响力不足的品牌，在必要的情况下让西门子主品牌背书，支撑起子品牌的竞争力，如在中国的威迪欧。如果并购企业本身拥有知名品牌，则会采用强强联合的形式出现，如西门子-奥钢联冶金和博世-西门子冰箱，借以强化产品的品牌竞争力。

西门子根据不同地区或者不同行业对于品牌的认可度灵活应对，需要利用母品牌效益去促进产品销售的时候会使用背书品牌的方式，而在不必要使用母品牌的情况下，着力打造独立的子品牌，分担品牌管理压力。

链接 1

西门子威迪欧汽车电子集团隶属于西门子的交通部门，是西门子并购的老牌汽车电子公司威迪欧，整合了两边的汽车电子部门而形成的集团公司，是全球汽车工业的合作发展伙伴，为世界著名的汽车生产厂商提供各种解决方案。西门子威迪欧是全球汽车电子和汽车机械电子产品的领导者，生产的产品包括动力传动系统、发动机电子管理系统和燃油进气以同时提高发动机性能和减少喷射。其主要生产仪表、汽车音响、导航、多媒体通信系统、安全气囊、ABS和出入控制系统等汽车辅助产品。

西门子并购威迪欧后，即在全球汽车娱乐信息后市场开始使用专用品牌威迪欧迪腾。现在，威迪欧迪腾在欧洲汽车娱乐信息市场已经是很响亮的品牌，然而在中国其知名度却远远不及西门子。2006年9月，西门子威迪欧在中国汽车后市场推出了第一款便携式导航产品，依然用的是威迪欧迪腾的品牌。但同时，西门子威迪欧也开始思索在中国的品牌策略，并邀请权威调查机构针对汽车导航产品进行品牌调查。

调查的结果不出意料，西门子品牌在知名度、美誉度、推荐度各方面都赢得非常高的分数，在接受调查的车主群内知名度高达76.8%；而威迪欧迪腾在知名度方面相对弱势明显，知名度只有26%。

在品牌调查分析后，西门子威迪欧最后确定，更改其在华产品战略，从2007年的新产品开始，在中国市场使用西门子威迪欧品牌，从而在视觉上直接跟西门子关联，让用户能第一眼就认识到这些产品来自西门子，从而让产品得到中国用户的直接认可，对产品的销售增长促进明显。现在，在中国几乎所有的汽车生产厂商都在使用西门子威迪欧的产品。

（二）传递品牌个性的品牌 Logo 演变

西门子善于通过识别体系传达品牌个性。在创立品牌之初就明白创始人的名誉对于这个品牌的意义。发明家维尔纳·冯·西门子在当时社会的个人影响力就是这个品牌成立时最大的无形资产。与伟大发明家的名字紧紧联系在一起的确是品牌的一大幸运，经过百年发展，如今的西门子品牌的意义和影响力已经远远超过其本人，或许更多的人是通过了解西门子品牌才认识到这个发明家的存在。

1897 年，西门子从家族企业改组为股份制公司，更名为“西门子与哈尔斯克股份公司”。1899 年，西门子采用了代表其公司简称的、由 S&H 字母组成的 Logo。

1928 年起，西门子关注公司品牌在其国际计划进程中的影响力，在品牌 Logo 上增加了“Siemens”标志。1935 年，西门子设立了公关广告部，它的任务就是通过对广告、产品设计以及公司形象的一体化来保证公司规划的协调一致性。1936 年，西门子开始用单一的综合性品牌“Siemens”这一名称来代表公司所有产品的本质特征——高质量、高效率、高可靠性，并通过一系列传播手段宣传其品牌特质。1973 年起，西门子简化了品牌 Logo，只用英文字母排列设计，以突出企业品牌。1991 年，西门子对 Logo 的配色进行了调整，采用标志性的蓝绿色，并统一了企业的 VI、CI 及相关设计，产品也会采用与标志相同的颜色作为主色调，强调品牌视觉感官氛围。

西门子非常注重将品牌的 Logo 展现在产品、工厂、包装等最为显眼的地方，并且多数辅以白色背景突出品牌，区别其他品牌，显示独一无二的品牌身份。这是一种相互的诉求所致，一方面西门子希望这样的做法可以给客户留下深刻的品牌回忆，甚至引起潜在客户的注意；另一方面，客户也希望这种显著的品牌 Logo 能够彰显自身的品位——使用高端化、高品质产品。

西门子独有的品牌个性可以总结为三个特点：严谨负责，追求卓越，矢志创新。这是西门子对品牌的自我标榜，也是品牌发展的指导原则。

作为一个标准的德国品牌，往往都有一个通用的个性标签——严谨。这种深深扎在德国人骨子里的优秀特质让西门子在塑造优良品牌的道路上走得格外踏实。尤其是工程类产品，最为需要的就是这种一丝不苟、严丝合缝的做事态度和成品效果，所产生的卓越品质是所有德国工业品牌的共性。在家电消费类，西门子为了使品牌看起来更有亲和力，更具人性化，更贴近生活，将品牌的内涵引申为：我们不仅仅为消费者提供产品，更提供一种舒适、便捷的时尚生活。

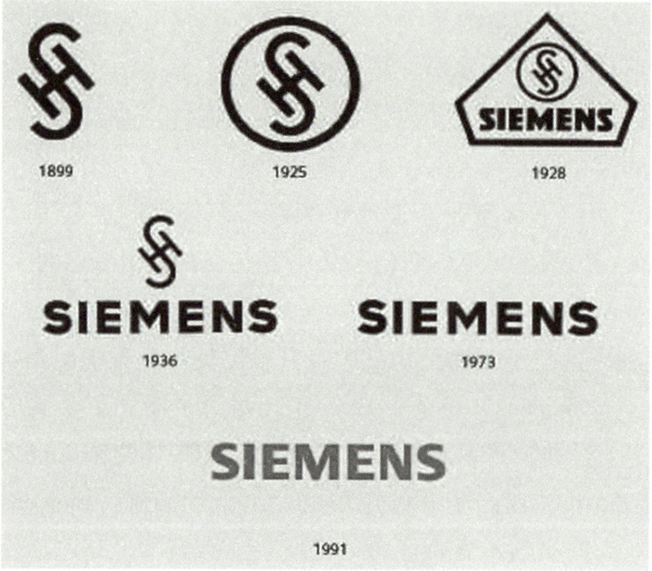

图 2　西门子 Logo 的演变

（图片来源：https：//gyaniz. wordpress. com/2011/03/19/history – of – the – siemens – logo/amp/）

（三）“看似多元实则相关”的品牌延伸

作为一家多元化企业，西门子的品牌涉及范围很广，从电子芯片到巨型燃机，从工业软件到工业制造，从产品生产到业务咨询，形成了一个巨型产业体。西门子所有的品牌延伸基本上是围绕着制造业展开的，无论是医疗设备、工程机械，还是工业软件，都是以制造业解决方案为核心，即使它的业务范畴标注着能源，也是主要参与在能源生产过程中如自动化机械、发电机、燃气和蒸汽轮机和各类控制系统，显然都是在与机械打交道，而不是石化技术。

这样的品牌延伸让西门子的品牌主题非常清晰，就是成为全球制造业的领军企业，不因业务多元化而显得主次不清，保持了品牌的特征性和行业竞争力。

（四）把商标注册管理作为品牌保护的常规武器

每一个知名企业都很重视商标注册，但可能没有一家能做到西门子这样极致。

西门子的商标注册事务归属于西门子法务部门管理，与品牌侵权调查同属一个部门，而各地区的子公司均设有法务部，负责当地商标注册与侵权事务。西门子对于商标注册非常重视，在全球业务开展和即将开展的地区，均在第一时间注册了主品牌“SIEMENS”及所在地区的音译名称，如中国的“西门子”，同时将“欧司朗”“SIMATIC”“SIPART”“SIREC”“SITRANS”等所有产品品牌的商标所有权，甚至将许多将来可能涉及的产品或者技术名称加前缀“SI－”进行注册，防止出现类似于“ipad”的情况出现。

但有时候，西门子对于注册商标近乎疯狂，已经将其视为打压竞争的一种手段。2001 年，西门子旗下子公司欧司朗就在欧盟 18 个发达国家申请了“Firefly（萤火虫）”商标国际注册，等到中国东林照明向德国推广“Firefly（萤火虫）”品牌时，才发现已被抢注，并且通过进一步调查发现在该品牌尚未涉及的地区，均已被西门子注册了商标，导致中国东林照明在欧洲照明市场寸步难行。

同样的案例还有西门子与海信的商标之争。2004 年海信与西门子关于商标转让的谈判破裂，海信不得不走上海外维护自身商标正当使用权的法律维权道路。事件源于西门子在德国抢注了“HiSense”商标，声称用于洗碗机，结果导致仅有一个字母大小写区别的“Hisense”无法在德国进行注册，只能在德国市场重塑与全球市场不统一的品牌，这样更加难以与德国本土的西门子产品形成竞争。

西门子在不断向外扩张的同时，将全球的各类潜在竞争品牌在欧洲本土市场进行提前抢注，在很多时候都是抢而不用。为竞争对手设置门槛，已经成为西门子一种常见的竞争手段。

西门子各地区的法务部门都会对当地市场进行长期监测，也会同一些市场第三方调查机构形成合作关系，以便第一时间发现对西门子及其子品牌的侵权行为。当然，侵权行为的鉴定非常严格，不仅仅是直接使用西门子及其子品牌的情况会被起诉，一些商家打着西门子品牌的主意使用擦边球的办法也会收到西门子的律师函。如被查封的“SIMBMC”不仅在品牌名称上模仿西门子，在产品包装和设计上也存在严重抄袭问题。诸如此类打品牌擦边球的销售手段都是西门子打击品牌侵权行为的重点关注对象。另外，西门子还特意推出了线上验真服务，只需要登录官网或者官网微信，输入验证码，就能鉴别产品真假。

这场由奥美公司策划的名为“Siemens answers”的形象战役于2007年在德国开始，其平面广告展示了1847年创立西门子的维尔纳·冯·西门子的一张黑白照片。未来几个月这一宣传活动将在全球各主要市场展开。广告宣称维尔纳·冯·西门子提出了他所在时代的一些紧迫问题，如汽车是否会比马车好，并以意义重大的新发明解答了这些问题。

接下来，在美国集中推出的报纸和杂志广告向读者提出诸如“如何在发作前检测到疾病?”之类的问题，然后重点宣传西门子开发出的技术。这些广告突出了西门子重组计划中的三大领域：医疗卫生、能源和工业自动化。

这一广告攻势运用了平面、电视等传统媒体和互联网、户外、搜索引擎等新媒体，并且在这次公关活动中丝毫未提贿赂丑闻。西门子认为这种错位式策略，可以在媒体关注于商业道德的时候，通过强调西门子技术优势和其愿景来冲淡人们的不信任感，重新唤醒人们对公司的信心。

五、品牌传播特色

（一）围绕品牌定位开展传播活动

西门子的品牌传播推广主要是围绕着品牌定位——未来生活方式引领者——展开的，无论是品牌历史进程中的辉煌篇章，还是在现代技术领域的不断进取，均展示着西门子品牌的核心内容：创新精神。创新精神始终伴随着西门子的发展，是创新精神造就了西门子的诞生，是创新精神让西门子对人类近代工业发展产生了重要影响，同样是创新精神让西门子始终处在160多年来每个时代世界制造业创新者和未来生活引领者的地位。创新精神是西门子的最大财富和不变的主题，也是品牌传播最能与客户产生共鸣的地方。

新媒体传播的受用者往往是更为年轻新潮的一代，传统广告对其产生的影响较低，这一部分的群体更为关注的是有趣、新颖和品牌内涵。因此西门子在新媒体上的宣传内容多以强调品牌创新精神和品牌文化内涵为主，宣传载体是在各大主流社交媒体上开通官方账户，内容也往往是生动有趣的视频、色彩绚丽的图片等。这种品牌传播方式投入较少，收效成果短期回报少，但是会对潜在客户产生长远深刻影响。

西门子在进行品牌传播时，非常注意尊重本土化人民文化习惯，用更加贴合当地消费者的叙述进行。比如西门子品牌宣传广告片《开往“咏春”的地铁》采用讲述故事的方式，选择普通人物作为代言人，综合考量多种因素选择投放媒体，赢得了中国消费者的认同与肯定，取得了较好的广告效果。

（二）借助大型活动提高品牌影响力

西门子善于利用国家交流平台推广 B2G 产品。这也是中国现在国家访问的一项例行活动了，德国在一些重要国事访问和贸易交流会议上都会对本国大型 B2G 产品进行推销。作为德国制造业的代表，西门子的城市创新方案、燃气及铁路交通设施等都是国家推销名单上的常客。

此外，西门子每年都会在全世界各地组织和举行工业主题论坛，论坛包括四大主题论坛：过程工业论坛，运维与服务论坛，机械设备制造（OEM）论坛，离散工业论坛。届时将聚集行业精英领袖一起探索制造业当下问题和未来趋势，可以说是一场行业盛会。西门子组织这样的活动不仅能够在行业趋势上得到一定的答案，更能提升行业影响力，获得全球制造业领导地位。

六、案例总结

（一）对制造型企业而言，要把创新作为塑造卓越品牌的第一动力

从发达国家制造业的发展特点来看，打造以市场为导向、产学研相结合的技术创新体系，并坚持长期持续的追求创新是塑造卓越品牌的驱动力。

西门子品牌诞生之初就与伟大的发明家紧紧联系了起来，使得发明创新写入了品牌的灵魂，使得西门子长久不衰。西门子很清楚在制造业要始终保持技术优势才能保证品牌始终具备竞争力。创新是当下每一个企业都经常提及的口号，但难能可贵的是 140 年的坚持，即使是在企业遇到困难时期依然保持技术创新的投入。西门子的创新理念是自上而下灌输的，创新二字出现

在西门子宣传册、官方网页、社交账号等传播物上，这是西门子希望消费者对其品牌的第一联想，也是西门子自我认知的无形口号，潜移默化地让企业的主要利益相关方都能认识到，创新才是西门子。

（二）对于多元化 B2B 企业而言，要将企业品牌作为品牌资产的核心

对于多元化的 B2B 企业而言，企业品牌是其进行品牌塑造推广的重点，通过品牌整体形象的打造，尽量不局限于某个产品或某项服务，可以有效地带动产品价值。

除去针对一些普通大众的消费品，如家电、照明、通信设备等的目标消费群的个性化品牌传播，西门子还会将 B2B、B2G 产品与西门子品牌进行整体捆绑营销。西门子往往会通过一些企业创新技术的宣传和企业成功案例软性地介绍新推出的产品或服务，几乎其旗下所有主力大宗产品都采用西门子品牌，给予客户的直接印象就是如西门子这样的企业，旗下产品都是具有品质保证的，或者具有很高的技术含量。

（三）对于国际化企业而言，要高度重视品牌资产保护

品牌是一个企业的无形资产，如何利用品牌来创造更多的价值是每一个企业追求的目标。企业应该充分利用品牌资产开拓市场，根据品牌的行业认同度、地区市场认同度对旗下品牌进行组合调整，即同一种类型的产品采用不同的品牌架构方式出现在不同地区，以得到最好的市场认可度。同时，也要充分利用自身强势品牌将产品定价赋予高附加值，达到利润最大化。

西门子非常重视对品牌资产的保护，如在充分利用企业品牌开拓市场的同时，还通过近乎极端的商标注册方式进行品牌资产保护——西门子在全球业务开展和即将开展的地区，均在第一时间注册“SIEMENS”及所在地区的音译名称，为业务拓展、打击竞争对手铺路。

卡特彼勒：
一流品质锻造工程机械巨擘

无论B2B业务还是B2C业务，卡特彼勒始终把产品品牌和企业品牌紧密结合在一起，由企业品牌带动产品的销售、知名度和利润率，由具体产品和服务展示企业品牌定位，进一步升华卡特彼勒一致的品牌形象。

企业简介：

卡特彼勒（Caterpillar）公司成立于1925年（原名卡特彼勒推土机公司），是一家工程机械和矿山设备生产公司，总部位于美国伊利诺伊州。

卡特彼勒以生产农业机械起家，第一次世界大战期间，卡特彼勒的履带式推土机在军事上得到应用。20世纪50年代，卡特彼勒走出美国市场，开始国际化发展。

经过近百年发展历程，卡特彼勒已成为全球最大的工程机械和矿山设备制造商，也是全球最大的燃气发动机、工业用燃气轮机制造企业和柴油机制造企业之一。此外，卡特彼勒也是全球领先的服务供应商，旗下拥有卡特彼勒金融服务、卡特彼勒再制造服务、卡特彼勒物流服务等服务公司。

卡特彼勒拥有遍布全球的销售网络，其产品销往世界200多个国家和地区。2020年Interbrand发布“全球最佳品牌”排行榜，卡特彼勒排名第84位，是全球工程机械行业第一品牌。2020年美国《财富》杂志公布的世界500强榜单中，卡特彼勒位居第204位。

一、品牌发展历程

（一）1925—1950 年：品牌初创期

（二）1950—1986 年：品牌扩张期

（三）1986 年至今：品牌引领期

二、品牌核心价值理念分析

三、品牌创建路径

（一）高品质产品和服务打造卓越的品牌形象

（二）提供全面解决方案形成差异化竞争优势

（三）持续进行技术创新保持行业领先地位

四、品牌管理特色

（一）更新品牌标志，打造统一的品牌形象

（二）对品牌集中管理，形成“一个卡特彼勒”效应

（三）利用母品牌进行延伸，丰富品牌资产

（四）重视声誉管理，维护品牌权益

五、品牌传播特色

（一）通过体育赞助提升品牌知名度

（二）通过学术支持提升“专业、创新”的品牌形象

（三）通过公益活动提升品牌美誉度

（四）通过整合传播塑造良好的品牌形象

六、案例总结

（一）运用用户思维塑造品牌

（二）品牌传播需注重形象的一致性

（三）发挥 B2B 与 B2C 的协同作用

一、品牌发展历程

卡特彼勒历经近百年，成长为全球工程机械行业的领导品牌。卡特彼勒品牌发展经历了四个时期。

（一）1925—1950 年：品牌初创期

1925 年，Holt 制造公司和 C. L. Best 推土机公司合并组建了卡特彼勒推土机公司。

合并前，Holt 制造公司和 C. L. Best 推土机公司各自发展、各有优势。第一次世界大战的发生促成了两家公司的合并。“一战”期间，Holt 制造公司签订了向政府出售推土机的合同，该合同使 Holt 制造公司可以销售大量机器并专注于生产而不是创新。相反，“一战”期间，C. L. Best 推土机公司却以新颖和创新的设计占领了美国本土市场。

“一战”结束后，两家公司互有需要。Holt 制造公司拥有良好品牌声誉，以卡特彼勒的名字和现代化的生产设施闻名。C. L. Best 推土机公司则拥有国内市场、先进的经销商网络和丰富的产品线。于是在 1925 年，为了谋求更长远的发展，两家公司决定合并成立卡特彼勒推土机公司。这次合并为新公司提供了资金和技术资源，使公司将更多精力投入到新产品的研发上，并不断提供满足市场需求的产品。

1931 年，世界处于大萧条中期，这是世界工业化历史上最严重、持续时间最长的经济衰退。这个时期，卡特彼勒也受到较严重的影响，销售额同比下降 700 多万美元。不过，这个时期卡特彼勒的创新并未停止。这一年，卡特彼勒研发出了第一台真正的平地机，这是卡特彼勒的标志性产品。

1942 年，美国在“二战”中使用卡特彼勒的履带式推土机、机动平地机、发电机组和用于 M4 中型坦克的特殊发动机。

（二）1950—1986 年：品牌扩张期

1950 年，卡特彼勒品牌首次出现在产品上（1952 年注册商标）。卡特彼勒机器和发动机被公认为优质产品，以卓越的质量和可靠性而闻名。1950 年，卡特彼勒推土机公司在英国成立，这是其第一家海外公司，这之后，卡

图 1　1931 年卡特彼勒研发的平地机
（图片来源：www. caterpillar. com/en/company/history/history - timeline. html）

特彼勒走出美国市场，加快了国际化步伐。

1953 年，卡特彼勒成立了独立的发动机销售小组，向其他设备制造厂商推广销售柴油发动机。

1965 年，卡特彼勒收购了拖运汽车公司，成立了卡特彼勒叉车公司。1973 年，卡特彼勒第一家再制造工厂在爱荷华州的贝登多夫开始生产。

1981 年，卡特彼勒成立了卡特彼勒租赁公司子公司，并于 1983 年更名为卡特彼勒金融服务公司（卡特彼勒金融）。卡特彼勒金融为卡特彼勒客户和代理商提供零售和批发融资解决方案和扩展业务。

1985 年至今，卡特彼勒通过不断研发拓展产品系列，业务更加多样化。

（三）1986 年至今：品牌引领期

1986 年，卡特彼勒拖拉机公司更名为卡特彼勒公司。依靠可靠的品质与服务，卡特彼勒在涉足的所有业务领域，都是公认的领导者，尤其在建筑、矿用设备、往复式发动机、工业用燃气轮机等领域居于领先地位。

卡特彼勒在品牌发展中不断进行产品研发，改进与推出新产品。如 1998 年，卡特彼勒推出世界上最大的机械驱动矿用卡车 797；2008 年，卡特彼勒推出首款电动履带式推土机D7E；2018 年，卡特彼勒首次推出全球首款高驱动电动推土机卡特彼勒 D6 XE。在推出新产品的同时，卡特彼勒也不断通过并购提升品牌的综合实力。

二、 品牌核心价值理念分析

核心价值观：诚信、卓越、团队合作、承诺、可持续发展。

诚信：相信诚实的力量

卓越：设定并实现宏伟的目标

团队合作：互相帮助

承诺：承担责任

可持续发展：致力于创造更美好的世界

卡特彼勒认为，尽管公司业务会随着市场的变化而发展，但是行动价值是永恒的，它指导着卡特彼勒与世界各地的客户、合作伙伴以及彼此之间合作。卡特彼勒的价值观定义了做什么以及如何做。秉持其价值观，卡特彼勒超越了法规遵从性，创造了一个包容性的工作环境。

目标：卡特彼勒的解决方案可以帮助客户创造更美好的世界。

卡特彼勒认为，卡特彼勒人为自己所做的一切和为自己所能实现的成就感到自豪，通过产品和服务的质量给到支持他们的人们。但是，对卡特彼勒而言最重要的是如何帮助客户建立更美好的世界。

愿景：在开展业务的任何地方都能成为公认的领军者。

卡特彼勒将自身定位于领袖型企业，既源自一家百年成功企业的自信，也是一种自我追求，鞭策自身不断地改革进步。

消费者总是热衷于关注行业最具领导力的品牌，这就使得企业可以依托品牌的竞争力跳出行业的价格竞争，不需使用恶性循环的价格战去争夺市场，保持行业良性发展和利润率。从实践结果看，无论从技术和规模上，还是从产品品类多样性和销售服务网络的广度上，或者是从市场占有率和利润率上，卡特彼勒都处于行业领军地位。

链接 1

卡特彼勒的主要竞争对手是有着同样资历的小松制作所和日立建机等工程机械企业。小松生产的设备凭借其良好的节油节能性、优异的性价比、人性化的设备操作设计，为其在世界工程机械市场中拥有了众多拥护者。成立于 1970 年的日立建机隶属于日本日立制作所，以其母公司近百年的机械制造经验和雄厚的技术开发能力成为国际先进的工程设备生产商。

英国 KHL 集团旗下《国际建设》杂志（*International Construction*）发布的 2020 年度全球工程机械制造商 50 强排行榜中，卡特彼勒、小松分别居于第一、二名，日立建机排名第七。中国的徐工集团、三一重工、中联重科位于前十名，形成了工程机械行业里的中国力量。

三、品牌创建路径

（一）高品质产品和服务打造卓越的品牌形象

卡特彼勒称："卓越就是品质的力量，我们只提供最高品质的产品和服务。"在工程机械行业，卡特彼勒产品机械性能稳定、操作顺畅、零部件经久耐用，用户体验良好、独特，深受好评和欢迎，这让卡特彼勒在同行业中独树一帜。

卡特彼勒高品质产品源于其行业准则。1925 年品牌诞生至今，卡特彼勒一直秉持高品质产品标准和道德标准。1974 年卡特彼勒发布的《全球行为准则》指出，卡特彼勒只接受最佳质量的产品和服务。

卡特彼勒以满足客户需求为战略核心，逐渐在业内建立起代表卓越质量和服务的品牌形象，在机械和专业发动机行业中占据着全球最大的比例，客户的忠实度最高。依靠其良好的业内口碑，培养了遍布全球的大批忠实客户。

卡特彼勒倡导卓越理念并贯穿于产品的全生命周期，从研发实验到六西格玛管理，从供应商管理到代理商合作，卡特彼勒全方位地保证产品的高品质。由于卡特彼勒对品质的重视贯穿全产业链，所以，卡特彼勒不仅在生产制造环节苛求产品质量，也对供应商和代理商提出明确的品质要求，防止在任何环节上出现质量事故。如对供应商，卡特彼勒制定了 CXL－SSB 质量认证，只有通过该项认证的供应商，才能成为合格供应商。

为了生产出让客户满意的产品，卡特彼勒定期与代理商沟通，以便及时、准确地把握客户需求，持续改进产品质量，或者通过代理商为客户提供高品质的零部件和及时有效的维修服务，以客户需求为中心建立起没有后顾之忧的、完整的服务链条。

卡特彼勒卓越的品质与良好的服务让大众对品牌的认知更为整体和连贯，消除了客户购买产品时的顾虑，提升了卡特彼勒品牌的附加值和忠诚度。

图2、3 卡特彼勒的高品质产品

（图片来源：https：//www. caterpillar. com/en/brands/cat/products. html）

（二）提供全面解决方案形成差异化竞争优势

卡特彼勒是工程机械企业中拥有最丰富的产品线的企业，也是唯一可以提供全面解决方案的企业，其产品的操作性能和品牌创新都是行业标杆，由此也形成了卡特彼勒差异化品牌战略的核心。

卡特彼勒产品线涵盖基础建设、资源开发和运输设备等300多种产品，虽然在传统的挖掘机、起重机等常见的设备上竞争非常激烈，但是在矿业开采、资源运输、农林业等专业设备上卡特彼勒有着难以撼动的领先地位，同时，利用其品牌优势占领新的市场是卡特彼勒拓展发展空间、实现差异化竞争的主要方式。

卡特彼勒不仅关注产品，还注重产业升级。卡特彼勒的产业升级立足于为使用者提供更好、更迅速的服务，先后成立了融资租赁有限公司、再制造公司和物流公司，用来支撑其主要业务，帮助中小企业客户解决融资难，零件回收再利用，减少物流成本和缩短交付时间等问题。

（三）持续进行技术创新保持行业领先地位

卡特彼勒把技术创新看作品牌发展的推进剂。无论是产品品种，还是产品专利技术，卡特彼勒都是行业毫无争议的领先者。

在卡特彼勒看来，研发是一种方法，可以用这种方法确定并完善技术和解决方案，从而帮助客户取得成功。卡特彼勒研发投入占销售收入比重位居行业之首。即使在业绩低谷时期，卡特彼勒也不会减少研发投入，反而把创新作为带领企业走出低谷的重要手段。卡特彼勒的研发不仅仅是资金的投入，它有着清晰的战略发展思想作为指导，有人性化的企业文化作为辅助，有周密的人才培养计划作为根基。正是这样对产品研发孜孜不倦的追求，卡特彼勒成了行业最具创新力的代表品牌。

在卡特彼勒品牌发展历程中，卡特彼勒一直坚持认为，卓越的品质和创新的技术是客户最看重的价值，卡特彼勒要做的，就是通过提供卓越的产品和创新的技术为客户创造价值。

新的时代，伴随着数字化和互联网技术的发展，传统制造业遭遇了严峻挑战。传统制造业企业在新的时代背景与技术发展趋势下谋求新的突破。实际上，早在20世纪90年代，卡特彼勒即顺应时代趋势，开始推行“以客户为中心”的数字化战略，并致力于实现“从数字获取洞察，由洞察驱动行动”的数字化愿景。

卡特彼勒采用新的互联网技术，利用多种数字化工具，通过创新与技术研发，为客户提供多样化的解决方案。如借助于卡特彼勒推出的CAT智讯系统和自动驾驶等智能技术，其机械设备能够帮助客户显著降低拥有和运营成本，同时提升功率密度，允许设备使用替代燃料，并使动力系统效率实现最大化。不过，需要强调的是，数字化不是卡特彼勒单独的业务之一，而是帮助卡特彼勒发展多样化服务的重要途径。无疑，卡特彼勒的数字化又一次引领了行业潮流。

四、品牌管理特色

（一）更新品牌标志，打造统一的品牌形象

品牌发展过程中，卡特彼勒的标志也在不断演变。卡特彼勒的标志源于一个故事：1905 年 3 月的一天，卡特彼勒创始人之一的 Holt 邀请摄影师克莱门去给他们的新机器拍照。机器开动，克莱门惊奇地称新机器为 Caterpillar（毛虫）。有意思的是，Caterpillar 这个名字在 1910 年被正式注册了商标。

1919 年，卡特彼勒生产的机器正面出现了红色的毛虫标志。1925 年 Holt 卡特彼勒制造公司和 C. L. Best 推土机公司合并成立卡特彼勒公司以后，毛虫标志继续使用。此后，卡特彼勒的标志又经历了几次变更，不过，大部分标志使用的时间都不长。在很长的时间里，卡特彼勒的标志主要用于产品识别，与企业没有太大的关系。直到 20 世纪 50 到 60 年代，卡特彼勒才开始把企业标志和产品标志区分开来。

1967 年，卡特彼勒推出了统一的新标志，新标志由一个外方内圆象征 CAT 三个字母的图案和大写的 CATERPILLAR 组成。1988 年，卡特彼勒的标志再次变更，但字母未变，形式进行调整，黄色三角更具有辨识度。短版本的 CAT 仍使用。这个版本的标志至今沿用。

卡特彼勒标志的变化，旨在塑造一致的品牌形象，建立统一的品牌认知。卡特彼勒品牌全称为 Caterpillar，意为履带式拖拉机，源于其最初主要生产履带式农业设备和推土机。随着品牌影响力的提升，卡特彼勒在设计产品外观商标时，统一使用“CAT”商标。简化以后的品牌标志读起来简洁有力，更容易被记忆。

为了打造全球一致的品牌形象，卡特彼勒统一包装，保持风格一致而鲜明，让外界可以轻易地通过视图或者文字感受到品牌传达的卡特彼勒品牌理

图4　卡特彼勒标志

（图片来源：https：//www. caterpillar. com/en/brands. html）

念。在整体VI设计上卡特彼勒始终坚持美国中西部粗犷的风格特点，从企业品牌到产品品牌延伸到具体产品和广告效果图上，都具有一致性：标志性品牌识别色彩——黄色；品牌Logo多采用简洁的 CAT 标志或者是“Caterpillar”单词；宣传画册处处彰显建筑工作者的硬汉色彩；产品设计上突出轮廓鲜明的线条感和力量感；背景多采用环境恶劣的工地实景，突出产品不惧挑战的品质；对内和对外传播上都把“满足客户需求”放在最明显的位置，时刻对客户和员工清晰地传达企业的品牌核心价值。持续的传播和实践，使得无论客户还是员工都对品牌有了一致的认知——卓越的质量和服务，创新的产品技术，同行业领袖的地位以及工程行业独有的粗犷魅力。

为了在世界范围内建立这种统一的品牌认知，卡特彼勒制定了长久一致的品牌传播策略，不断地对大众和客户输送正确的品牌理念，然后要求企业内部执行，与对外宣传完美结合，让客户的体验与企业的宣传达到一致，并且让企业员工对品牌有高度的认同感和自豪感，这样由内到外的措施逐渐地巩固了人们对卡特彼勒统一的品牌个性联想。

（二）对品牌集中管理，形成“一个卡特彼勒”效应

卡特彼勒公司拥有大约 20 个品牌的产品组合，提供机器、发动机、零部件、服务和解决方案，以满足世界各地各种行业和客户的独特需求。卡特彼勒是产品和服务的旗舰品牌，卡特彼勒以多样化的品牌组合满足世界各地客户的需求。为了更好地服务于企业业务发展，卡特彼勒实施集中品牌管控的方式，既体现卡特彼勒的品牌效应，又兼具灵活性。

品牌管理中，卡特彼勒强调公司品牌核心地位，让“CAT”出现在所有核心业务公司的品牌商标上，形成了背书式品牌架构模式，最大化突出公司

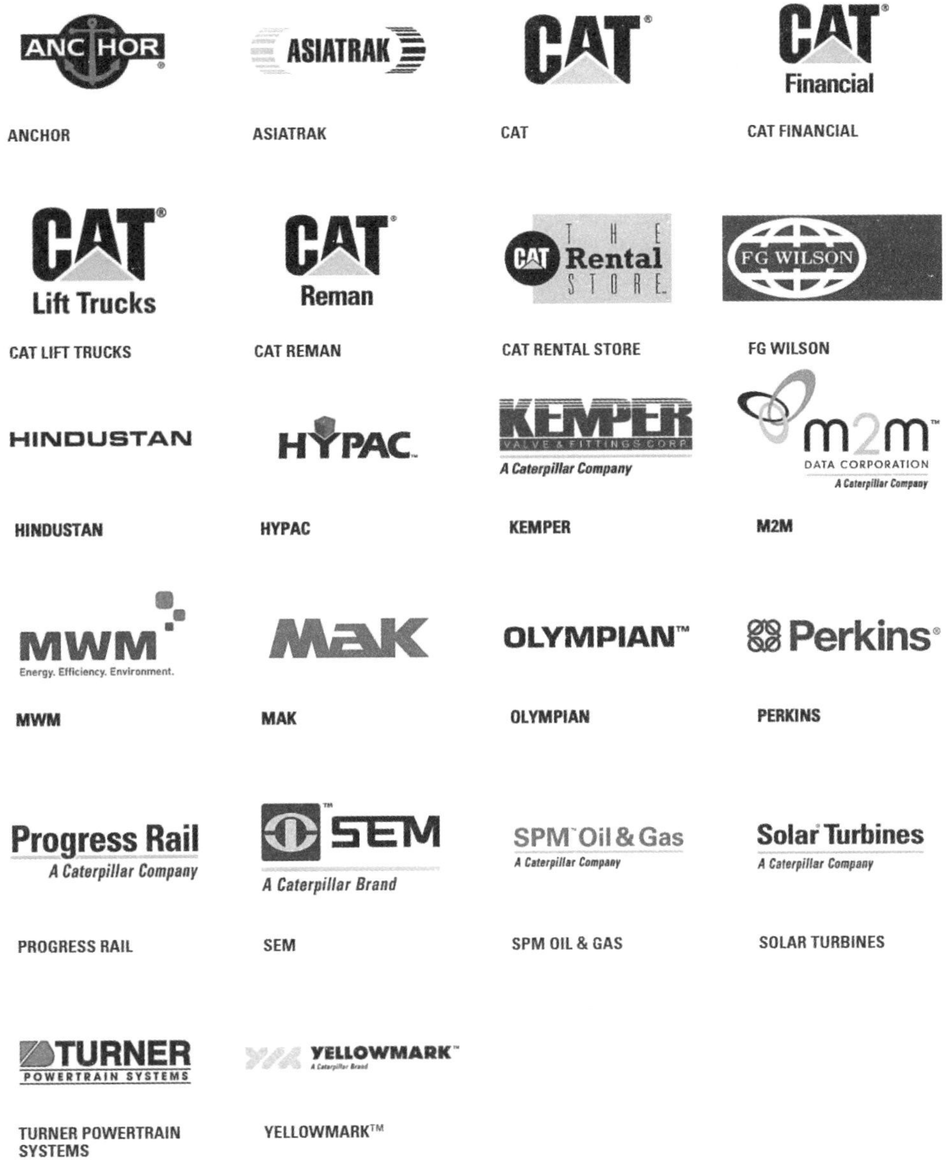

图5 卡特彼勒品牌组合

（图片来源：https：//www. caterpillar. com/en/brands. html）

品牌。卡特彼勒先后成立了物流服务公司、融资租赁公司和CAT租赁商店，后来又通过收购合资的方式将业务范围不断扩大。由于担心各分支机构的分权可能造成品牌侵蚀和客户混淆，公司决定制定和实施一个能够确保和培养公司完整形象的品牌计划——“一种声音(One Voice)”运动。这样做的好处是让公司品牌原有的耐用、优异质量、高品质服务的品牌联想有效转嫁到子公司品牌上，利用品牌效应更容易打破进入新市场领域的壁垒。

对于收购的子公司品牌，卡特彼勒采用子母式品牌架构模式，保留其原有的品牌。这样做是因为这些子公司的原有品牌在将要开拓的市场领域内更具有认可度，直接采用卡特彼勒的品牌有被当作新来者被客户排斥的风险。因此，卡特彼勒在新市场领域内多采用子公司原有的品牌，与此同时，卡特彼勒不断强调自身品牌的参与度，强调品牌结合的优势和竞争力，待市场认可度提升后取代被收购公司的品牌，再以卡特彼勒的姿态出现在新领域的领军地位上。这样的品牌模式降低了母公司品牌名誉受损的风险，如果最终取得成功，则成就了品牌领袖地位的定位和广泛的品牌认知度。

链接 2

从产品到宣传图片、视频设计没有任何华丽的包装，粗犷的工人、恶劣的环境、看起来无坚不摧的产品让客户血脉偾张，连产品介绍视频都是看起来经验丰富但不修边幅的工程师为主角，品牌时刻要告诉我们的是产品的品质和服务，而不会在其他与产品无关的因素上做过多的包装。整体营造的氛围就是写实，用实际建筑工地工作的场景来取代花哨的产品包装，定位明确。因为工人需要的就是产品品质和安全性，华丽包装在机械类产品上常常会产生相反的效果，容易给客户造成华而不实的心理暗示。

(三) 利用母品牌进行延伸，丰富品牌资产

作为拥有近百年历史的世界品牌，卡特彼勒在行业内始终处于领先地位，这源于卡特彼勒进行多元化的业务拓展。

在业务发展中，卡特彼勒非常注重将其母品牌形象移植到新的品类中去，以充分利用卡特彼勒母品牌资产和影响力开展新的业务。卡特彼勒在每一次并购、合资、成立子公司时都一致地强调品牌的话语权，把品牌当作是一把能打开市场的有力武器。

起初，卡特彼勒推出一些用于品牌宣传的周边产品包括 CAT 司机帽、工装靴等，后来 CAT 靴子因其超乎寻常的耐穿性和舒适的穿着感，得到很多工

人的推崇，卡特彼勒由此看到新的商机从而进军服装类市场，通过收购服装和制鞋企业进行规模化生产。

CAT 服饰售价不菲，尤其拳头产品工装靴在同类产品中属于中高端价格，对于一个刚刚进入服装市场的新品牌，为何能够有这样的价格起步台阶和可观的市场反响？这得益于卡特彼勒这块金字招牌。首先卡特彼勒主业与工装靴有许多相关联的地方，美式粗犷、耐用、物有所值的品牌联想让消费者高价买单变得理所当然，就如同其工程机械一样，虽然同功能产品中卡特彼勒的产品往往是最贵的，但是产品长久的寿命和完善的服务让客户往往能够得到更多回报，长久来看更具有性价比，这是说服客户付出更多的动力。

事实上，CAT 工装靴确实如同它的机械一样坚实耐用，在市场同类产品中口碑遥遥领先。现在 CAT 服饰已经发展成一个独立运营的服饰品牌，在美式工装品牌中与 Jeep、Timberland 同为代表性品牌，以卓越的耐磨性而闻名世界，符合卡特彼勒“卓越”的品牌定位。同样的 B2C 品牌发展思路，卡特彼勒开始进军儿童市场，设计销售卡特彼勒工程机械的玩具模型，一样的标志性黄色，一样的显著的“CAT”标志，凭借卡特彼勒这一强势品牌，相信很快就可以在很多拥有小孩的家庭中看到这些“粗犷”的小型工程设备了。

如今的 CAT 服饰已经成为独立运营的知名时尚品牌，穿着 CAT 工装靴操作卡特彼勒机器已经成为一种工人当中的时髦搭配，对品牌整体风格影响是潜移默化的。一个传统工程机械品牌被赋予了新的元素——时尚，弥补了机械类品牌过于刻板的单一形象，丰富了品牌文化内涵。

需要强调的是，品牌延伸过程中，卡特彼勒注重通过品牌授权丰富品牌资产。为此，卡特彼勒成立了商标授权部门，专门负责品牌授权事宜。品牌授权使得卡特彼勒在 B2C 领域收获颇丰。卡特彼勒在 B2C 领域成功，让其 B2B 品牌得到更多大众认知，对企业品牌的社会传播产生了很多意想不到的正面效果。

（四）重视声誉管理，维护品牌权益

卡特彼勒非常重视品牌的声誉管理，把长期坚持产品质量保证和完善的服务体系作为营造企业良好声誉口碑的最基本条件。在客户关系维护、员工权力、股东权益上卡特彼勒都有严格的规范保证，如给予员工工会非常大的公司决策权，包容多元文化，跟踪客户对产品的使用满意度，承诺股票回报

图 6　卡特彼勒 B2C 市场产品
（图片来源：https：//www. caterpillar. com/en/brands/cat/products. html）

长期稳定等。

另外，在商业竞争中，卡特彼勒比较尊重竞争对手的知识产权，涉及侵权的被诉讼案件几乎没有，如果有技术需求一般会以正面的收购为主，甚至与多个竞争企业有合作办厂的关系，在业内有很高的商业信誉度。同样，卡特彼勒也非常重视自身的品牌权益不被侵犯，有专门的法律部门长期负责监督市场上各种对卡特彼勒的侵权行为，及时进行法律诉讼，保护声誉不被损害。

五、品牌传播特色

卡特彼勒的品牌推广策略重公关、轻广告、针对性强。卡特彼勒采用多渠道品牌传播方式，从营销口号、广告投入、商业赞助、公共关系到企业慈善，每个环节都必不可少，品牌个性一致，品牌识别清晰，有完整的品牌传播体系。品牌传播投入选择与品牌特质相符，规模规格都比较高，品牌传播的出发点都是基于宣扬品牌“卓越”“创新”“领袖”的定位。

（一）通过体育赞助提升品牌知名度

由于体育赛事的受众和工程机械的用户群体重合度高，卡特彼勒把体育赞助作为品牌传播的一种形式，并选择与卡特彼勒有诸多相关性的项目作为赞助对象。比如，全美汽车比赛协会NASCAR赛事。NASCAR 是全美最著名的一项赛车运动，每年在全美 100 多个赛场举行 2000 多场比赛，有超过 1.5 亿名观众到现场观看。目前为止，为 NASCAR 工作的成员数超过 5 万人，多为全球最优秀的车手和机械师。

卡特彼勒在其中赞助了斯普林特杯系列赛中由 Jeff Burton 驾驶的 31 号赛车。赛场之外，Cat 发电机用于支持所有 NASCAR 比赛的电视广播，为周末的比赛提供许多支持设备，如发电机以及赛道所需的灯塔。

卡特彼勒重视充分利用赞助资源，进行整合传播，力求宣传效果最大化。为了更好地宣传斯普林特杯系列赛中的 Cat 赛车，卡特彼勒还开辟了专门的 Cat 赛车网站，介绍赛事、Cat 赛车、车手Jeff Burton，为车迷提供交流平台和购买赛车周边产品的平台。

每一次体育赞助，卡特彼勒都会选择带有本土化性质，在当地有一定影响力的活动，以符合卡特彼勒行业内的领袖地位。

（二）通过学术支持提升“专业、创新”的品牌形象

卡特彼勒赞助多所知名工科院校，并与这些科研机构长期合作，为其研发提供强大的技术支撑，比如卡特彼勒长期赞助卡内基梅隆大学。作为 NASA 航空航天科研任务的主要承制单位之一，卡内基梅隆大学的机器人研究所从事过自动驾驶、月球探测步行机器人、单轮陀螺式滚动探测机器人的研究，被公认为是将机器人应用于教育的先驱者。

卡内基梅隆大学在科研上也给予卡特彼勒大力支持。如，卡特彼勒公司与卡内基梅隆大学机器人研究所合作开发了大型自动化矿山自卸车，这种矿山自卸卡车更轻型、容量更大、更省油、轮胎磨损更少，丰富了卡特彼勒的产品线，使之在采矿领域的整体服务能力大大提升。与专业院校的合作，一方面切实为卡特彼勒提供了技术支持，吸引了专业人才；另一方面，非常有效地传播和提升了卡特彼勒专业、创新的品牌形象。

（三）通过公益活动提升品牌美誉度

卡特彼勒注重通过公益活动提升品牌形象，并为此成立了卡特彼勒慈善基金会，全权负责企业的慈善贡献和社会责任义务，关注慈善活动的计划性和连续性，确保慈善投入落实到位。基金会慈善支持涉及的国家和地区也非

常广泛，并没有局限于企业所属国。

卡特彼勒基金会成立于 1952 年，旨在帮助全球实现可持续发展。卡特彼勒基金会为环境可持续发展、教育和人类基本需求等领域（包括灾后救助）提供项目支持。比如，卡特彼勒支持美国大自然保护协会伊利诺伊州流域 Emiquon 自然保护区恢复与保护项目、美国大自然保护协会全球大河合作项目等。

新冠疫情发生后，卡特彼勒基金会捐款 850 万美元，用于支持疫情预防、应对，为医院、医护工作者和病人提供必要资源，解决食品不足问题，为受学校关闭影响的年轻人提供线上学习等。疫情期间，卡特彼勒携手代理商和客户积极履行社会责任，在为抗击疫情进行公益捐赠的同时，也积极投身到相关项目建设和助推复工复产的行动中。卡特彼勒的公益行为，对塑造其良好的企业形象产生了积极作用。

（四）通过整合传播塑造良好的品牌形象

卡特彼勒品牌传播保持着高度的一致性，这使得卡特彼勒的广告能在客户头脑中留下统一的印象，每次广告投放的宣传效果都能很好地积累起来。比如，1990 年 Marvin Fery 和 Dave Smith 成立了“卡特彼勒老式机器车主俱乐部”，简称 ACMOC，是一个卡特彼勒老拖拉机零件的信息交流平台，如今这个俱乐部已经发展壮大。ACMOC 通过其双月刊杂志、www. acmoc. org 网站宣传卡特彼勒的历史。另外，俱乐部在卡特彼勒的诞生地伊利诺伊州的东皮奥里亚建造新博物馆，专门展出卡特彼勒从 1925 年到 1960 年间的产品和历史。

在宣传媒介上，传统媒体和网络媒体同样重视。传统媒体如报纸、杂志刊物和电视，卡特彼勒均有投入，但更多的是在与机械相关的刊物上进行广告投放，一般都是以具体的产品外形和技术特点为主要内容。因为工程机械设备属于非常专业的产品，主要吸引客户的手段是质量而不是依靠“感性”消费，更为直观的产品外形和技术特点才是最大的亮点。

购买机械类刊物的一般都是专业读者，可以直接形成对客户或者潜在客户的宣传，加之本身刊物类广告的费用相对较低，使得杂志刊物广告最有性价比。现代新媒体如视频网站、社交网络等热门媒体形式也是非常有效的品牌宣传途径。在微信、微博、视频门户等网站上均有卡特彼勒专属公共网页，以企业宣传和用户互动为主，内容强调卡特彼勒品牌文化和定位，表现形式还是贯彻卡特彼勒一贯的风格，以工人、工作中的机械、工地实景为主要组成部分，旨在让更多的人了解和加入卡特彼勒。

卡特彼勒和电影结缘甚早，卡特彼勒客串历史最早可以追溯到 20 世纪 20 年代。无论是早期经典的默片还是现在的巨资大制作，都不难看到卡特彼勒的身影。

新媒体时代，卡特彼勒在各大社交营销媒体上都有专属公共账号，并且有精心拍摄的各类宣传片，包括讲述卡特彼勒发展历史和品牌文化的宣传片；卡特彼勒授权商品宣传片；请知名娱乐明星拍摄的短篇宣传视频等。影片或有历史感，或有娱乐性，非常吸引眼球，取得了很好的市场传播效果。

对于 B2B 企业，经销商和代理商的口碑传播能够更多地提高客户的满意度和忠诚度。卡特彼勒通过其庞大的分销体系，让可靠的代理商利用其专业知识和销售能力准确地传达品牌价值，销售人员与客户的频繁接触是一种长期有效的品牌传播方式。代理商是卡特彼勒的销售方，同时也成了卡特彼勒的品牌代言人。

六、案例总结

（一）运用用户思维塑造品牌

以客户的角度来思考企业，可以使品牌战略简单明确，同时将品牌战略与企业管理完美结合，使企业员工的工作目标与品牌战略一致，让客户得到的服务与获取的品牌信息相符合，品牌印象根深蒂固。百年来，卡特彼勒坚持通过最优的产品、服务，满足客户需求，从而打造品牌。对于卡特彼勒来说，“满足客户需求”不仅仅是一句口号，而是让每个企业员工、每个客户在企业活动中能够实实在在体验到的一种态度，卡特彼勒将这种态度渗透到企业的每个生产、服务、营销甚至是内部文案环节，做到企业行动，品牌先行。在工程机械行业领域，卡特彼勒率先提出企业品牌战略，在激烈的 B2B 市场竞争中抢得先机。

（二）品牌传播需注重形象的一致性

B2B 企业要注重打造企业品牌，不断强调企业品牌在子公司品牌中的参与度，强调品牌结合的优势和竞争力，从而提高企业品牌的认知度。卡特彼勒制定和实施了一个能够确保和培养公司完整形象的品牌计划——“一种声音（One Voice）”运动，使得卡特彼勒的母品牌形象在任何子公司都能够保证鲜明一致。同时，卡特彼勒搭建了条理清晰的品牌架构，使其品牌的管理效益和效率逐渐明显。

（三）发挥 B2B 与 B2C 的协同作用

对于一个强势 B2B 品牌而言，从 B2B 延伸到 B2C 领域，可以做到低成本、高回报。而在 B2C 领域的品牌成功运作，可以有效反哺 B2B 业务，使企业品牌在更大范围内获得用户认知，不断丰富企业品牌内涵，在全球市场上影响力不断增强。凭借其强大的品牌资产，卡特彼勒成功地将品牌从 B2B 领域延伸到 B2C 领域，并且保持一致的品牌形象。在 B2C 领域，卡特彼勒精心把 CAT 打造成户外产品的龙头品牌，并使公众进一步对卡特彼勒企业品牌有了正面的认知。

帝亚吉欧：

发挥集团军优势　造就领先酒业帝国

作为世界领先的酒业集团，帝亚吉欧旗下品牌都有自己独有的优势，独特的企业文化，独占的市场。而帝亚吉欧通过极强的整合管理能力，充分发挥集团军优势，把诸多不同的“独”进一步融合强化，持续提升集团整体价值。

企业简介：

帝亚吉欧（Diageo）是世界领先的酒业集团。帝亚吉欧正式诞生于1997年，由Grand Metropolitan（大都会）和Guinness（健力士）两大公司合并而成。此后，帝亚吉欧通过大规模的收购并购，成为旗下涵盖200多个品牌的专业酒类经营公司。公司汇聚了烈性酒、葡萄酒和啤酒等一系列顶级酒类饮品，著名的品牌包括苏格兰威士忌Johnnie Walker（尊尼获加）、伏特加Smirnoff（斯米诺）、黑啤Guinness（健力士）、利口酒Baileys（百利）等。帝亚吉欧公司总部设在伦敦，业务遍及180多个国家和地区，并分别在伦敦股票交易所和纽约股票交易所上市。当前，帝亚吉欧在全球拥有超过27000名优秀员工。根据帝亚吉欧公布的2019财年年报数据，截至2019年6月30日，公司实现营业收入128.67亿英镑（约合1095.7亿元人民币）。

一、品牌发展历程

（一）18 世纪中期—20 世纪末期：品牌初创期

（二）20 世纪末期：品牌成熟期

（三）20 世纪末期至今：品牌稳定发展期

二、品牌核心价值理念分析

三、品牌创建路径

（一）富有针对性的兼并重组扩充品牌家族

（二）以消费者洞察为出发点持续创新，提升品牌竞争力

（三）立足行业特点积极承担社会责任，塑造良好品牌形象

四、品牌管理特色

（一）发挥集团优势，打造强势子品牌

（二）独特的品牌建设守则，提升品牌竞争优势

（三）构建全方位品牌保护体系，提升消费者信赖

（四）坚持大力投入品牌建设，维持高附加值

五、品牌传播特色

（一）树立鲜明的品牌个性，打造差异化品牌形象

（二）娱乐营销，提升品牌传播效果

（三）开展工业旅游，打造沉浸式体验

六、案例总结

（一）多品牌集团应发挥协同效应，提升整体竞争优势

（二）鲜明的品牌个性，是实现差异化竞争的重要手段

（三）重视品牌保护，赢得市场信赖

一、品牌发展历程

帝亚吉欧是一个比较年轻的公司，成立于1997年，但其公司的发展渊源可以追溯到18世纪中期。

（一）18世纪中期—20世纪末期：品牌初创期

1759年，Guinness啤酒创始人Arthur Guinness以每年45英镑的租金租下了都柏林的圣詹姆士酿酒厂，自此开启了这个全球标志性品牌的发展之路。1983年，公司首次委任非家族人员担任首席执行官，并在1986年策划了对苏格兰威士忌领军者The Distillers Company Ltd.的反向收购，并将其纳入麾下。1987年，Guinnes旗下The Distillers Company Ltd.与Arthur Bell&Son合并为United Distillers（UD），此后，UD成为Guinness发展烈酒的核心业务，而Guinness Brewing Worldwide（GBW）则致力于将Guinness黑啤发扬光大。

而故事的另一主角Grand Metropolitan最初则是由酒店业发展而来。它诞生于1934年，最初名为Mount Royal Metropolitan Association，1957年与Grand Hotels Ltd.合并后迅速扩张，1961年在伦敦交易所上市并于次年更名为Grand Metropolitan Hotels。1967年，Grand Metropolitan Hotels开展多元化业务，通过收购并购，开始向食品和餐饮业进军。1972年，Grand Metropolitan Hotels开始进入酿酒业，1973年，Grand Metropolitan这一名字正式诞生，1987年，收购Heublein wines and spirits后，Grand Metropolitan成为世界最大的葡萄酒及烈酒生产商之一。

（二）20世纪末期：品牌成熟期

1997年，Guinness与Grand Metropolitan合并成立帝亚吉欧集团，二者的合并使得帝亚吉欧一跃成为世界上数一数二的酒类企业。由于两家公司都以高端品牌服务于高端客户，所以二者有明显的协同效应，光是渠道整合及营销成本的削减就给帝亚吉欧带来了规模效应。

（三）20世纪末期至今：品牌稳定发展期

帝亚吉欧正式成立后，大规模出售旗下非核心业务以及低利润率的业

图1　帝亚吉欧诞生

（图片来源：https：//www. diageo. com/en/our - business/our - history/）

务，以求更好地聚焦于酒类业务发展；同时将销售额的20%投入到品牌建设中，加强对其旗下各产品品牌的宣传；为了更好地参与竞争，探究弥补产品组合的空缺途径，积极地扩大在新兴市场的占有率，提高品牌知名度，帝亚吉欧又开启了一系列并购举措。包括收购加拿大施格兰及英国联合多美的部分品牌，同时帝亚吉欧还拥有法国香槟酒和白兰地大厂酩悦轩尼诗34%的股份。目前，帝亚吉欧在全球拥有超过27000名员工，在180多个国家地区经营200余品牌。

二、品牌核心价值理念分析

品牌愿景：创建一个全球表现最好、最值得信赖和最受尊重的消费品公司。

为了实现此愿景，帝亚吉欧采取了两步走策略，明确“高端核心”和“精选洋酒”两大类分别是其业绩增长的主要动力，公司优先聚焦于这两类品牌的投入；同时广泛覆盖各品类和价格区间的优势不能丢（其他的烈酒及啤酒业务），这样可以保证公司贴近消费者，提升公司收入。而在衡量公司表现时，帝亚吉欧会同时使用财务的和非财务的指标度量进步的程度，如效率的提高、一致的价值创造、信誉和信任及人的积极性等，从而令帝亚吉欧在实现高增长的同时，也得到全球消费者的信赖。

品牌标志：

在继承和收购了大量各不相同的品牌之后，帝亚吉欧对品牌进行分类，

图 2　帝亚吉欧 Logo

（图片来源：https：//www. diageo. com/en/our - business/our - history/）

并不断加大投入，打造强势子品牌，不断提升细分市场子品牌的知名度、市场占有率以及品牌影响力。究其原因，其一在于帝亚吉欧所收购品牌原本在各自细分市场已然成绩斐然，集团品牌知名度并不高，在市场上也不具有号召力，各个子品牌与集团品牌之间也未形成整体的板块概念，相互之间的关联度不大，突然以一个集团品牌将各个子品牌的产品打包组合在一起集中呈现，会令消费者产生迷惑；另一方面，考虑到集团品牌帝亚吉欧的推广对各个子品牌销售量的提升没有多大帮助，管理者就淡化集团品牌推广，而是以各个子品牌的推广为主，甚至有时候连集团品牌背书的资格都会被一笔勾销。因此，尽管子品牌成绩显赫，但是帝亚吉欧母品牌一直都表现低调，官方鲜有对母品牌内涵以及标志的解读。

三、品牌创建路径

帝亚吉欧集团正式成立于 1997 年，到目前为止仅有 20 余年历史。其最终成为世界洋酒品牌的领跑者，与其不断进行收购兼并并对品牌进行有效整合有着密不可分的关系。

（一）富有针对性的兼并重组扩充品牌家族

收购并购是企业品牌扩张的重要手段之一。但并非所有的收购并购策略都是有效的，许多企业在扩张过程中往往会陷入误区，只注重规模而往往忽略品牌之间的协同性和补充性。从这一点来说，帝亚吉欧的品牌扩张策略十分值得借鉴。从某种程度上，收购并购全球知名品牌史就是帝亚吉欧集团的企业发展史，也是其能在短短 20 余年的时间内成长为世界洋酒行业领导者的关键所在。通过一系列并购，目前，帝亚吉欧旗下已经拥有 200 余个品牌。

帝亚吉欧宣扬让全世界每个角落的人都能享受生活，与这一目标相适应，帝亚吉欧也致力于让自己的业务深入到全球各个国家和地区，而方式就是将世界顶级品牌纳入麾下，同时，持续收购各个国家地区的区域优势品牌。值得关注的是，帝亚吉欧几乎所有的并购都是基于品牌的资本并购，而不是基于固定资产，其收购兼并不单是以扩充规模为目的，而是以掌控洋酒行业顶级品牌为最终战略目标。帝亚吉欧认为消费者真正购买的是品牌，也唯有品牌才可以持续产生价值。

而在分销渠道上，帝亚吉欧也会根据不同品牌的特点以及不同地区消费者特点进行有区别的推广。比如尊尼获加的红方在希腊、巴西卖得很好，因为其 3 ~5 年的产品入口更辣，更符合这两国消费者的口感，因此成为其主推；12 年的黑方在希腊销售就不那么出色，因而并未被纳入希腊的销售渠道。通过这种有策略的收购并购以及市场布局，帝亚吉欧形成了强大的品牌集群优势。

此外，帝亚吉欧在进行收购并购时，十分擅长连横之术。早在 2001 年，帝亚吉欧就与其强劲的竞争对手保乐力加联手收购加拿大施格兰公司，在 82 亿美元的收购价中，帝亚吉欧拿出了 50 亿美元，随后两家瓜分了当年全球第三大酒业集团施格兰旗下的酒类品牌；此外，帝亚吉欧还协助保乐力加公司，联合美国富俊酒业公司以 140 亿美元的价格收购了全球第二大酒业公司英国联合多美集团。虽然两家公司会在广告、渠道、价格等行销手段上针锋相对，但是帝亚吉欧清醒地意识到双方共同的对手其实是潜在的替代品提供者，通过竞合互动，这两大集团共同发展壮大，实现了共赢。

（二）以消费者洞察为出发点持续创新，提升品牌竞争力

对于消费品而言，洞察消费者需求永远是创新的重要出发点。帝亚吉欧多年来之所以可以令旗下品牌保持领先地位、实现可持续增长，不可忽略的一个重要因素就是创新。帝亚吉欧不仅有世界级的研发人员和资源，而且设立了专注于推进产品发展、包装、技术流程更新以及执行世界一流的研究和发展项目的创新研发中心，同时帝亚吉欧还及时洞察消费者购买趋势和不断变化的消费习惯，以此促进产品及包装策略的发展。

帝亚吉欧在全球有四个酒体研究的实验室，分别在中国香港、澳大利亚、英国和美国。在过去的几年里，帝亚吉欧业绩增长的很大一部分来自创

新。通过创新，帝亚吉欧不断满足不同消费者在不同场合的饮用需求，比如2005年，百利进入中国，帝亚吉欧把女性细分市场进行了更加精细的定位，以有趣、大胆而活跃的女性作为目标消费者，创新推出百利甜酒这一新的品类。根据2013年在中国的市场调查，百利甜酒的知名度从2010年的40%上涨到了80%，成了女性洋酒品牌的首选。此外，帝亚吉欧还在其整个供应链中应用多种创新技术。例如，帝亚吉欧已经开始使用无人机航拍图像数据来改善农业生产，同时还投入使用供应链控制塔、区块链和数字协作工具等技术。

（三）立足行业特点积极承担社会责任，塑造良好品牌形象

酒类品牌因为行业的特殊性，很容易受到社会的诟病。因此，帝亚吉欧从成立之初，就十分注重通过积极承担社会责任，塑造自身良好的品牌形象。早在2004年，帝亚吉欧就成立了“理性饮酒”基金，用以在全球范围内进行“理性饮酒”的传播，纵览全球，帝亚吉欧在许多国家和地区都留下了“理性饮酒”活动的足迹。此外，帝亚吉欧还创新性地推出全球首个旨在向全世界推广“理性饮酒”的网站DRINKiQ. com. 通过这一在线社区，帮助人们了解对理性饮酒决定具有影响的各类因素，提升大众的“饮酒智慧”。

此外，帝亚吉欧在公司成立伊始便设立专项基金，将每年营运利润的1%用于全球社区投资项目。2003年，签署协议加入联合国防范艾滋病商业联盟；2004年，捐款百万英镑帮助东南亚海啸受难灾民重建家园；2006年，帝亚吉欧又与中国政府合作举办每年一度的“酒与社会”论坛，呼吁全行业理性营销，为解决酒类消费问题寻找有效措施。

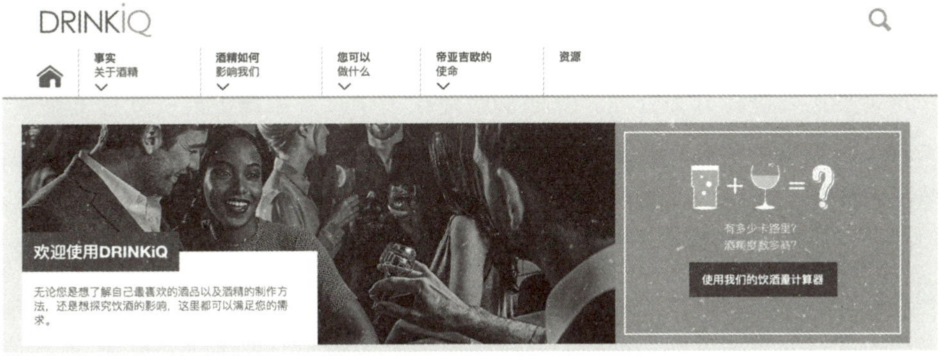

图3　DRINKiQ. com 官网截图

（图片来源：https：//www. drinkiq. com/zh – cn/what – diageo – is – doing/our – philosophy/）

另外，“生命之水”项目是帝亚吉欧全球社区投资项目的典范，迄今已为全球过百万居民提供了安全洁净的饮用水源。比如2007年9月，帝亚吉欧将“生命之水”正式带到中国，与世界自然基金会携手保护上海重要水源地之一的东太湖水资源。

四、品牌管理特色

作为一家专门经营酒类品牌的集团公司，帝亚吉欧在全球酒类细分市场中拥有极高的号召力。而其成功的秘诀之一就在于独具特色的品牌管理方法。

（一）发挥集团优势，打造强势子品牌

帝亚吉欧旗下拥有众多品牌，皇冠、尊尼获加、百利甜酒、健力士等品牌在各自的细分领域都是佼佼者。这些品牌在长时间的积淀中，已经积累了极高的品牌价值，也拥有了极具辨识度的品牌个性。因而，帝亚吉欧在对这些品牌进行管理时，坚持采用多品牌架构，其旗下品牌在市场和形象传播策略上彼此独立，而帝亚吉欧本身只作为集团名称出现。不过，依靠着集团强大的运营实力，帝亚吉欧旗下子品牌在全球扩张和渠道运营上可以实现资源共享，大大提升了运营效率。

对于子品牌的布局，帝亚吉欧十分讲求策略。帝亚吉欧认为，要管理集团旗下繁多的品牌，必须要对三个问题进行厘清：一是如何管理吸引力存在较大差别的众多品牌；二是如何恢复过季品牌的活力；三是如何扩大一些成功品牌的市场份额。为此，帝亚吉欧把旗下的品牌分为全球重点、地区重点和特定重点以进行分类管理。全球重点是在多个重要市场上广受欢迎的畅销品牌，每一个全球重点品牌都在所有相关市场获得持续的推广，并由一个全球品牌团队负责；地区重点是在特定的地理区域受欢迎的品牌，它们在地区层面进行管理，管理人员根据本地需要调整营销策略；特定重点是以特定类型消费人群为目标，每一个分类都有专门的团队进行管理。对品牌进行分类管理，使帝亚吉欧可以在发展的关键阶段对资源进行有效的优化配置，维持全球化发展和地区发展之间的平衡。

（二）独特的品牌建设守则，提升品牌竞争优势

在外人看来，拥有众多品牌，同时涉足烈酒、葡萄酒以及啤酒的集团公司，在180多个国家销售，雇有超过27000多名员工的帝亚吉欧，纵然有巨大的资本支持，要想管理好手下众多品牌也绝非易事，但是帝亚吉欧却做到了。帝亚吉欧资金雄厚、也懂酒，所以能在酒类市场上把一个个好品牌收入囊中。不过，把这些品牌买进来之后，还只能算是为未来的发展奠定了基础，要在这个基础上建造高楼大厦，则取决于兼并收购后的品牌管理与资源整合。换句话说，买进这些品牌后，必须在经营管理、生产销售方面都要比没买之前做得好，否则就可能变成赔本的买卖。

由于帝亚吉欧收购的眼界很高，所以几乎每个买进来的品牌都有着自己独有的优势、独特的企业文化、独占的市场。要把诸多不同的“独”进一步强化和提升，同时又能发挥出集团军的优势，并不是个轻松的课题。

尽管极力维持着旗下品牌的独立个性，但帝亚吉欧在统一管理上颇为强势。帝亚吉欧对旗下所有品牌都有着近乎苛刻的严格规定。帝亚吉欧时任CEO保罗·华尔士表示：“首先要做的就是让所有的市场和员工掌握统一的标准，这非常重要。”走向世界，就是输出标准，品牌不是理所当然地就应该拥有这样的地位，而是通过细节去完善，每个环节都不能放松。

帝亚吉欧全球员工每人手中都有一本小册子——《帝亚吉欧品牌建设指南》，用以指导贯彻保罗·华尔士的“帝亚吉欧品牌建设法”。在该法则下，帝亚吉欧旗下所有品牌在尊重原有文化的前提下，采用“一刀切”的方式。但凡在品牌整合与提升过程中遇到的各种问题，都以集团建立的标准、理念与方法进行分析研究，进行沟通协调，以实现对不同品牌的统一管理。而遵循这样的守则，在不同领域（蒸馏酒、葡萄酒和啤酒）、不同市场上，帝亚吉欧都能在一个共同的主题下，找到不同的沟通方式和侧重点，从而获得成功。

帝亚吉欧对旗下品牌的管理规定近乎苛刻，以尊尼获加为例，如果包装想要进行任何改变，都必须由公司总经理亲自批准才行；在餐饮场所喝尊尼获加，一定要保证是在有尊尼获加品牌标志的威士忌杯子里，同时保证不同的酒吧或者餐饮场所的服务生对什么是饮用尊尼获加的最佳方式要有一定的了解，并能够推荐给消费者；严格执行酒的陈化要求，譬如尊尼获加黑牌，

必须保证至少 12 年的酒龄；另外，每瓶酒的瓶标后面都有一个背标，上面有非常清楚的防伪标识，可以有效避免一些非正规灰色渠道产品冲击市场。尽管这些规定显得有些死板和教条，但“这一切都是为了确保其无可挑剔的品质和统一的全球形象”。

（三）构建全方位品牌保护体系，提升消费者信赖

对于企业而言，品牌是一项重要的资产，有效保护品牌是企业维护和提升品牌价值的重要手段，也是保护消费者权益的有效方法。帝亚吉欧就非常重视品牌保护。

比如，在中国，帝亚吉欧就通过与我国政府相关部门的通力合作，在业内率先成功部署覆盖全国的主打品牌洋酒真伪检测的网络。北京、上海、广东及四川四省市质量技术监督局、酒类专卖管理局下设的专业酒类产品质量检测中心通过和帝亚吉欧紧密合作，可以随时协助当地消费者对该公司旗下顶尖苏格兰威士忌如尊尼获加品牌洋酒进行真伪鉴别，并出具权威鉴定报告。帝亚吉欧不仅为四地的检测中心提供了先进完备的设备，并提供包括定期邀请专家对技术人员进行培训及相关的数据更新等全方位的支持，体现帝亚吉欧注重保护消费者权益，以消费者为上的企业理念。

帝亚吉欧以全局性的思维，借助政府、企业及整个行业、商家、消费者及公众舆论资源进行多方合作，开创品牌保护和打假工作的新局面，为品牌竖立起了一重强劲坚固的防护盾牌，在保护品牌权益免受侵害的同时，也使消费者对品牌更加信赖。

（四）坚持大力投入品牌建设，维持高附加值

在美国华尔街，流传着保罗·华尔士的一句名言：“没有品牌，再高档的酒，只是一瓶变了味道的水。”帝亚吉欧在全球 180 多个市场做销售，由于不同地域社会认知、文化习俗等存在着较大的差异，因此，帝亚吉欧的全球化运营着实并非易事。而为了将品牌运营工作做好，帝亚吉欧从来不吝于投入更多的成本来维持这种品牌高附加值。帝亚吉欧每年会投入净销售额的 20% 用于品牌建设，根据市场性质的不同投入可能会有侧重。在强大的资金基础上，帝亚吉欧可以通过丰富的营销手段实现对目标市场的心理暗示，从而维系品牌的高附加值。业界专家也总结了帝亚吉欧的品牌维护经验：最重

要的也是在全球自始至终都没有改变的一个策略就是在品牌宣传过程中不断加大投资，无论什么市场、哪个角落，多少年来都要坚持这样来做。帝亚吉欧还十分重视品牌建设过程中人才的作用。多年来，帝亚吉欧坚持用最充裕的资本培训人才，从参与品牌宣传的团队到维护经销商关系的团队都要从本质上了解产品，而且对产品和品牌的方方面面都要有所领悟，如此才能更有信心地去宣传。

五、品牌传播特色

（一）树立鲜明的品牌个性，打造差异化品牌形象

广告大师奥格威说："最终决定品牌市场地位的是品牌本身的性格，而不是产品间微不足道的差异。"在这个个性张扬、产品品类与可供消费者选择的品牌数量极度丰富的时代，帝亚吉欧非常重视突出和发展品牌的自我个性。一方面，这有助于旗下子品牌凸显竞争优势、展现品牌独特魅力；另一方面，也能够有效避免模仿，持续进行品牌资产积累。例如，在整个世界名酒市场划分中，各名酒品牌均非常注重品牌个性识别与精准定位：人头马注重吸引非富即贵的人群；皇家礼炮重点在于"说自己"，为极致喝彩；轩尼诗强调的是优雅的享受，还带点浪漫色彩……而帝亚吉欧旗下品牌尊尼获加的性格定位是坚定不移，坚持理想，直接指向中产阶级的奋斗，具有鲜明的品牌个性。帝亚吉欧的广告创意也由此展开。比如，2010 年，尊尼获加携手著名导演贾樟柯以及 6 位新锐导演开展了一项"语路计划"，该计划拍摄记录了来自 12 个不同领域人物追逐梦想的故事和影响他人的话语。在经历了首阶段以韩寒为噱头的预热期，以及邀请沈宏非、闾丘露薇、李承鹏和洪晃四位舆论名人一起撰写梦想博文之后，包括潘石屹、罗永浩、周云蓬在内的 12 位人物的纪录片正式亮相，并相继登录了各大网络及电视媒体。"语路计划"通过展示坚持梦想，在不同的人生角色中完成志向的代表人物的话语，鼓励一代人思考并分享自己的激情和梦想，继续向前出发。

（二）娱乐营销，提升品牌传播效果

娱乐营销的本质是一种感性营销，感性营销不是从理性上去说服客户购

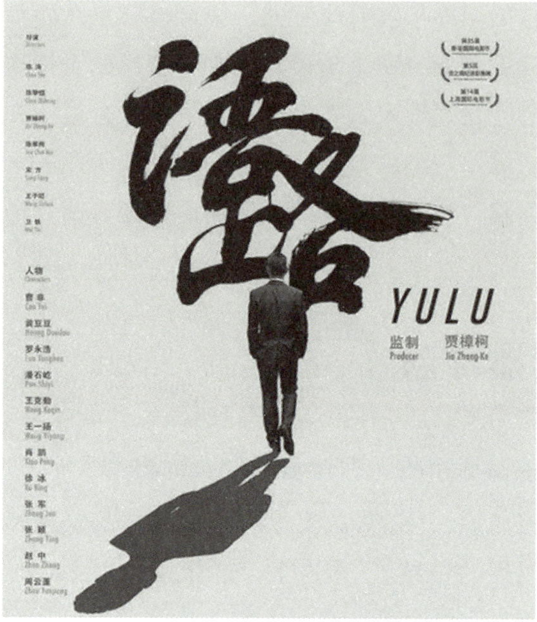

图4 “语路计划”之韩寒

（图片来源：https：//bkimg. cdn. bcebos. com/pic/279759ee3d6d55fb5b92016267224f4a20a4 dd1a？x-bce-process=image/watermark，image_ d2F0ZXIvYmFpa2U4MA==，g_ 7，xp_ 5，yp_ 5/format，f_ auto）

买，而是通过感性共鸣令消费者产生购买欲望。帝亚吉欧旗下品牌就善于借助娱乐的元素或形式令产品与客户建立情感连接，从而使消费者与品牌内涵产生共鸣，达到提升品牌忠诚度和美誉度的目标。当然，对于营销的形式，帝亚吉欧也会慎重考量，确保每一次传播都能契合品牌的气质和内涵。例如，帝亚吉欧曾投放广告于 HBO 推出的《欲望城市》，该剧讲述了四个事业成功、时髦漂亮的女人在大都市中关于追逐与拼搏、梦想与迷茫的故事，其中，夜生活和烈酒的频繁出现使烈性酒消费作为一种时尚和有品位的生活场景在美国年轻白领中迅速传播。

再如，被誉为世界第一利口酒的百利甜酒，因独特的口感以及酷似奶茶的外表，深得女性消费者喜爱。于是，百利携手伊能静处女电影作《我是女王》，讲述了现代女性独立自信并华丽蜕变的都市爱情与友情故事。电影内容与百利甜酒针对有趣、大胆而活跃的女性的定位十分契合，因此也取得了不错的营销效果。

（三）开展工业旅游，打造沉浸式体验

工业旅游是酒类品牌让消费者更多了解品牌历史、文化，与消费者进行更加深入互动沟通的重要方法。开展工业旅游的品牌众多，但许多都流于形式，将工业旅游仅局限于工厂参观和产品展示，而未能真正融入品牌的核心价值，也未能与消费者形成有效的互动。帝亚吉欧旗下品牌健力士是开展工业旅游的先驱及领先者，其方法十分值得借鉴。

健力士啤酒博物馆落成于 1904 年，位于圣詹姆斯门健力士啤酒厂的中心位置，现今已成为爱尔兰游客人数最多的景点。这座展览馆是在健力士的旧厂房基础上打造而来，共有七层。在这里，你可以看到关于品牌创始人亚瑟·健力士的故事，也可以了解到从 1769 年以来健力士啤酒是如何运往世界各地的；还可以探究黑啤的制造工艺以及传统的酿造方法；健力士百年来的广告文化也在这里得到了充分体现。此外，博物馆还充分融入了爱尔兰文化，在这里你可以享受爱尔兰传统菜肴，也可以欣赏传统音乐的现场表演，登上顶层还可俯瞰都柏林城市和群山的美景。整个博物馆的打造，于工业展示中体现着艺术的魅力，灯光的设计令展览馆流光溢彩，展现着传统与现代的融合与碰撞。

图 5　健力士啤酒博物馆

（图片来源：http：//www. mafengwo. cn/photo/poi/6549263_ 467988995. html）

六、案例总结

（一）多品牌集团应发挥协同效应，提升整体竞争优势

对于旗下涵盖诸多品牌的集团公司，品牌管理不应该仅仅拘泥于规模的扩大，而应该思考旗下品牌之间的互补性和协同性，如此，才能最大限度地发挥竞争优势，提升集团整体价值。帝亚吉欧无论是在收购并购策略上还是品牌的整合管理上，都深谙资源的优化配置之道，其对旗下品牌的分类管理与全球化布局令集团在激烈的竞争中始终保持极强的竞争力。

（二）鲜明的品牌个性，是实现差异化竞争的重要手段

在选择越来越多的今天，仅仅诉诸功能性利益很难触动消费者。一个品牌承载的文化与内涵以及由此外现出来的品牌个性才是引发消费者共鸣的关键。帝亚吉欧非常重视突出和发展品牌的个性识别。借助于此，帝亚吉欧一方面令旗下品牌展现出独特魅力，凸显竞争优势；另一方面，也能够有效避免模仿，从而更有效地积累品牌资产。

（三）重视品牌保护，赢得市场信赖

品牌保护是品牌管理不可或缺的重要环节。品牌资产的积累来之不易，它是品牌方长时间悉心运营的结果，做好品牌保护工作，是保护品牌资产、提升消费者信赖的重要手段。作为世界高档酒类品牌的领跑者，帝亚吉欧通过建立全方位的品牌保护体系，为品牌竖立起了一重强劲坚固的防护盾牌，在保护品牌权益免受侵害的同时，也使消费者对其旗下品牌更加信赖。

LVMH：

独特的品牌并购艺术 缔造顶级奢侈品家族

自成立以来，LVMH集团通过不断的收购兼并，成为涵盖酒类、时尚皮革制品、服饰、化妆品、香水、腕表、珠宝、精品零售等几乎所有主要奢侈品细分行业的奢侈品巨头。坚持精益求精的质量观及始终秉承创新精神，是LVMH集团一直以来保持品牌经久不衰、历久弥新的法宝，而集团分权化管理方式及“将奢侈进行到底”的品牌传播理念更是LVMH集团在竞争激烈和消费者趣味更迭迅速的时代常青的秘诀。

企业简介：

LVMH集团即路易·威登－酩悦·轩尼诗（Louis Vuitton—Moët Hennessy）集团，是由时装与皮革制造商路易·威登（Louis Vuitton）公司和酒类生产商酩悦·轩尼诗（ Moët—Hennessy）合并而成的世界顶级奢侈品销售集团。

Moët（酩悦）的全称为Moët&Chandon，于1743年成立，是全球顶尖的香槟酒品牌之一。Hennessy(轩尼诗)成立于1765年，是世界一流的的干邑酒厂。1854年成立的Louis Vuitton（路易·威登），是高档皮具生产业的头号企业。1981年，Moë t &Chandon与Hennessy合并，组成了Mo ët—Henness集团。1987年，该公司又与Louis Vuitton合并，初步形成了奢侈品帝国LVMH(Louis—Vuitton Moet Hennessy）集团。随后，该集团不断扩张，通过资本运作并购了许多其他世界顶级的奢侈品牌，逐渐在奢侈品行业树立了领先地位。

如今，LVMH集团已经拥有75个卓越品牌，涵盖了奢侈品市场五大主要领域——葡萄酒和烈酒、时装和皮革制品、香水和化妆品、腕表和珠宝以及精品零售。同时LVMH集团也涉足传媒、酒店和休闲乐园等领域。LVMH集团目前在世界各地拥有163000名员工，5003家店铺，2020年其销售额为447亿欧元。在2020年Interbrand全球最具价值品牌100强排行榜中，LVMH集团旗下品牌LV以317.2亿美元品牌价值居于第17位，Dior以59.88亿美元品牌价值居于第83位,Hennessy以51.23亿美元品牌价值居于第91位。

一、品牌发展历程

（一）18 世纪 40 年代—20 世纪 80 年代：品牌初创期

（二）20 世纪 80 年代：品牌整合期

（三）20 世纪 80 年代至今：品牌扩张期

二、品牌核心价值理念分析

三、品牌创建路径

（一）成本最小化的并购策略，构建奢侈品帝国

（二）以“LV 整合法则”改善品牌经营，提升品牌价值

（三）通过打造稀缺性，不断增加品牌忠诚度

（四）始终秉承创新精神，保持品牌历久弥新

四、品牌管理特色

（一）“隐身”母品牌，全力打造强势子品牌

（二）集团化管理，提升整体品牌运营能力

（三）全面开展数字化，巩固品牌领导力

（四）卓越的人才培养机制，打造品牌发展内生动力

五、品牌传播特色

（一）选用与品牌调性高度契合的代言人，展现品牌魅力

（二）致力于公益环保事业，提升品牌美誉度

六、案例总结

（一）有条件的并购与有效整合——品牌创建的重要手段

（二）打造稀缺性——增加品牌忠诚度的关键手段

一、 品牌发展历程

（一）18 世纪 40 年代—20 世纪 80 年代：品牌初创期

LVMH 集团的历史最早可以从 1743 年讲起。1743 年，酩悦香槟公司（Moët & Chandon）在法国东北部的香槟省（Champagne）成立，是法国最早的香槟酒品牌之一。1765 年，轩尼诗（Hennessy）在法国干邑地区成立，是世界三大干邑品牌之一。1981 年酩悦香槟公司与轩尼诗（Hennessy）合并，更名为酩悦·轩尼诗（Moët – Hennessy）。路易·威登（Louis Vuitton）的诞生则可追溯到 1854 年。1835 年，路易·威登从家乡瑞士赴巴黎成为行李箱工匠学徒。1853 年，路易·威登成为老板的首席助理，同时也成为法国皇后信任的行李箱专家。1854 年，第一家路易·威登店铺成立。1896 年，路易·威登的儿子乔治·威登设计出由 L、V 两个字母环环相扣的符号来纪念自己父亲，这也标志着 LV 品牌的正式诞生。

（二）20 世纪 80 年代：品牌整合期

1987 年酩悦·轩尼诗公司与路易·威登合并后组成新公司 LVMH 集团。LVMH 集团重组了几家公司的香水和酒类部门，将路易·威登控股公司的子公司纪梵希香水、酩轩公司子公司迪奥香水以及娇兰香水 15% 的股权归在香水部门；将酩轩公司、路易·威登控股公司和 1986 年被收购的法国第四大香槟制造商 Veuve Clicquot 全数整合在一起。整合完成后，LVMH 集团在香水、香槟、干邑白兰地等方面都居世界第一，初步形成多元化的品牌经营。但由于 LV 与酩轩创始家族文化不相容，摩擦不断升级，给了当时的地产企业家伯纳德·阿诺特进入 LVMH 集团的机会。最终，在 1989 年，阿诺特成功入主 LVMH 集团，成为集团董事会主席。

（三）20 世纪 80 年代至今：品牌扩张期

在阿诺特的带领下，LVMH 集团开始迅速扩张。除进一步收购更多的化妆品、香水、时装品牌外，还将业务延伸到了传媒和奢华时尚生活方式领域。从 1987 年至 21 世纪初，LVMH 集团逐步形成了庞大的奢侈品帝国。通过一系列的并购，LVMH 集团成为涵盖酒类、时尚皮革制品、服饰、化妆

图 1　LVMH 集团的组成

（图片来源：https：//www. lvmh. com/）

品、香水、腕表、珠宝、精品零售等几乎所有主要奢侈品细分行业的巨头。同时，通过收购法国多家报纸和杂志传媒平台、甜品店、休闲公园和 Belmond 酒店集团等，加码 LVMH 集团在传媒和奢华时尚生活方式领域的延伸。如今，LVMH 集团旗下有 75 个品牌，在全球拥有员工超过 163000 人，LVMH 集团 2020 年收入 447 亿欧元。2021 年 1 月，LVMH 集团完成对蒂芙尼（Tiffany&Co.）公司的收购，意味着集团将在硬奢珠宝领域占据更多的份额。

二、品牌核心价值理念分析

一直以来，LVMH 集团的愿景都是成为奢侈品行业中的世界领导者。集团的使命是尊重旗下品牌的特色和独立性，在为每个品牌设计、制造和通过高端渠道推广其产品和服务提供必要资源的同时，确保旗下每家品牌均得以长足发展。

LVMH 定位为全球高端产品先锋。因此一直都奉行“只要最高贵”的并购原则，将世界各地的顶尖品牌收归麾下，并且在仔细划分市场的基础上，为旗下奢侈商品的生产和销售创造可以衬托他们地位和境界的商业环境。除了在葡萄酒和烈酒、时装和皮革制品、香水和化妆品、腕表和珠宝、精品零售领域不断收购顶级品牌，LVMH 集团也通过收购来布局“衣食住行”的全品类，成为奢华时尚生活方式的服务商。

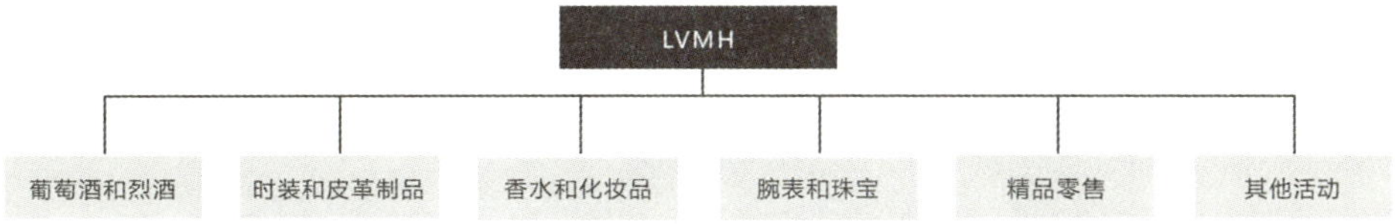

图 2　LVMH 集团的主要业务板块

三、品牌创建路径

LVMH 集团特有的并购策略、对收购品牌的有效整合、对品牌形象建设的高度重视、对顾客品牌忠诚度的培养以及对销售网络的严格管理，奠定了其奢侈品行业巨头的位置。LVMH 集团的每个事业部都始终秉承着创新精神，坚持技术革新，严格把控产品质量以及维护品牌的形象和声誉。这些都是 LVMH 集团取得成功的重要因素。

（一）成本最小化的并购策略，构建奢侈品帝国

LVMH 集团的成功很大程度上在于其利用经济低迷期降低并购成本的策略和奉行“只要最高贵”的并购原则。例如集团在 2000 年前后的并购高峰期，1997 年的亚洲金融危机、2001 年的“9·11”恐怖袭击事件和纳斯达克崩盘的冲击下，经济低迷，消费者购买力急剧下降。收购 Sephora、Fendi、Zenith 等品牌就发生在这一阶段。同样的，LVMH 集团在收购 Tiffany 珠宝时，利用疫情对奢侈品行业的冲击，压低收购价格，使最终交易额减少了约 4.3 亿美元。此外，在创始家族更迭的背景下，也是 LVMH 集团收购的好时机。例如在收购法国顶级酒庄 Lambrays 时，正值其上任庄主去世，继承人无心酒庄时，集团以低于行业平均价格接手 Lambrays。基于这一策略，LVMH 集团将散布于世界各地的顶级品牌归入旗下六大业务板块。

在葡萄酒和烈酒领域，LVMH 集团先后收购了 23 家酒庄及酒类品牌，包括郎贝雷酒庄（CLOS DES LAMBRAYS）、YQUEM 酒庄、唐培里侬（Dom Pérignon）、白马庄园（CHEVAL BLANC）、Ruinart 酒庄、Mercier 香槟、Belvedere 伏特加、傲云等，2021 年初 LVMH 集团收购了美国说唱歌手 Jay - Z 拥有的高端香槟酒品牌 Armand de Brignac（黑桃 A 香槟）的 50% 股份，进一步巩固了集团葡萄酒和烈酒部门的地位。

图3　Ruinart 香槟

（图片来源：https：//m. facebook. com/lvmh/）

在时装和皮革制品领域，LVMH 集团先后收购了 14 个顶尖品牌，包括西班牙皮具品牌罗意威（Loewe）、高级时装品牌克里斯汀·迪奥（Christian Dior）、意大利顶级羊绒品牌诺悠翩雅（Loro Piana）、旅行箱制造起家的摩纳（Moynat）、男士奢侈品品牌伯尔鲁帝（Berluti）、德国高端旅行箱品牌日默瓦（Rimowa）、意大利皮具品牌芬迪（Fendi）等。时装和皮革制品部门也成了 LVMH 集团核心收入来源，据 LVMH 集团 2020 年财报显示，该部门收益占集团总收益的 47. 5%。

图4　Dior 手袋

（图片来源：https：//m. facebook. com/lvmh/）

图5　Fendi 时装 & 手袋

（图片来源：https：//m. facebook. com/lvmh/）

在香水和化妆品领域，LVMH 集团先后收购了 14 个全球著名百年品牌以及极具潜力的新秀品牌，包括法国娇兰（Guerlain）、帕尔马之水（Acqua

Di Parma）、迪奥香水（Parfums Cheistian Dior）、纪梵希香水（Givenchy Parfums）、罗意威香水（Perfumes Loewe）、贝玲妃（Benefit Cosmetics）、美卡芬爱（Make Up For Ever）、美国女歌手蕾哈娜个人彩妆品牌 Fenty Beauty 等。这些品牌都秉承着追求卓越、创意新颖，完美把握品牌形象的信念。

图 6　Fenty Beauty

（图片来源：https：//m. facebook. com/lvmh/）

在腕表和珠宝领域，LVMH 集团拥有 7 个经典、活力四射的品牌，包括瑞士前卫品牌泰格雅豪（TAG Heuer）、宇舶（Hublot）、真力时（Zenith）、宝格丽（Bulgari）、尚美巴黎（Chaumet）、斐登（Fred）以及 2021 年正式加入 LVMH 大家庭的美国老牌珠宝品牌蒂芙尼（Tiffany & Co.），Tiffany 的加入进一步补足了 LVMH 集团在硬奢珠宝领域的短板。

在精品零售领域，LVMH 集团先后收购 5 家高端连锁零售店及百货商店，不断拓宽其品牌销售渠道，包括法国老牌高端百货公司乐蓬马歇（Le Bon Marché）、巴黎特色精致美食中心 La Grande épicerie de Paris、总部位于香港的“免税店（Duty Free Shoppers）”、法国化妆品零售公司丝芙兰（Sephora）、邮轮零售服务商 Starboard。对零售渠道的掌控，是 LVMH 集团品牌经营成功的重要法宝之一。通过公司控制的销售终端，不仅能够保证产品的质量一流，而且确保销售产品的零售终端能提供高质量的客户服务。

在其他活动领域，LVMH 集团拥有 11 个顶级品牌，包括意大利百年甜品品牌 Cova、高级游艇制造公司 Royal Van Lent、法国首家休闲娱乐公园 Jardind’ Acclimatation、巴黎奢侈品百货公司莎玛丽丹（La Samaritaine）、法

图 7　Tiffany 珠宝

（图片来源：https：//m. facebook. com/lvmh/）

图 8　丝芙兰

（图片来源：https：//m. facebook. com/lvmh/）

国领先的财经、艺术及综合性新闻杂志《回声报》（*Les Echos*）、《投资》（*Investir*）、《艺术知识》（*Connaissancce des Art*）、《巴黎人报》（*Le Parisien*）及电台 Radio Classique；开设奢华白马庄园酒店（Cheval Blanc）和宝格丽酒

店，收购世界顶级奢侈酒店品牌贝梦德（Belmond），LVMH 集团逐步确立起其奢华时尚生活方式服务商的角色，成为丰富文化与生活艺术典范，是集团旗下这一领域品牌的立足之本。

图 9　意大利贝梦德酒店

（图片来源：https：//m. facebook. com/lvmh/）

从 1987 年至 21 世纪初，LVMH 集团通过一系列精准的收购，不断完善品牌矩阵，扩展产品品类和渠道，提升集团抗风险能力，增强长期业绩增长动力，成就了庞大的奢侈品帝国。

（二）以“LV 整合法则”改善品牌经营，提升品牌价值

通过大规模的收购兼并，LVMH 集团建立起了庞大的奢侈品帝国。而在此过程中，“LV 整合法则”发挥了巨大的作用。“LV 整合法则”起源于 1986 年对 LV 的改造。当时，LV 品牌陷入了价格昂贵、产品单调经营的困境。1997 年，阿诺特任命鬼才设计师 Marc Jacobs 为创意总监，并通过产品创新和品牌跨界扭转局面，将 LV 的古老高贵融入现代生活中，重新塑造了 LV 的品牌形象，使其成为集团盈利能力最强的品牌。

“LV 整合法则”注重深挖品牌历史、讲述品牌故事、勾勒品牌特征、寻找合适的品牌设计师并重新塑造品牌形象。运用“LV 整合法则”，LVMH 集团成功地实现了在成本最小化的同时保证品牌价值最大化，从而实现集团品牌价值的不断提升。被收购的奢侈品牌在 LVMH 集团的经营下，往往重放光彩。

LVMH 集团一般通过重塑品牌形象来改善困境品牌的经营（如 Celine、Zenith、Pucci 和 Ruinart）。“LV 整合法则”通过挖掘品牌内涵、调整业务、优化运营，重新赋予品牌活力。集团对女装品牌 Celine 的重整堪称经典，在 LVMH 集团接手前，Celine 的销售额不断下滑，亏损额达 1600 万美元。LVMH 集团总裁阿诺特起用 LV 的二号人物卢比耶（Jean - Marc Loubier）重整 Celine。卢比耶上任后进行了几项变革。首先，深挖该品牌的历史。1945 年，Celine 在巴黎开设第一家店铺，以售卖高级童鞋起家。之后，Celine 被包装成现代奢侈品牌，是巴黎和欧洲复兴的象征，设计师 Michael Kors 将其定位为现代职业女性。其次，将 Celine 以服装为主、提包为辅的业务模式转变成加工生产营业利润率较高的皮具产品。最后，缩短产品流通时间，从之前的几个月缩短至几周，减少了存货成本，并加快了周转速度，从而提高了利润。重整后的 Celine 业绩直线上升，深受顾客喜爱。

“LV 整合法则”在酒类领域同样有效。Ruinart 是价格仅次于唐培里侬的高级香槟，同样，阿诺特为 Ruinart 品牌构造了丰富的历史内涵，找来历史学家，挖掘 Ruinart 的历史故事。诞生于 1729 年的 Ruinart 曾被玛丽王后饮用过，出口其他欧洲王室。王室的故事使得 Ruinart 品牌被定位为优越、高贵和全球化，为其打造顶尖奢华品牌注入了丰富内涵。

除此之外，LVMH 集团也不断为收购的经典品牌注入新的活力。例如在 2016 年收购德国高端旅行箱包品牌 Rimowa 后，不断开展品牌年轻化措施，为其更换了更为时尚简洁的品牌 Logo，并与众多大牌和潮牌推出联名款，包括 Off - White、Supreme、Fendi、保时捷 911、迪奥等，这些联名款已经成为时尚圈的宠儿，“一箱难求”。同时，Rimova 还扩张了产品线，推出了眼镜产品，并从传统的“硬箱行李”向“软箱包”领域进军，推出了系列手袋、双肩包和行李箱。Loewe 和宫崎骏《龙猫》推出联名款，前圣罗兰设计师艾迪·斯理曼加盟 Celine 等都为经典品牌注入了新鲜血液。

图 10　Rimowa 与 Supreme 联名款
（图片来源：https：//m. facebook. com/lvmh/）

图 11　Loewe 与龙猫合作款
（图片来源：https：//m. facebook. com/lvmh/）

通过“LV 整合法则”改善被收购的处于困境品牌的经营状况，使其重放光彩，并不断为旗下品牌注入新的活力，进一步巩固了 LVMH 集团奢侈品龙头的地位。

（三）通过打造稀缺性，不断增加品牌忠诚度

与大众消费品的面向人群不同，奢侈品的目标人群是特定的高端消费群体，因此消费品必须保持稀缺性，增加商品的消费者期望价值和购买欲望，从而增强消费者对品牌的忠诚度。历史上，奢侈品是因为精湛的工艺技术和采用当时稀有的材料制作而具有稀缺性。随着技术的进步，人们利用出新的稀有而昂贵的工艺和技术，从而打造出新的稀缺性。但现如今，稀缺性更偏向于奢侈品企业在营销过程中制造出的虚拟稀缺性，例如通过人为的短板、限量版、限制销售渠道、一对一个性服务、特殊的店面设计等来营造一种虚拟的、让消费者感知的品牌稀缺性和高贵感。LVMH 集团在打造稀缺性方面经验十足。

LVMH 集团旗下品牌每年的时装秀场可谓是万众瞩目，2007 年在时尚圈引起热议的 Fendi 品牌长城秀，来自全球的 600 多位嘉宾、名流、明星、媒体参与了这一盛事。秀场的 T 台选在了居庸关段的两个烽火台之间，两边铺设了 23 台发电机。由于首尾高低差异较大，强烈的灯光让它看上去像一条水晶河流。中田英寿、章子怡、日本潮王藤原浩、长谷川理惠等重量级明星的到场给Fendi带来了极大的知名度以及关注度，对其打开中国市场起到了重

大推动作用。时装秀场场地的选择和布置，都营造出了品牌的稀缺性和高贵感，增加了消费者对品牌奢华调性的认同与情感联系，并增强了消费者的品牌忠诚度。

图 12　Fendi 长城秀
（图片来源：https：//m. facebook. com/mensjournalonline/photos/a. 157025127703065/401304456608463/？type =3）

为消费者提供个性化的奢侈服务，以满足消费者的情感需求，是 LVMH 集团获得顾客忠诚度的关键手段。以 LV 在东京创建的象征着顶级奢侈品服务的瑟利克斯俱乐部为例，要想进入这座位于东京原宿表参道的 LV 购物，需要严格的核准程序外加 2000 美元会员费。尽管普通的消费者对此望而却步，但一些社会名流、艺术家和引领社会潮流之先的人士却趋之若鹜。进入购物区后，会员们可以优先购买最新款的 LV 产品，还可以得到其他顶级品牌限量版的优先保留权。除购物外，会员们还可参加各式限定活动，比如日本清酒大师的酒会，最先目睹好莱坞大片。这种奢侈购物体验，使得前来购物的消费者体会到了至尊荣耀及奢华购物的乐趣。

此外，LVMH 集团旗下品牌大都乐于与其他大牌、潮牌或者鬼才设计师推出联名限量款，打造稀缺性，吊足“粉丝”的胃口。之前最受瞩目的联名款莫过于LV与街头潮牌 Supreme 推出的系列产品，经典的 monogram 图案与 Supreme 标志性的字母 Logo 同框出现，使得街头艺术完美融入高档派设计中。联名款一经推出便售罄，众多明星、潮人纷纷晒出自己身着联名款的照片，其单品也被炒到了原价 2 倍的价格。通过限量款的发售，再次强调了品牌的稀缺性，引发消费者的追捧，从而进一步增强了顾客对 LV 品牌的忠诚度。

图 13　LV 与 Supreme 联名款

（图片来源：https：//m. facebook. com/supremeofficial/）

（四）始终秉承创新精神，保持品牌历久弥新

市场环境的不断变化给奢侈品带来极大的挑战，如何在保持品牌传统的基础上跟上时代的步伐，是奢侈品品牌发展的关键。因此，始终秉承创新精神是奢侈品品牌历久弥新的"制胜法宝"。

创新理念植根于 LVMH 集团的 DNA 中，并成为其多年来持续成功的源泉。在 LVMH 旗下品牌发展的历史长河中，闪耀着无数的创新。为打击假货，路易·威登于 19 世纪末打造了 Monogram 帆布；同样在 19 世纪，亚里斯泰德·布西科（Aristide Boucicaut）在乐蓬马歇百货公司（LeBon Marche）门店发明了现代零售商务，推出固定价格、标签、一年特定时间的定期销售、产品退货及其他创新举措。LVMH 集团旗下的葡萄酒和烈酒品牌也一直拥护创新。唐·培里侬（Dom Pérignon）在17世纪发明了传统的香槟酿造法，凯歌香槟（Veuve Clicquot）首次将黄标贴上瓶身，象征品牌的与众不同，一眼便识，从竞争者中脱颖而出。LVMH集团旗下零售品牌丝芙兰自成立之初便推出了一个以自主服务为核心的创新零售概念。通过成立丝芙兰实验室，刺激类似“实验员”的员工的创造力，形成创新想法，这些想法最终形成围绕提升购物体验的项目。此外，美妆界最为历史悠久的一线美妆品牌娇兰，不断创新推出明星产品，引领美妆潮流。娇兰推出的Rouge G宝石唇彩系列，设计了可自行替换的水晶外壳。唇膏外壳以银色金属为底座，并在外部镶嵌各色大块宝石或水钻，可以换壳的口红受到了众多追捧。

此外，LVMH集团在2017年设立了LVMH创新大奖，表彰来自法国和其他国家的具有潜力的创业公司。参与该奖项评选的创业公司需满足创立时间低于5年、估值在1亿美元以下、员工人数不到50人且解决方案与LVMH集团及旗下品牌面临的挑战相关的条件。获奖的企业可以获得LVMH集团投资专家的支持和建议，并与集团建立合作关系。该项目为LVMH集团在人才、技术等方面带来了巨大的资源，同时推动LVMH集团不断创新的进程。

图14　LVMH创新大赛宣传海报

（图片来源：https：//www. lvmh. com/news - documents/news/lvmh - innovation - award - discover - the - 30 - finalist - startups/）

LVMH集团一直将创新视为集团和旗下品牌发展的内部动力，一直坚定不移地推进品牌创新，不断推出新的产品、技术、服务等，为品牌注入新的活力，是增强品牌竞争优势的重要动力和源泉。

四、品牌管理特色

（一）“隐身”母品牌，全力打造强势子品牌

处理好母品牌（企业品牌）和子品牌（产品品牌）的关系是企业发展的重要前提。母子品牌要形成良性互动，这样母品牌可以使用自身的影响力推广子品牌，同时子品牌的成功又可以反哺母品牌，增加母品牌的品牌资产。然而，母子品牌并非要强行关联，母子品牌不需要同时出现在广告语、包装中就能产生合力。很多时候，母子品牌也可以不关联，即母公司隐身不让消费者知晓，这也可以称之为隐身品牌架构。LVMH 集团采取的就是典型的隐身品牌架构。

LVMH 集团的不断创新很大程度上得益于其隐身品牌架构管理模式。旗下每个品牌都独立运营，由自己的领导者来管理。集团的管理者更多是基于经营战略给予其指导和意见，并不参与和干涉品牌设计师的创意设计。这些管理者在创新方面均具备一定的商业本能，从而可以挑选出那些真正有创造力的员工，为创造性的设计提供良好的条件。由于设计环境自由宽松，设计师们有充分的自主权，因此设计师们得以突破常规，不断推出颠覆性设计，迎合消费者的猎奇心理和品位提升的需求。

LVMH 在集团范围内分享资源，在创造智能协同效应的同时，充分尊重旗下品牌各自特色和自主性，在不突出集团品牌的同时，打造出强势子品牌。LVMH 集团对于品牌的管理主要体现在两个方面。

一方面是动态品牌集群管控模式，即根据各个子品牌的经营状况，动态地为子品牌进行定性和定位，将所属子品牌划分为四类：重点品牌、侧翼品牌、新购品牌和衰落品牌。重点品牌包括 LV、Dior 和 Hennessy 等，是集团最为依赖的品牌，也是集团收入的核心来源。侧翼品牌包括 Celine、Givency、Fendi、Kenzo 和 Loror Piana 等，意大利羊绒品牌 Loro Piana 是 LVMH 集团旗下最高端的品牌，其定位堪比爱马仕。新购品牌包括 Rimova、Tiffany 等，集团不断为其注入新的活力，使其大放异彩。集团对于衰落品牌则是果断出售，例如 Donna Karen 及其副线 DKNY，在投入众多资源但品牌盈利依然不佳的情况下，集团及时出售了该品牌。

另一方面就是财务型品牌管控模式——经营自由、财务严控的品牌管控模式。各子品牌拥有充分的自主权，实行高度分散的管理。各子品牌经理持有小部分股份，使得他们可以自由、大胆和创新地经营各自的品牌，每个品牌都拥有自己的一套独立的创新设计及形象维护人才。LVMH 集团正是靠着企业品牌与产品品牌这种完全脱钩的品牌架构，保持了每个品牌纯正的个性和基因。

（二）集团化管理，提升整体品牌运营能力

虽然 LVMH 集团旗下子品牌的管理层拥有品牌独立经营权，但 LVMH 的集团化运营对其有重要的意义。集团化的运营为各个子品牌的发展提供了强大的动力。LVMH 集团形成了原料、设计、生产和零售的完整产业链。在上游生产部分，LVMH 集团合并了各个品牌的生产体系，将共同的加工程序集中起来，确保了产品质量的一致性，同时也节省了营销成本。在下游渠道部分，LVMH 集团旗下品牌可以共享零售渠道。比如，除了通过被收购的 DFS 与 Sephora 等连锁零售店之外，LVMH 集团还在全球开设了 5003 家精品店或旗舰店。集团也顺应数字化趋势，开设电商平台。这些努力都是为了把握住自由的销售渠道，避免受制于渠道商，同时，还能维持各地营销策略的一致性，避免代理商为了自身的利益牺牲品牌的形象。

LVMH 通过集团层面打造明星品牌，从而提升集团全部品牌形象。LVMH 集团 2020 年财报显示，其包括品牌价值、商标、经营许可等在内的无形资产的总和高达 170. 12 亿欧元，占总资产的 16%。目前 LVMH 集团倾力打造的明星产品有 LV、Fendi、Celine、酩悦、唐培里侬香槟以及刚加入 LVMH 家庭的蒂芙尼珠宝等。这些明星品牌的打造，不仅是企业持续发展的动力，更是集团品牌提升形象的重要依托。

（三）全面开展数字化，巩固品牌领导力

根据贝恩咨询公司数据显示，2020 年全球在线奢侈品销售额为 580 亿美元，同比 2019 年增长将近一倍，占奢侈品消费总额的 23%，预计 2025 年有望达到 30% 以上。消费者的购物习惯已逐渐向线上转移，线上销售渠道市场已成为众多奢侈品牌必争之地。LVMH 集团紧跟时代潮流，将数字化战略转型作为集团重要经营战略。2015 年，LVMH 集团聘请苹果的前 iTunes 高级总监Ian Rogers，并命其担任集团首席数字官，带领 LVMH 集团进行数字化转

型。从 2016 年开始，LVMH 集团成为 Viva Technology 科技创业峰会的赞助商，面向全球招标，对解决奢侈品牌未来挑战的创业公司提供资金帮助，并以 LVMH Luxury Lab 的名义开设展览。由此，LVMH 可以更好地了解当前的科技发展趋势和潮流，并汲取更多优秀的创意及人才。

图 15　LVMH Luxury Lab

（图片来源：https：//m. facebook. com/lvmh/）

2017 年，LVMH 集团推出电商网站 24 Sèvres，拓宽其线上销售渠道，面向全球顾客销售 Chloé、Balenciaga、Versace 等 70 多个品牌的产品。2019 年，将其更名为更加简洁的 24S，为全球消费者提供超过 200 多个品牌的产品。2020 年，24S 的中文版网站正式上线，进一步发掘消费潜力巨大的中国市场。LVMH 集团旗下品牌 Celine 也在 2020 年推出了微信小程序旗舰店；美妆零售商 Sephora 在 Instagram 开设线上门店。此外，LVMH 集团也陆续与奢侈品电商买手店 Farfetch、全球时尚搜索平台 Lyst、天猫、京东等电商平台进行合作，不断拓宽其品牌线上销售渠道。

LVMH 集团也在积极探索全方位的数字化应用。2020 年，LV 早春系列推出了一款科技感十足的柔软性屏幕手袋，其包身上搭载了中国矛宇科技公司的柔性显示屏与柔性传感器，顾客可以在屏幕上播放视频、图片，还可以进行触控互动。同时，LVMH 集团联手微软和 Consen Sys 推出了 Aura，是其

图16　24S 网站
（图片来源：https：//m. facebook. com/lvmh/）

首个全球区块链认证平台，帮助顾客追溯奢侈品来源及其他身份信息。

LVMH 集团不仅大力发展线上销售渠道，同时在集团进行数字化内部经营并提高沟通效率。LVMH 集团积极进行数字化战略转型，不仅拓展了品牌销售渠道，同时也为集团注入了新的活力，巩固了 LVMH 集团品牌的领导力。

（四）卓越的人才培养机制，打造品牌发展内生动力

无论是公司治理还是商业运作，都始终离不开人的作用。在 LVMH 集团，跨品牌经营能力的培养是人力资源工作的重点。LVMH 集团认为自己要培养的是“全能型人才”，集团内部培训的内容涉及金融、市场、法律等全方位课程。其中，品牌培训是重要课题，新员工一进入 LVMH 集团，就被要求深入认识所有集团旗下品牌，包括品牌历史、文化以及品牌们在 LVMH 集团中的价值，尤其对于新收购的品牌，LVMH 集团要求员工必须深入地了解其文化、价值，从而确保在制定品牌战略时不破坏其原有的风格，从而得以保留住这些品牌原来的消费群。LVMH 集团还会把员工送往法国、西班牙或意大利等国家，让员工亲身去感受历史悠久的艺术，接受艺术文化的熏陶，间接培养员工对于品牌艺术的识别和鉴赏能力。这种全能型人才的培养，为 LVMH品牌的发展提供了不竭的内在动力。

同时，LVMH 集团还推出了 Inside LVMH 项目，主要面向英国、意大利、法国等 50 多所欧盟机构高校的 220 位学生和毕业生，如英国中央圣马丁艺术设计学院、法国时装学院等，让他们有机会围绕奢侈品和创新主体，参观工坊，与集团高管和职员进行交流，探索集团及其旗下品牌。该项目加强了与欧洲高校年轻人才的关联，吸引更多的新鲜血液加入 LVMH 集团。

图 17　Inside LVMH 项目

（图片来源：https：//m. facebook. com/lvmh/）

五、品牌传播特色

（一）选用与品牌调性高度契合的代言人，展现品牌魅力

明星与奢侈品的关系很微妙，明星通过代言奢侈品提升自身形象，而奢侈品又需要寻找明星来提升品牌的知名度和影响力。因而，“影响力”往往是品牌衡量代言人的首要指标。作为顶尖的奢侈品牌，LVMH 在选择代言人

时更为严苛。除了明星本身的公众认知度、代言投身力度外，名人本身与品牌形象的契合度也十分关键。

以 LV 为例，LV 在选择品牌代言人时，除了魅力和出众的外表之外还有一个共通点，那就是独立，从安吉丽娜·朱莉到麦当娜，这些在自己的事业上都有卓越成绩的女性代表着那群追求权力与话语权的女性，所以每年 LV 代言人的最终确定总能引起关注与热议。2021 年 LV 官宣日本网球冠军大阪直美、华裔演员刘亦菲成为其新的品牌代言人，并代言其 2021 年早春系列。两位新晋代言人都在自己的领域有着优异的表现，也都具备坚韧独立的特征，是新一代女性的榜样，完全符合 LV 的品牌调性。通过顶级明星的个人形象与品牌理念的相互诠释和融合，LVMH 旗下品牌得以更加生动具象地展现品牌魅力，从而使得品牌更加深入人心。

（二）致力于公益环保事业，提升品牌美誉度

奢侈品因其昂贵的价格，往往成为贫富差距导致社会对立的矛盾焦点。因而奢侈品牌们都倾向于通过义卖、捐献、公益基金、爱心拍卖会等各种形式的慈善活动，改善其在消费者心目中的形象。公益慈善与文化公益活动亦是 LVMH 集团常用的方式。LVMH 集团自 1991 年起就将企业慈善作为体现 LVMH 集团形象的基石，同时也将其确立为集团发展的战略要素。同时，LVMH 集团也积极投身于环保事业，为对抗全球气候变化作出贡献。

疫情期间，LVMH 集团积极地投入到抗疫行动中，LV、迪奥、罗意威等品牌纷纷重新开启生产线中，投入到口罩和防护服的生产。迪奥、纪梵希、娇兰的香水生产线则用来生产消毒洗手液，免费提供给法国卫生机构和欧洲的医院系统。宝格丽也投入消毒洗手液的生产中，产品由意大利政府提供给急需的医疗卫生机构。轩尼诗和酩悦也向法国当地的医院捐赠了大量的防疫物资。轩尼诗在美国发起了名为“未竟事业（Unfinished Business）”的倡议，为受疫情影响的小型企业提供资金支持，帮助他们规避倒闭的风险。小型企业所有者可以在相关平台注册获得援助，以解燃眉之急。

一直以来，LVMH 对艺术与文化的各种赞助遍布法国各地及世界其他国家：修复历史遗迹，为知名博物馆收购作品；为知名的国家级展览作出贡献以及支持当代艺术家的艺术创作。在阿诺特的倡议下，路易·威登在法国还设有路易·威登基金会，意在支持法国和国际当代艺术创作，让更多人接触

图 18　疫情期间娇兰车间生产口罩

（图片来源：https：//www. lvmh. com/）

法国和国际当代艺术。

LVMH 集团旗下香槟品牌酩悦与时尚品牌 AMBUSH 的联合创始人兼创意总监 Yoon 合作推出限量版 Impérial Moët & Chandon 酒瓶作品，借助此次合作为生态环境提供支持。酩悦将把限量版 Moët & Chandon x AMBUSH 作品收入的一部分捐赠给世界土地信托（World Land Trust），该国际性慈善组织旨在保护濒危自然栖息。所捐资金将用于保护厄瓜多尔 Chocó 森林中的 Canandé 自然保护区，保护脆弱动物及停止森林砍伐。集团还在 2013 年制订了 LVMH 照明计划，采用 LED 灯替换传统照明灯，帮助旗下门店在保证充分照明的同时，减少能源消耗产生的二氧化碳排放量。同时，集团还设置了 LIFE IN STORES 奖，鼓励旗下品牌追求卓越，并对集团中的最佳环保精品店进行奖励。

LVMH 集团自成立以来就积极履行社会责任与环境责任，将社会公益和环境保护活动作为集团品牌发展过程中的重点工作，不仅彰显了其作为企业公民的责任与担当，也拉近了与消费者之间的距离，增强了与消费者之间的情感纽带，提升了品牌影响力和美誉度。

六、案例总结

（一）有条件的并购与有效整合——品牌创建的重要手段

并购作为一种高风险与高利润并存的商业行为，是企业迅速实现资本扩张的重要形式，也是打造品牌版图的有效手段。然而，企业在进行并购时，要遵循一定的原则。与企业自身品牌调性相符合是进行收购并购时需要首先考虑的问题。

其次，并购之后的多品牌整合也至关重要。这就要求并购方企业把并购之后的多品牌管理作为并购交易之后的大整合分支来统筹安排考虑，并且施以详细的品牌整合方案。如果并购双方企业都拥有强势品牌，并且互不冲突，并购方企业就应该尽快找出两个或者多个品牌的差异性与协同性，实行双品牌甚至多品牌战略；如果被收购方是弱势品牌，那么可将收购回来的产品或服务改为收购方品牌，利用收购方品牌影响力和竞争力使得收购回来的产品和服务得到更好的发展，同时，进一步扩大收购方自身品牌的影响力。

总之，品牌整合需要从整体性、全面性出发，考虑多方面的影响因素，在此基础上结合企业发展战略，选择适合的管理方式，实现品牌资产的优化。

（二）打造稀缺性——增加品牌忠诚度的关键手段

对于奢侈品而言，努力保持产品的稀缺性和独特性有助于提高品牌定位，吸引目标顾客群体。奢侈品最初是采用一些自然存在的珍稀原料，稀有而精湛的工艺制作，因此天生具有稀缺的特性。但自然的稀缺性有相当的局限性，因为自然原料的稀缺会限制产量，需要投入大量的资金，会影响品牌收益。所以打造能让消费者感知的稀缺性是奢侈品品牌“圈粉”的重要方法。推出限量款、限量发售、提供一对一个性化服务、限制销售渠道、选择与品牌调性相符的小众媒体以及采用公关活动或事件营销来进行品牌传播等手段都是获得消费者感知品牌稀缺性的重要手段。

选择合适的方式营造能被消费者感知的稀缺性，从而不断增强消费者对品牌的忠诚度，巩固品牌的地位。

百事公司：
弘扬年轻个性　绽放无限活动

百事公司从创立开始，一直秉承年轻、动感、时尚风格，精准定位年轻市场，通过深耕食品和饮料行业，以“超赶精神”向强大对手发出挑战，成为该领域的佼佼者；而后又在百年的市场竞争与品牌沉淀中，探索追求在整个价值链实现可持续发展的道路，助力品牌常青。

企业简介：

1893年，美国北卡罗来纳州伯恩市的药剂师科尔贝·布莱德汉姆发明了“百事可乐”，并在1902年创建了百事可乐公司。而如今广为熟知的百事公司(Pepsi CO., Inc.)是在1965年，由百事可乐公司和休闲食品巨头菲多利合并而成立。目前，百事公司已经成为全球食品和饮料行业的领导者，其产品每天在全球200多个国家和地区的消费者中享用超过10亿次。百事公司旗下包括一系列深受消费者喜爱的休闲食品和饮料品牌，其中23个品牌的年零售额超过10亿美元。

自创立之初，百事公司就在保证良好财务绩效的同时不断发扬创新精神，以满足市场的需求，通过收购并购等手段开拓新的业务领域和重要地区市场，实现了多元化经营。目前，百事公司由七大部门组成：百事美洲饮料公司，北美桂格食品公司，北美菲多利乐事公司，百事拉丁美部门，百事欧洲部门，非洲、中东、南亚部门以及亚太地区、澳大利亚/新西兰和中国部门。每个部门的业务和市场都有其独特的发展历史和经营方式。

百事公司致力于发挥自身全部潜力，以可持续的加速增长为目标，以“每一口都更多欢笑”为企业使命，在追求可持续赢得市场的过程中，为消费者、客户、员工和社区、地球及股东创造更多价值，以实现成为休闲食品和饮料行业的全球领袖的美好愿景。根据其公布的2020年全年财报显示，截至2020年12月26日，该公司的全年营收703.72亿美元，比2019年同期提高了4.8%。

2020年百事公司在《财富》世界500强榜单中，以约671.61亿美元的营业收入位列第160名。

一、品牌发展历程

（一）1902 年—20 世纪 60 年代末：品牌初创期

（二）20 世纪 70 年代初—90 年代初：品牌多元化成长期

（三）20 世纪 90 年代末至今：品牌全球扩张期

二、品牌核心价值理念分析

三、品牌创建路径

（一）勇于向行业第一挑战，实现品牌快速崛起

（二）顺应“健康”市场发展，扩大产品矩阵，提升品牌竞争力

（三）打造可持续食品体系，追求实现品牌可持续发展

（四）加大品牌数字化投入，把握时代消费新习惯和新模式

四、品牌国际化策略

（一）施行本土化策略，助力品牌深入区域市场

（二）加速投资稳定竞争力市场，夯实国际化地位

五、品牌管理特色

（一）以母子品牌为主的品牌架构

（二）围绕年轻化主题进行的品牌延伸

六、品牌传播特色

（一）“全明星”阵容，“粉丝”转化成品牌消费者

（二）借力新媒体平台，提升品牌传播声量

（三）以文化传承构建深度情感链接，抓牢核心消费群体

（四）独具魅力的音乐营销——品牌与消费者沟通的最佳语言

七、案例总结

（一）差异化定位使品牌在竞争激烈的市场找到生机和优势

（二）音乐营销使品牌与消费者之间建立起情感的纽带，引发消费者共鸣

（三）将履行社会责任融入企业基因是实现品牌可持续发展的重要保障

一、品牌发展历程

自百事公司创办以来，便通过收购并购的手段一路扩张，凭借对市场的敏锐洞察力，及时调整品牌发展战略，深耕饮料和休闲食品行业，最终发展成为全球领先的食品和饮料巨头。百事品牌的发展大致可以分为三个阶段：

（一）1902 年—20 世纪 60 年代末：品牌初创期

“百事可乐”这一名称最早由美国的药剂师科尔贝 · 布莱德汉姆命名，他也是这一饮料的发明者，而后于 1902 年，他成立了百事可乐公司，并在苏打柜台售卖这款饮料，这便是百事公司的前身。后来，科尔贝逐渐意识到其背后蕴藏着巨大商机——将百事可乐灌装起来，方便运往世界各地，让各地的人们可以享受到。直到 1965 年，百事可乐公司与当时的休闲食品巨头菲多利公司合并，并正式更名为百事公司（Pepsico，Inc.），将休闲食品纳入公司核心业务，自此百事公司正式诞生了。

（二）20 世纪 70 年代初—90 年代初：品牌多元化成长期

在这一时期，由于饮料行业的激烈竞争，为了规避风险，百事公司选择了多元化经营。从 1977 年开始，百事公司便快速进军快餐行业以试图打破单一的业务种类，先后将必胜客、塔可贝尔和肯德基收购，在这一阶段百事公司进入了多元化经营的高峰。当时，跨界快餐行业的百事公司将麦当劳作为该领域的竞争对手，再次凭借勇者无畏的精神向快餐大王麦当劳发起了挑战，通过减少厨房用地、降低人工成本、加快流通速度等手段，以及“送货上门”的新型营销方式，提升了销售额，也拉动了百事可乐的销售量。多元化发展策略使得百事公司终于在诞生 92 周年的时候赶上了竞争对手。

（三）20 世纪 90 年代末至今：品牌全球扩张期

为了将市场经营重点重新回归饮料和休闲食品，百事公司于 1997 年 10 月作出重大战略调整，将必胜客、塔可贝尔和肯德基的餐厅业务从公司分离出去，之后百事公司便开启了大规模收购之路。1998 年，百事公司收购了世界著名的 Tropicana 果汁饮料公司；2001 年，百事公司又与世界著名的食品公司 Quaker 公司合并，将一流运动饮料品牌佳得乐（Gatorade）归入百事旗下；2010年，百事公司还收购了两家最大的灌装厂——百事装瓶集团（PBG）和百事美洲公司（PA），这项收购很大程度上增强了百事公司在北美和欧洲的饮料业务实力；2011年，百事公司再次出手收购了俄罗斯食品饮料领先品牌维姆·比尔·丹公司，丰富营养及功能性食品饮料市场；2020年6月，百事公司以7.05亿美元收购了百草味100%股权，以提升在休闲零食板块的竞争力，同时为中国业务注入新的增长动力。经过一系列的收购并购，百事公司大大丰富了产品矩阵，同时也实现了百事品牌在全球范围内认知度和影响力的大幅提升。

二、品牌核心价值理念分析

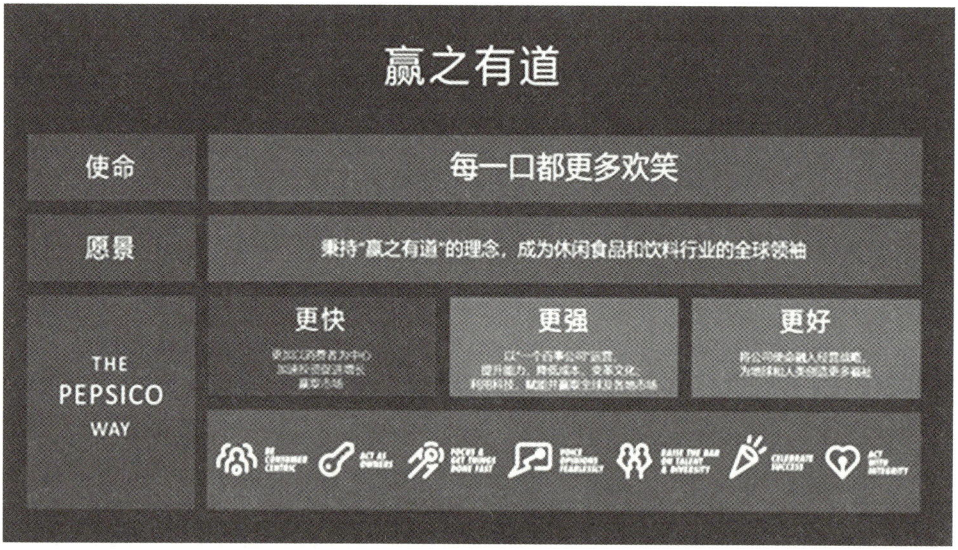

图1 百事公司品牌核心价值理念

（图片来源：百事公司官网）

百事公司秉承“赢之有道”的理念，将“每一口都更多欢笑”作为企业使命，将“成为休闲食品和饮料行业的全球领袖”作为愿景，致力于实现可持续增长的同时，恪守为人类、社会和地球作贡献的承诺。面对消费者，百事公司追求以美味、营养的产品和独特的品牌体验为消费者创造快乐的时刻；面对客户，百事公司则希望成为最好的合作伙伴，通过不断的创新，以实现业绩的增长来回报客户的信任；对于员工和社区，百事公司用可持续发展的眼光，通过为员工创造有意义的机会，包括提供工作、技能培养和良好的职业生涯规划以及多元化和包容性的工作环境等来帮助员工实现个人价值；对于人们赖以生存的地球，百事公司更是将保护大自然的宝贵资源作为企业重要的责任，为后代创造可持续的生态环境；面对股东，百事公司则积极通过优化公司治理手段为股东带来长期的回报。

在追求可持续地赢得市场的过程中，百事公司以“更快、更强、更好”为新时期的战略目标，并将企业使命融入经营战略中。百事公司以消费者为中心加速投资，通过扩充产品线来满足消费者日益多元化需求的同时，实现品牌的国际扩张，并提高市场竞争力。此外，坚持以“一个百事公司”为经营策略，利用科技为品牌赋能，依据市场变化不断在调整与改革中提升自身运营能力，并通过打造一个可持续的食品体系，在农业、水、包装、产品、气候和人员等各个方面作出更大贡献，助力品牌美誉度的提升，并实现品牌长期可持续发展。

三、品牌创建路径

在竞争激烈的饮料与食品行业，百事公司从专门生产碳酸饮料——百事可乐到如今成为拥有多元化品牌的饮料与休闲食品巨头，与它对于品质的追求、对于消费者的承诺以及良好的品牌管理和高级的营销策划手段是分不开的。百事公司在众多竞争对手，尤其是可口可乐公司的强力竞争下，通过施行本土化策略，不断研发和创新适应当地市场的产品；并通过收购并购手段丰富品牌品类，开拓新市场。通过对市场细分、精准定位，再加以长期将可持续发展战略融入业务和运营中，百事公司实现了在整个产业链处于行业领先水平的目标。

（一）勇于向行业第一挑战，实现品牌快速崛起

百事公司初创之时，可口可乐公司已经创立发展了十多年，成为独占鳌头的可乐代名词。对于百事公司来说，要想在这个领域站住脚，就需要找到自身发展的突破口。于是在过去的一个世纪，百事公司与可口可乐公司之间的竞争从未停止，而在这个过程中，双方变得比以往更加强大了。百事与可

口可乐之间的竞争体现在方方面面，从产品本身到价格定位、从广告策略到活动营销……在一次次的“对决”中，百事公司通过洞悉市场、把握时机，不断丰富品牌内涵，持续传播品牌形象，最终，不畏强者、勇于挑战的百事公司不再仰视它的竞争对手，取而代之的是平分秋色的市场地位，百事品牌的崛起犹如教科书般励志。

链接 1

百事公司最初凭借百事可乐产品打入市场的时候，是一个追随者的身份，面对的是早已发展 13 年、实现年销量上千万瓶、独占市场鳌头的劲敌可口可乐公司。然而就是在这样极其弱势的情况下，百事公司却依然下定决心向强者发出挑战。作为后进者的百事公司，以“me too”的品牌策略进入市场，在与可口可乐公司争夺并赢得了“cola”一词的使用权后，才真正开始得到了市场共存的权利。然后，通过洞察对手的发展策略，百事公司找到了品牌崛起的关键——差异化的市场定位。当时，可口可乐公司的市场定位是覆盖各个年龄层群体。然而百事公司在经过市场观察后发现，实际上青少年群体对碳酸饮料有着强大的需求，他们的购买潜力尚未得到充分挖掘且他们对于品牌的忠诚度较低，于是百事公司将其目标市场定位于美国那些具有创新精神、年轻并富有活力的“新一代”，正是因为抓住了这一群体的心理特征，百事公司赢得了部分市场份额。

不过，仅仅做到这点是不可能有如今成功的。后来百事公司在广告策略方面发力，两个可乐品牌的广告大战也一直是市场的看点。早在 1963 年，百事公司就充分利用名人效应，借势营销了一把。当时正值美国总统肯尼迪在就职演讲中说道“火炬已经传给新一代美国人”，百事公司便推出与婴儿潮时期出生的青少年相联系的广告，赢得了这批“新一代”的支持。后来，百事公司的广告变得越来越有创意，也更具挑战意味，明显地向可口可乐公司发起挑衅。比如，曾有一则广告是这样的场景：一个小男孩在自动售货机前买可乐，由于可口可乐的按钮靠下容易触碰到，于是小男孩先投了两枚硬币换取了两瓶可口可乐，然而他并没有拿着饮料离开，而是把它们踩在脚下以方便按下处于更高位置的百事可乐的按钮，当百事可乐从售货机滚出时，男孩拿起百事可乐面带笑意离开了，留下了被踩过的两瓶可口可乐。这则广告极具创意与趣味性，细节设计得十分巧妙。百事公司通过这样一则广告一方面展现了可乐领域两大品牌分庭抗礼的现状，另一方面暗示百事可乐品牌才是新一代的最终选择。这则广告的播出也让“红蓝大战”为更多人所关注，就像百事公司品牌总监兼数字化总监 Linda Lagos 所说：“没有比把这两个品牌放在一起更吸引眼球了。”

当可口可乐标榜“经典”“传统”的时候，百事公司则将自身定位于“年轻”“创新”“新一代”，以强化品牌的“挑战者”形象及实现差异化发展。基于这样的定位，百事公司还开启了延续至今的“明星代言”之路，而这一传播策略是支撑百事公司百年可持续发展的重要战略之一。这一战略的开端从 1994 年百事公司以巨款签约了迈克尔·杰克逊开始。自此，一场名为“百事一代的选择”的系列广告大片拉开了序幕，百事公司先后与麦当娜、辛迪克劳馥等受年轻人喜爱的明星签约。在全球化扩张的进程中，同样采用了清晰的明星策略和本土化广告策略宣扬自己的新潮、流行，在全球长期推行的“明星 + 体育 + 音乐”的广告模式广受赞誉。

百事在与可口可乐的对决中，巧妙地运用差异化策略，逐渐培养了一批对品牌忠诚度极高的消费群，建立起了强大的市场与强者分庭抗礼，逐渐成为行业的领军品牌，更树立了勇敢无畏的“追赶者”的形象。

（二）顺应“健康”市场发展，扩大产品矩阵，提升品牌竞争力

近年来，随着生活水平的提升，人们对于食品的要求也日趋健康化、营养化。针对这一趋势百事公司一方面在保证产品味道的同时，在生产过程中减少对糖、钠、饱和脂肪等原料的使用；另一方面致力于在原有生产基础上延伸新的产品线，扩大产品矩阵，以贴近消费者的喜好以及通过差异化的竞争夺取市场。

对于之前百事公司未曾涉及或者不擅长的空间领域，百事公司通过战略投资收购的形式进入该市场。1998 年，百事公司收购纯果乐的品牌和产品线；2001 年，收购桂格麦片（Quaker Qats）公司；2011 年，百事斥资 13 亿美元收购了位于加利福尼亚的制作豆乳和橙汁饮料的公司；2020 年先后以 50 亿元的价格收购百草味，以及 268 亿元的价格收购了功能饮料生产商 Rockstar Energy Beverages，以抢占功能饮料市场……百事公司从未停止收购并购的脚步，通过投资来发展品牌的产品组合和改变价值链，使其产品线愈

图2　百事公司旗下品牌产品示意图

（图片来源：百事公司官网）

加丰富，使其品牌更加以消费者和客户为中心，满足更多样化的需求。

与此同时，百事公司自己也积极开展内部创新，利用大数据技术研发健康食品。例如，百事公司旗下菲多利食品公司的研发部门就投入大量精力研究健康休闲食品，通过在生产过程中将脂肪油改为植物油、添加椰菜、胡萝卜和西红柿等健康营养原料，或者通过去除食品中对人体有害的物质等方式来生产更多的健康食品。2017—2018 年期间，百事公司还顺应市场的需求与发展推出了胶囊饮料 Drinkfinity、气泡水 Bubly 等主打健康化的饮料新品，以突破和改变其碳酸饮料所带来的“非健康”“高热量”“高糖分”的品牌标签和固有形象。

如今，百事公司旗下年销售额超过 10 亿美元的品牌中，健康产品品牌占了近 50%。百事公司的“健康”理念为其创造了巨大的发展动力，这一动力不仅仅体现在百事公司不断增长的营收上，更表现在其全球市场份额的逐年扩大和品牌竞争优势的提高上。

（三）打造可持续食品体系，追求实现品牌可持续发展

自 2006 年起，百事公司便开启了追求可持续发展的道路，并在 2016 年推出了“2025 可持续发展日程”，以促进业务的持续增长，应对多变的消费者和社会需求。百事公司制定的可持续发展目标遵照联合国“良好健康与福祉”的发展目标，追求通过自身产品来改善人类的健康与福祉、保护地球和赋能与人。

在追求可持续发展的过程中，百事公司致力于建立一个更可持续的、能

图 3　百事公司可持续食品体系

（图片来源：百事公司官网）

满足人类营养需求的食品体系，并希望通过不断优化改进制造、分配、消费和处置食品和饮料的方式，推动经济和社会发展。其可持续食品体系的发力重点体现在以下六个方面：

第一，投资新一代农业。农业是百事公司打造可持续食品体系的基础，更是其业务的根基。目前，百事公司在全球 60 个国家使用超过 25 种农作物来生产产品，这种规模和影响力意味着百事公司的生产环节对全世界农业环境或多或少产生影响。然而，目前全球农业快速发展所带来的环境危害已经显而易见：农业用水占世界淡水消耗量的 70%，农业温室气体排放占全球温室气体排放量的 25%，同时农业的发展还带来了滥砍滥伐、生物多样性丧失、土地污染和水污染等人为灾害。正是面对这样严峻的形势，百事公司肩负起责任使命，加大对新一代农业的投资，旨在推动农业更有韧性、更智能和更包容性，通过支持改善农民生计和农业恢复能力的做法和技术，提升世界各地社区的环境、社会和经济效益。

第二，推动用水安全，在确保业务持续发展的同时，为全人类的水资源安全和保护作出积极贡献。百事公司的水资源战略侧重提高其业务和运营地区的水资源管理，并且通过设立 2025 年和 2030 年目标，即实现在高风险缺水区域，将农业供应链中的用水效率提高 15%，运营用水使用效率提高 25%，以及为全球 1 亿人提供安全用水等，推动全球水资源的可持续使用。

第三，实现可循环包装。2018 年，百事公司虽然已经实现了塑料材料包装占总包装材料的不到 50%，但仍有 230 万吨的塑料被使用，且回收利用率只有 14%。目前，百事公司正努力建立包装可循环系统，计划到 2025 年将 100% 的产品包装设计为可回收、可堆肥或可生物降解的形式，并将塑料包装的回收含量提高到 25%，在饮料产品中减少 35% 的新塑料使用量，以实现“世界无塑成废”的愿景。

第四，通过减少糖、钠、饱和脂肪等原料的使用进而优化产品选择，为消费者提供含有更多营养成分的新产品，助力全球消费者实现均衡饮食、健康饮食。

第五，减少全产业链的温室气体排放。百事公司的目标是，到 2030 年将百事整个价值链的温室气体绝对排放量减少 20%。全球快速变暖成为当下日益严峻的问题，而这一亟待解决的环境问题也会对百事公司的全球可持续食品体系带来更多风险，所以百事公司希望通过自身的努力，减少对大自然的污染，在为遏制气候变化尽一份力的同时，也为品牌可持续发展助力。

第六，关注人与发展。百事公司在世界各地的员工、合作伙伴都在为推动食品体系建设而努力工作。从收集原料到装载卡车进行配送，到将商品摆放到货架上，百事公司依靠农民、员工、合作伙伴和其他利益相关方来制造和销售全球认可的产品。所以，百事公司将关心人们的成功和健康作为重要的可持续发展战略，致力于在整个价值链中推动尊重人权，建立多元化和包容性的工作场所，支持女性经济发展，以促进共同繁荣。

目前，打造可持续食品体系已成为百事公司实现品牌长期可持续发展的核心，其正在通过对社会、经济、人类创造更多价值来扭转品牌在消费者心中的陈旧形象，进而塑造一个更加健康、更加负责任的企业品牌形象。百事公司通过构建全球可持续食品体系，逐步得到市场和消费者认可的同时，通过扩大产品矩阵有效应对了持续疲软的碳酸饮料市场带来的负面影响。

（四）加大品牌数字化投入，把握时代消费新习惯和新模式

新冠疫情肆虐，促进了社会和消费者行为的改变。面对消费者的消费习惯从线下购买转为使用电子商务渠道购买，且购物篮规模也逐渐提升的趋势，百事公司抓住机会，开发了灵活、有弹性的供应链，凭借准确、快速的预测和响应能力来支持线上渠道，在 2020 年第一季度实现了 7.7% 的净收入增长。

其实近年来，百事公司一直加快数字化布局，把握时下消费趋势，实现

利益更大化。早在电商发展火热的时期便组建了一支专门服务线上渠道的团队，团队由 200 余名经验丰富的电商人才和技术专家组成，主要研究百事旗下产品在电商平台上的包装和营销。另外，在 2020 年正值疫情大暴发之际，百事公司还在美国推出了两家 DTC（Direct - To - Consumer，即直接由产品制造商对接消费者）模式网店，消费者在线上购买产品便可享受两天内送货到家的服务，让仍处于疫情影响下的美国消费者们多了个渠道购买百事的零食和饮料。

不仅如此，在线上经济高速发展并日趋成熟的中国，百事公司更是发力跻身线上市场。在 2020 年 6 月，百事公司以 7.05 亿美元的价格收购了中国电商食品品牌百草味，这一举动除了因为百草味符合百事公司“健康食品”的诉求外，其电商基因也是关键原因之一。数据显示，百草味在 2018 年和 2019 年的电商业务收入分别占到 95.22% 和 95.64%，这意味着百草味能很好地弥补百事所缺乏的电商基因。

百事公司正在享受数字化升级所带来的便利与利益，通过布局数字化发展战略，百事公司不仅可以直接接触到数量庞大的全球客户，有针对性地与消费者互动，提供定制化的服务和购物体验，还为进入其他国家和地区市场，打破入市壁垒，提供了更多机会。

四、品牌国际化策略

（一）施行本土化策略，助力品牌深入区域市场

对于百事公司来说，从未停止的就是从一个市场、一个区域、一个国家迈向覆盖全球 200 多个国家和地区市场的脚步。百事公司的国际化进程离不开它针对不同市场所制定和实施的本土化策略，从产品生产、销售、营销、服务等各个方面充分考虑当地的道德、文化、习俗等因素。

首先，其本土化策略体现在产品研发上。以中国市场为例，百事公司旗下休闲食品乐事薯片深受中国消费者的喜爱，刚进驻中国市场之时，乐事首先推出了经典的原味薯片，随后可见烤肉味、番茄味、意大利红烩味道……然而自 2005 年起，乐事薯片便开始针对中国消费者的口味，将博大精深的中国美食文化精髓融入自己的产品中，研发推出了中华食尚系列

产品，将北京烤鸭、沙茶鸡等中国特色菜肴的口味融入薯片中，甚至还联名周黑鸭推出了辣卤鸭脖味，联名五芳斋推出了咸蛋黄肉粽味，联名大白兔推出了香浓奶糖味……而在日本市场，百事公司通过洞悉当地消费者喜爱半夜喝可乐的饮食习惯，特别推出了全新可乐品牌 J - Cola（其中，J 代表"Japan & Joy"）。在研发过程中，百事公司收集了百名日本深度可乐爱好者的意见，并以此推出了三种口味饮品供消费者选择。值得一提的是，在包装设计上，百事公司采用了日本传统葛饰北斋浮世绘的浪花图案以迎合当地市场。这些产品的推出，不仅丰富了产品矩阵，还体现了品牌努力融入、深耕本土市场，以特色的本土化产品拉近与不同地区消费者的距离，使品牌在全球各地市场全面开花。

除了进行本土化的产品研发，百事公司的本土化策略还体现在营销环节。2016 年，百事公司在全球发起了 PepsiMoji 活动，并与摄影师本・瓦茨、丹尼尔・阿诺德合作，推出系列与 PepsiMoji 表情巧妙结合的户外摄影作品并发起话题#PepsiMoji，分享故事。而这一在全球范围内开展的营销活动，根据不同国家和地区的实际情况，作出了调整。比如在印度，设立了百事"情绪售货机"，消费者可以在其中挑选最符合心情的 PepsiMoji 产品；在中东，百事公司则发起了一个由本土意见领袖参与的互动项目，以调动当地消费者的积极性；在阿根廷，消费者可以自由地定制个性化 PepsiMoji，或用 PepsiMoji 设计来搭配自拍。

可以看出，百事公司在不同市场所作出的战略性调整，为其全球扩张提供了强大的支撑。每进入一个市场，百事公司便通过调研分析当地风土人情、文化特色、市场特征等以深谙市场规则和发展需求，开展符合本土文化的市场活动，最终赢得各地区消费者的青睐。

（二）加速投资稳定竞争力市场，夯实国际化地位

百事公司一直以来以消费者为中心开展各项业务，通过投资手段促进业务增长，赢取市场，尤其注重在竞争力强、潜力大的市场进行布局，以实现全球业务繁荣。

中国是百事公司最重要的竞争市场之一。进入中国近 40 年，百事公司从产品到销售体系全面实施本土化策略，实现了较高的产品和品牌市场渗透率。面对新时代下新的发展格局，百事公司为了稳定在中国的地位和谋取未

来发展，不断加码投资以稳固市场。除了收购并购本土品牌填补市场空白、增强本土竞争力以外，还通过在当地投资建造工厂等手段打造完整的供应链。2018 年，百事公司宣布增资 1 亿美元扩建上海松江食品工厂；2019 年，投资 5000 万美元建立四川生产基地；2020 年，百事食品广东生产基地开工……此外，还在华建立了北美以外最大的百事亚洲研发中心，以及开发了 6 个土豆示范农场、18 个合作农场等。早在 2010 年，百事公司用同样的策略稳固越南市场，通过投资建造本土生产工厂及在越南的各项业务，包括提高产品生产能力、为市场增添包括冷冻机在内的各种设备、拓展产品研发范围等，持续强化品牌影响力。

当百事公司进入某一市场后，会从品牌、产品、渠道、市场营销、管理、人才等多方面洞悉市场，依据当地的资源优势进行合理的投资以支撑当地业务的稳固、良好发展，助力品牌国际化进程。

五、品牌管理特色

（一）以母子品牌为主的品牌架构

百事公司在不同阶段、不同时期通过独特的营销战略、传播手段来增加百事品牌的市场曝光度和占有率，从而培养了一批批不同时期下的忠实消费群体。

图 4　百事公司旗下品牌产品示意图

（图片来源：百事公司官网）

在发展核心品牌的同时，百事公司通过并购以及创立新品牌的方式来拓展其他领域市场，填补自身业务空白，增强自身竞争力。尤其在以健康理念为消费主流的当下，百事公司更加注重非碳酸饮料和健康食品的开发，通过收购并购、自主研发等手段拥有了桂格麦片、佳得乐运动饮料等为人们熟知的品牌。而这些品牌独立性相对较强，不需要完全依附于百事品牌，使得各子品牌可以采取不同的管理策略，专注于不同的理念和形象，从而占领更多的细分市场。

这样的品牌架构为百事公司丰富产品矩阵提供了良好的基础。众所周知，百事公司以百事可乐起家，成为碳酸饮料市场数一数二的巨头，然而这与当下的健康消费理念不符。百事公司通过搭建母子品牌架构，一方面能为新品牌提供信誉和保障；另一方面这样的品牌架构可以使各子品牌独立运作，削弱了一个品牌失败或退出市场对其他品牌的负面影响程度。

（二）围绕年轻化主题进行的品牌延伸

百事公司的每一次品牌延伸都在增加自身品牌的涉市度。就产品组合的宽度而言，百事公司的产品组合十分丰富。可以说百事公司的产品满足了各种各样的需求和偏好——从娱乐性的品类到有助健康生活方式的产品一应俱全。无论品牌怎样延伸，百事公司的企业品牌和产品品牌都拥有高度一致的品牌主张和精神理念，其品牌延伸策略始终围绕着差异化优势——以年轻、活力为主题，进行同一领域或者跨领域的延伸。

百事公司除了从饮料市场延伸到食品以外，还开拓了运动用品以及文创周边市场。百事公司多年来的品牌建设和传播，使其时尚、激情、动感的形象早已在年轻人心中生根发芽，而将自身时尚活力的品牌形象延伸到新的领域，对于接受力极强又追求新鲜、渴望展现自己的年轻人来说，极易实现情感的认同。这样的品牌延伸，对百事一直致力于建立代表年轻人流行文化的目标具有非常积极的意义。

百事的每一个动作都可谓跨界幅度颇大，但其理念的相关性让品牌的延伸过渡自然。在品牌扩张之前“新一代”的理念已经深入人心，有了清晰、强烈的品牌印象，其扩张的产品，无论是服饰还是装饰品，都因为符合这种印象，顺理成章地成为品牌的元素之一，为消费者搭建起轻松的品牌联想。

六、品牌传播特色

“变与不变”是百事公司创立多年一直采用的营销战术。它的“变”体现在为了更好地触达不同时代的消费者，通过借力不同年代的娱乐风向，选择新时代明星做品牌代言，利用“明星效应”打造品牌声势。但是无论时代怎样变化，“不变”的是百事公司的情感和风格，永远是追求时尚年轻、充满活力与动感。

（一）“全明星”阵容，“粉丝”转化成品牌消费者

细数百事公司这几十年在广告中合作的明星，从国际天王巨星迈克尔·杰克逊到亚洲小天王周杰伦，还有贝克汉姆、姚明等国际体育明星，每个时期都有代表时代的明星人物参与到百事的广告营销中。“全明星”的阵容，有效地将“粉丝”转化为百年品牌的消费者，而在不同地区起用本土当红明星也极大提升了百事在当地市场的品牌影响力，强化了品牌张力与塑造力。

百事的明星签约会考虑到这些明星所代表的一定阶层的价值观和信仰。1988 年，张国荣成为百事可乐亚洲地区的首位代言人，之后又通过邀请当时在港、澳、台地区如日中天的偶像郭富城做亚洲区代言人，百事成功地打开了亚洲市场。之后，百事又与姚明签约，百事公司认为他代表了个人奋斗以及积极向上、健康的生活态度，同时代表了中国人对于体育精神的追求，这也是百事所宣传的品牌理念。对百事而言，不管合作对象是谁，其自身的形象都要能够传递百事的价值，而且明星代言的方式也帮助百事最快、最直接地融入消费者。

链接 2 百事明星大联盟

百事作为可口可乐的挑战者，将广告策略看得非常重要，通过打造“勇敢无畏的行业挑战者”形象，展现品牌拼搏、时尚进取、不懈追求的精神内涵。事实证明，百事可乐的广告策略是成功的，“巨星路线”让它在美国市场上站稳脚跟，当然在中国也不例外。从 2014 年百事可乐世界杯广告《Shake Your Body》里就能窥得一二。

百事公司斥资上亿元打造了足球音乐广告片《Shake Your Body》，它的创作灵感来源于中国古代的“蹴鞠”和“四灵”。这部广告片将神秘的东方元素与现代舞蹈相结合，并将足球动作融入舞蹈之中，演绎出一支动感的足球战队，表现了足球运动的激情与百事的理念相得益彰。

百事公司在制作该广告时邀请到了当时娱乐圈内最顶尖的明星团队，由华语乐坛金牌作词人方文山填词；迈克尔·杰克逊的御用编舞老师Popin Pete编舞；拍摄则是由金曲奖最佳MV导演陈奕仁完成。如此强大的幕后制作班底，实属罕见。然而代言人的阵仗同样震撼，百事公司召集了两岸三地最当红的明星郭富城、蔡依林、罗志祥、吴莫愁组成了这支动感足球战队，共同演绎足球加油舞。还邀请了黄晓明担任足球解说员这一角色，进行激情解说。

四大明星同台飙舞的强大视觉盛宴，吸引了无数年轻人的眼球。百事用这部广告向观众传达了世界杯的运动精神，也展现了百事“动感、激情、青春、活力”的品牌形象，更给了消费者购买百事产品与服务的理由，有效地将明星“粉丝”转换成了品牌的潜在消费者。

（二）借力新媒体平台，提升品牌传播声量

新媒体改变了传统广告中广告主处于强势地位的状态，使广告主与目标受众的力量趋于平衡。百事公司便通过新媒体平台，实现品牌声量的提升。

在新媒体时代，百事通过微博、微信公众号、抖音等受年轻人喜爱的社交平台与受众进行实时互动，利用系列短片广告增进与受众之间的联系。以百事公司每年的“把乐带回家”系列广告为例，邀请明星演绎一段过年期间贴近百姓生活场景的片段，已成为大众心中“年味”的象征，受到许多消费者的关注。正是因为多年营造的良好传播基础，所以该系列的广告代言人会根据目标受众在社交平台上的热度情况及百度综合排名进行选择，综合评选出来的代言人一般具有“高知名度、高美誉度、高话题度”的特点，这也保证了每年广告短片能够引起受众注意力；而且进行了“去广告化”的处理，将广告拍摄成迷你电视剧，充分挖掘“家文化”的价值点，并结合每年发生的大事记，以跌宕起伏的情节贴近消费者的生活。不仅如此，还在微博、微信等平台同步发起相关话题，并设立奖励机制以鼓励受众积极参与话题、与品牌进行互动，这一系列举动都在潜移默化地影响消费者接受品牌所传达的

理念和故事。

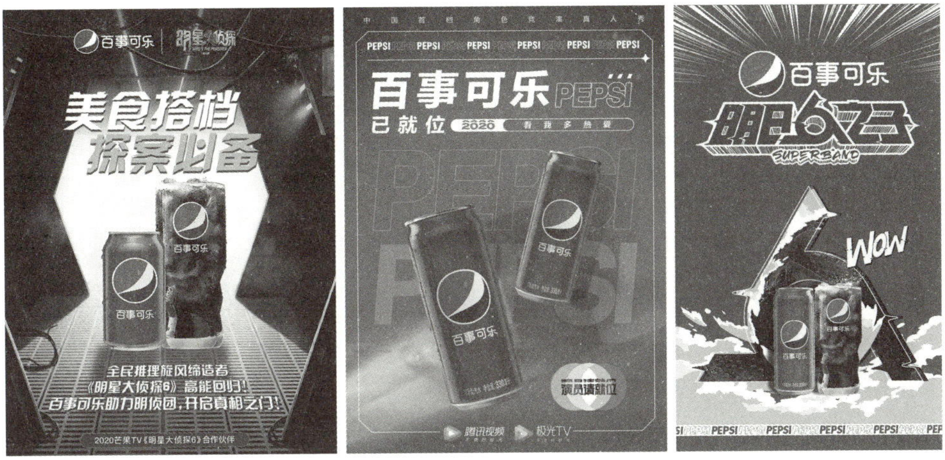

图5　百事公司旗下品牌百事可乐赞助节目海报

（图片来源：百事中国微信公众号）

不仅如此，百事公司还通过近年来最流行的短视频平台抖音推送动态创意广告，还特别策划举办抖音挑战赛，鼓励用户拍摄代言明星的同款视频；另外，百事公司在中国市场还积极参与“明日之子”“中国新说唱”“这就是原创”“密室大逃脱”等在新媒体平台具有高热度、高话题的综艺营销节目，有效增加了品牌曝光度。

百事公司借助新媒体平台，通过参与或发起一系列用户关注度、参与度高的活动，主动搭建与受众之间的联系，成功拉近了与各层级消费者的距离，让产品更加深入人心的同时，持续输出品牌声量。

（三）以文化传承构建深度情感链接，抓牢核心消费群体

为了更好地触达消费者，百事公司在产品营销方面紧跟市场发展趋势，不断演绎年轻人的流行文化，成为时代文化潮流符号。通过走进年轻人的生活场景、理解他们的价值观念，鼓励他们加强文化认同和自信，活出自己的个性与态度。

以中国市场为例，百事公司洞悉年轻人对传统国潮、国创的关注，对文化价值认同的逐步加强，为积极响应年轻消费者对自我文化的认同与归属感，百事公司旗下的百事可乐品牌打造了“百事盖念店”售卖周边文创潮

品，包括乾坤折扇、象棋、京韵火锅、文房四宝、甲骨文地毯……通过将传统文化与年轻创造力相结合，利用跨界联名等创意手段重新诠释国潮的含义，也形成了自身独有的品牌特色，成功俘获了众多年轻消费者。

更值得一提的是，百事公司还凭借自身的品牌影响力构建了一条完善的非遗商业产业链，真正实现了从“物质资助”到“持续造血”的创新公益模式。在新一代年轻人越发注重向内的自我探索的时代下，加强年轻人对本源身份的认同，助力传统文化在新时代中更好地传承。自 2019 年起，百事公司便联合中国妇女发展基金会旗下“妈妈制造”公益项目，合作推出“百事可乐 × 妈妈制造非遗手工织毯杯垫”等联名单品，并资助成立了“妈妈制造广东省游溪镇瑶绣合作社”，发布纪录片《和妈妈一起“绣”文化》等，共同探索中华传统民族技艺，通过实际行动保护非遗文化。

图 6　百事可乐 x 妈妈制造 非遗技艺刺绣绣品展示图

（图片来源：百事中国微信公众号）

百事公司的“营销向善”策略，不仅帮助拥有非遗手艺的家庭拥有自主脱贫的思维及能力，更吸引了新一代年轻人深入了解非遗背后的底蕴内涵。百事公司通过主动肩负起文化传承的责任，进一步融入中国的本土生态，释放品牌人文关怀。

（四）独具魅力的音乐营销——品牌与消费者沟通的最佳语言

百事公司独有的营销方式就是音乐营销。1983 年百事公司聘请巨星迈克尔·杰克逊做广告代言人，并用其流行歌曲作为广告片的配乐，这支广告一出，在美国市场上获得了巨大的成功。自此以后，百事公司的音乐营销推广策略便逐渐应用到了全球市场，莱昂纳尔·里奇、小甜甜布兰妮等音乐领域巨星都先后加入到了百事音乐营销的行列中。进入中国市场后，百事公司更是深谙中国市场娱乐风向，分别与郭富城、王菲、周杰伦、蔡依林、吴莫愁、邓紫棋、王嘉尔等不同时代的当红歌星合作，《一变倾城》《存在》《就现在》等耳熟能详的歌曲都在百事的广告中出现，并起着无可替代的作用。

如今，百事的音乐营销已经从模式化的巨星代言走向对创意、创作精神的支持。通过赞助或者联合其他媒体平台共同策划原创音乐活动，例如“百事校园最强音”活动，利用自身的资源支撑那些对音乐保有热爱和梦想的人，为他们提供舞台展示自己，实现梦想。

百事音乐营销的成功并不是一种偶然，而是做了非常严密的市场差异化细分，紧紧抓住时尚潮流的风向标，通过音乐这一表达情感与态度、彰显文化底蕴的方式来传递品牌所强调的理念。可以说，百事公司音乐营销策略的成功就在于它感悟到了音乐的沟通魅力，这种互动式的沟通，是与消费者建立密切联系的最好语言。

七、案例总结

（一）差异化定位使品牌在竞争激烈的市场找到生机和优势

在竞争激烈的市场上，差异化的定位可以为品牌带来生机和优势。品牌要想成功立足于市场，就要寻找并发展自身有别于竞争对手且符合消费者需要的差异化特色，而这差异化特色便是将品牌与消费者的记忆、心理需求连接起来的关键点。差异化为消费者带来的特有价值便构成了品牌长期发展的核心与基础，因为市场总是认同那些价值清晰的产品与品牌，这也是市场竞争的基础规律。所以，找准自己的独特性，以确立品牌的核心价值，后续的产品研发、形象设计、价格拟定、渠道搭建以及公关、传播便按照差异化、独特性的方向开展，从而进一步巩固加强差异化所带来的品牌优势。就像百事将自己的价值表现为“新一代的选择”，品牌定位于年轻人，进而所做的品牌延伸、传播等都是围绕这一价值所开展的，这也是百事在与可口可乐的竞争中博得自己独特的优势和发展机会的重要原因。

（二）音乐营销使品牌与消费者之间建立起情感的纽带，引发消费者共鸣

音乐作为一种全世界的人都能听懂的语言，可以突破语言的障碍，实现在未视觉接触之时触发人的情绪，强化品牌记忆，实现情感的共鸣。正是因为音乐的这一功能作用，音乐营销已经得到越来越多企业的重视。在营销过程中采用音乐营销手段，能有效提高人们对某种产品的购买欲；音乐的包容性和所带来的情感刺激，使消费者很容易与音乐产生共鸣，品牌可以利用音乐实现与顾客的情感沟通，进而拉近彼此的距离，逐渐形成对品牌独特的印象。

（三）将履行社会责任融入企业基因是实现品牌可持续发展的重要保障

可持续发展是企业与品牌常青的必由之路。任何企业在做强品牌的同时，应在公司整个价值链范围内积极承担起企业社会责任。在创新技术和产品以实现突破进展的同时，还应使其在全球社区、政府和人们当前所面对的危机和挑战中，发挥至关重要的作用。当把践行社会责任充分融入企业、品牌发展的每一个环节中去，才能以更广阔的视野和更具有前瞻性的发展格局，投入到社会整体发展的趋势中，就像百事公司经过百年沉淀，将可持续发展融入食品体系的构建中，使企业责任感和公益实践力转化为自身可持续发展的核心驱动力的同时，实现整个社会的可持续发展。

可口可乐：
以情感驱动塑造百年经典

作为一个跨越了百年的经典品牌，可口可乐实现了上到总统、下到流浪汉都对其投注喜爱的奇迹。唤起消费者的情感需求，引发共鸣，并直接对话顾客的内心世界，是可口可乐的秘诀。

企业简介：

1886年，可口可乐诞生于美国乔佐治亚州亚特兰大市，由约翰·彭伯顿（Dr. John Stith Pemberton）研制成功。目前，可口可乐公司是全球最大的饮料公司，拥有200多个汽水和不含气饮料品牌，每天为全球的人们提供怡神畅爽的饮品。以品牌“可口可乐”为首，可口可乐公司拥有多个全球知名品牌，其中包括“健怡可口可乐”“芬达”“雪碧”“零度可口可乐”“美汁源”“POWERADE”“Simply”“DASANI”“Fuze Tea”和“innocent”等。通过全球庞大的饮料分销系统，200多个国家的消费者每日享用16亿瓶可口可乐系列产品。可口可乐公司长期致力于推动社区可持续发展，一直倡导环保理念，支持积极健康生活，为员工创建安全包容的工作环境，并努力推动业务所在地的经济发展。可口可乐及其装瓶合作伙伴在全球拥有70万名员工，是全球十大私营雇主之一。2020年，可口可乐公司以372.66亿美元的营业收入位列该年度《财富》世界500强第335位，在Interbrand发布的2020年“全球最佳品牌”排行榜中，以568.94亿美元的品牌价值位列第六。从某种程度上说，可口可乐可以被称为人类近现代商业史上最成功的品牌之一。凭借对人性的深刻洞察，将快乐作为品牌永恒的价值主张，其品牌价值早已成为可口可乐品牌资产中的重要组成部分。

一、品牌发展历程

（一）1886 年—19 世纪 90 年代初：品牌雏形期

（二）19 世纪 90 年代初—20 世纪 20 年代末：品牌快速成长期

（三）20 世纪 20 年代末—90 年代：品牌全球化扩张期

（四）20 世纪 90 年代至今：品牌稳定发展期

二、品牌核心价值理念分析

三、品牌创建路径

（一）技术：神秘配方提供强大品牌吸引力

（二）市场：把握机遇成就品牌发迹契机

（三）管理：本土化策略推进全球化品牌扩张

（四）战略：长远品牌战略眼光赢得未来

四、品牌管理特色

（一）经典红白配色标志占领消费者心智

（二）母品牌为主的多品牌架构获得细分市场

（三）独特科学的管理模式提升品牌管理水平

五、品牌传播特色

（一）情感营销成就品牌经典

（二）事件营销传递品牌价值

（三）体育营销提升品牌影响力

六、案例总结

（一）将情感注入品牌，讲好品牌故事

（二）品牌国际化历程中要注重本土化发展

（三）品牌传播过程中应注意综合手段的应用

一、品牌发展历程

（一）1886 年—19 世纪 90 年代初：品牌雏形期

1886 年，药剂师约翰·彭伯顿在美国佐治亚州亚特兰大市家中后院熬制成功可口可乐的最初配方，他将这种精心炮制的饮料拿到当时人气最盛的雅各药房出售，每杯售价 5 美分。尽管头一年巨亏，但彭伯顿一直对可口可乐抱有很大信心，并不断在街头派发赠饮券，扩大广告攻势，最终使得可口可乐这一初生的稚嫩品牌没有在初涉市场即夭折。

（二）19 世纪 90 年代初—20 世纪 20 年代末：品牌快速成长期

1888 年，一位名叫阿萨·G. 坎德勒的年轻人看到了可口可乐作为饮料的市场前景，遂购买了可口可乐的股份，掌握了全部生产销售权，并于 1892 年成立了可口可乐公司。坎德勒被称为“可口可乐之父”，可口可乐公司品牌正式进入公司化运营时代。这一时期的可口可乐品牌广告宣传力度巨大，强调“需要时随手可得”的生产和销售战略，着力塑造品牌亲民的生活风格，强调该产品在消费者生活中的重要性而不是产品本身的属性。在这一时期，可口可乐品牌的知名度和销量迅速上升。

（三）20 世纪 20 年代末—90 年代：品牌全球化扩张期

该时期的可口可乐开始大举开展国际化业务。1976 年，时任可口可乐 CEO 的保罗·奥斯汀（Paul Austin）指出，美国的软饮料消费已经成熟饱和，可口可乐的最大销售量增长将来自国际市场。到 1982 年，可口可乐国际市场的销售量占可口可乐全部软饮料产量的 62%。“二战”期间，诸多行业萧条，然而可口可乐却从中看到契机，响应“二战”初艾森豪威尔将军的号召“不管成本多少，保证每个军人在任何地方都可以以 5 美分的价格得到一瓶可口可乐”。于是，可口可乐的装瓶工厂随着美国军队推向全世界。这一举措使可口可乐在欧洲和亚洲国家获得了占绝对优势的市场份额，并且将这一优势地位一直保持到 1991 年。世界各地纷纷建立装瓶工厂，可口可乐成为真正的全球性品牌。

（四）20 世纪 90 年代至今：品牌稳定发展期

进入 21 世纪，受经济形势低迷、消费习惯变迁、饮料市场多样化发展趋势等因素影响，可口可乐面临前所未有的压力，故而其多元化历程更加注重品牌的本土化深挖塑造，注重与消费者的情感联结，更加灵活的品牌策略也应运而生。同时，在这一时期，可口可乐更加重视在可持续发展方面的作为，关注全球不同市场的环境保护、社区建设，不遗余力地支持教育及公益事业等，由此树立良好的企业公民形象。

二、品牌核心价值理念分析

可口可乐公司的初心是“To refresh the world and make a difference”（畅爽世界，带来积极改变）。可口可乐公司的愿景是打造人们热爱的品牌和饮料产品，通过创造更加可持续的业务和更美好的共享未来，为人们的生活、社区和地球环境带来积极的改变。

可口可乐将其愿景阐释为6个重要方面，即：

员工：公司是激励人才发挥自身潜能最佳的地方

产品：为全球提供推陈出新的产品，不断满足市场以及消费者需求

合作伙伴：建立双赢的合作模式，坚定伙伴关系

地球：一个负责任的全球企业公民，通过建立和支持社区的可持续发展，令世界更美好

利润：令股东有长期满意的回报，同时不会忽略我们应有的责任

效率：成为一个高效、精干和迅速发展的企业

也就是说，可口可乐公司从自身产品出发，面向全球，面向未来，致力于向大众传递积极文化。其品牌愿景为其蓝图搭建了框架，引导其业务的各个方面朝着可持续、高质量增长的方向迈进。

在定位方面，相较于劲敌百事可乐关于“新生代的可乐”的品牌定位，可口可乐更加注重夯实自身“经典和永远”的品牌定位。与此同时，可口可乐广泛宣传“全球最大的饮料公司”这一认知，不断强化自身的首席定位。

WHO WE ARE

THE COCA-COLA COMPANY

PURPOSE

TO REFRESH THE WORLD. MAKE A DIFFERENCE.

VISION

LOVED BRANDS, DONE SUSTAINABLY, FOR A BETTER SHARED FUTURE.

Our vision is to craft the brands and choice of drinks that people love, to refresh them in body and spirit. And done in ways that create a more sustainable business and better shared future that makes a difference in people's lives, communities and our planet.

HOW WE DO IT

LOVED BRANDS

- Passion for people and their lives
- Cutting-edge excellence in ingredients, innovation, design and marketing
- Investment for leadership across categories in purposeful brands that consumers love
- Act globally and locally
- Powerful partnerships with our bottling system to bring brands to life in the market

DONE SUSTAINABLY

- Start with facts, based in science
- Grow our business while reducing our sugar
- Make packaging a circular economy, with a focus on getting 100% collection to enable reuse for World Without Waste
- Be water balanced, improving water security where needed most
- Reduce our carbon footprint
- Source more sustainably and ethically

FOR A BETTER SHARED FUTURE

- Invest in employees' personal growth and talent
- Empower people's access to equal opportunities, build inclusion
- Create value for customers—big and the many small
- Support our local communities, both to achieve more and in times of need
- Deliver returns to our investors

BEHAVIORS WE FOCUS ON

WE NURTURE A CULTURE WITH A PASSION TO REFRESH THE WORLD. WE MAKE A DIFFERENCE.

We act with a growth mindset, take an expansive approach to what's possible, and believe in continuous learning to improve our business and ourselves. We value how we work as much as what we achieve. The behaviors we focus on every day are being:

CURIOUS

- Always seek, never settle
- Ask why or why not, or what if, or I wonder...

EMPOWERED

- Own it, take accountability
- Each one of us can make a big difference

INCLUSIVE

- Leverage our broad diversity of people, global network and learnings
- Two brains are better than one (most often)

AGILE

- Learn by doing, use version 1.0, 2.0, 3.0
- Act with a sense of urgency

THE CONSCIENCE WE FOLLOW

DO THE RIGHT THING

- Our values shape the conscience we follow
- Use our global scale for leadership and for good, for progress
- And when we make mistakes, own them, put them right, learn from them, and grow

图 1　可口可乐公司目标和企业愿景

（图片来源：https：//www. coca – colacompany. com/content/dam/journey/us/en/our – company/purpose – and – vision/coca – cola – company – purpose – summary. pdf）

三、品牌创建路径

（一）技术：神秘配方提供强大品牌吸引力

众所周知，可口可乐之所以在全球最具价值品牌公司中位居前列，其中一个关键因素与其“神奇的配方”有关。1886 年，在美国亚特兰大市，药剂师约翰·彭伯顿（John Pemberton）在自家后院将碳酸水、糖以及其他原料混合配置成可口可乐原液，可以说人类历史上最成功的软饮料的诞生并无传奇性可言。

可口可乐的名字来源于弗兰克·梅森·罗宾逊（Frank Mason Robinson）。他从该种糖浆的两种成分古柯（coca）和可乐（kola）中得到启示，他很喜欢这两个名字中的头韵，为了书写的一致性，将“kola”中的“k”改成“c”，中间用连字符相连，亲笔书写，便成就了今天世界上最负盛名的商标。

100多年来，尽管可口可乐公司的配方改动不下10次，其中不乏许多重要的改进，但是，公司对这些改变始终秘而不宣，谨慎且戒备地保护着配方，并将其作为自身资产的重要组成部分。数百年承袭下来，有意或无意，可口可乐的配方被赋予神秘色彩。据说原始的配方只有单本存世，被锁存于佐治亚信托公司地下保险库中，除非公司董事会正式投票同意，否则任何人不得以任何理由接近该配方。虽然后来出于各种原因，可口可乐曾经公开过其大部分配方，但是对其中关键的不足1%的部分却始终守口如瓶，以至于可口可乐的秘密配方被传说、被神化，从而大大增加了可口可乐产品与品牌的神秘感，使品牌在同类饮料行业竞争者中拥有更大影响力。尽管今天可口可乐大部分的原料已经实现了本土化调配，然而原液仍由可口可乐公司总部提供，可口可乐依旧保持着它的神秘形象，也正因为神秘配方，世界上所有的可口可乐在口味上保持着完全一致，其品牌的忠诚度也在不断累加。

可口可乐公司前CEO道格拉斯·达夫特（Douglas Daft）曾坦诚地向媒体表示：“神秘配方对我们来说没有多大意义，成功的真正秘诀在于这个产品的品牌在100多年里所产生的影响。但在百余年间，配方的神秘，那出名的7种味道在某种程度上成了吸引顾客的重要原因，它把一瓶糖和水制成的饮料变成了全球崇拜的对象。”

（二）市场：把握机遇成就品牌发迹契机

作为百年企业，可口可乐的营销圣经中，把握市场机遇是非常重要的一条。战争给世界带来了巨大的灾难，但是可口可乐却从逆境中抓住了空前的品牌发展机遇。“二战”前，尽管可口可乐在法国、埃及、中国等有售，但是销量甚微。1941年，美国联邦政府对日宣战，大批的参战美军源源不断被派遣到硝烟弥漫的战场上。时任可口可乐总裁罗伯特·伍德鲁夫从中看到了公司的发展机会：如果这些美军官兵能够在战场上喝到可口可乐，将是一个多么巨大的市场。于是他果断宣布：可口可乐公司将为全世界的美国军人生产5美分一瓶的可口可乐，并开展了强有力的公关宣传，使美国陆军部深信可口可乐是“提高士气”的佳品饮料。美国最高当局向可口可乐公司提出了巨额订货，要求他们以优质高产的服务支援反法西斯战争。

此后，可口可乐的产量一路飙升，从太平洋东岸到易北河畔，美国士兵沿途共喝掉了100多亿瓶可口可乐。可口可乐的品牌如同种子一样随着反法西斯战士的脚步飞到了亚欧诸多国家，在美国军人的影响下，当地人也开始喝可口可乐，到“二战”结束，可口可乐的年销量已经达到50多亿瓶，仅在世界各地的可口可乐装瓶厂就增加到了64家，为可口可乐品牌本土化奠定了坚实的基础。

可口可乐在品牌塑造的过程中，总能够抓到不同的机遇，尽管有些机会看起来是顺理成章的，但事实却是需要极强的品牌敏感性才能捕捉到的。例如，1978年，中美宣布建交当天，可口可乐宣布自己成为首家重返中国的国际消费品公司，并于1981年在中国北京建立了第一家瓶装厂。再如，1989年，柏林墙倒塌，德国统一也为可口可乐提供了一个展示自家品牌的机会。1994年，在美国联邦政府正式宣布解除对越南持续30年的贸易禁令之后的24小时之内，可口可乐公司的产品就发往越南。2000年，在美国联邦政府宣布解除对朝鲜制裁的第三天，第一批9600听可口可乐软饮料即运入朝鲜境内。可口可乐所表现出来的对于商业机会的敏感性、果敢的行动力与其对于自身行业内的“首席”身份的笃定是密不可分的。这种抢先意识与自信使其在持续保持饮料行业头号霸主的同时，亦能从容镇定、游刃有余地面对竞争和机遇。

（三）管理：本土化策略推进全球化品牌扩张

在《可口可乐公司使命》中，记录着可口可乐的经营秘诀：“以可口可乐为核心，我们所拥有的是一个具有卓越品牌与服务的世界性系统。借由这一系统，我们的授权商与生意伙伴可把‘满意’与‘价值’传递给顾客与消费者。”全球化是可口可乐品牌安身立命的必要动力之一。

“二战”向世界推广了可口可乐。“二战”期间，美军喝了10亿瓶通过海运运到欧洲的可乐。“二战”结束后，随着大批参战的美军回国，可口可乐在海外所铺设的大范围商业战线失去了主要的市场，原本由国防部财力支撑的庞大体量失去了支柱，从而产生了海外市场严重萎缩的危险。在这种背景下，罗伯特·伍德鲁夫提出了“当地主义”的策略，即今天被广泛认同的可口可乐本土化战略。其主要原则是：在当地设立公司，员工使用当地人；由当地筹措资金，是总公司的原则；除了可口可乐“秘密配方”的浓缩原汁之外，一切设备、材料、运输、销售等均由当地人自制自办，总公司只提供技术服务；销售方针、生产技术、人员培训由总公司统一负责。

如今，在可口可乐的诸多品牌中，区域性品牌占比很重，例如，可口可乐印度分公司推出了具有本地特色的冰茶、冰咖啡、牛奶、矿泉水和一系列果汁饮品。在促销方式上，可口可乐也改变了以往的全球统一的传统，广告、促销等活动由当地公司负责筹划实施。

1999 年，可口可乐进一步拓展其本土化品牌策略。此前，各地可口可乐的广告宣传和品牌定位均由亚特兰大总部统一规划和控制，有严格限制。以 1999 年在非洲市场上推出的电视广告为例，当年在非洲市场上推出的电视广告，第一次选择在非洲拍摄，第一次请非洲的广告公司设计，第一次邀请非洲演员拍摄，放弃了多年一贯的美国身份却获得了更多的市场份额，这使得可口可乐在更深层次意义上成为一个本土化的国际品牌。

至此，“让全世界的人都喝可口可乐”和“因地制宜（Think Local，Act Local）”两大目标实现了完美的融合。

链接 1　众人拾柴火焰高——可口可乐的本土化战略伙伴

可口可乐国际化战略的一个重要措施就是与当地的合作伙伴结成战略联盟，共同承担风险的同时实现双赢。例如，在欧洲，可口可乐投资 10 亿多美元与它的三个主要瓶装集团合作建立了数十个瓶装厂，基本上覆盖了欧洲的绝大部分城市。这类投资举措有着极大的优势：

其一，可口可乐公司的生产能力与销售能力得到提升，从而能够最大化满足市场的诉求；

其二，减少了运输、时间、人力等成本；

其三，建立起一套有效的分销系统，从而提升当地瓶装企业组织的渠道建设能力；

其四，有机会根据市场不同的特点有针对性地满足消费者的诉求，从而争取市场份额。

可口可乐对于本土化合作伙伴的条件是极其苛刻且富有原则的。比如，可口可乐倾向于选择国际化程度较高者进行合作，尤其合作者要能够对于可口可乐本部的长期战略目标有更加一致的理解，从而促使合作各方都愿意为相同的目标进行更大的投入。

（四）战略：长远品牌战略眼光赢得未来

不同的品牌有不同的消费群体，相同的产品有不同的细分市场，在品牌管理方面，可口可乐始终坚持长远性的战略眼光。随着互联网的兴起，社交网络的流行，世界各地的生活方式发生着重大变化。可口可乐公司 2012 年就发布了“内容 2020”策略，提出要从“创意卓越”走向“内容卓越”，未来的营销焦点以内容营销为主。

内容营销是一种通过制造与发布有价值的内容，以达到吸引目标受众，并与其建立关系，期间不做任何销售，但借着互动，最后驱使他们成为顾客的营销方式。可口可乐全球广告策略副总裁乔纳森·米尔登霍尔（Jonathan Mildenhall）曾经指出：“所有广告主都需要更多的内容，让他们与消费者之间的交流，保持新鲜感和精准度。”2012 年，可口可乐先后创造的企业通讯网志“可口可乐 Unbottle”及电子杂志平台“可口可乐之旅”（Coca - Cola Journeys），标志着该企业从广告时代步入网络时代。在“可口可乐之旅”中，读者可按类型或主题定期浏览更新的内容，包括新闻稿、公司报告等，但其设计和编辑重点类似电子杂志而非公司网站模式。最初，“可口可乐之旅”的设想是讨论影响世界的并且可口可乐也能插上话的严肃问题，但后来的重心逐渐转向了生活方式和文化。因为可口可乐品牌管理方意识到人们对可口可乐的预期就是有趣、机智和快乐的故事。

现如今，在全球循环经济和可持续发展的趋势下，可口可乐也应积极承担企业社会责任，于 2018 年发布全球愿景：“将重塑可持续包装的全球战略，目标到 2030 年，助力实现公司所用包装的 100% 等量回收和再利用。”并配合一系列宣传与公益活动，塑造品牌形象。

四、品牌管理特色

（一）经典红白配色标志占领消费者心智

19 世纪 90 年代，可口可乐邀请了希尔达·克拉克（Hilda Clark）作为其广告模特。她是第一个为饮料代言的女明星。

图 2　可口可乐第一张明星代言的广告海报

（图片来源：https：//edition. cnn. com/2016/05/06/living/gallery/coca - cola - ads/index. html）

可口可乐标志的字体从 20 世纪开始就一直沿用鲁滨逊设计的斯宾塞体草书“Coca - Cola”字样，字体有一种悠然的跳动之态，给人以连贯流线的飘逸之感。100 多年来，可口可乐的品牌视觉形象进行了多次修改，但“Coca - Cola”的草书字样只是做了细微的调整。

同时，可口可乐在各个国家或地区会以当地的语言文字设计出本地化的标志。香港著名广告设计师陈幼坚在 2003 年设计出了全新流线型中文字体。这样的设计与英文字体和商标整体风格更加协调，取代了可口可乐自 1979 年重返中国市场后一直在使用的中文字体。而这也是可口可乐在中国 24 年来的第一次全新设计，一直沿用至今。

可口可乐在全球几乎每经历几年就会对商标进行一次修改和更新，以适应不断变化的市场口味。尽管商标几经修改，但今天可口可乐的标志与二十

图 3　可口可乐品牌标志演变

（图片来源：https：//inkbotdesign. com/coca－cola－logo/）

世纪初推出时仍十分相似，它的字体独特，在字体下的波浪线颇具韵律感，异常醒目。经典的红白配色充满激情与活力，可以在消费者脑海中烙下深刻印记。

（二）母品牌为主的多品牌架构获得细分市场

以可口可乐品牌为母体，众多附属品牌为补充，是可口可乐品牌家族的基本品牌架构。

可口可乐公司是全球最大的饮料公司，为全球的人们提供 4300 多种不同的饮料饮品。以全球最具价值的品牌“可口可乐”为母品牌，可口可乐公司拥有 20 个年销售额超过 10 亿美元的品牌（2015 年），其中包括健怡可口可乐、芬达、雪碧、零度可口可乐、酷乐仕维他命获得、POWERADE、美汁源、Simply、乔雅、Dasani、FUZE TEA 和 Del Valle 等。

可口可乐公司销售的饮料分为四类：以可口可乐为商标的主打产品，主要是水的饮料，有咖啡因和维他命的饮料以及有益于健康的营养果汁和牛奶。除了可口可乐，其他三个国际品牌和众多的本土品牌的产品包装下都注明了“可口可乐公司荣誉出品”字样，这种多品牌战略，以可口可乐集团品牌为强势品牌核心，以雪碧、健怡可乐、芬达为两翼，其他品牌作为补充。在这一体系下，可口可乐保持着它的吸引力的同时，实现了对其他产品的背书，令其在保持自己个性的同时，占领细分市场。

与此同时，可口可乐向全面型的饮料公司发展，尤其是在崇尚健康的消费潮流引导下，可口可乐更加重视非碳酸饮料的研发和推广，例如草本茶饮料和维他命饮料。在新品推广过程中，可口可乐内部实现了充分的“资源共享”，世界各地开发成功的产品都可以被相互引进，并根据当地市场需求和

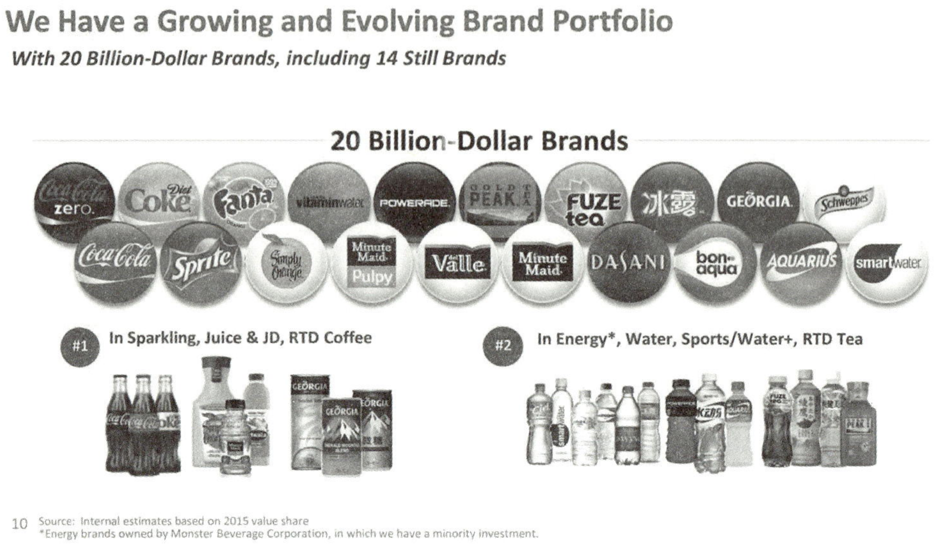

图 4　可口可乐公司 20 个年销售额超过 10 亿美元的品牌（2015 年）

（图片来源：https：//medium. com/@ thi. tran. fi/brand－manager－what－do－they－do－26c05050663e）

消费者的习惯进行调整，从而使得系统内成功的好产品与全世界的消费者共同分享，形成“本土品牌国际化”。

（三）独特科学的管理模式提升品牌管理水平

可口可乐为适应市场运营的需要，建立了独特的特许装瓶网络，其主要运作模式为：通过合作伙伴与当地优秀的饮料公司合资，签订一定年限的特许生产经营合同，由其在限定区域内生产销售可口可乐系列产品，协同进行品牌维护和发展。特许瓶装网络作为可口可乐本土化的一部分，在某种程度上帮助其实现了品牌价值的提升。

第一，通过建立特许瓶装系统，不但充分利用当地资金，还省掉了大量销售网络的费用。这些节省下来的费用被用作产品推广，通过媒体投放扩大品牌影响范围，深度向消费者进行品牌渗透。

第二，可口可乐公司出售产品浓缩液给各地瓶装厂，浓缩液的销售所得有利于进行品牌的再投入。例如，可口可乐公司出售产品浓缩液所得收入基本上未被用作利润上缴，而是用于可口可乐品牌在本土市场的发展及瓶装厂系统在本土市场的壮大。在可口可乐业绩评估系统中，其主要指标并不只有销量，还有品牌价值的市场占有率。由于瓶装系统承担了具体的市场执行，因此可口可乐公司可以从最繁杂的销售事务中脱离出来，有利于专心进行品牌运作，对品牌进行悉心的呵护和更加长远的品牌规划。

第三，可口可乐公司认为自己首先是一个品牌公司，其次才是一个传统行业的生产经营公司，所以它坚决地实施统一的品牌战略，对品牌实行统一管理。与此同时，可口可乐与当地瓶装厂合作，推出适合当地消费者的品牌。尤其是在新市场和空白市场开发方面，由于不需要独立建厂，且拥有具有相对丰富经验的当地合作伙伴提出建议，因此能够及时快速地把握市场进入的有利时机，最快地将品牌辐射到空白区域，实现品牌扩张。

五、品牌传播特色

（一）情感营销成就品牌经典

情感营销作为一种市场营销方式，就是把消费者个人情感差异和需求作为企业营销战略的核心，通过情感品牌、情感产品、情感分销、情感促销等策略来实现企业的经营目标。情感营销取得成功的关键在于利用情感的策略，在顾客理性消费即质量保证和价格合理的基础上，充分满足顾客的感性需求，建立情感品牌，选择独特的情感渠道，利用情感口碑促销等手段来赢取顾客的“芳心”。

在可口可乐品牌百年发展历程中，以“快乐”“幸福”等积极情感为主题的广告语贴近市场，唤起消费者对美好情感的共鸣，在其品牌价值的积累方面功不可没。可口可乐广告语是其情感营销的重要渠道，通过各种媒介载体传达到消费人群，从而对品牌定位进行准确、生动、传神的表达，在广告中为其产品赋予情感内核。

20 世纪七八十年代，可口可乐广告进入中国，采取的即是以情感营销为主的市场营销方式。最有代表性的是每年的春节贺岁广告。在中国这个以团圆亲情为主流价值的社会环境下，在中国人最重视的春节期间，选用典型的中国情境拍摄广告，运用对联、木偶、剪纸等中国传统艺术，通过贴春联、放烟花等民俗活动，带来浓浓的乡情，表现中国浓厚的乡土味。

2013 年、2014 年，可口可乐中国抓住年轻人的情感特征，推出歌词瓶。

将瓶体印上不同风格的代表歌词，包括友情、爱情、亲情等。可口可乐“歌词瓶”的这场营销战役，为目标消费群体提供了一个传递情谊的平台和载体，更密切了这群消费者与可口可乐品牌之间的情感联系。

情感营销讲究以情动人，关注消费者的切身感受，并细心体察与呵护消费者的情感，通过友好沟通，与消费者建立情感链接，产生共鸣。可口可乐的情感营销是其品牌形象推广的重要策略，对提升其品牌形象和综合竞争力发挥了重要作用。

（二）事件营销传递品牌价值

可口可乐善于进行事件营销。可口可乐善于抓住或者制造能够提升品牌曝光率的各种事件并进行有效利用，创造宣传价值及传播途径。例如，为了庆祝 2014 年情人节，可口可乐推出了一款高级隐形自动贩卖机，当有情侣经过时，原本看似空无一物的路边会突然亮起，并出现一段浪漫的巨型广告。可爱贩卖机随后会现出原形，贩卖机还会询问情侣姓名，并将他们的名字印在瓶身上，打造出情侣饮料。

图 5　情人节贩卖机

（图片来源：https：//www. sohu. com/a/219955711_ 281772）

与此类似，可口可乐在其 2009 年“打开幸福”系列主题活动中，曾设计“幸福机器”，并通过视频记录，在网络上传播，成为首次全球分布式视频营销传播的尝试。起初，该活动尝试在大学放置一台自动售货机，自动售货机中会跳出意外数量的可口可乐，甚至还有食品和玩具，送出意外惊喜，传递快乐。随着首次活动的成功，世界各地陆续出现传播幸福的机器：体现朋友互助的“友谊机”出现在北美、韩国；展现爱情幸福的情人节爱情售卖机出现在土耳其；鼓励“拥抱幸福，大胆去爱”的拥抱售卖机出现在新加坡等。视频作为面向青壮年和青少年的全新传播手段，由可口可乐设计策划，从消费者最熟悉的自动售卖机入手，传递快乐，制造幸福。把品牌形象的售卖终端打造成一种媒体，通过它向大众传递信息，富于感染力，易于传播。这是可口可乐品牌脱离传统媒体而纯粹依赖新媒体传播进行的事件营销尝试，充分利用了互联网媒体受众群体的特点，进行以情感主题为支撑的品牌价值传播。

图6　可口可乐电话亭

（图片来源：https：//bestofinnovation. com/2015/03/06/in – review – coca – cola – hello – happiness/）

“可口可乐电话亭”也是其事件营销的经典案例。每天都有很多南亚劳动力来到迪拜工作赚钱以获得更好的生活。他们收入微薄，想给家里打电话却舍不得打电话的费用。了解到这一情况后，迪拜可口可乐联合广告公司开发了一款电话亭装置，可以用可乐瓶盖当通话费。这些电话亭设置在工人生活区，大大方便了这些外出谋生的人。以此为内容的广告片在全球传播，有效提升了可口可乐的品牌形象。

（三）体育营销提升品牌影响力

在可口可乐公司内部流传着这样一句话：“如果它是移动的，就赞助它；如果它是静止的，就把它涂成红色并刷上可口可乐的标志。”

在可口可乐看来，公平竞争和身心健康的精神是人类崇高的生活理念，而体育对于老幼、男女、各社会阶层与各职业工种的不同消费者都存在着非凡的吸引力，与体育形成联系并且进行充分融合，有助于品牌斩获亲和力，获得消费者青睐。另外，可口可乐认识到，碳酸饮料与体育本身就有着天然的联系，一是因为碳酸饮料是运动后的解渴佳品；二是由于体育活动作为活力、挑战、进取的象征，与可口可乐的运动精神相当吻合。也因此，可口可乐的公关和广告定位一直将体育作为重要特征，塑造了一种鲜明的品牌个性形象，营造了一种极具特色的品牌传播时空，在消费者心目中造就了相对稳定的品牌联想。可口可乐赞助、参与了多种体育赛事、盛典以及多项体育竞技项目，从世界杯到三人足球赛，从篮球到网球、保龄球、田径、滑水等，可口可乐一直是全球体育赛事积极的赞助商。

在可口可乐所赞助的众多体育赛事中，奥运营销可谓是最为出彩、回报率最高的一项。自 1928 年赞助阿姆斯特丹奥运会以来，可口可乐一直积极参与这一全人类最高规格的体育盛会。凭借雄厚的实力和营销经验，可口可乐在历届奥运会上在品牌影响力打造方面均成绩斐然。

可口可乐通过体育营销将其品牌赋予运动精神和激情，并引导消费者将欢乐的运动体验与“可口可乐”形成情感联结，在提升其品牌意识、丰富品牌联想、提升品牌价值等方面起到了极大的促进作用。

六、案例总结

（一）将情感注入品牌，讲好品牌故事

随着生活节奏不断加快，消费者精神层面的需求也不断增加，产品背后的品牌文化、蕴含的故事、代表的精神，都成为消费行为的考核标准。从可口可乐品牌创立之初所象征的自由的美国梦，到经济全球化高速发展的今天，在世界各地本土化策略一次次的成功，可口可乐抓住一切机会和可能，

输出一个个打动人心的故事，通过情感共鸣创造品牌价值并建立稳固的顾客关系，从而获取顾客价值回报。只有占据了消费者的内心，企业才能取得真正的胜利。在这个科技迅速发展的时代，情感变成了一种稀有资源。它正在创造财富，创造市场，创造品牌。

（二）品牌国际化历程中要注重本土化发展

可口可乐本土化战略的一个重要举措就是与当地伙伴结成战略联盟，在共同承担风险的同时分享利益。可口可乐的本土化是一种全面的本土化，它充分实现了分销系统、人才策略、营销策略、新品研发方面的本土化。在未来品牌国际化过程中注重全面本土化策略的实施，有助于品牌规避风险，迅速融入当地市场，扩大市场份额，并节省下大笔成本用于进一步深入的品牌建设。

（三）品牌传播过程中应注意综合手段的应用

可口可乐百年品牌传承至今，很大程度上得益于综合性营销战略与战术相得益彰的完美结合。它既包括极具实效性和可操作性的营销战术组合，如广告、赞助、促销活动以及合作店牌、包装与广告的制作；更包括如经典元素的传承、品牌内涵的丰富、品牌定位的进一步确认与变革等品牌竞争软实力的积累。未来的品牌建设，将面临更加快速的市场变化与层出不穷的竞争挑战，综合性传播手段的应用，有助于品牌全方位塑造无死角形象，夯实品牌在消费者心中的影响力，同时增强品牌抵御风险的能力，提升品牌价值，从而实现品牌常青。

圣戈班：跨越三百年的行业领跑者

作为一个拥有350多年历史的建材品牌，圣戈班专注于不断地创新研发，重视国际化运作，创造了一个又一个国际领先，是公认的房屋和建筑领域的“常青树”。

企业简介：

圣戈班集团成立于1665年，由路易十四财政大臣Colbert先生创办，总部设在法国。其主要业务是设计、生产并销售建筑材料，为日益增长的新兴国家以及建筑的节能和环保需求提供创新解决方案，这些材料和解决方案遍布于建筑、交通、基础设施和工业应用的方方面面。

圣戈班集团拥有一个强大的业务互补的品牌网络，旗下拥有ISOVER、PAM、Weber 、Placo、Jewson等全球知名的建材产品和解决方案品牌，已在巴黎、伦敦、法兰克福、苏黎世、布鲁塞尔、阿姆斯特丹等交易所上市，集团业务遍及全球70个国家，拥有超过167000名员工。圣戈班每年在建筑、装修及家居改善的市场为近700万客户提供服务，为欧洲50%的轿车提供汽车安全玻璃，为法国卢浮宫前的金字塔和北京及上海的大剧院提供了玻璃，为欧洲三分之一、美国五分之一的房屋提供隔音保温材料，是其所在所有行业的欧洲及世界领先者。

圣戈班在2020年《财富》全球500强榜单中名列第244位，连续9年被评为全球100家最具创新力企业，是世界工业集团百强之一。圣戈班（中国）投资有限公司隶属于圣戈班集团，自1985年进入中国市场，至今在华已设立1家研发中心和近40家生产基地。

一、品牌发展历程

(一) 1665 年—19 世纪 50 年代：品牌初创期

(二) 19 世纪 50 年代—20 世纪 90 年代：品牌国际化

(三) 20 世纪 90 年代至今：品牌崛起期

二、品牌核心价值理念分析

(一) 创造“领先”的顾客消费感受

(二) 履行“领先”的环境保护责任

(三) 提供“领先”的员工生活保障

三、品牌创建路径

(一) 以优质的产品质量铸就品牌核心竞争力

(二) 以优异的创新技术树立顾客的品牌认知

(三) 以优秀的客户服务提升品牌忠诚度

四、品牌管理特色

(一) 母子品牌良性互动的品牌关系

(二) 沿着业务链进行品牌延伸

(三) 接地气的本土化策略

五、品牌传播特色

(一) 业内率先采用新媒体传播

(二) 整合数字营销传播增强品牌活力

(三) 紧扣品牌愿景开展主题活动传播

六、案例总结

(一) 持续创新是保持品牌常青的制胜法宝

(二) 企业国际化过程中要积极实施本土化品牌战略

一、品牌发展历程

在350多年的发展历程中，圣戈班凭借技术上的非凡成就以及创新进取的企业精神，在全球创下了众多令人瞩目的成绩，并成为每个核心业务市场的佼佼者。回顾圣戈班的品牌历史，大体经历了始建、发展、崛起三个阶段。

（一）1665年—19世纪50年代：品牌初创期

1665年，法国路易十四财政大臣Colbert创办了皇家玻璃加工厂，在法国东北部的一个小村庄里开设了主要的生产基地，并以村庄的名字命名：圣戈班。作为皇家玻璃加工厂，刚刚组建便承接了凡尔赛宫闻名世界的玻璃画廊，后来生产的玻璃制品不仅在皇室中使用，也逐渐普及广大民众中去，圣戈班对玻璃制造的垄断确保其有过一段繁荣发展的时期。

（二）19世纪50年代—20世纪90年代：品牌国际化

经过几个世纪的努力，公司的产品逐渐多样化并且不断地开创新的业务，开始致力于在世界各地立足，如：圣戈班于1857年进入德国，1904年进入西班牙，1967年进入美国，1985年进入中国，业务在世界各地开始发展，品牌逐渐为全球知晓。圣戈班在70个国家和地区都有业务，并且在新兴国家和地区持续发展，通过其领先的欧洲或全球品牌，研究中心提供专业知识。

（三）20世纪90年代至今：品牌崛起期

圣戈班这一品牌在世界各地的发展为其品牌的崛起打下了坚实的基础。圣戈班依据其强大的创新能力，不断占据建材领域的高端市场。现在，圣戈班为50%的欧洲轿车提供安全玻璃，为美国五分之一的房屋提供隔音保温材料，每年生产300亿只玻璃瓶用于包装食品、酒、香水及药品，在欧洲设有2600多个建材分销店，为世界上80个首都及100多个城市提供饮配水管道系统，在工业材料、建筑材料和食品材料领域树立起了牢固的品牌地位。圣戈班产品品牌溢价能力也逐步提升，作为国际知名的建筑材料品牌，大部分冠以圣戈班名称的磨料磨具的价格比普通品牌的价格相对较高。虽受全球疫情影响，2020 年下半年营运利润强劲反弹，同比增长 22.4%；营运利润率实现 10%，达到历史新高，展现了圣戈班的品牌韧性。

二、品牌核心价值理念分析

圣戈班设计、生产并分销高功能材料，为消费者提供创新解决方案。这些材料和解决方案遍布于建筑、交通、基础设施和工业应用的方方面面，与人们的日常生活息息相关。圣戈班认为它们是“每个人幸福生活的源泉，是人类美好未来的基石”；不仅为消费者带来舒适、安全和品质生活，同时也积极应对可持续建筑、能效和气候变化所带来的挑战。

图 1　圣戈班的品牌理念

（图片来源：https：//www. saint – gobain. com. cn/mission_ vision）

在数字媒体时代，消费者可以获取更全面的产品信息，他们越来越倾向于自己选择所需产品，为了与普通消费者建立更紧密联系，2016 年，圣戈班集团发布全新品牌标志，彩色新标志的五原色代表集团使命：环境保护、高科技、创新、舒适和幸福；左边桥形连接过去，右边建筑线条代表旨在打造舒适生活空间的使命。新标志显示了圣戈班基于其一贯承诺的新的品牌使命：通过设计、生产并分销材料，来提升个人幸福感，同时造福整个社会。

图2　圣戈班品牌标志

为了贯彻这一使命，圣戈班将自身定位为“房屋和建筑材料的领先者”，并长期不懈地关注顾客对于产品服务的质量需求、员工对于生活的品质追求、环境对于厂商的生态要求，同时也密切追踪竞争对手的发展实况。由此，顾客、员工、环境与竞争对手组成了圣戈班的利益相关者。圣戈班以上述利益相关者为出发点，以“使世界成为更美好的家”的宗旨为指引，在以下方面作出努力。

（一）创造“领先”的顾客消费感受

消费者的购买意愿与购买能力决定了企业产品的销售量和竞争能力。建材产品的质量与安全不仅是产品直接购买者——工程项目承包方按时保质完成项目的重要保障，也是产品的最终消费者——项目最终使用者生命安全、身体健康的重要守护。因此，建材企业须保证优质的产品和服务质量，从而获得顾客的认可与信赖，创造“领先者”的顾客消费感受。

（二）履行“领先”的环境保护责任

由于建筑材料产品加工是一种能源消耗比较大的工业生产过程，将对环境造成一定影响，“领先者”的战略目标促使圣戈班树立“健康、安全”的生产理念，并采取实际措施降低能源消耗和环境污染，展现了圣戈班注重环境效益的社会责任，起到了作为行业“领先者”的企业责任模范作用。

（三）提供“领先”的员工生活保障

企业需要关注员工的权益维护、价值实现、安全健康，为员工创造良好的职业发展空间，由此才能源源不断地获取优质的劳动力资源，为企业形成核心竞争力打下基础，而获取优质人才的前提便是提供“领先者”的员工生活保障。

三、品牌创建路径

（一）以优质的产品质量铸就品牌核心竞争力

圣戈班集团坚持为全球提供数百种性能优良、材质各异的高附加值产品。作为房屋和建筑领域的全球领导者，它是当今世界上门类较多、品种齐全的建筑材料集成供应商。圣戈班在生产工艺、产品和服务整个生命周期中建立模范标准，长久以来形成了包括成本控制、成本效益管理以及质量控制等在内的一套完整和严格的管理体系和规范的操作流程。

以圣戈班磨料磨具公司为例，圣戈班磨料磨具通过了国际上各种质量管理和安全体系的认证，所有产品都达到或超过了行业标准的认可，享有极高的品质保证。圣戈班对产品的质量要求非常严格，每一批产品上市之前都要进行内部严格的安全测试。通常都有八九个工人全职来进行试验，这样平均一天要消耗掉400多片砂轮，一年下来要用掉约15万片的砂轮，足见其对产品质量和安全的重视。

链接1　关于“诺顿”品牌

诺顿（Norton）磨料磨具是圣戈班建筑材料领域的典型代表。诺顿成立于1885年，成立之初生产了第一个适用于精密仪器制造和大规模生产的砂轮。成立之后，诺顿在美国和加拿大开始扩大新保税磨料；1909年，诺顿的新厂在欧洲建立；8年后，诺顿在亚洲成立合资企业；1956年，基于在产品技术创新和客户服务高质量的影响力，诺顿在南美实现了稳定的增长并开始大规模收购。如今，诺顿磨料磨具用于航空航天、电子产品制造业和建筑业，其身影已遍布全球28个国家。

1990年，诺顿被圣戈班收购。圣戈班的全球知名度和高精尖的生产工艺使诺顿的品牌影响力进一步扩大。在圣戈班的战略目标下，诺顿将工作重点放在研究和提高产品质量承诺两个方面。1993年，世界磨削技术中心在欧洲建立，1998年更名为希金斯磨削技术中心，该中心使诺顿产品的性能设置成为整个世界磨料磨具的行业标准。

经过130年的发展，诺顿为行业发展过程中出现的技术困难提供了富有创新性的解决方案，始终处于创新和服务的最前沿，使其成为全球磨料磨具生产行业的领袖。

目前，圣戈班的四大核心业务板块的产品质量为顾客称道。其中，第一板块创新材料中的平板玻璃做到了欧洲第一，全球第二；第二板块建筑产品中的球墨铸铁管全球第一，石膏板和石膏粉全球第一，隔音保温产品欧洲第一，外墙粉刷产品欧洲第一，瓷砖粘结剂全球第一，外墙隔板美国第二，第三板块建材分销中的分销网点超过4200个，位列欧洲第一，供暖、管道及卫浴产品欧洲第一，瓷砖分销全球第一；第四板块中的葡萄酒、烈酒瓶及食品罐世界领先，食品行业玻璃包装世界第二。

（二）以优异的创新技术树立顾客的品牌认知

研究与创新是圣戈班战略的核心。对于圣戈班团队来说，这是重要的责任和动力来源，他们的创新有助于减少建筑材料生产对环境的负面影响。圣戈班刚建立不久就曾不惜重金引进意大利工匠，并着力培养本国的技术人才，最后赶上并超过意大利的水平。350年来，在研究与开发上，圣戈班广招贤才，并有几个国家的研究中心支持和帮助，保持其产品的世界领先地位。目前，圣戈班在全球拥有7大实力雄厚的集研究与发展为一体的大型中心，另外还有12个专业化的研究中心和100个技术发展部门；拥有遍布55个国家的3700名研究人员对建材领域进行研究，涵盖物理、机械、材料、化学、生物化学、有机化学和数学领域。2013年，圣戈班用于产品研发的预算是430万欧元；同年，圣戈班已申请超过400个专利项目，更重要的是2013年其对外销售的每四个产品中就有一个是5年以前不曾存在的产品，由此可见，圣戈班的创新技术在建材领域首屈一指。

可以说，重视技术创新是圣戈班保持品牌常青的法宝，以玻璃增强纤维和保温隔音材料为例，圣戈班是该领域的领先者。它还从事着平板玻璃、玻璃增强纤维、陶瓷与塑料和磨料磨具等领域的工作，向尖端工业提供成熟的产品和技术服务。为了保持产品在世界市场上的竞争力，圣戈班始终将科学技术研究和开发新产品放在第一位。它得到德国和西班牙研究中心的支持和帮助，特别是与法国国家科学研究中心和核能委员会共同研制成功的玻璃、陶瓷和水晶制品新成果，具有重大的意义。

圣戈班研究的另一部分力量则放在消费品方面，不仅要提高其使用性能和应用范围，而且要降低成本。圣戈班在发展用于建筑和汽车上的保温平面玻璃，用于香水工业的轻型玻璃瓶，用于印刷的高质量纸张，先进性能的磨轮等方面都有重要的进展。

圣戈班集团的效益和研究环境吸引了很多年轻的工程师来发挥他们的聪明才智，这些工程师里许多人拥有物理博士的学位，他们形成了集团内发明创造的重要动力。

图3　圣戈班的研发人员

（图片来源：https：//www. saint - gobain. com/en/innovation/innovation - saint - gobain）

1. 创新技术紧跟市场步伐

圣戈班专门成立了研究和开发任务团队，主要任务是提供与集团业务发展相适应的技术支持：第一，为集团的各项业务提供积极的长远支持，引领圣戈班产品的开发生产、技术服务提供，从而加强商业竞争力；第二，为集团渗透入新市场提供创新技术，开发独特的、优异的、开创性的产品和生产过程，且须时刻对产品与开发过程对环境造成损害的可能性保持警惕。

圣戈班的研发团队在开发新技术和探索新技术领域的同时，也关注着可持续发展，在数据科学、电子领域、机器人技术等相关领域开发了新的能力，借助这些技能和程序来积极支持圣戈班的数字化战略，例如研发团队可以通过“工业4.0”课题帮助提高生产绩效，数据分析有关课题可以为客户提供更优质的服务。此外，圣戈班在研发和市场营销方面提高认识和培训团队，以认识到生态创新的重要性。

2. 创新研究紧跟顾客需求

圣戈班专注于开发有助于技术革新的资源，同时与客户保持长期密切的联系，着力推动技术进步和进入新的市场领域。其研发机构与集团的各个部门、各项活动都保持着紧密联系，积极收集分析顾客反馈的需求信息，同时负责监督全球和地方层面的不同项目的实施，为这些项目提供特殊的、富有开创性的技术支持。

对圣戈班而言，创新不仅表现在对技术的追求上，也表现为满足或引导消费者的需求。圣戈班会凭借其布局全球市场的实力和对不同市场消费者的调查，进行业务调整，推出创新产品——也许该产品在其他成熟市场上已经出现。例如，2009 年，为了让中国的客户分享世界最先进的磨削工艺技术，圣戈班在国内市场推出了最新的 TG 磨料和 QUANTUM 系列产品。其中的 TG 砂轮是一种新磨料，但应该说不是最新的磨料。这个磨料已经在国外如欧洲、北美市场销售了一段时间了，但一直以来国内客户接受的不多。通常情况下，TG 的价格比普通砂轮要贵，所以在国内市场接受程度较低。但是现在，圣戈班逐步发现国内客户在不断地碰到磨削上的“瓶颈”，对于这个产品开始有需求了。

圣戈班对客户的关注还表现在帮助客户提高加工技术水平等方面，利用其丰富的全球资源，引进更多先进的产品系列来完善销售产品线，并不断开发适合某一固定客户群的产品，加快对市场需求的反应速度，实现更多产品的本地化生产，从而降低成本，缩短交货期，更好更快地响应客户需求。

（三）以优秀的客户服务提升品牌忠诚度

在市场销售实践中，圣戈班针对不同客户提供优秀的差异化服务和解决方案：对于已有长期合作历史的老用户，由于他们非常关心用户的产品换代和设备更新，圣戈班便为他们及时地提供更加合适的磨料磨具产品和与之相适应的磨削技术支持；对于有合作意向的新客户，圣戈班会首先分析其产品技术特征，然后提出工具选型和相应的工艺方案，并派遣有经验的产品工程师和用户的工程技术人员一同进行工艺试验，必要时调整参数，直至达到并超过用户预期的要求；有时遇到少数秉持低廉采购理念的磨具产品客户，圣戈班总是与其一道，根据客户生产工艺的特征，分析选用不同磨具产品对综合经济效益产生的影响，用事实争取用户对优质优价产品的理解。

链接 2 诺顿®温特®的品牌承诺

图 4 诺顿®温特®品牌标志

诺顿®温特®是圣戈班旗下的联合品牌，被称为高质量金刚石和 CBN 磨削产品的代名词。以下是诺顿®温特®对客户的品牌承诺，管中窥豹，可以看到圣戈班将重视质量、技术创新和关注客户服务当作品牌建设的关键路径。

领先的品质

诺顿®温特®产品以其卓越的性能和卓越的性价比而著称。从设计到交付，在每个阶段都严格遵守最高标准，以确保只为客户生产最好的产品。

定制解决方案

诺顿®温特®超过 75% 的产品是与客户密切合作开发的。产品经理和应用工程师致力于突破为客户实现最佳磨削效果的技术挑战，以提供最大收益的方式提供优化的磨削解决方案来满足客户的特定要求。

创新

时至今日，诺顿®温特®理念与创新和技术进步息息相关。作为开拓者，一直积极投资于磨削技术的未来发展。

出色的服务

诺顿®温特®从寻找完美的产品到优化客户体验流程，鼓励所有客户利用他们的技术专长和多年的行业经验以提供全面的服务，其现场销售人员和客户服务部门随时为客户提供服务。

卓越的运营

作为负责任的制造商，诺顿®温特®不断努力减少对环境的负面影响，并坚持行业领先的健康与安全标准。诺顿®温特®通过了 ISA9001（质量管理），ISO 14001（环境管理）和 OHSAS 18001（健康与安全管理）的国际认证。此外，所有旋转的诺顿®温特®工具均带有 OSA（磨料安全组织）安全密封，为其客户在工具应用中提供最高的安全规范。

四、品牌管理特色

（一）母子品牌良性互动的品牌关系

圣戈班旗下品牌众多，其中包括诸多世界知名品牌，形成了母品牌为子品牌背书、子品牌反哺母品牌良性循环的互动关系。例如，固结磨料磨具产品类有 NORTON、EFESIS、CABORUNDUM；涂附磨具产品类有 NORTON、CORA、EAC；超硬磨具类有 NORTON、WINTER、UNICORN；薄型树脂砂轮有 NORTON、FLEXOVIT 等品牌，所有这些品牌的产品都代表着当今世界顶级的磨料磨具技术水平，这些产品品牌的成功又带动了圣戈班品牌知名度的提升。

图 5　韦伯——预拌砂浆行业的世界领导者

图 6　穆松桥——输配水管道系统的技术领先者

根据不同的业务，圣戈班采用背书品牌与子品牌结合的品牌架构。首先，考虑到集团品牌数目繁多，圣戈班将集团业务划分为建筑产品、创新材料、包装和建筑分销服务，每个大项业务模块下，针对不同的细分市场，分别管理着圣戈班不同产品品牌；其次，在每一大项业务下，还有不同业务的划分，如建筑材料分为石膏板、隔绝材料等，将同一品类的品牌集中一起进行管理；最后，在同一业务同一品类下，会按照不同顾客的需求划分品牌，例如在创新材料的磨料磨具板块中，有 Norton 和 Carborundum 两个品牌，Norton 适用于追求以最低的总成本实现最高的生产率或者追求施工过程简单、价格实惠的顾客，Carborundum 适用于追求成本效益并且注重产品组合价格优惠的顾客。

（二）沿着业务链进行品牌延伸

圣戈班成立之初，是一家专门制造玻璃的工厂。随着业务的扩张，圣戈班首先将品牌延伸到与玻璃制品产业相关性较大的低端产品，丰富其产品线，充分利用其母品牌资产。随后，围绕玻璃主业圣戈班开始制造多元化的产品，包括天窗玻璃窗格、屋顶和房间分隔器、厚的镜子、半厚度的玻璃窗户、夹层镜子、压花镜子和玻璃窗，逐渐将品牌延伸至玻璃行业中的各个领域。

在玻璃制品行业中形成一定的品牌影响力后，圣戈班再次以玻璃制品强势品牌姿态进入建材市场。随着工业革命的到来，房屋大量建设，玻璃窗户等产品使玻璃与建材领域拥有了良好的契合点，圣戈班以此为契机，将产品范围扩展至建材领域，促使玻璃与房屋建设相结合。例如，圣戈班将其业务扩展到玻璃纤维制造，其中绝缘玻璃纤维被用于工业纺织品和建筑增援。1937 年，圣戈班也成了玻璃钢保温材料制造商。

扎根建材市场以后，圣戈班继续利用母品牌资产拓宽品牌业务范围。随着圣戈班品牌延伸的扩大，圣戈班开始发现建材领域的商机，并向建筑材料领域进军，生产制造包括磨料磨具、石膏板、隔音材料等建筑产品，基于其百年的影响力和品牌声誉，圣戈班向建材领域的品牌延伸获得了巨大的成功，这也是圣戈班成为“房屋和建筑材料世界领导者”的开始。

（三）接地气的本土化策略

圣戈班的愿景是成为每个人幸福生活的源泉和人类美好未来的基石。为此，圣戈班非常看重国际化运作，自成立起，圣戈班的基本战略之一便是将业务不断拓展至新的国家和地区。圣戈班在不同国家，标志下会用当地国家的语言书写“圣戈班”的名称，或者用英文注明所在国家。

SAINT-GOBAIN in China

圣戈班中国

SAINT-GOBAIN in North America

圣戈班北美

SAINT-GOBAIN in Deutschland

图 7　在不同国家的圣戈班品牌标志

圣戈班内部有一个全球事业部，负责全球范围工业市场，包括交通与运输、生命科学、建筑工业，全球事业部为各地区提供高功能解决方案；圣戈班在业务上进行了产品多样化和地区多样化政策，在全球有四大整合区域，包括美洲，南欧、中东和非洲区，北欧区，亚太区，每个整合区域负责区域市场，尤其关注可持续舒适建筑和其他建筑领域。圣戈班利用其核心力量占据相关市场并充分利用世界各地的原材料和劳动力。在研究与开发上，圣戈班广招贤才，拥有在欧洲、美国、中国等多个国家和地区设有 12 个研发中心和近百个开发机构的支持和帮助，以保持其产品的世界领先地位。以亚太区为例，圣戈班于 1972 年开始进入亚太地区，业务遍及 14 个国家，拥有 111 家法律实体，80 家生产企业及 11000 多名员工。除此之外，圣戈班开放的价值观念在开拓海外市场中发挥重要作用，它认为员工的聪明才智和每天不断的努力付出是圣戈班保持品牌活力的内在动力，因此聘用属地人才来承担管理工作，例如中国公司的经理主要由中国人担任。这为圣戈班在海外开疆拓土奠定了坚实的基础，让圣戈班的品牌国际化运作更接地气，力挺圣戈班在创新与高品质解决方案领域成为每个国家的市场标杆。

五、品牌传播特色

圣戈班的品牌传播紧紧围绕“每个人幸福生活的源泉，是人类美好未来的基石”的品牌使命和愿景，采取传统媒体与新媒体相结合的方式。

（一）业内率先采用新媒体传播

圣戈班设有 Communicating 部门，负责对外的宣传和联络工作。其中，圣戈班磨料磨具设有 Digital Media Manager 一职，意为数字媒体管理经理。这一职位的主要职责是选择最佳的数字通信渠道来传达区域品牌信息，信息传播面积覆盖区域经销商网络和目标。数字媒体管理经理还负责扩大圣戈班的数字基础设施，并积极筹划新产品发布、新产品搜索、共享等活动；另外，数字媒体管理经理还直接负责主要产品品牌的电子商务通信服务网站和应用程序，包括网站导航、在线编目、电子邮件营销等。

圣戈班在 facebook、twitter 和 Yutobe 网站上均设立了自己的主页，其中在 Yutobe 上还设立了“Saint－Gobain TV”，主页颜色鲜艳、吸引眼球。网站上存有包括业务产品和介绍、企业活动、产品广告等视频内容，网站的活跃度较高，视频内容不间断地上传和更新，成为人们了解圣戈班的最佳途径。另外，圣戈班专门为股东建立了 App 程序，股东下载并安装后，可随时掌握集团的财务信息，并且可就财务问题进行沟通，还可了解日常信息，包括最新的股份价格、财务状况、股东俱乐部活动安排、新闻等，为股东随时掌握集团情况提供了极大的便利。

（二）整合数字营销传播增强品牌活力

在数字时代，营销更加注重通过互动来创造需求，重视企业与用户共同建立长期持续的互动关系，共同塑造品牌。数字营销利用互联网、社交媒体、博客、网站和各种电子营销形式来传播先进理念，俘获消费者的注意力，挖掘消费意向。圣戈班也积极开展数字营销方面的工作。

为了给客户在环保建筑方面提供实践指导和帮助，圣戈班开发了一个名为“杰克问答”（Ask Jack）的可在网络和智能手机上使用的互动软件。使用人员可以上传在实际工作中遇到的问题至这个软件中，一个虚拟的工作人员会进行解答，解答的内容来自储存在软件中的“可持续建筑指南”（Sustainable Building Guide）。这一个问答项目的技术支持来自智能手机的 Greenworks 应用，知识支持来自 Greenworks 培训学院。这一培训学院获得了众多社会人士的资助，学院为上百名世界各地的专业技术人员和员工同时提供了调整、提高可再生能源系统和解决方法的机会。

圣戈班在电子商务领域也不断地进行技术创新，在 2012 年成功开发了许多商业网站。例如在德国，客户可在线订购超过 26 万个产品，订单直接被顾客选择的销售点所处理。在法国，圣戈班开发了一个全新的建筑专业材料的电商网站，进入网站后，顾客可以在最近的 4 个仓库订购和取货，或者可以要求送到顾客的建筑工地。这些电商网站同时也以手机客户端的形式出现，因此顾客可以随时随地购买产品。此外，圣戈班还创新了销售展示方式，如 Lapeyre 3D。Lapeyre 是一种新型的销售展示方式，登录 www. lapeyre. com，客户就可以创作他们所喜欢的房屋构架、布局，软件会以 3D 的形式呈现顾客的想法，同时，网站也会提供相应的建议，为提高顾客的生活品质提供帮助和支持。

（三）紧扣品牌愿景开展主题活动传播

圣戈班注重大型互动中对企业的愿景和理念进行传播。例如 2015 年是圣戈班成立 350 周年。以“350 个理由相信未来”为主题，圣戈班全球 350 周年庆在中国、法国、美国和巴西 4 个全球最重要的市场展开，旨在展示其在 350 年的发展历程中不断跨越边界、不断迎接挑战、不断超越自我的品牌理念和创新能力。此次，圣戈班集团将上海作为全球巡展的首站，充分体现了集团植根中国、展望未来的美好愿景。

圣戈班为 350 周年全球巡展特制的 5 座“未来体验馆”坐落于上海黄浦江边，包括视觉体验馆、听觉体验馆、色彩体验馆、创意体验馆及第五体验馆。5 座体验馆分别以“生的映像”“新的体验”“梦的追寻”“质的艺术”“历史与未来”为主题，以纪念圣戈班历史悠久的制造工艺，体现其前瞻性的创新精神、领先科技、环保理念和对未来的展望。之后将在巴西、美国等国进行全球巡展，最后回到总部所在地法国巴黎，并将在巴黎举行盛大的闭幕庆典。

“在 2015 年，圣戈班所做的不仅仅是周年庆，我们希望与全世界一同分享对未来的乐观展望以及350个相信未来的理由。”圣戈班集团主席兼首席执行官夏朗达在揭幕式上表示：“350年来，圣戈班始终坚持以创新的解决方案应对经济增长、能源节约和环境保护方面的全球挑战。未来我们还将继续致力于创新产品的研发和运用，为人类创造可持续发展的舒适居所。”

六、案例总结

（一）持续创新是保持品牌常青的制胜法宝

创新是企业发展的灵魂，而品牌价值是衡量创新成效的重要标准之一。只有抓住标准、设计、集成、服务等关键环节，强化技术攻关，形成自主知识产权和品牌优势，才能够在竞争中立于不败之地，实现基业常青。对于一个充分竞争的传统制造业而言，产品创新要以准确的市场信息为导向，紧紧专注客户需求，才能成功地帮助其品牌在市场中立于不败之地。

300多年来，创新已成为圣戈班企业发展战略的重要组成部分，也是集团核心竞争力的关键。从圣戈班成立之初到发展为大型国际集团，圣戈班正是因为有了“创新”这一“保鲜剂”，才使其品牌永葆常青。圣戈班的大部分研发工作都在其传统领域进行，但与此同时，圣戈班也积极应用创新技术开发新市场。为此，圣戈班在创新与研究方面投入巨大，在全球设立了研发中心与研究机构，积极寻求与国际知名院校的科研合作。

（二）企业国际化过程中要积极实施本土化品牌战略

跨国公司欲屹立于世界之林，需要制定许多竞争战略，如产品战略、区位战略、融资战略、管理战略、人才战略等。当代跨国公司已深刻地认识到本土化品牌战略是其赢得当地市场竞争的不可或缺的重要战略。本土化品牌战略有利于企业扎根和产品推广，使其产品或服务在当地更具可信力和号召力，从而更具市场竞争力，又可以有效避免因“水土不服”而造成品牌战略的失败。

作为一家开展国际化业务较早的公司，1856年，圣戈班第一次走出法国本土，开拓德国市场，迄今已经过了160余年的时间，并在德国实现了良好的发展。不仅如此，圣戈班在西班牙等诸多海外市场也已拥有了近百年的发展历史，积累了许多适合于全球市场运作的普遍经验。例如，与国内磨料磨具同行相比，圣戈班磨料磨具进入中国市场较晚，对当地的一些商业环境有待进一步熟悉。但基于圣戈班众多的优秀品牌及其应用技术优势，圣戈班加快了对本土市场需求的反应速度，提高服务质量。因此，质量全球化、生产本地化的磨具产品为确立圣戈班磨料磨具在中国市场的品牌地位奠定了良好的基础。

浦项制铁：

技术领先成就最具竞争力钢铁品牌

当今世界企业的竞争在于综合实力的比拼，依靠的是技术创新能力、削减成本能力等，而浦项制铁正是通过文化、研发、管理等方面的一系列创新举措，走出了一条差异化竞争道路。

企业简介：

韩国浦项制铁公司（Pohang Steel Corporation，POSCO）成立于1968年4月1日，总部位于韩国浦项南港口，是韩国为了实现工业经济发展战略而成立的钢铁公司。主要产品包括冷热轧、线材、电工钢、钢板、不锈钢、铁镍合金、高纯度锰化铁等金属制品，在中国、泰国、越南、缅甸、美国、委内瑞拉、巴西、加拿大、澳大利亚等多个国家设有钢铁厂、原料加工厂、销售公司等。得益于浦项制铁公司的成立，韩国的钢铁生产能力得到了大幅度提升，成为世界前六位的钢铁大国。浦项制铁公司在韩国企业中，作为继三星、现代、LG、SK、现代汽车、韩进之后的第七大企业，自从创立以来，一直承续着黑字经营的传统，没有出现过一次赤字，其卓越的创收能力在世界钢铁业界出类拔萃。

世界钢动态公司（WSD）2020年10月发布的世界级钢铁企业竞争力排名，韩国浦项制铁继续排名第一，连续11年蝉联全球钢企竞争力榜首。

一、品牌发展历程

（一）1968—1993 年：品牌高速发展期

（二）1994—2002 年：品牌创新发展期

（三）2003 年至今：品牌全球化发展期

二、品牌核心价值理念分析

三、品牌创建路径

（一）“FAMILY 经营系统”成为品牌文化基石

（二）产业链整合提升品牌竞争力

（三）通过研发高附加值产品打造高端品牌

四、品牌管理特色

（一）以母子品牌为主的品牌架构助力品牌延伸

（二）通过绿色经营维护品牌声誉

五、品牌传播特色

（一）注重与受众建立情感关联

（二）有效整合多种传播渠道，提升品牌影响力

六、案例总结

（一）通过提高产品附加值形成品牌竞争优势

（二）劳动密集型企业需高度重视品牌文化建设

一、品牌发展历程

如同人类文明始终伴随着钢铁的发展轨迹一般，浦项制铁所走过的道路也与韩国经济的发展紧密相连。

（一）1968—1993 年：品牌高速发展期

20 世纪 60 年代，为了实现韩国钢铁产业发展之梦，即使在无资本、无技术、无经验的全无状态下，仍毅然于 1968 年 4 月 1 日举行了浦项制铁公司成立仪式，迈出了韩国综合制铁所建设的第一步。自 1973 年韩国首次建成粗钢 103 万吨规模的一期设备以来，通过 4 次扩建，最终在 1983 年成功建成了粗钢 910 万吨规模的浦项钢厂。

为了能够满足在高度发展阶段与日俱增的国内钢铁需求，POSCO 开始了将迎日湾的神话延续到光阳湾的新挑战。从 1985 年光阳一期奠基仪式到 1992 年综合竣工仪式期间，填埋近海建设了炼铣→炼钢→轧延工程一条线的制铁所。

图 1　浦项制铁成立

（图片来源：https：//www. posco. co. kr/homepage/docs/eng6/jsp/company/posco/s91a100 0012c. jsp）

（二）1994—2002 年：品牌创新发展期

这一时期，浦项制铁完成了浦项新炼铁厂和光阳第五座高炉的建设。此外，该公司根据其信用评级成功在纽约和伦敦证券交易所上市，并通过引入外部董事制度和外部审计制度，提高了管理透明度。浦项制铁在 2000 年完成了私有化，并通过不断的流程创新，确保了世界领先的竞争力。

图2　浦项制铁在纽约证券交易所上市签字仪式
（图片来源：https：//www. posco. co. kr/homepage/docs/eng6/jsp/company/posco/s91a100 0012c. jsp）

图3　浦项制铁在伦敦证券交易所上市
（图片来源：https：//www. posco. co. kr/homepage/docs/eng6/jsp/company/posco/s91a100 0012c. jsp）

（三）2003 年至今：品牌全球化发展期

这一时期，浦项制铁完成了世界上第一个商用 FINEX 设施，标志着全球钢铁工业史上的一个里程碑。同时，浦项制铁积极进军海外市场，通过在国外投资建厂和国内设备改造扩建，实现全球化经营战略目标。目前，浦项制铁的海外钢铁业务主要在东南亚、南美、印度等新兴市场开展，其基本战略方针是抢攻投资费用较低的上游市场，利用企业间交易的特点，以钢铁行业表现出的锁定效应为基础，真正将上下游产业串联起来。

图 4　开始建设 FINEX 商业化设施

（图片来源：https：//www. posco. co. kr/homepage/docs/eng6/jsp/company/posco/s91a100 0012c. jsp）

二、品牌核心价值理念分析

品牌愿景分析：

“梦想与希望”是浦项制铁在 20 世纪 60 年代末韩国工业需求以及国内条件极其落后的情况下怀着“制铁报国”的梦想发展起来的；用“材料与能源创造美好世界”则表达了品牌的愿景和实际做法，即未来的品牌发展之路。

浦项制铁于 2000 年由国营企业全面改制为股份制民营企业，然而面对本应前景广阔的民间市场，当时的浦项制铁却遇到了企业认知度低的尴尬情况，加之国营企业刻板的形象深入人心，让企业发展遇到前所未有的挑战。为了改变人们对于浦项制铁的认识，提高企业认知度，浦项制铁于接下来的 3 年开始全面制定品牌战略，规划品牌之路。在 2000 年到 2003 年期间，浦项制铁以利益相关者为对象，全面铺开电视、平面广告宣传、战略合作、社区合作等品牌推广活动，倾力提高品牌知名度。并以“亲和力”为品牌定位，对外宣传打造具有“亲和力”的钢铁企业，改善品牌公众形象，贴近企业与潜在客户的关系。

2004 年，由于企业国际化的发展战略，浦项制铁进一步完善了品牌战略，注入了全球化的品牌愿景，把延续了 30 多年的“制铁报国”理念升华为“国际化企业公民”精神，提出了共创美好未来的口号，将企业的目标和成绩放向全球。

核心价值观： 安全、双赢、道德、创造力。

安全：以人本主义为优先考量，确保日常行为安全；

双赢：在实践中考虑共享，追求共同繁荣，通过创造社会价值不断成长；

道德：在社会成员相互信任的基础上寻求道德行为，遵循奖惩原则；

创造力：以开放的心态，通过开放的合作，率先解决问题。

品牌标志：

图5　浦项制铁 Logo

浦项制铁的英文 Logo 是 5 个各自独立的英文字母 POSCO，是企业全称 Pohang Steel Corporation 的缩写。“PO”“CO”以字母“S”为中心对称均衡排列，在突出企业核心的同时，象征性地体现了内外平衡、和谐的企业理念。同心圆的字母反映了浦项制铁积极应对外部环境，通过不断创新保持永久发展的未来形象。

三、品牌创建路径

POSCO 一直以超越极限的挑战精神和实践能力实现了“从无到有”，带动了韩国钢铁产业的发展，也成功塑造了浦项制铁的品牌。回顾 POSCO 的品牌建立，主要源自以下优势：

（一）“FAMILY 经营系统”成为品牌文化基石

POSCO 建立了信誉与沟通、创新与协同相和谐的 Family 经营系统，通过文化的力量形成了特有的“浦项精神”，为 POSCO 品牌形象的提升奠定了良好的基础。

所谓“Family”是指以大家庭式的管理方式来经营企业。这样的管理方式源自韩国普遍的企业文化，即把员工、股东、管理层等所有企业成员看作是一个大家庭的成员，强调团结一致的奋进精神，具有相同的理想、伦理观、价值观，让企业如同家庭般温暖、友爱、团结。

这样的企业文化在浦项制铁被演化成浦项精神，其特征主要表现如下：强调国家利益和承担社会责任，力求实业兴国；包含家族集体主义，提倡爱厂如家，共存共荣；强调员工的归属感，使员工表现出良好的组织纪律性和团队精神，培养员工的忠诚稳定，降低员工流动率以利于培育人才；团结拼搏、自强不息和开拓创新的精神。

浦项精神还体现在创造力上，在浦项公司随时可以看到这样一条标语：资源有限，创造力无限。这种理念令浦项制铁放眼全球，充分利用全球资源、技术、信息、知识和人才，高效率地组织与利用全球的资源与市场，从而获得优势的竞争地位，实现了从行业后来者到领先者的演进。

（二）产业链整合提升品牌竞争力

产业链整合是产业链环节中的某个主导企业通过调整、优化相关企业关系使其协同行动，提高整个产业链的运作效能，最终提升产业竞争优势的过程。钢铁行业的产业链比较长，在韩国缺乏资源、市场有限的情况下，浦项所需要的煤炭和铁矿石主要依赖进口，而生产出来的钢材也有相当一部分要出口。这是一种典型的“两头在外”外向型发展模式。为了避免此种模式带来的风险，浦项沿着产业链扩大业务范围，将其触角延伸到采矿、物流等产业中去，达到了降低成本、化解风险、增加利润的目的。其具体做法如下：

积极在国外寻求合作，投资办矿。20 世纪 80 年代起，浦项就在澳大利亚和加拿大建立合资企业，再由其合资公司与当地煤矿公司合作办矿，生产的煤依股权按比例分配。1993 年，浦项在加拿大的合资公司（POSCAN）与加拿大福丁公司签订协议，共同开发林希尔斯煤矿生产炼焦煤，POSCAN 持有煤矿 20% 股权。此后浦项又向美国金属及煤国际公司购买其在澳大利亚两煤矿 5% 股份，此举使浦项在后来的 10 年中获得了 1200 万吨煤炭的保障。2003 年，浦项、宝钢和新日铁宣布合作开发中国山西煤炭资源，以保证对上述三企业供应优质低价煤。

2011 年，浦项获得了在印度东部奥里萨邦办厂的批准，投资规模达 120 亿美元。此举看重的是印度矿区的便利条件和印度劳动力成本低的双重优势。

2002 年，浦项在澳大利亚的合资公司（POSMAC）与 BHP – Billiton 矿业公司签订了合作协议，浦项投资 1630 万元澳元开发澳洲西部的铁矿山，浦项每年将得到300万吨的铁矿石供应，期限为25年。在此后三年间浦项先后与世界三大铁矿石供应商分别签订长期供货合同。这样一来，到2012年浦项从三大铁矿石供应商那里获得总计3.56亿吨铁矿石，是浦项未来10年发展中铁矿石需求量的84%。为了更好地掌握国际市场的话语权，浦项制铁与日本新日铁展开战略结盟，合作开展项目。如：在海外共同开发矿产；合作开展原材料运输业务；两家公司炼铁或炼钢生产设备停产检修期间由另一方供应板坯；两公司相互增持对方股票，使双方所拥有的对方股份提高2个百分点以上，以抵御第三方的恶意并购。

建立物流系统，降低物流成本。对于原料依靠进口的钢铁企业，物流成本占总成本的比重较大，因此，设法降低物流成本将给企业带来明显的经济效益。在物流领域，浦项与日本三井物产共同投资合作建立钢铁生产原料物流合作公司。该公司设在韩国光阳市，主要业务是运输、保管、仓储和供给钢铁生产所需要的原料，通过建立物流公司，浦项制铁不但节约了物流成本，还开拓了一个新的业务增长点。除此之外，浦项还通过流程革新实现了企业内部信息化管理，并在此基础上开发出了世界上第一套船舶运输管理系统。通过这套系统，可以准确确定装卸货时间，减少货舱空置率，实现了库存最小化，从而降低了运输和库存成本。

（三）通过研发高附加值产品打造高端品牌

综观全球整体钢铁产品市场，高附加值钢材市场增长速度较快，特别是汽车、能源、家电用高级钢材需求增加，由此导致钢材产品消费模式高级化和高附加值化。这样的市场环境对于一直以生产高附加值钢材为主的浦项制铁来说，可谓机遇难得。一直以来，浦项制铁通过企业的创新精神和技术投入，获得持续性的发展。浦项制铁的创新主要体现在以下几个方面：

产学结合。浦项在成立之初就成立了技术研究院，在1986年建立浦项工科大学、POSCO技术大学，随后又设立浦项产业科学研究院。20世纪90年代以后，又将生产现场与上述研究机构结合在一起，形成了产、学、研相结合的开发体系。此后，为了适应经济全球化和高新技术发展的需要，浦项制订了相应的终身职业教育体系，按照不同的年龄段设置不同的教育方案，职工可以自愿加入这种以自我教育为主的学习体系。采用网上教育与集体授课相结合的方式，考核合格后获得相应的专业资格证书。这种教育体系的建立，提高了企业和职工的素质，推出了大批科研成果，并培养了大批人才，使浦项成为真正的学习型组织。

建立以市场为导向的研发体系。浦项很早就注意到了全球普通钢材过剩的趋势，为此，浦项积极研发高品质、高附加值的产品。在最初的建厂设计方案中，浦项是以生产普钢为主的，但到目前为止，其特钢的销售收入已经占据了半壁江山。此后，浦项出台的5年发展战略规划中，将汽车制造用钢板、API钢材、产业用高级不锈钢和电工钢4种产品列为市场四大战略性产品，投入大量的人力、物力和财力加强这方面产品的研究和开发。同时，面对铝材和塑料对钢铁行业造成的威胁，浦项已经开始尝试开拓新的市场，进行相关行业的产品研发。例如，生产钢制家具，用钢材建筑桥梁，用钢材生产各种包装罐，建设钢制房屋，开发轻型结构汽车等。

重视环保型技术和产品的开发。环保型技术的开发与应用，对于钢铁企业来说，既减少污染又节约成本。通过技术革新，浦项花巨资开发出了环保型炼铁新技术FINEX、Postrip等一系列世界领先的技术，从而成为世界钢铁企业技术创新的领头羊。使用FINEX这一技术炼钢，设备投资费用可降低至高炉炼铁方法的92%，钢铁生产成本下降到原来的83%。此外，浦项还很注重环保型产品的开发，在其2000年以来开发的新产品中，环境友好型产品的比例已经从56%提高到74%，在其72种环保型的钢铁产品中，能源节约型的有53种，循环利用型的有14种。

四、品牌管理特色

（一）以母子品牌为主的品牌架构助力品牌延伸

浦项制铁的品牌架构采用母子品牌架构，主要分为制铁产业和品牌跨行业多元化延伸产业两大板块。其主业制铁板块主要有以下子品牌：POSCOSS，特种钢生产公司；POSCO C&C，涂层彩钢制造公司；POSCO P&S，材料加工与制造公司；SNNC，铁镍合金生产公司；POSCO AST，不锈钢生产公司；POSCO TMC，高科技发动机技术公司；Poshimetal，高纯度FeMn生产公司。随着业务的扩张，浦项逐渐把品牌延伸到建筑工程、能源、信息工程、化工、贸易及其他辅助行业。

图 6　浦项制铁官网截图

（图片来源：http：//product. posco. com/homepage/product/eng/jsp/s91m0000001i. jsp）

POSCO 的品牌延伸并非盲目的，其品牌延伸特点如同搭建楼房一样，在一定的基础上层层搭建，最终形成一座立体的大楼。例如浦项制铁的核心是钢铁制造，由于钢铁与建筑业的紧密关系，浦项开设了专门生产建筑用钢的特种钢铁公司，后来在长期积累的建筑业经验上，成立了工程建筑解决方案咨询公司 E&C 和浦项制铁工程公司 POSCO Engineering，当然这些公司核心竞争力是钢结构技术。对于延伸的业务品牌，浦项仍然采用了母子品牌架构为主的方式。对于一些战略子品牌，浦项通常分享使用“POSCO”母品牌，有时也会以背书的形式出现。

（二）通过绿色经营维护品牌声誉

浦项制铁作为一家涉及能源的工业型企业，与企业声誉关系最为密切的就是经营过程中遇到的环境污染问题。因此，浦项制铁在 2012 年 12 月宣布了“POSCO Family 全球环境经营方针”，采取一系列的措施，以最大程度保障环境，方针包括：基于 ISO 14001 构筑 Family 环境经营体系，确保全球领导力；遵守环境法规，在全过程中持续改善环境；引进清净生产工艺；采用最佳防止技术，实现污染物质的排放最小化；有效运用天然资源、副产物等，构筑资源循环型社会，提高生态效率；通过使用清净能源和采用绿色技术，减少温室气体的排放，带动低碳绿色成长；公开环境经营成果，确保经营的透明度，追求可持续性发展。

浦项制铁为了确保企业伦理达到国际化水准，2003 年 6 月在企业内外公布了伦理规范，并设立了专任事务局，为激发参与意识开展各种实践活动。POSCO 的伦理规范由规定公司基本责任和与利害关系人的关系等 5 项正文条款和规定公司职员个人在不同情况下的伦理行动的 7 项行动准则构成。另外，为了构筑更加透明、独立的资金结构，POSCO 还通过外部专业机关的诊断制订了改善方案。2011 年 6 月，浦项制铁因其致力于落实超越绿色经营的全集团范围的环境经营，获得了“深受喜爱的企业宪章”。

五、 品牌传播特色

浦项制铁的品牌传播在内容上延续了“企业立足国际，打造值得信赖的品牌”定位，在广告表现和受众群体上都有考虑到海外市场的兼容性。具体来说，浦项制铁的品牌传播具有以下特点。

（一）注重与受众建立情感关联

在品牌传播方面，韩国企业的特色比较突出，比如善于宣扬企业与民族精神的融合面，将企业品牌和国家品牌相互促进；广告拍摄画面时尚，色彩丰富，满足人们的视觉感官享受。浦项制铁在广告宣传上的主题都围绕着人文关怀的主题展开，如“值得信赖的企业”“付出温暖的情将会收获更加温暖的心”“和世界一起前进”等广告宣传口号，都饱含了温暖的情感，给品牌注入了感性基因，褪去了钢铁企业品牌金属般冰冷的外表，创造性地塑造了一个注重精神付出、人性化、具有丰富感情的工业企业。

例如，通过 TV 广告致力于传递相生、沟通等感性内容，同时通过信息传递卓越的印刷媒体，传达企业的愿景。这一广告策略让浦项制铁获得了《朝鲜日报》广告大奖“2013 年度最佳广告奖”。

通过“谁都有 POSCO”为主标题的 POSCO 系列广告向大众展现了通过钢铁、材料、能源事业，POSCO在所有人的各种生活模式中的应用瞬间，随后以排列成生活断面的形式令观众产生共鸣。浦项制铁彼时表示“我们想要表现的是日常生活的各个角落都能遇到 POSCO，比如 POSCO 的钢铁技术所创造的 TV，以轻巧的镁材料制成的轮椅，轻巧而对人体无害的镁煎锅，石墨烯制成的可弯曲平板电脑，读书用的 LED 电灯等。展现出综合材料企业 POSCO 创造成功故事的广告，希望能引出大家的共鸣”。

浦项制铁私有化改制后，发展模式以出口为主导，亟须国际市场对品牌的认知度，因此发布“我们默默推动着世界”的品牌呐喊，附带一系列的品牌推广活动，包括参与全球钢铁行业相关展览会、国际活动的广告赞助等。其目的是树立一个受人尊敬的、社会责任感强的国际化企业形象，使得世界能源行业的目光纷纷投向这个具有先进生产技术的韩国企业。

（二）有效整合多种传播渠道，提升品牌影响力

成立浦项制铁足球俱乐部（Pohang Steelers），宣扬品牌拼搏进取精神。谈到浦项制铁，就不得不提它直接经营的足球俱乐部，浦项制铁是 1983 年 K 联赛初成立时的创始俱乐部之一，是韩国联赛传统强队，在韩国足球历史上留下过许多辉煌的篇章，为韩国足球夺得许多荣誉，包括亚洲俱乐部在世俱杯最好的成绩——世俱杯季军。浦项制铁足球俱乐部是浦项制铁在韩国国内最好的宣传工具，代表了品牌的拼搏精神和在韩国根深蒂固的地位。

设立 POSCO 企业报，增强品牌凝聚力。POSCO 报创刊于 1994 年 6 月 15 日，在 20 余年中一如既往地担负着代表 POSCO Family 与媒体沟通的责任。它对企业内外传达着快捷可信、丰富而有深度的信息沟通，是 POSCO Family 模式的荣耀。实际上，POSCO 报不仅是传递短篇快讯或留下单纯的记录。每当 POSCO Family 面临重要瞬间时，POSCO 报都致力于读取和表达各个利益相关者的内心，向大家注入自豪感，这也成为品牌团结的源泉。POSCO 报是 POSCO Family 所拥有的代表性软力量之一。它是真诚反省过去、冷静直视现在以及展望美好未来的慧眼媒体，也是具有各领域专业性和人文学考察的综合媒体。如今，POSCO报已经超越 1000 期，成为浦项制铁回顾过去、展望未来的智慧结晶。

六、案例总结

我们可以发现，浦项制铁的成长之路与中国传统钢铁企业有许多相似的

地方，都是在国家经济最为困难的时候作为国家实现工业发展梦想而成立的，都是在物质条件匮乏、缺少建设经验的情况下起步的。但是，浦项制铁能够从低端同质化竞争激烈的“红海”驶向“蓝海”，与其多年来大力推进品牌战略密不可分。

（一）通过提高产品附加值形成品牌竞争优势

走品牌之路对于一家企业发展的可持续性和市场抗压能力至关重要，即使钢铁行业这样的 B2B 企业也能显示出明显的差异。2000 年浦项制铁就认识到品牌的作用力，进行品牌战略规划，将企业经营与品牌战略高度结合，走出一条差异化的道路：以高端、特种钢为产品研发和生产目标，看重汽车行业的发展，谋求汽车用钢市场，追求低成本、低排放而研发出 FINEX、Postrip 等专利技术。每一步都是在寻求门槛更高、效益更好的钢铁企业发展之道，这些策略在如今钢铁市场环境不景气的情况下仍然起着关键作用，让浦项制铁的盈利下滑相比其他竞争对手而言要好很多。

（二）劳动密集型企业需高度重视品牌文化建设

优秀的文化可以赋予品牌生命力和扩张能力，提高品牌的号召力和竞争力。通过塑造优秀的品牌文化来表明企业积极的文化理念，是为企业带来商业利益的重要基础，也是促进社会利益的一种体现。浦项制铁的创始人朴泰俊把公司的组织形象地比作一个等边三角形：工厂经理位于顶端，底层由工人们组成，是公司最重要的部分。其要旨在于把全体员工作为管理的出发点和归宿，视员工为一切创造力的源泉，而努力开发这一源泉则是企业家的责任。这个富有哲理的比喻构成了浦项企业文化的核心，奠定了浦项式管理的基石。通过不断地对公司内部采用品牌文化熏陶，浦项让企业员工、股东、各个子公司等共同利益者拥有相同的品牌认知和品牌自豪感，形成浦项大家庭的团结精神和品牌凝聚力。在浦项制铁，人人都必须佩戴标志性的浦项制铁金属胸章，彰显对品牌的忠诚。正是以这样的企业文化为依托，浦项在经过 20 余年的努力后，成为世界上最有竞争力的钢铁企业之一。

3M：
持续创新铸就工业品牌传奇

紧跟市场需求步伐，以创新理念为先导，以科技实力为基石，以灵活多样的营销手段全方位锻造多元化百年品牌。

企业简介：

3M公司，全称Minnesota Mining and Manufacturing Corporation（明尼苏达矿务及制造业公司），创建于1902年，总部设在美国明尼苏达州的圣保罗市，是世界著名的多元化跨国企业。3M素以勇于创新、产品繁多著称于世，生产数以万计的创新产品，在医疗产品、高速公路安全、办公文教产品、光学产品等核心市场占据领导地位。

2020年，在全球《财富》世界500强排行榜，3M公司以321.36亿美元位列第380位；在Brand Finance 全球品牌价值500强报告中，3M公司位列第210位；在Interbrand发布的“全球最佳品牌”排行榜，3M以94.09亿美金位列第67位，品牌价值较之2019年增长4%。

一、品牌发展历程

（一）20 世纪初—20 年代：品牌初创期

（二）20 世纪 20 年代—40 年代：品牌发展期

（三）20 世纪 40 年代至今：品牌成熟期

二、品牌核心价值理念分析

三、品牌创建路径

（一）持续技术创新增强品牌生命力

（二）深耕品牌精简哲学实现品牌重塑

（三）高品质“产品 + 服务”助力品牌美誉度提升

四、品牌管理特色

（一）灵活架构管理助力品牌多元化发展

（二）全方位用户体验管理增强品牌黏性

（三）搭建“市场 + 技术”桥梁开展品牌延伸

（四）建立“多元化 + 专业性”动态平衡破解品牌边界难题

五、品牌传播特色

（一）依托事件营销实现品牌价值传递

（二）履行社会责任塑造良好品牌形象

六、案例总结

（一）要以创新为核心不断增强品牌建设生命力

（二）要注重建立清晰、明确、适宜的品牌战略，并对此予以不断的调整和维护

一、品牌发展历程

（一）20 世纪初—20 年代：品牌初创期

3M 公司初创于 1902 年，见证了美国和世界的近代工业史。在创立 3M 公司时，5 位创始人的目标是开采矿石用来生产砂轮磨料，由于产出的矿物达不到制作砂轮磨料的要求，所以只能用来生产砂纸，但 5 位创始人仍选择继续生产砂纸和磨料。1914 年第一次世界大战爆发，军事用车的生产量激增，3M 公司一款名为“three－M－ite”的合成磨料由于在切割金属上拥有的优越性能而被军队大量采购，3M 公司也因为这笔战争财而第一次扭亏为盈。盈利之后，3M 公司立刻便成立了质量实验室，开发新产品并对产品进行质量检测。对产品质量的严格把控和创新思想，对 3M 公司的长盛不衰以致成为百年老店至关重要。

“一战”结束后，处于工业时代的英国出现了大量油漆工人在切割材料时粉尘中毒的现象。英国议会正打算全面禁用含铅油漆，3M 公司却在此时拿出了能够避免含铅粉尘扩散的 Wetorydry 防水砂纸，靠着能够切割湿润物体的产品优势，3M 公司的砂纸畅销欧洲的造车厂、木材生产商和铁路部门。3M 公司为了满足生产需求新建了两个工厂，企业规模日益扩大。

（二）20 世纪 20 年代—40 年代：品牌发展期

1925 年公司迎来第二个重大里程碑：3M 公司实验室助理 Richard G. Drew 发明了一种由几乎无色的油、树脂和橡胶混合物制作的坚韧、防水并且透明的 Scotch 胶带，也就是人类历史上第一款透明胶带。而恰逢此时，美国的经济陷入了大萧条之中，人们无力消费，只能购买 Scotch 胶带修补家中的物品。家庭主妇用 Scotch 胶带封盖罐装牛奶，男人们用 Scotch 胶带修补书籍、窗帘，甚至是衣物，银行也用 Scotch 胶带来修复纸币。就这样，大萧条时期的 3M 公司靠着透明胶带贡献的收入，不但没有受到经济不景气的影响，反而将营收规模扩大了 3 倍。这是 3M 公司向品牌多元化迈出的标志性一步。在后来爆发的第二次世界大战中，3M 公司生产的各种胶带还用来封装弹药箱，生产飞机、船只和坦克。其开发的止血绷带更是重要的战略物资。为了配合美国政府的战争需求，3M 公司在“二战”期间共研发了 100 多种人工橡胶粘合剂，员工数量从 1939 年的 3000 人增长至 1945 年的 7000 人，并且员工的工资由战时生产委员会直接发放。第二笔战争财让 3M 公司一飞冲天，从而奠定了 3M 品牌多元化的基础与轮廓。

（三）20 世纪 40 年代至今：品牌成熟期

在 20 世纪 40 代初，3M 开始为“二战”生产国防材料，因此开发出了更多新产品，也为其多元化品牌阵营的进一步扩大奠定了坚实的基础。此后 3M 公司不断向多领域进军，先后进入了保健品、医疗、牙科、制药等领域，逐渐成长为工业领域的巨无霸企业。

在此期间 3M 众多的品牌得到全球用户的认可与信赖。其中民用产品的品牌如思高、报事贴、思高洁等，在市场中占据主导地位。100 多年来，3M 公司共开发了近 7 万种产品，拥有了 10 万项专利，相当于平均每天研发 1.7 个新产品，是一家少有的创新能力能跟新兴科技企业媲美的传统制造业公司。

二、品牌核心价值理念分析

愿景：3M 将“3M 以科技举百业，3M 以产品兴万家，3M 以创新利个人”作为品牌宏愿，同时承诺为全世界的人们提供更加方便、更加美好的生活方式。

口号：2015 年，3M 正式推出全新的企业品牌口号——“3M 科技改善生活”，彰显 3M 科技对世界的积极影响。

用更轻的电缆，将更多的电力传送到更多户人家。帮助生产者通过更简化的流程生产更多产品，使医疗健康数据自动化，使医护人员适时取得正确的资料从而采取措施……这些正是 3M 公司正在努力从事的工作，从而支持构建更强大的社区，推动全球的可持续发展。3M 公司通过有目的的创新，利用科技为世界各地人们的生活创造出真正的影响。

使命：作为一家多元化科技企业，3M 将“成为最具创意的企业，并在所服务的市场里成为备受推崇的供应商”作为企业发展的使命。

核心价值观：“严格遵循正直、诚实的商业操守，以卓越的品质、价值和服务满足客户的需求；持续发展，为股东提供可观的回报；尊重社会和自然环境，尊重员工价值，发挥其潜力，鼓励创始力和领导力成为备受尊崇的企业楷模”。

作为一家以创新为核心竞争力的科技企业，“容忍失败，鼓励创新”在3M整个公司的“价值观”中非常重要。在立足市场需求的基础上主动地寻找出问题挖掘市场机会，依靠产品细节和创意赢得客户，成为3M品牌制胜百年的关键所在。

三、品牌创建路径

（一）持续技术创新增强品牌生命力

技术创新是3M培育品牌核心竞争力的关键环节，也是树立企业品牌的原动力。秉持“成为最具创意的企业，并在所服务的市场里成为备受推崇的供应商”的伟大使命，3M公司尤为注重创造力和创新精神，始终把创新作为企业发展的核心竞争要素。

3M诞生之初就充满着与生俱来的奇思妙想基因。3M公司的创建者不是科学家，也不是发明家，而是一位医生、一位律师、两位铁路行政官员和一位肉制品销售经理。这5个明尼苏达人买下一块森林茂密的土地，准备设矿采掘金刚砂，结果采掘出来的根本不是金刚砂，而是一种没有什么价值的矿砂。但他们并没有固化思维，而是进一步将矿砂制造成砂纸，之后又顺着创新思路研制出耐水砂纸，被汽车制造业广泛使用，成为3M公司的第一个拳头产品，从此产品创新和行业拓展之路一发而不可收拾。3M有句著名的口号，就是“为了发现王子，你必须与无数个青蛙接吻”。100年来，3M公司始终保持着它锐意创新的精神，秉着“不轻易扼杀一个怪想法”的原则，它比其他公司更快更多地开发出新产品，它曾气度非凡地推出一份引人注目的产品目录，从不干胶贴纸到心肺治疗仪器，竟达6万多种。尽管品种繁多，却都有一个无所不在的共同主题：这家公司是由精于覆盖与粘合技术的化学工程师们主宰的，坚持主要专业而不是随波逐流地任意扩大产品门类。据统计，公司年度销售额的30%左右来自近5年内开发出的新产品。3M公司在激励技术创新方面的举措，主要可以概括为以下几个方面。

1. 宽松的创新环境

如果一个设想在3M各部门找不到归宿，那么提出该想法的职员可以利用自己的15%工作时间来证明设想是成立的。这就是3M著名的“15%的规定”。该规定所赋予的时间自由被3M公司的职员称为“干私活”。例如已经深入现代办公系统的不干胶纸，就是弗莱忙里偷闲发明出来的。他开始时只是想找一个让书签不再从他那本赞美诗集里掉出来的办法，结果却在公司给予的创新环境与时间下创造了一项发明。1983年，3M公司为了给项目提供资金支持，帮助那些创造与开发新产品的项目顺利地从设想发展到实验阶段，每年发放90多项、每项5万美元的吉尼斯专款。

2. 专门的组织保障

在3M公司，创新思路经过实验后，就成立一个新事业开拓组，招来一批工程技术、生产制造、市场经营、推销等方面的专职人员。3M公司的章法是：只有专职人员，才能形成对新事业的热情和献身精神。而且，所有组员都是自愿参加的。自愿原则能激发人们的义务感，更不会向新想法泼冷水。3M公司赋予新事业开拓组高度自主权，支持它坚持到底。3M公司要求整个小组从早期开始阶段，直到投放市场，小组成员始终跟进，并从产品的增长中得到好处，只要小组达到公司的例行界限和绩效标准即可，即使没办成，也会保证小组成员的职位和收入。对新事业，3M公司采用许多灵活变通的办法。例如，员工如果有了一个新点子，可以要求上司拨款资助，如果被拒，该员工可以联系同样产品部类的另一分部，如果再次被拒，他还可再去找一个分部，如果这样也得不到资助的话，他就可以到新事业开拓分部去求援。这种处理方案可以最大限度避免官僚主义，让事情尽可能得以完美解决。

3. 独特的奖励制度

参加一项新事业的个人，其职务和薪酬的类别会随着其发明的产品的销售额的增长而自动发生变化。从着手新产品研制时的基层工程师、产品进入市场后的产品工程师、销售额达到500万美元的项目经理、年销售额达到2000万美元的部门经理、年销售额达7500万美元的分部经理，薪酬不断上升。对于那些不想当经理的科学家则另有相关奖励办法。合理的奖酬制度培育了忠诚精神，保证了管理层的稳定。

（二）深耕品牌精简哲学实现品牌重塑

如何破解品牌泛滥导致的“子强母弱”“品牌模糊”等问题，是众多企业在品牌多元化进程中所面临的一个难题。作为一家产品繁多的多元化企业，3M 公司在精简品牌方面步伐始终处于世界前列。

1990 年，3M 公司在《财富》500 强排名中名列第 29 位，在全球范围内销售 6 万多种产品，但 3M 品牌的知名度却并不如其世界排名一样名列前茅，仅有 25% 的人熟悉 3M 品牌。经过调研后，3M 公司发现造成 3M 品牌知名度低下的主要原因是自身品牌策略不当——作为技术创新立足的企业。3M 一旦推出新产品，研发人员都会乐于为新产品取一个新名称，以获得同事和上级的认同，而企业又缺乏必要的品牌管理制度，从而导致品牌泛滥。20 世纪 80 年代后期，3M 公司平均每年推出数十个新品牌，导致公司共拥有 1500 个品牌，这样一来不可能每个品牌都得到公司强有力的财务支持。于是造成了产品畅销度很好，品牌知名度却不高的状况。

3M 公司认识到：在绝大部分产品的包装上难以看到 3M 的商标，冲淡和削弱了 3M 这一主品牌的形象和整体竞争力，严重阻碍和限制了 3M 这一主品牌的市场影响力。3M 公司从 20 世纪 90 年代开始着力扭转这种不利局面，制订了“品牌资产管理”方案，主要规定：集中企业资源加大主品牌扩张的投入、不再以推新品牌为主、大幅度削减与合并现有品牌、合并后的副品牌前一律冠以 3M 主品牌（待新品牌有了知名度后再去掉“3M”也不迟）。在该方案实施两年后，3M 的品牌数量减少至 700 多个，每年推出的新品牌不足 4 个。除此之外，3M 还不断对以需求为基础的客户进行分类，此举可以密切和消费者之间的关系，而且员工始终能知道如何调整品牌建设的方向。这一系列的举措有效地整合了 3M 旗下的品牌资产，避免了品牌资产的稀释。

（三）高品质“产品 + 服务”助力品牌美誉度提升

产品品质是品牌声誉的基石，没有过硬的品质，品牌铸造就沦为一句空谈。自 3M 创建以来，其品牌声誉瑕疵一直是极小的，这与其过硬的产品品质不无关联。高品质为 3M 品牌传播提供了良好的条件，能赋予其有效抓住契机的基础。

2003 年 SARS 疫情最猖狂的时候，出门戴上 3M 一次性口罩被中国媒体广泛宣传为防范这一致命疾病的最有效方法。3M一次性口罩在中国因另一个目的被广泛应用，那就是阻挡住笼罩中国大部分地区的吸入性雾霾。除此之外，高品质还为3M应对危机提供了坚实的保障。例如，曾经有不少业界声音针对3M独特的活性炭技术的质量与性能发出质疑，凭借过硬的技术功力和科技实力塑造的产品质量，3M从学理阐释、技术分析等层面逐一正面答复质疑，同时展示出全球对食品安全要求极高的部分国际企业如麦当劳、可口可乐、雀巢、百事可乐等与之进行的密切合作，并且出示权威机构NSF等的认证许可，对认证所达到的品质标准进行详解，从而在充分表达对于自身产品信心的同时，有效处理了业界质疑甚至恶意攻击。

服务质量是由消费者感知的，它建立在顾客的需求、向往和期望的基础之上，具有极强的主观性和差异性。与有形产品不同，服务质量是在服务提供者与服务接受者的互动过程中形成的。因此，服务质量的好坏，直接影响到顾客的感知，影响到顾客的评价及其购后行为。提升服务质量，一方面需要通过企业文化等不断优化关系服务质量的品牌软实力；另一方面则需利用先进的管理工具和技术提高消费者的服务体验，从而不断增强品牌知名度向忠诚度转化。

3M非常注重将先进的管理体系应用到销售中。例如，将先进的RFID（无线鉴别系统）和GPS全球卫星定位系统应用于物流管理中，以加快物流速度、缩短周转期、降低库存量、保证准确度。再如，3M公司在物流方面对客户的承诺以小时计算而非天数，客户服务部通过现代化的仓储、高效的运输配备及完善的服务机制，保证3M有能力将99%的货物门到门地送到客户手中，并且第一时间为客户解决突发的棘手问题，从而实现高质量、差异化的服务。在增强市场竞争力的同时，提升了品牌声誉。

四、品牌管理特色

（一）灵活架构管理助力品牌多元化发展

3M的产品多元化决定其品牌战略将采用灵活的品牌架构模式，目前，3M主要采用母子品牌为主，母品牌强势背书的品牌策略。3M公司号称自己“除火星之外最容易引起人们探险欲望”，多年来致力于研究发展，目前已拥有了数万种产品，超过40个核心技术平台，其新增产品数量保持在每年500种以上。由于公司的创新体制使然，其相当多的新产品或以新的品牌身份推出，或被冠以主品牌强势背书。

强势背书的策略尤其是对3M旗下的战略品牌发挥了显著的作用，Command、Post - it、Scotch、Scotch - Brite、Scotchprint、Scotchgard、Filtrete、Vikuiti、Thinsulate等子品牌在市场中占据主导地位，对于3M的现在和未来产生着重要的战略意义，并且，它们本身都有独特的价值主张和强有力的品牌联想。例如，Post - it已经成为便利贴的代名词，Scotch - Brite已成为百洁布的化身，Thinsulate被视作是保温性最好的超薄保暖材料，等等。在诸多子品牌的有效运营下，3M品牌的核心识别理念："3M科技改善生活"，包容性强，且能够跨越不同的品类环境发挥影响，3M品牌资产在这个过程中得以不断增值，并能够在具体品牌利益之外创造更多更丰富的品牌关系和品牌个性，更好驱动业务的发展。

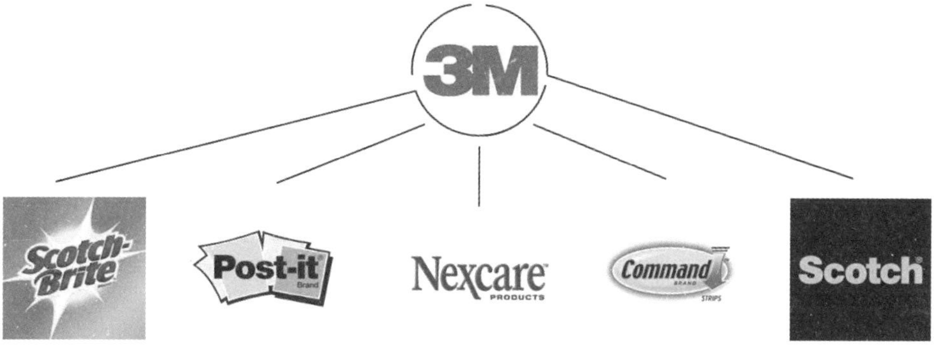

图1　3M品牌架构

为更加清晰地梳理品牌线，将旗下产品的核心优势或个性差异转化为品牌竞争力，并满足目标消费者的个性需求，3M为每个品牌确定相关、独到的品牌定位（其中蕴含着品牌承诺）。例如，Scotchgard（思高洁）定位为"新一代防污保护剂"，着力主打"更高效，更环保"；Filtrete定位为"致力于为工作环境中的人群提供个人呼吸保护的解决方案"；Scotch（思高）则突破功能性用品的局限，定位为"胶带，贴出无限精彩"等。在明确各个子品牌定位的同时，3M还要求每位员工熟知每个品牌诠释的理念，以及深谙各品牌的独到之处，从而更好地理解每个品牌需要完成的发展目标，以及它们在市场中所承诺的角色。与此同时，尽管不同子品牌的内涵定位会随着时代的发展不断调整，但是品牌内涵和承诺基本保持持续性和一致性，从而使得品牌文化得以长期、持续、一致、完整地传播。

链接 1

品牌 Logo 演变：从 3M 公司品牌 Logo 演变可以一窥其品牌多元化进程中架构管理的变化。

1906 年，第一个 3M 商标的特点是包含了公司的全名、地址和一个菱形。这个菱形位于商标的中央，其上有“3MCO”字样。

1937 年，标志性字母与数字的组合开始出现。

1938 年，这种字母与数字的组合又消失了，取而代之的是一个相当复杂的标志。

1942—1948 年，数字字母组合再度出现，但是始终变幻不定。

1950 年，一种椭圆形设计出现，设计者、设计原因无从得知，但是它很快获得了广泛的应用。

1951—1960 年，在没有标准手册指导如何使用的情况下，椭圆形设计的各个变体繁荣起来，在 3M 庆祝自己 50 周年纪念日时，其品牌标志上添加了月桂树叶。

1961 年，3M 公司雇佣 GeraldStahi & Associates 公司制作了一个权威性的标志，它将公司和其业务统一在一个标志下，设计的结果是一个四四方方的带衬线的 3M 符号，其工业外观为它赢得一个昵称“铅管工哥特体”。

1961 年，伴随着新标志的出现，设计单位也给出了一份包含该标志四个变体的手册。这一手册以荷兰艺术家 PietMondnan 的几何油画为基础。新标识的设计伴随着一套标志系统手册，介绍了该符号的正确使用和总体图形系统。这套系统最初有四种以上经过批准的司标变体，随着各个事业部发现需要例外对待，司标变体的数量就迅速成倍增长。

到了 1965 年，3M 就拥有许多不一致的品牌和包装设计。公司便聘请了位于威斯康星州密尔沃基的设计公司 Brooks Stevens Associates 恢复秩序。根据该公司的理念，各种 3M 包装有三种色块：第一种标识产品，第二种标识事业部，第三种则带有 3M 司标。该系统保留了纽约 Stahi 早期设计的司标和特殊字体。

根据指南的介绍，允许各个事业部拥有其独特符号，但是这破坏了 3M 追求的视觉连贯性。随着 3M 事业部和产品的成倍增长，司标和包装的变体也翻倍增加。虽然目标是为所有事业部的产品创造专有的家族形象，但企业不再拥有统一的外观。

1977 年，当 3M 标志的变体由于公司不同部门的需要而增多时，设计单位 Siegel & Gale 开始重新设计标志以期解决这个问题。最新的设计去掉了衬线等繁复的部分，极简化标志，甚至连 3 和 M 之间的空隙也被去掉了，标志的颜色则选用了红色，以表现一种力量感。新设置的 3M 企业标志和设计部根据具体情况指导司标的变化。

（二）全方位用户体验管理增强品牌黏性

作为科技型企业，让消费者充分体验到科技所带来的舒适与便捷是实施品牌传播的最有效途径。针对此，3M 非常重视实质性产品体验，使消费者全方位、零距离了解品牌。

以 3M 首创于 1958 年的“思高百洁布”为例，它特有专利除污粒子，结合强劲的柔韧纤维，是高科技的清洁利器。3M 思高品牌系列的家居清洁产品在全世界众多发达国家深得消费者青睐，然而，在进入全新的第三世界市场时，思高却是默默无闻的新人一枚，需要对自身品牌进行重新打造，以适应当地市场的本土化诉求，优化消费者体验。在中国，思高考虑到中国消费者对于消费实用性、性价比的重视，因而注重零售终端体验、生活全体验以及信息圈的全方位体验；大型连锁终端保持良好的包装和品牌形象，围绕着“家庭清洁解决方案”这一品牌体验的中心主题，集中力量宣传“快速清洁”的功能，并且鼓励消费者在卖场进行亲身体验，使消费者能够亲自触摸，擦拭污垢，建立良好的消费感受，从而让科技创新所带来的一流使用感受直接传递到消费者，从而有效地传达了品牌理念，吸引了更多忠诚的用户。

（三）搭建“市场 + 技术”桥梁开展品牌延伸

品牌与产品是相辅相成的存在，以产品为基础塑造品牌，提升品牌张力以更好地推介产品，是产品与品牌良性循环的基本逻辑。在这一理念支撑下，以市场需求为切入点，为主品牌开拓具有市场潜力的产品是 3M 品牌创建、品牌壮大的关键环节。与此同时，这一点更是促使 3M 建设成为多元化国际强势品牌，在业界斩获领军地位的主要路径。

“先导用户法”是 3M 开发的一种能够引导新产品创意不断涌现的创新方法。“先导用户”指的是走在产品服务潮流前方，会根据自身需求去进行初始创新，而这些创新会有助于产品商业化突破的少数用户。特别是在消费品领域，据相关研究数据显示，消费品领域 67% 的新产品创意来自先导用户。3M 的“先导用户法”就是通过向“先导用户”学习，从他们那里获取产品研发的灵感和新兴技术。例如，3M“痘痘贴”的发明就源自公司营销人员在医院无意间听到护士抱怨“找不到合适的透气胶带”而产生的创意。这款用于遮盖青春痘的专用胶带“痘痘贴”问世后，快速成长为畅销产品，贡献该创意的营销人员因此获得公司 2005 年度“全球营销业务奖”。

通过搭建“市场 + 技术”桥梁，深度洞察市场需求，加强用户需求与公司创新的互动，并以此开展品牌延伸，保证 3M 品牌的持久活力。

（四）建立“多元化 + 专业性”动态平衡破解品牌边界难题

在强大的创意创新能力和技术攻关实力基础上，3M 已经拥有了 46 项核心技术平台，且这些平台都在 3M 的创新文化激励下不断丰满，这就意味着 3M 的品牌多元化会不断演进下去。但是，这种多元化的边界问题向来不断遭到业内质疑，如此多元的产品品类，想要同时实现专业化发展是摆在 3M 面前的一项巨大挑战。

为进一步建立品牌多元化与专业性的动态平衡，将既有优势持续保持，3M 多管齐下，从几方面进行综合努力：

一方面，保持对业内核心技术的强劲掌控力。3M 的核心技术平台，一定满足两个条件：第一，3M 核心技术平台并不等于别人没有的技术，但一定是业内处于绝对领先地位的技术。第二，“叫好不叫座、吃不饱的”技术也不能被纳入，必须对 3M 的产业有很大贡献，可以转化成商业利润，才有资格被纳入 3M 技术平台的范畴。

另一方面，3M 在技术导向型和市场导向型的投入方面不断进行平衡，保持与市场之间的紧密接轨。以中国市场为例，3M 市场驱动的创新（直接满足客户需求的）大概占研发投入的 70% ~80%，技术驱动的创新约占 20% ~30%。例如，3M 在燃料电池领域的投入，就完全是后者。

多元化满足市场需求，专业性在商业化前期保证了未来的持续回报，于 3M 品牌塑造而言，基本实现了平衡。

五、品牌传播特色

（一）依托事件营销实现品牌价值传递

3M 产品以功能性消费品居多，因此往往缺乏品牌的情感附加值，于是容易造成低价竞争。因而，3M 就十分重视通过事件营销为品牌与消费者之间搭载一个情感的桥梁，从而提升品牌内涵中的感性成分。

例如，电影《西雅图不眠夜》中经典的求婚场景早已深入不少消费者心中：美国帝国大厦不同窗户的灯全亮了，形成了一个大大的爱心状。而在 2015 年 3 月 14 日，韩国白色情人节当天，3M 与营销代理公司 Innored 合作，将《西雅图不眠夜》中的经典场景重现。男主角请来了 250 人，通过在大楼的窗户上贴便签纸的方式，用很多不同颜色的便签纸组成求婚对话“你愿意嫁给我吗?”这种向女友示爱的方式的确别具一格且十分具备东方浪漫格调。当这位男生捧着鲜花，同时将写有“OK?”的便签纸贴在窗户上的时候，品牌为消费者提供了一种情感寄托的渠道，而便利贴也随事件本身承载了感性元素。

对于这次活动，3M 表示：通过这次营销，3M 便签纸品牌 Postit 是想传递给消费者一个信息，便签纸不止有功能属性，它还可以将人们连接在一起。据统计，这则视频在 YouTube 和 Facebook 上有超过 340 万的视频播放量，Facebook 单天点赞数超过 2 万。

（二）履行社会责任塑造良好品牌形象

值得尊重的商业道德、高度社会责任感于企业而言，是企业品牌形象、品牌美誉的重要加分点。而 3M 品牌传播过程中非常重视企业社会形象的塑造。

以在中国为例，1994 年，3M 中国成为国内第一家在工厂内安装热氧化炉以改善排放空气质量的企业，同时被评为环保先进企业。2005 年 2 月，3M 公司通过 3M 基金捐资国际环保组织保护国际（conservation international，简称为 CI），在中国共同开展“多样物种，美好世界”系列环保项目。该项目包括中国西南地区的森林多重效益项目，旨在支持中国的生态建设和生物多样性保护，帮助政府生态建设实现效益最大化，同时也为中国西南经济的可持续发展提供坚实基础。环境保护不仅仅指在生产过程中有环境保护意识，在产品本身也有环境保护的概念，比如在产品方面，他们尽量把化学产品里有害因素减少，以减少大气中有害物质的排放。3M 公司以此举进入中国，使 3M 公司及产品自日常生活走进中国居民心中，无形中为其在中国进行品牌传播铺平了道路。除此之外，3M 积极为遭受水灾和地震的中国灾区人民捐款捐物；“非典”期间，3M 从美国总部加急空运了 50 万只世界卫生组织指定用于“防非”的 N95 级专业防护口罩，无偿捐赠给“非典”疫情严重的北京、广州、上海及香港地区；与上海市公安局交通警察总队联合进行行人、驾驶者和儿童的“3M 反光之旅”交通安全宣传及 15 万份反光标志公益派发活动；积极呼吁社会对艾滋病人和白血病人的关注等；新冠疫情期间，3M 中国捐赠了包括 80 箱医用口罩、1330 箱防护口罩及洗手液在内的价值超 700 万元的疫情物资，还启动了“7 天 24 小时全产能生产，以保证口罩供应”。由此，再次提升了 3M 的品牌影响力。

六、案例总结

（一）要以创新为核心不断增强品牌建设生命力

企业发展无法一劳永逸，产品与品牌建设也必须与时俱进。企业根据市场的差异化需求进行创新，从而使新产品深入到人们生活的各个领域，在为消费者提供便捷、舒适服务的同时，使得品牌深入人心，增强客户忠诚度。

（二）要注重建立清晰、明确、适宜的品牌战略，并对此予以不断的调整和维护

清晰、明确、适宜的品牌战略对于长期有效的品牌建设具有决定性影响，而对品牌战略的不断调整和梳理，则能够将产品的核心优势或个性化差异转化为品牌竞争力，并满足目标消费者的个性需求，进一步提升品牌生命力。

例如，3M 所实行的母子品牌为主、母品牌强势背书的多元化品牌策略，一方面无异于“深挖洞、广集粮”，可以充分适应市场差异化需求，保证每一个产品都拥有自己的定位和独特的个性，扩大市场份额的同时，实现市场的卡位与深耕密作，降低单个产品的失败对总体的影响。与此同时，通过对多元化品牌清晰、准确、差异化的定位、梳理与管理，又进一步实现了品牌精简与品牌价值最大化，增强品牌生命力。

苹果：
“颠覆创新”的品牌魅力征服全球

苹果公司以颠覆创新的产品研发、特立独行的品牌文化、用户至上的品牌体验，在吸引了越来越多具有黏性的品牌追随者的同时，使苹果品牌的传播成了一种宗教式传播，而苹果品牌也成为一种文化指标，凭借其极致的魅力征服全球。

企业简介：

苹果公司（Apple Inc.），全称苹果股份有限公司，原称苹果电脑公司（Apple Computer,Inc.），由史蒂夫·乔布斯、斯蒂夫·沃兹尼亚克和罗·韦恩三人于1976年4月1日创立，是世界上最大的IT科技企业。它是全球第一大手机生产商、第一大PC厂商。

根据《福布斯》发布的2020年全球品牌价值100强，苹果公司以2412亿美元的品牌价值居于榜首，这是苹果公司连续第10年登顶《福布斯》全球最有价值品牌排行榜。2020年《财富》全球最受赞赏公司排名，苹果连续13年蝉联第一。

一、品牌发展历程

（一）20 世纪 70 年代中期—80 年代中期：品牌初创期

（二）20 世纪 80 年代中期—90 年代中后期：品牌震荡期

（三）20 世纪 90 年代中后期—21 世纪初：品牌重塑期

（四）21 世纪初至今：品牌引领期

二、品牌核心价值理念分析

三、品牌创建路径

（一）“非同凡想”：颠覆创新赋予品牌持久生命力

（二）“特立独行”：独特文化成就品牌鲜明个性

（三）“用户至上”：绝佳体验助力品牌价值增值

四、品牌管理特色

（一）围绕产品变革持续创新品牌形象

（二）卓越创始人品牌触发“粉丝”效应

（三）饥饿营销形成强大品牌感召力

五、品牌传播特色

（一）创意广告传播凸显品牌个性

（二）跨界名人带货拉动“粉丝”经济

（三）影视作品植入维持品牌热度

六、案例总结

（一）以差异化的品牌文化引领品牌发展

（二）持续追求创新为品牌注入生命力

一、品牌发展历程

（一）20 世纪 70 年代中期—80 年代中期：品牌初创期

1976 年 4 月，20 岁的史蒂夫·乔布斯、斯蒂夫·沃兹尼亚克在乔布斯父母的车库里办起了苹果公司，从此开启了苹果公司传奇般的创业史。1977 年 1 月，苹果电脑公司正式注册成为“苹果电脑公司”，并在风险投资家迈克·马库拉的帮助下筹集到了公司快速成长所需的大笔资金，使公司的管理运作逐渐走向了规范化。1977 年 4 月，苹果公司在首届西岸电脑展览会（West Coast Computer Fair）上推出 Apple Ⅱ，成为人类历史上第一台个人电脑。1980 年，苹果公司公开上市，在不到一个小时内，460 万股票被抢购一空，当天股价就飙升了 32%。苹果上市的成功经历令人震撼，更使其名声大噪。1984 年 1 月 24 日，苹果公司 Apple Macintosh 发布。该电脑配有全新的、具有革命性的操作系统，成为计算机工业发展史上的一个里程碑。

早期苹果电脑公司以技术创新为导向，通过推出 Apple Ⅱ 和 Macintosh 等具有革命意义的代表作品，迅速成为整个个人计算机行业的领导者。这些作品一直到 20 世纪 90 年代末都可以在市场上发现踪影，成为个人计算机的代表之作。

（二）20 世纪 80 年代中期—90 年代中后期：品牌震荡期

1985 年，乔布斯获得了由里根总统授予的国家级技术勋章。然而，过多的成功和荣耀背后隐藏的是巨大的危机。由于乔布斯坚持软件与硬件的捆绑销售，导致苹果电脑不能走向大众化，加上 IBM 公司推出个人电脑抢占大片市场，大大动摇了苹果电脑在行业中原本拥有的优势地位。1985 年 4 月经由苹果公司董事会决议撤销了乔布斯的经营大权，乔布斯于 1985 年 9 月 17 日辞去苹果公司董事长职位。乔布斯离开后，苹果公司并未改变公司的经营策略，导致苹果没能把握住市场潮流，同时让品牌陷入了前所未有的困境，从而使得品牌市场占有率节节败退，公司收入大幅下滑，财务状况持续恶化，甚至一度达到破产边缘。

（三）20 世纪 90 年代中后期—21 世纪初：品牌重塑期

1997 年，由乔布斯创办的 NeXT Computer 公司（制作第一部电脑动画片片《玩具总动员》并取得巨大成功）被苹果公司收购，乔布斯由此再次回归，担任苹果公司董事长。重回苹果后，乔布斯展开了一系列卓有成效的整改措施，包括重拾创新精神、重塑品牌形象、削减产品线、调整董事会成员、与竞争对手微软（Microsoft）握手言和、开拓销售渠道和发布具有突破性的 iMac 电脑，等等，很快便使苹果电脑公司扭亏为盈。产品驱动型品牌策略在这一时期得到了充分的肯定，苹果品牌重塑宣告成功。

（四）21 世纪初至今：品牌引领期

2007 年，苹果电脑公司更名为“苹果公司”，并借助 iPhone 智能手机的推出正式进入移动通信行业，再次大获全胜。同时，iPod 与 iPhone 的热销还带动了苹果公司其他产品线的销售，使苹果公司取得了前所未有的辉煌成就。2010 年，苹果公司乘胜追击，发布了 iPad 平板电脑，一经上市就引起抢购狂潮。2012 年，苹果发布 iPad Mini，首次对 iPad 产品进行了拓展，使苹果产品进入了一个全新的模式，激起广泛需求。2010 年，美国《商业周刊》撰文回顾了苹果近 10 年的复兴之路，其中写道：“以‘i’开头的苹果产品已经无处不在，因此 21 世纪第一个 10 年应当被称作‘iDecade’，而且这种趋势远没有结束。”

2011 年 8 月 24 日，乔布斯辞去苹果公司首席执行官职位，董事会任命原首席运营官提姆·库克为公司的新任首席执行官。尽管乔布斯离职后关于苹果产品创新乏力的声音此起彼伏，但苹果公司仍牢牢占据着世界品牌价值榜单的首位。

二、品牌核心价值理念分析

品牌愿景展示了品牌的最高理想，表达了品牌的核心价值或核心使命，触及所预见的未来，并可以转化为一句生动而清楚的描述，苹果公司的“改变世界”即是如此。秉承这个愿景，苹果通过极致创新，改变了全球的科技和媒体行业，并且改变了人们的生活方式，并驱动苹果成长为世界上最有魅力的品牌之一。

苹果的品牌定位可以用几个关键词来进行总结：特立独行，强势且酷，设计为王，精英主义，品味主义。

从苹果品牌的产品到文化到领导阶层，都具有一种天然的离经叛道、另类、我行我素的作风，从而使得苹果品牌对于建立标准和平台的行为有着一种天然的抵触情绪。在苹果看来，消费者不购买平台，不购买标准，也不购买战略，只购买自己所醉心的产品，因此苹果最为重视的是产品的设计与创新。苹果品牌致力于用高科技产品改变人们的生活方式，并且独具美感，引领时尚潮流。

苹果致力于寻求网络世界上最精英的人才为其服务，并且醉心于一种“高贵而尖端”的产品与品牌形象。所以，多年来，苹果公司一直保持着一种无法复制的高雅品位，它所推出的每一款新产品都犹如艺术品一样令人心醉。苹果的品位已经不止是一种审美上的品位，更是一种精神上的品位。

三、品牌创建路径

（一）“非同凡想”：颠覆创新赋予品牌持久生命力

创新对于品牌发展的作用毋庸置疑，它是品牌保持长久魅力的核心要素。在品牌创建的过程中，苹果努力让自己成为一个强大的资源整合者，它不仅深刻理解了创新的真正含义，还将创新深植到了苹果的方方面面，让创新成了一种习惯。苹果的创新是将设计、研发、产品、价值链建设、品牌推广、商业模式等连为一体的整合创新，是一种完整意义上的集成式创新。

苹果的创新追求卓越的产品研发力。1984 年推出的 Macintosh 电脑颠覆了计算机行业；2001 年推出的如今占据主导地位的数字音乐播放器 iPod，以及最成功的数字媒体服务 iTunes，改变了人们收听音乐的方式，而且改变了音乐行业的发展方向；2007 年乔布斯拿着第一代 iPhone 重新定义了手机，而 2010 年 iPhone 4 的横空出世则颠覆了整个智能手机行业，至今为止手机的发展都没有逃离出 iPhone4 的基本框架。每一次创新产品推出，都标志着苹果每一次的华丽转型。苹果作为一个典型的产品驱动型品牌，依靠其与众不同的时尚外观与优良的做工以及优越的产品性能吸引了消费者的眼球，赢得了市场的青睐，很好地把握了消费者的求异与从众心理的平衡。

苹果创新要求自身不断实现价值链优化，强化生态系统。苹果公司用 ipod + iTunes 的软硬件组合来起死回生，占据了超过 80% 的 MP3 音乐市场。

图 1　2007 年第一代 iphone 发布
（图片来源：http：//wap. yesky. com/mobile/219/35098219_ 1. shtml）

iTunes是苹果创新的数字枢纽，“i 系列 + iTunes” 的组合开始了横向一体化的业务模式：产品与服务。以 iphone + App Store 的模式运用于智能手机市场，再一次领导市场；推出 iCloud，以苹果计算机为中心开始向云端转移，提供苹果终端系统产品去共同使用云服务，强化了苹果的生态系统。强化生态系统竞争力是其创新的另一个亮点。

苹果创新强调合作创新能力，体现在外部与内部两个重要部分。在外部研发方面，苹果公司主要是通过与宝马、Nike 及一些科技公司进行技术合作来共同开发新技术或新产品，并借助“强强联盟”的优势来进一步扩大产品的影响或技术的优势。此外，苹果公司还通过成立苹果开发者联盟（ADC）、搭建 App Store 平台和制订有针对性的开发者计划，吸引第三方开发者为苹果的产品开发应用程序。内部，苹果公司凭借高水平研发队伍完成了与其硬件和软件相关的绝大多数核心技术的研发，并将这些技术牢牢地控制在自己的手中。同时，苹果公司也会通过收购一些富有潜力的小型科技公司来壮大内部的研发力量，以满足新产品和新业务的需求。通过内外部研发力量的有效整合，苹果公司的研发高效性才得以实现。内外合作创新对苹果公司的扩张意义重大，扩张其产品功能，以及更加齐全的产品线，为苹果建立属于自己的封闭且具有吸引力的商业生态奠定了坚实的基础。

(二)“特立独行”:独特文化成就品牌鲜明个性

苹果特立独行的品牌文化是深受其领导高层影响的,一直以来,苹果公司的员工就坚信:“一个人,一张桌子,一台电脑,就能改变世界!”苹果公司成立初期,乔布斯就向他所带领的团队宣传一种“海盗精神”,并在楼顶悬挂起一面海盗旗,向世人宣称“我就是与众不同”。在经历了被扫地出门、再次创业、重返苹果的境遇后,乔布斯又提出了“不同凡想”(Think Different)的口号,鼓励苹果的员工摆脱思维禁锢、大胆创新,追求极致经典。

苹果品牌自上而下对“完美主义”的追求成就了苹果从产品到品牌的难以被模仿和超越的“极致”个性。这一点从其曾经的当家人乔布斯身上可窥见一二。例如,无论是对待产品发布会上的主题演讲,还是对待新产品的外观设计,乔布斯都会要求员工反复修改、细化,以确保每一个细节都精准无误。不仅如此,乔布斯对产品内部也有一种苛刻的美学迷恋。他曾以“丑陋”为由拒用某块电路板。他坚持要求哪怕消费者看不到,苹果产品的内部也必须美观。在乔布斯看来,产品的一切细节都反映出企业的精神与性格。乔布斯近乎疯狂的完美主义为苹果的技术人员树立了很高的要求,迫使他们不断追求极致,从而实现一些超越自己能力的成果。从某种程度上说,正是乔布斯偏执地追求每个细节的完美,才使苹果的产品如此赏心悦目,并使得苹果品牌深受消费者的喜爱甚至追捧。

当然,尽管后来苹果的创新理念在面对市场选择时曾经遭遇了一定的挫折,但是苹果品牌文化中关于追求极致体验、完美主义、强势且酷、简洁且富有市场煽动性的特质却成为苹果品牌的核心思想,并且成就了苹果品牌灵动、鲜活的品牌个性。苹果员工所孜孜以求的是:我们只是认真思考如何制造了不起的产品。

(三)“用户至上”:绝佳体验助力品牌价值增值

约瑟·派恩和詹姆斯·吉尔摩在其共同著作《体验经济》中说:“当一家公司以服务为舞台、以商品为道具、让消费者完全投入的时候,‘体验’就出现了。商品是有形的,服务是无形的,而体验是难忘的。当消费者购买体验时,他就是在花时间享受企业所提供的一连串身临其境的体验。”

于苹果而言，仅有技术创新是远不能永立潮头保持优势地位的，必须围绕用户需求进行技术、理念和商业模式的创新，并且将技术和人文结合起来，深度挖掘用户需求，提供良好的用户体验，让用户与终端设备之间建立更加密切的关系，唯有此才能真正塑造高科技领域的高品质品牌。

图2　苹果体验中心

（图片来源：摄图网）

苹果产品的友好性和易用性有目共睹，它成为苹果品牌进行自我推广的基础和资本。就连苹果的竞争对手也不得不承认苹果公司在“用户体验”方面的出色表现。在苹果公司，产品不仅是一种使用工具，更是一种效用工具。它以更丰富的交互作用为用户塑造良好的体验，进而改变并培养用户的行为习惯。苹果公司的设计工程师在设计产品时，考虑得最多的问题就是如何使产品变得贴心好用。可以说，用户体验贯穿了苹果产品设计的各个环节。苹果公司的CEO乔布斯非常重视用户体验，他甚至将自己CEO的职位解释为首席体验官，他认为自己的工作就是对整个用户体验负责。

与此同时，苹果的员工在进行产品设计、品牌运营的过程中，都习惯于从顾客的视角进行审视，关注顾客角度的细节，着力创造出富有亲和力的高科技产品。例如，苹果公司的产品从来不以表现自我为目的，品牌化客户体验的所有复杂的技术都被藏起来，只露出光滑的表面、接触式界面、优美的机身和自然的互动给人们欣赏，得到的是纯粹的客户体验，实现“工业的艺术化”或“艺术的工业化”。乔布斯曾骄傲地对媒体说：“在苹果公司，我们遇到任何事情都会问，它对用户来讲是不是很方便？它对用户来讲是不是很棒？每个人都在大谈特谈‘用户至上’。我想其他人都没有像我们这样真正做到这一点。”

客户体验是苹果公司品牌战略的重中之重，品牌的每一个细节都被仔细考量，这让用户感到人性化且贴心。在优化客户体验的过程中，通过店面设置等外围操作，使得用户感到品牌的与众不同与精致高端，这是苹果品牌在客户体验方面努力的又一举措。例如，苹果公司的直营店全部统一由美国总部设计装修，多采用玻璃结构，视野通透，装修简约时尚；所有家具均由美国统一制作并运送到全球的各个直营店，保证店面形象的一致性。在全球的苹果店都保证装修时尚、干净优雅。店内的产品陈设、灯光和影像令消费者感觉自己属于这片经典而时尚之地。当消费者走进苹果公司精心营造的体验店时，不仅能轻易体验到产品的卓越设计和优良性能，还会产生一种愉悦的精神感受，而这种美好而深刻的精神感受会形成一种凌驾于产品实物形态之上的“特殊价值”，使消费者甘愿以超出实物（产品和服务）本身价值的价格来购买苹果的产品，这就是所谓的“体验溢价”。苹果公司的包装，简洁而独特。Apple 笔记本的电源插头，是利用磁力吸附的，防止用户走路不小心绊到电源线，不至于将电脑带落到地板上。这些或精巧或高端的外围设置，为优化苹果客户体验、赢得同类产品竞争提供了坚实的基础。

四、品牌管理特色

（一）围绕产品变革持续创新品牌形象

苹果公司作为全世界最杰出的品牌之一，在电脑、个人数码领域处于世界领先地位。苹果产品以其出色的产品设计、开创性的创新理念、优秀的用户体验获得全球数亿用户的喜欢。苹果公司的品牌标志也是世界公认的杰出设计之一。苹果标志的变化每一次都代表了核心产品的变革。

1976 年：苹果的第一个标志是由联合创始人之一的罗纳德·韦尼用钢笔画的，设计灵感来自牛顿在苹果树下进行思考而发现了万有引力定律，代表苹果也想要效仿牛顿致力于科技创新。

1977 年：史蒂夫·乔布斯需要发布他的 Apple Ⅱ新产品，然而原来的标识显然过于复杂，标志很难应用在新产品上。Apple Ⅱ采用全新塑胶外壳材质，同时采用了彩色屏幕。这个时候需要一个能够具备简单应用，风格独特的品牌标志，从而帮助消费者记忆，提高辨认度。

为此，苹果公司聘请罗勃·简诺夫为苹果设计一个新标志。这就是苹果的第二个标志——一个环绕彩虹的苹果图案。在 1976 年到 1999 年期间，苹果一直使用这一标志。那么，为何这一苹果被咬掉一口呢？这或许恰恰正是设计者所希望达到的效果。在英语中，“咬”（bite）与计算机的基本运算单位字节（Byte）同音。被咬掉一口的苹果造型很特别，彩色条纹充满了人性，充满了亲和力。就这样我们所熟知的彩色苹果标志诞生了。

1998 年：1997 年，史蒂夫·乔布斯重返 Apple 后重整公司，将品牌定位成简单、整洁、明确。在新产品 iMac 发布时对 Logo 作出修改，变更为单色

系列，标志显得更为立体、时尚。黑色标志大部分是出现在包装、商品或需要反白的对比色上，为了配合产品的宣传。至今苹果的单色标志仍然被使用着，这也是最能体现史蒂夫·乔布斯对苹果的品牌定位的标志。

2001 年：苹果标志变为透明的，主要目的是为了配合首次被推出市场的 MacOSX 系统。这次苹果的品牌核心价值从电脑转变为电脑系统，苹果标志也跟随了系统的界面风格变化，采用透明质感。

2007 年：苹果推出 iPhone 手机时，正式地将公司名从苹果电脑公司改为苹果公司。苹果采用玻璃质感的标志，为了配合 iPhone 创新地引入了 Multi－touch 触摸屏幕技术，带来了一种全新的用户体验。

2013 年苹果公司又将 Logo 立体化去除，并沿用到现在。

此外，在2012年苹果iPad发布会，苹果启用了新的标志设计方案，在配色上做了很大的调整，变成了水彩渐变色的彩色风格，给人带来一种千变万化的感觉，使标志更富有质感和艺术气息。从彩色回归到彩色，苹果标志在设计上的一次回归，也许是在向苹果前任CEO乔布斯致敬，也许是代表了新一代的iPad选用了更为惊艳的高分辨率视网膜屏，也许是苹果下一个产品的发展方向。

（二）卓越创始人品牌触发“粉丝”效应

凯文·凯利在《技术元素》中提到“1000铁杆粉丝”的理论，如果一个艺术家拥有1000个铁杆粉丝，那么他通过经营个人品牌获得的收入就可以养活自己。从个人品牌到企业品牌，一代代偶像在大众传媒的生产线上不断推陈出新，从生理到心理上满足受众的需求。

而苹果品牌则可被称为是互联网经济时代粉丝经济的集大成者之一。苹果品牌让消费者对于科技公司那些看起来呆头呆脑的工程师忽略不计，而是通过品牌形象的塑造和产品的展现从而让品牌在科技巨头林立的互联网商战中脱颖而出，甚至连其品牌当家人也一跃成为民众当中神一样的英雄被人膜拜。

品牌创始人是品牌的灵魂人物。因为灵魂人物的存在，才从真正意义上形成了创建品牌的力量，他们在品牌成长过程中深深地影响着品牌，他们成

图3　乔布斯：改变世界

（图片来源：摄图网）

了品牌的一部分。谈起创始人，对苹果品牌而言起到最重要代言和影响的非其曾经的当家人乔布斯莫属。曾在年轻时代受到佛教熏陶的乔布斯非常擅长触碰他人的深层需求，不管是员工还是顾客，他都能抓住人内心最想要的东西。不仅如此，他还具有强大的个人魅力和感染力。他会通过极富煽动性的言行，把自己的信念推广到员工和产品身上，从而使苹果品牌的文化和信仰得以统一。然后，在一系列带有苹果色彩的营销活动中，在乔布斯的亲力亲为下，把那些被赋予了苹果精神和意义的产品推向市场，并在与顾客反复进行的情感交流中将苹果的品牌文化和信仰传达给顾客，与他们达成情感上的共鸣。这种情感积累到一定程度，就会升华为一种不能自已的狂热。这时，苹果的产品和品牌占据的不仅是顾客的感官，更是他们的心智。

在乔布斯带领下，粉丝效应被苹果演变发展成为一种更高级形态的方式——苹果品牌的“宗教营销”。早在苹果成立初期，这种营销策略就已经开始萌芽。当时，有专人出任苹果公司的“首席布道师”，负责带领布道部门向用户传播苹果的品牌和产品理念，并最终将苹果用户发展为一种类似教派的群体。之后，苹果公司因故取消了此类营销活动，但宗教营销的理念却在公司内部得到了延续和发展。如今，苹果公司已培养出了一批忠诚的拥护者，他们帮助苹果度过了最困难的时期，他们疯狂地收集苹果的每一款新品，他们积极地捍卫着苹果的品牌形象……随着苹果影响力的扩大，苹果的粉丝队伍也在不断壮大。这些遍及世界各地的苹果迷像布道者一样四处宣传苹果的福音，成了苹果产品和苹果品牌最忠实的捍卫者和最有力的免费推广者。

苹果品牌凭借其出众的性能在全世界拥有了众多粉丝，使得苹果公司每次的新品发布会简直成了一个吸引全世界目光的全球科技盛会。“苹果粉”虔诚到宗教徒般地迷恋公司的产品，每每新品发布，很多人彻夜排队，甚至传说中的“脑残粉”割肾以求之。苹果忠诚粉丝的出现，一方面是对产品层面的崇拜，另一方面是对苹果品牌精神和文化层面的崇拜。而粉丝效应的真正形成，最根本的就是需要将消费者对产品和品牌基本功能的需求升华到精神层面的需求。

（三）饥饿营销形成强大品牌感召力

所谓饥饿营销，就是有意激发消费者强烈的购买欲望而同时不给予满足或者将满足的时机拖延滞后，从而引发消费者更强烈的购买动机，形成供不应求的抢购现象，进而达到稳定商品价格、获得较高收益、维护品牌形象等目的的营销手段。

自2010年iPhone 4开始，苹果产品全球上市实现独特的传播曲线：发布会→上市日期公布→等待→上市新闻报道→通宵排队→正式开卖→全线缺货→黄牛涨价。每当苹果公司推出新款手机，果粉们便会在苹果专卖店门前通宵排起长队。当年由于iPhone 4S的火爆，果粉们为了抢先购得苹果新手机，会先去贴有“近期iPhone没货”告示的苹果授权经销商处体验产品，然后再去国美、苏宁以及运营商处以加价抢购的方式购得苹果新款手机。苹果平板电脑iPad刚上市时一度断货，致使消费者出高价买水货，这无形中极大地提升了苹果iPad的知名度，激发了果粉们更强的购买欲。这一现象被形象地称之为苹果的饥饿营销。苹果品牌并非饥饿营销的首创者，但是却是现今时代饥饿营销的集大成者和最大赢家。

这一现象的出现，出自苹果品牌独特的营销手法：苹果品牌很擅长为新产品造势，通常其新产品在正式推出前就已经积累了足够的关注度，等到它们真正与消费者见面时，消费者就会被不自觉地卷入其中并乐此不疲。不仅如此，在其新品发布到新品正式上市之前往往会有一段等待期，这段时间内苹果公司对新产品的宣传和媒体的大肆报道不仅会进一步加深消费者的期待，还会吸引更多的人来关注这款产品，进而为其上市后的热销奠定了基础。苹果公司通过运用“限量销售”的“饥饿营销”策略，人为地造成了苹果手机在市场供应量上的“稀缺性”，形成了强大的品牌感召力。

五、品牌传播特色

（一）创意广告传播凸显品牌个性

图4　苹果 1984

苹果在广告方面的宣传一直保持着“出其不意”的创意形态。自乔布斯重新回到苹果并发布第一款电脑以来，苹果的广告无论是平面、视频还是户外都散发出鲜明的苹果特色。苹果公司的品牌符号由两个里程碑式的广告确立，第一个就是《苹果 1984》。1984 年苹果推出了一款个人电脑麦金塔电脑。麦金塔电脑开创了个人电脑历史的新篇，它改变了人机对话的旧模式，将光标和英文指令变化成一个笑脸和方便的鼠标操作界面，第一次将图形用户界面推广在个人电脑上。TWBA 为此制作了一个经典的广告片，即《苹果

1984》，获得了巨大成功，其产生的轰动和广告本身的创意使得这个广告片被广告时代评为“百年经典广告”之一。苹果公司在这个广告中没有展示自己的电脑，也没有提到麦金塔电脑的技术功能，只用一个年轻女性的形象，为苹果电脑塑造了一个打破传统、热情叛逆的品牌个性。《苹果 1984》因此成为苹果公司个性化的品牌形象的开端和标志。第二个就是于 1997 年乔布斯重掌苹果大权后再次与 TWBA 合作推出的《不同凡想》。《不同凡想》延续了《苹果 1984》的创意，它成功地在苹果电脑和消费者之间建立了一个感性联系，对消费者的心理进行了分析，满足他们感性诉求的心理需要。《不同凡想》呈现给消费者的感觉是：过去的苹果又回来了。这个出色的系列广告带给了苹果公司一系列稳定的品牌感觉和再次创造奇迹的机会。根据哈里斯互动公司（Harris Interactive）的调查，在互联网用户中，对所用电脑品牌忠诚度最高的是苹果电脑用户；在当年前三个季度中再次购买苹果电脑的用户中，有超过一半的用户再次选择了苹果电脑。苹果公司延续了稳定的品牌个性，给消费者一种熟悉感和强烈的形象感，把消费者和苹果电脑紧密联系起来。

（二）跨界名人带货拉动“粉丝”经济

自苹果逐渐占领美国数码播放器市场以来，越来越多的演艺明星成为其“免费”代言人。贝克汉姆在第 100 次出赛后收到了队友送给他的独一无二镀金 iPod touch 32G，产品背面刻有英国国家队队徽、出赛纪念文字以及贝克汉姆的大名；美国前总统小布什在生日时也收到女儿赠送的 iPod；奥巴马访问英国不忘将存有女王 2007 年访美照片录像的 iPod 作为国礼赠送给英国女王伊丽莎白二世。无论是新生代影视明星还是在娱乐圈叱咤风云几十载的大腕名人，几乎人手一部 iPhone。微博女王姚晨的博文多来自她的 iPhone，当天后王菲为其 iPhone 4 套上立体小熊闪钻手机壳后立刻引发淘宝网“王菲同款”的热卖狂潮。

如果说娱乐明星使用苹果产品可能还出于商业性代言，那么政界商界使用苹果产品给人感觉则是专注于产品的性能和质量，而这在无形中为苹果品牌搭建了其他传播方式所不能取代的极佳传播渠道。2008 年 9 月上中旬，多家网站及博客撰稿人把视线转到了“奥巴马是 Mac 用户”这个新闻上，紧随其后的一些博客均报道了奥巴马使用 Mac 笔记本的照片及细节。还有八卦媒体将2008年参与美国总统大选的希拉里与奥巴马比作PC机和Mac电脑，以展示两人之间的差异。2010年奥巴马在接受采访时将自己iPod中2000首歌曲的播放列表公布出来。2012年4月奥巴马访问科罗拉多大学，在学生的指导下用iPhone操纵遥控小球的视频在网络上疯传，奥巴马也被学生们称为“最酷的总统”。奥巴马仿佛摇身一变成了苹果品牌在全美最权威的代言人。除了奥巴马之外，各国首脑中不乏爱用苹果产品之人。英国前首相大卫·卡梅伦喜欢每天清晨一边吃着早餐一边用iPad查看新闻和行程安排；阿联酋内阁、阿根廷总统克里斯蒂娜·基什内尔都是苹果的忠实用户；Facebook创始人兼CEO扎克伯格也长期使用iMac。

（三）影视作品植入维持品牌热度

自2001年起，品牌营销媒体Brandcameo就开始评选一年一度的电影植入产品奖。苹果公司连续多年蝉联冠军。苹果在影视作品中的植入以自然、生动为原则，充分表现品牌的内生含义与价值理念，尤其重视对具有广泛影响力和受众群体的影视作品平台的精心选择。

例如，2012年《碟中谍4》中苹果耗费2300万美元购买了片中长达5分钟的植入情节，iPhone 4、iPad以及Mac均在电影中化身为间谍利器，其中男主人公伊森潜入克里姆林宫，用iPad控制屏幕合成3D图景迷惑走廊里的值班警卫这一幕，让所有观众大开眼界；英国BBC新剧《神探夏洛克》中现代版福尔摩斯喜欢用iPhone发短信，剧中时常出现福尔摩斯的短信记录自上而下流畅滑动的字幕效果；等等。据悉，苹果产品在2014年的美国大片中的出镜率达到了1/4，也就是用户在电影中每看100个植入广告，就可以一睹25个苹果公司的产品。同时，每35部电影中，其中的9部会植入苹果的广告。在苹果公司的广告鼎盛时期2009年，当时其产品的出镜率达到了不可思议的42.5%。

苹果品牌信息的植入以大面积、高密度、低龄化的趋势对受众展开“连番轰炸”，使得苹果这个品牌越来越被人所熟知喜爱。

六、案例总结

（一）以差异化的品牌文化引领品牌发展

苹果品牌的文化一直相当鲜明、特立独行、反叛、不同凡想，这些都通过产品得到体现。在同质化严重的时代，不论是苹果产品，还是其品牌文化，都如此与众不同而让人眼前一亮，从“反叛”到“先锋”，再到精致的“酷文化”，满足了消费者心中渴望拥有的身份区分感和个人优越感的诉求。这些都让“苹果”这个品牌在广大消费者心中留下了很深的印记，凝聚起大批品牌忠诚度极高的“果粉”。成功的品牌文化建设和拥有极高的品牌忠诚度的顾客大大提升了苹果公司品牌竞争力，最终体现在苹果公司的优异的销售业绩、市场份额乃至资本市场的财务表现中，进一步助力品牌腾飞。

（二）持续追求创新为品牌注入生命力

苹果的创新精神可以追溯到其运营过程中的方方面面。比如，通过设计创新来保持苹果的“新鲜度”；通过商业模式创新保持苹果的行业主导地位；通过营销方式创新保持苹果的产品魅力；通过微创新持续优化苹果的用户体验；通过传播创新不断吸引消费者关注；等等。苹果可以在其短暂的品牌生涯中屡次从挫折中起死回生，离不开他的创新精神以及通过创新所获得的卓越的品质、杰出的品牌声誉。

辉瑞：

明星产品矩阵成就国际医药品牌巨头

明星产品品牌之于辉瑞，如同羽翼之于飞鸿，助其初立、推广、壮大，直至成为业内领军，可谓子品牌反哺母品牌的经典案例。

企业简介：

美国辉瑞制药有限公司是一家拥有170多年历史的世界著名的研究开发型跨国制药企业，创建于1849年，总部设于纽约。

辉瑞的研发和生产能力处于全球领先地位，依靠并购和研发的多项明星产品，形成品牌产品矩阵，为自己的医药品牌帝国奠定了基础。辉瑞的畅销产品包括降胆固醇药立普妥、口服抗真菌药大扶康、抗生素希舒美，以及治阳痿药万艾可等。目前辉瑞制药是世界上最大的医药企业，在心血管和代谢、神经科学、炎症和免疫、疫苗、肿瘤以及部分罕见症等医学领域保持领先水平。

2000年辉瑞以900亿美元收购并购华纳·兰伯特和法玛西亚，增加了全球市场份额，之后又以一系列战略合作和并购为基础，巩固了其作为全球健康行业中最多元化的公司之一的地位，并首次成为世界第一大制药公司。

2020年，辉瑞制药有限公司以517.5亿美元位居《财富》世界500强排行榜第215位。

一、品牌发展历程

（一）19 世纪 40 年代末—90 年代末：品牌开创期

（二）20 世纪初—中期：产品品牌战略实施期

（三）20 世纪中期—末期：多品牌战略快速发展期

（四）2000 年至今：通过并购实现品牌扩张

二、品牌核心价值理念分析

三、品牌创建路径

（一）技术研发成就明星产品品牌

（二）大规模并购开启品牌新时代

（三）多元化收缩聚焦品牌核心业务

四、品牌管理特点

（一）品牌 Logo 特点

（二）背书式与母子式相结合的品牌架构

（三）对战略品类有效的分类管理

（四）建立品牌风险管理机制

五、品牌传播特点

（一）强势营销塑造强势品牌

（二）以道德治理和关怀责任成就品牌形象

六、案例总结

（一）注重研发创新为品牌后续发展积蓄力量

（二）打造明星产品可迅速提升品牌影响力

一、品牌发展历程

（一）19 世纪 40 年代末— 90 年代末：品牌开创期

19 世纪 40 年代中期，来自德国路德维希堡的表兄弟查尔斯·辉瑞和查尔斯·厄哈特开启了在美国的创业之路。1849 年，他们在纽约布鲁克林区创立了查尔斯·辉瑞公司。辉瑞凭借自己药剂师学徒的经历，并且依靠厄哈特的糖果制造技术，将山道年和杏仁太妃糖香料混合并制成塔糖的形状，制造出了辉瑞公司的第一款产品——山道年塔糖，具有驱虫效果。过去的此类产品虽说疗效还可以，但是味苦。而辉瑞的这款山道年塔糖却味道好吃，产品销路一下子打开了，从而给公司带来了巨大收益，而辉瑞品牌也在首款明星产品的支持下初步在市场上立足。

（二）20 世纪初—中期：产品品牌战略实施期

20 世纪初期，辉瑞成为美国柠檬酸的重要供应商，柠檬酸是辉瑞的拳头产品之一。然而，彼时辉瑞生产柠檬酸所需的原料酸橙主要从意大利进口。时值“一战”，意大利政局不稳，原料供应成为辉瑞面临的巨大难题。于是，辉瑞下定决心发动加紧自行研发新技术以替代传统的依赖进口原料的柠檬酸生产工艺，最终开发出 SUCIAC（糖转化为柠檬酸的英文缩写）技术，使得柠檬酸生产不再依赖酸橙等水果。然而，可惜的是辉瑞公司将这项技术转化为品牌，未加以深度挖掘，因而并没有获得足够丰厚的品牌溢价。“二战”时，辉瑞从青霉素制造的新技术研发中找到灵感，意识到要想确保领先地位，就必须从技术和产品领域有所突破，于是推出原研性新药抗生素土霉素，并为其申请专利。尽管该药品的知名度远远没有青霉素那么高，但其意义对辉瑞而言并不亚于青霉素。这不仅是辉瑞成立一个世纪以后的第一个专利产品，也是它从生产商开始走向创立品牌的转折点。这标志着辉瑞公司产品品牌战略的正式实施。

（三）20 世纪中期—末期：多品牌战略快速发展期

“二战”过后，医疗技术在和平环境下突飞猛进。辉瑞受益于土霉素等产品研发和生产所积累的雄厚资本，抓住时机进入了快速发展的黄金时期。

其间，辉瑞大力投资药品研发和临床试验，不断扩大创新药物的产品系列，一大批辉瑞明星产品应运而生。20 世纪 80 年代推出的吡罗昔康成为全世界销量最大的处方消炎药，并且也是辉瑞第一种销售额达到 10 亿美元的产品。时间推延至 20 世纪 90 年代，辉瑞进入多品牌发展的辉煌时期，络活喜、特洛芬、左洛复以及让辉瑞名声大震的万艾可（伟哥）等一大批疗效好、技术领先的重磅药品品牌相继问世。1999 年，辉瑞公司单品销售额超过 5 亿美元的药品有 8 种，合计销售额为 92.97 亿美元，占当年销售总额的 57.37%。

（四）2000 年至今：通过并购实现品牌扩张

进入 21 世纪，世界制药行业的研发格局迅速改变，辉瑞这种“大象级”药企的研发费用比小规模、专业化药企要高得多，新药研发利润下降，加之 FDA 批准的新药数目急剧减少，新药获准上市周期大幅延长。综合考虑，辉瑞意识到单纯依靠研发优势已经难以保证制药企业在市场竞争中的良性发展，如果没有行业的强大联合，单凭一己之力恐怕很难在竞争大势中立足。于是，辉瑞改变思路，拉开了一系列大规模并购行动的序幕：收购华纳·兰伯特公司并获得重磅药物立普妥，首次成为世界第一大制药公司；收购法玛西亚药厂，获得著名的关节炎治疗药物 Celebrex 的全部所有权；收购竞争对手——同属世界 500 强的惠氏，向着多元化、规模化的全球最大生物制药公司又迈进了一步。合并后的辉瑞公司兼具专业性、效率性和灵活度，同时能够充分利用全球性企业的规模和资源优势，为其品牌迅速打开市场、充分满足市场差异化诉求提供了基础。

二、品牌核心价值理念分析

辉瑞公开表示“致力于运用科学以及我们的全球资源来改善每个生命阶段的健康状况”，并将其核心价值观总结为“客户至上”“社区精神”“尊重他人”“力争上游”“团队精神”“领导才能”“道德观念”“追求品质”“革新创造”9 个方面，充分体现了辉瑞的品牌信念和企业文化。

辉瑞的发展目标被阐释为“为患者带来改变其生活的突破创新”。在这一目标的指引下，辉瑞致力于运用科学以及其全球资源来改善每个生命阶段的健康状况。

在辉瑞的品牌定位分析中，“多样化”“多元化”“世界领先”成为关键词。作为全球最大的多元化生物制药公司之一，辉瑞的产品从生物药品、小分子药品到疫苗，涉猎颇广。为实现其品牌定位，辉瑞致力于通过产品打造品牌，以明星子品牌抢占行业高地。同时，辉瑞着力与世界各地的医疗卫生专业人士、政府和社区合作，树立全球医疗卫生服务领军的企业形象，这与辉瑞作为一家世界领先的生物制药公司的责任是一致的。

三、品牌创建路径

（一）技术研发成就明星产品品牌

二次工业革命之前，药品一直都是从天然物质（如植物和矿物）中采集提炼，但是自 19 世纪 80 年代开始，化学制药的快速发展改变了这一状况，拜耳、嘉基、先灵等新兴的化学药品品牌在欧洲诞生。与之形成鲜明对比的则是惠氏、雅培等知名品牌由于没有掌握先进的核心技术，只能扮演渠道分销商的角色，即加工和销售天然药，分销给药店和其他零售商。

辉瑞诞生之后，从精细化学品入手，以突破性产品山道年塔糖作为拳头产品，打开了关于化学制药的大门。此后，辉瑞在“一战”中韬光养晦，自主研发柠檬酸，不仅摆脱了在动荡时期对海外原料的依赖，同时技术实力大增，为未来以创新研发树立品牌奠定了坚实的基础。尽管诞生初期的辉瑞还没有建立起自己的产品品牌，也没有像宝洁、亨氏、可口可乐等消费品牌那样广为人知，但其高品质的产品、技术上的出众优势、良好的信誉积累以及以客户为中心的经营思想，为辉瑞在业内赢得了很高的声望。

即便是在大萧条时期，辉瑞也极力保证研发投入。20 世纪二三十年代，辉瑞努力通过精细管理和管理过程研究，实现了经济效益的增长和产品质量的改进。同时，投入更多的人力物力用于研发，问世的新品很大程度上成为辉瑞对抗经济萧条的有效武器。例如，世界领先的发酵技术促成了辉瑞在青霉素制造领域的突出成就，青霉素与原子弹、雷达并称为第二次世界大战中的三大发明。英国首相丘吉尔曾经这样说：“青霉素是‘二战’时最伟大的发明。”这项技术使得辉瑞成为“二战”拯救反法西斯战士的功勋英雄——“二战”中使用的青霉素 90% 来自辉瑞，辉瑞因对战争所作出的努力和卓越贡献得到了国家表彰，并被授予秘密的陆军海军"E"奖章。美国人为自由而战的那段历史成为辉瑞品牌高光时刻之一，这都得益于辉瑞以研发创新为基石的发展信条。"二战"后，正是依靠该策略，辉瑞迅速推出药效优于青霉素的新型抗生素"土霉素"，并且进行专利申请，从而持续保持辉瑞品牌在行业内的领先地位。

20 世纪 60 年代，数百名科学家加盟辉瑞，其研发预算也从 50 年代的 1000 万美元飙升至 2.5 亿美元；辉瑞产品研发流水线建立，研究部门成为辉瑞发展的强劲助燃剂。20 世纪 70 年代，辉瑞重组研发部门，设置奖学金以奖励优秀的医学院学生，加大研究整体投入，从而孕育了诸如希舒美、吡罗昔康、络活喜、舍曲林等一系列经典药品品牌。20 世纪 80 年代，辉瑞则将研发重点落实到处方药上。

20 世纪后半叶全球医学事业进入跨越式发展的阶段，辉瑞也由此开启了创新研发为基腾飞的时代。20 世纪末，辉瑞向市场推出了各种最先进的医药产品，包括新型抗生素，治疗关节炎、糖尿病、抑郁症、心脏病、真菌感染及其他病症的药物；公司开发的吡罗昔康成为全世界销量最大的处方消炎药，并且也是辉瑞第一个销售额达 10 亿美元的产品。20 世纪 90 年代是辉瑞最辉煌的年代，它推出了一大批疗效好、技术领先的产品品牌，其中包括最畅销的高血压药"络活喜"、用于治疗 14 种传染病的抗生素 Trovan；治疗中枢神经系统紊乱、销售额达到 20 亿美元的 Zoloft 等。最为典型的"万艾可"（伟哥）的问世，不仅创造了美国历史上最成功的药物推出案例，打破了美国新药史上的多个销售纪录，"小蓝片"也成为辉瑞品牌创立以来最富有社会影响的产品品牌。

虽然早期生产的柠檬酸、青霉素等产品没有形成品牌，但辉瑞敢于承担风险、大胆决策的文化传统和产品研发、投资与创新研究战略对后来一系列产品品牌的形成产生了不可低估的影响。经历了一个世纪的默默无闻之后，最终确定了它在 21 世纪制药行业的领导品牌地位。

（二）大规模并购开启品牌新时代

在辉瑞品牌发展史上，并购是毁誉参半的。"二战"后，辉瑞高层意识到欧洲和亚洲处于恢复阶段，民众对健康生活的诉求势必迅速增加，更多的发展中国家经历战争的摧残后，正强烈要求更好更健康的生活方式，因此摆在辉瑞面前的是一个前所未有的全球增长时机。此时，辉瑞在“放眼全球，致力于本土化”（planglobally，engagelocally）的战略指导下，就曾通过收购方式建立了波多黎各、巴拿马、墨西哥、巴西（早先还建立了加拿大、英国、比利时和日本等分支机构），以及在法国、英国和日本的工厂，让辉瑞的海外扩展战略初步得以实现。

进入20世纪90年代，全球掀起一系列并购浪潮，制药行业的并购基本上是同行之间的横向并购，很少有纵向并购和混合并购，更容易形成规模效益，弥补原有的业务板块不足。这种原始而简单的并购方式帮助制药巨头们获得了迅速的成长和巨大的收益。

通过并购，辉瑞获得了一系列“重磅炸弹”或“明星产品”，从而稳居全球第一大制药公司的交椅。在2000年后的10年内，辉瑞就实施了3次共计2167亿美元的并购，中小型并购更是不计其数。立普妥、Celebrex等名号可载人类医药史册的明星产品为辉瑞带来了又一次飞跃式发展，并且成为品牌获得发展的重要抓手。

（三）多元化收缩聚焦品牌核心业务

20世纪60年代，新药销量下滑，美国联邦政府出台了药品的价格控制政策，在制药领域的受挫，推动辉瑞走上了一条非相关多元化的战略路径。特别是在约翰·麦基执掌辉瑞期间，品牌多元化发展达到前所未有的程度。这一时期它兼并了国内外企业38家，仅1961—1964年就收购了14家生产非处方药和日用快速消费品的企业，产品包括滴眼液、涂敷药、肥皂、化妆品、护肤品、香水、剃须皂等。直至20世纪60年代末，辉瑞收购的兴趣甚至已经开始涉及专业金属材料和耐高温水泥等，向着一家跨行业的联合大企业方向发展。

那个时代，企业多元化就像是一种时尚，成为当时的人们对企业谋求发展的一种共识，直到多元化尤其是非相关产业的多元化失败案例逐渐增多，各大企业才开始注意到多元化收缩已迫在眉睫，辉瑞亦不例外。2013年，继卖掉奶粉业务后，辉瑞公司在美国宣布将原动物保健业务部门设立成为一家独立的公司名为Zoetis，并开始在纽约证交所上市。

退出多元化后的辉瑞拆分掉与生物制药关联性不大的“鸡肋”业务和品牌，集中精力专攻强势制药品牌管理，在主业领域获得更高的品牌认可度和美誉度，从而强化品牌的核心竞争力。

链接 1　辉瑞近年来的重大并购

2000 年，辉瑞以 900 亿美元收购华纳·兰伯特公司并获得重磅药物立普妥，首次成为全球第一大制药公司。

2002 年，辉瑞以 600 亿美元收购法玛西亚药厂，赢得了著名关节炎治疗药物 Celebrex 的全部所有权。

2003 年，辉瑞以 13 亿美元购买密歇根州的艾斯帕来恩公司，使辉瑞公司的主打产品之一、治疗胆固醇的药物由原来的两种增加到三种。

2005 年，辉瑞以 19 亿美元现金收购 Vicuron 制药公司，增强了辉瑞制药在抗感染药物领域的实力。

2006 年，辉瑞收购英国 PowderMed Ltd，PowderMed，这是一家 DNA 疫苗的专业公司。

2007 年，辉瑞收购 Coley 药业集团，增强自己的疫苗研究能力并提高老年痴呆症及感染药物的开发能力。

2008 年，辉瑞收购总部位于得克萨斯州的生物科技公司 Encysive 制药。

2008 年，辉瑞收购阿尔茨海默病和亨廷顿氏舞蹈症（Huntington's disease）治疗药物 Dimebon 的营销权。

2009 年，辉瑞合并惠氏，巩固全球第一的地位。此举在很大程度上改善了辉瑞对立普妥的依赖，并在疫苗、营养品领域有所突破，当年销售额突破 700 亿美元。

2011 年，辉瑞收购 King 制药公司（King Pharmaceuticals，Inc）。

2015 年 9 月 3 日收购赫升瑞。

2016 年 6 月 24 日收购 Anacor 制药公司、Medivation 生物制药公司。

2019 年收购 Array BioPharma 公司，从而加强其在癌症治疗方面的实力。

四、品牌管理特点

（一）品牌 Logo 特点

1970 年，董事会正式同意将公司的名称从以前的“查尔斯·辉瑞公司”

更改为现代的“辉瑞公司”，并且设计了新的商标——蓝色椭圆形里的斜体单词“Pfizer”，辉瑞的品牌 Logo 为典型的医药标志，以蓝色药丸为设计基础，严谨、整洁，给人以安全和平和的感受，长久以来这一基本设计被传承并延续。

有超过 150 年历史的辉瑞，是国际领先的研发型制药公司。在漫长的发展过程中，变化是永恒的，但随着一次次的合并、收购，各种不同的品牌概念与视觉信息汇入，也导致了原有品牌身份与形象的模糊不清。于是，辉瑞将那个著名的椭圆形 Logo 做了微小调整，形象更加现代，视觉识别清晰有力。

图 1　带辉瑞 Logo 的器物

（二）背书式与母子式相结合的品牌架构

公司母品牌“辉瑞”旗下，围绕化学药物、生物制剂、疫苗、健康药物等极具潜力的治疗及健康领域，辉瑞拥有立普妥、络活喜、左洛复、万艾可、大扶康、希舒美、西乐葆、恩利、乐瑞卡、阿诺新、开普拓等众多知名品牌药品。

在制药领域，辉瑞强调公司母品牌的核心作用，以母品牌强力背书帮助新品子品牌推向市场或者进行国际化扩张。对重点子品牌进行大力推介，以形成具有竞争力的强势子品牌，迅速占领市场。对于并购所得的重点子品牌，如收购法玛西亚药厂后获得著名的关节炎治疗药物 Celebrex 的全部所有权，不仅对其品牌进行全部保留，并且积极利用辉瑞全球资源推进其品牌推广。

大批市场表现出色的子品牌，尤其是众多拥有专利的品牌药为辉瑞积攒了良好的声誉，从而起到有效反哺母品牌的作用。

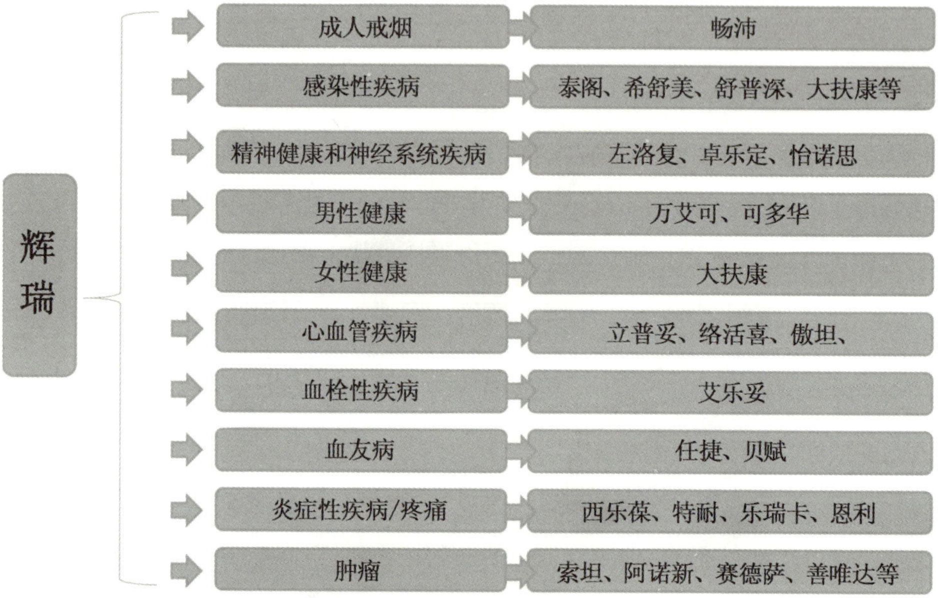

图 2　辉瑞品牌架构

（三）对战略品类有效的分类管理

在医药领域，专利药代表着独占权，它给品牌带来的利润是惊人的。然而，一旦一个品牌药开始跳下“专利悬崖”，即专利到期，那么该药物的定价将会逐渐走低。由于专利新药的获批降至历史最低水平，大批明星药品将会面临专利失效的处境，这给仿制药这项业务的发展带来了重大契机。随着仿制药市场的日益壮大，跨国医药巨头也开始涉足，全球仿制药进入“品牌竞争时代”。

品牌仿制药开始吸引像辉瑞这样的大型制药公司，因为这些公司是仿制药和品牌药经营模式的混合体，制药公司可充分利用现有的商业分销体系和营销手段，以高于普通仿制药的定价销售。

这些大型制药公司首先将目光瞄准了东欧、亚洲以及拉丁美洲等新兴市场日益增长的消费群。在那些市场，许多人都是自掏腰包买药，但他们买不起价格昂贵的品牌药物，但假冒或劣质药品让这里的民众普遍感到担忧，因此，消费者愿意为知名厂家生产的仿制药支付相对较高的价格。这些产品被称为品牌仿制药，它们的包装上印有当地或国外生产厂家的名称，这被视作为产品质量控制的标志。

曾几何时，一些赫赫有名的制药公司对销售量大的低价仿制药业务不屑一顾。但现在，辉瑞也正成为仿制药的主要推广者之一。这些仿制药并非无品牌药物，而是针对那些已经失去专利保护的品牌药，2018 年大火的电影《我不是药神》中，主角们奉为“印度神药”的就是这类性质的药品。有人形象地描述了专利药与仿制药之间的关系：“靶向药（专门治疗肿瘤的一种药物）之所以贵，是因为你买到的已经是第二颗药，第一颗药的价格是数十亿美金。”这言明专利药研发所要耗费的巨大财力。而待专利药的专利期过后，经过授权的药企就可以生产与该种专利药疗效相同但价格大幅降低的药品，即仿制药。

为更好地开拓仿制药事业，辉瑞通过采用自己的“绿石”（Greenstone）产品标签，专门销售那些专利失效药物的仿制产品，并且从其他几家仿制药生产厂家获得授权许可，分销他们的仿制药。例如，辉瑞曾相继与印度 3 家仿制药生产企业签署了授权协议，以便在美国和其他市场上销售这些印度公司生产的药丸和注射性药物。此举为辉瑞的仿制药组合增加了 200 多个产品。

随着旗下仿制药事业越发壮大，2008 年 2 月，辉瑞成立了“成熟品牌事业部”，以区分创新药品品牌，其使命是提供普通收入人群能够承担得起的廉价优质药品。成熟事业部的药品包括过专利期品牌药及仿制药。目前成熟事业部旗下有 500 多种产品，其中不乏辉瑞的王牌热销产品。这一举措对辉瑞来说无疑是在品牌管理方面的战略转型，将专利药与仿制药区分管理，更加科学也更具有针对性，是辉瑞面对行业现实状况和企业状况的应对之策。

（四）建立品牌风险管理机制

进入 21 世纪以来，食品与药品安全性问题越来越受到公众的关注。辉瑞作为一家大型跨国公司，必须承受来自公众灼热的监督与审视。即便如此小心谨慎，但各种药品安全事故还是频频来袭。例如，抗压药 Thelin，因这种药物可能引起致命性肝损伤而退出市场；戒烟药畅沛被指有副作用，可能导致攻击性反常行为；抗白血病药物 Mylotarg（吉妥单抗）由于临床效果不明显，并存在安全隐患而被停售；等等。尤其是 2009 年辉瑞在营销过程中被指故意夸大药品的适用范围，被迫支付23亿美元的天价罚单。

药品安全问题主要包括两种：第一，纯粹因药物自身安全性差导致的不良反应；第二，由于不当用药造成的不良反应。然而无论哪一种，这些负面信息对于辉瑞的品牌形象都造成了极其不利的影响。尤其是药品行业直接关系生命健康安全，这可能从根本上造成民众对于辉瑞品牌的否定，并对于辉瑞旗下其他产品品牌产生负面联想，从而给品牌造成难以弥补的伤害。

为最大限度地解决这一问题，辉瑞从药品研究、开发、生产、质量管理、市场营销、上市后的药品安全跟踪等全流程入手，建立起辉瑞品牌产品的风险管理体系：

其一，辉瑞人有主动报告不良事件的基本责任。在全球范围内，辉瑞的员工致力于收集、分析和解释相关的不良事件，在保护病人、提高产品疗效的同时，最大限度地保护产品和公司的品牌安全与信誉。不良事件报告评估通常由多方协调共同完成，辉瑞会邀请患者、患者的主治医生以及相关人员一起参加研讨。这种协作讨论，往往比单纯的药物科学实验更加完善、科学。对不良事件的报告有不同的处理期限，根据不良事件的严重等级，处理时限分为30天、15天和7天。

其二，辉瑞的药品安全管理系统中，员工作为重要环节其责任被最大限度明确和细化。所有的辉瑞员工及与辉瑞有合同关系的雇员在发现药品不良事件的24小时内必须向公司上报，即使该不良事件已经被包括在产品说明书内。如果发现医生针对一种尚未被批准的适应证开出来辉瑞产品的处方，辉瑞员工也有责任递交报告，叙述清楚医生开出的辉瑞产品及产品尚未被批准适应证。与此同时，辉瑞要求其员工尽可能地向患者提供更加专业的医疗知识，因为患者往往不知道他们正在接受的治疗可能与其他治疗会产生的相互作用，又或者过高或者过低地估计了他们所使用的辉瑞药品的药效。

药品的临床应用实际情况瞬息万变，辉瑞以风险管理为基础的药品安全管理举措，建立起一个涉及多个相关方、完善的、能及时准确反映公司药品使用情况的安全体系，从而最大化预防品牌危机事件的发生。该体系直接关系到辉瑞母品牌以及旗下子品牌的存续和发展。

五、品牌传播特点

（一）强势营销塑造强势品牌

尽管制药行业的销售终端是患者，但是由于药品，特别是处方药必须通过医院、医生、药店等才能购买，因而药品的销售并不直接针对终端客户，而是通过制药售药价值链条上的相关方来进行传导性销售。因此，辉瑞的品牌传播重点从终端消费者，转移到了更加具有专业话语权的医院和医生层面。为在医生中增加公司的品牌认知度，辉瑞于 1951 年雇用了 70 个医学院的学生，利用假期到公司接受了专业且密集的培训，然后分配到全球数十个城市，教授当地医务人员如何使用辉瑞的产品。

此后，辉瑞建立了以医药代表为主力的强大销售团队，授权销售团队在药品进入市场后拜访医疗机构，宣传新药品牌。同时，注重营销体系自身的完善与发展，与医院共建联合实验室，或与医疗机构合作开发新药，借助药企的财力，促进医疗机构研发水平，同时帮助制药企业高质量完成研发项目。如是，新研制的药物品牌也更容易被医院和医生所采纳。

辉瑞的销售团队非常注重深度拜访，有效传播品牌。在制药领域，“拜访”医生是了解医生需求、分析药品销售状况、提出改进意见、制定营销对策、维护品牌形象、提升品牌影响力的主要方式。在实操层面，派出三层销售代表负责推介品牌，一位代表与医生交流更为专业和科学的问题；一位采取普遍做法，以办公室为据点，对医生和医护人员进行有关管理式医疗保健知识的培训；最后一位则负责赠送样品和产品推销——不与开处方者交流。这种模式优化了品牌在医护端的形象，更加规范且不容易因打扰医护工作而造成厌烦。

除此之外，辉瑞还为医生、牙医和护士、兽医创立了一份关注最新抗生素领域开发研究的通讯册。这份通讯册因为同样报道竞争对手的成功以及自身研发上的挫折而赢得了医药工作者的赞赏和信赖。在 1959 年，辉瑞安排在《纽约时报》上刊登辉瑞年度报告作为周日副刊。这份副刊产生了良好的宣传效果，引起在公共关系上的创新尝试。《行业营销》宣布辉瑞为“年度最佳公司”。进入 21 世纪，互联网快速发展，辉瑞大力加强网站建设、网上商城、移动医疗等，使其灵活、积极的全球化品牌拓展意识被一以贯之地延续下来，为持续提升品牌竞争力创造了良好的条件。

链接 2 辉瑞强大的医药代表团队

辉瑞建立了庞大的、规模化的销售团队，这一团队以医药代表为核心，减少销售环节，提高渠道销售能力。同时，医药代表在某种程度上成为品牌传播的终端代表者。目前，辉瑞在全球拥有数万名医药代表。这些医药代表站在市场的最前沿，直接面对客户。他们在推销医药产品的同时，也是辉瑞从医生和患者那里更快地获得信息的重要渠道。辉瑞认为，只有充分利用销售优势，才能实现协同效应和规模效应，弥补研发成本上升和风险加剧造成的利润损失，并且进一步扩大品牌影响力。

辉瑞投入了大量的人力物力培训医药代表，销售技巧、沟通技巧是其核心部分。辉瑞的培训工作被誉为业内典范，在美国《培训》杂志的最佳培训百家企业排行榜上，辉瑞名列前茅。辉瑞非常习惯于雇用退伍军人，因为退伍军人更有纪律性，执行力更强、更坚韧。凭借一支高效率的销售队伍，辉瑞营销效率持续提升。

然而，随着近年来药企成本压力增加，销售费用被砍，传统的学术推广、医院推广费用被削减，带金销售失去生存空间，医药代表这一群体的生计正受到严重冲击。同时，由于医代丑闻的出现，医药代表的日子愈发不好过。以中国为例，2019 年发布《关于印发 2019 年纠正医药购销领域和医疗服务中不正之风工作要点的通知》。该通知再次规定了实行医药代表院内登记备案管理，规范医药代表院内接待制度。这一举措无疑对医代规范化管理提出了更高的要求。

（二）以道德治理和关怀责任成就品牌形象

众所周知，制药公司所卖产品为药品，而销售的则是健康。其所经营业务在本质上带有一定道德性，因而公众对制药公司所投注的关注和期待与生命、健康密切相关，由此也对制药公司的品牌形象提出了更高的要求。早期辉瑞的领导者经常从制药发展的趋势及行业对社会的贡献角度入手进行演讲，向全球各地商会、地区商务组织、城市论坛等进行宣传。与此同时，辉瑞的公关部门也在不遗余力地塑造辉瑞杰出的社会公民形象，辉瑞的品牌影响力迅速提升。然而，制药公司作为企业组织，毕竟不是公益或者福利机构，其存在的本质在于盈利，因而辉瑞就必须在道德性、社会责任性和商业利润之间找好平衡点，以此来塑造自身品牌形象。

一方面，辉瑞公司在 2001 年之后提出了“成为世界上对患者、客户、同事、投资者、商业伙伴和其工作、生活所在社区最有价值公司”的使命阐述。而这其中的“社区”则不仅包括辉瑞人工作的地区以及生活在那里的人们，更包括政府及非政府组织、患者权益保护团体、学术机构等。制药行业对于其从业者的职业道德要求甚高，因而辉瑞从员工管理角度出发，将道德内涵写入员工手册，并据此对员工提出明确的行为要求。2006 年，前辉瑞 CEO 杰弗里·金德勒曾公开指出：“对辉瑞而言，跨国公司的责任是与企业、社会和环境的和谐发展相辅相成的，辉瑞所秉承的‘和谐发展观’主要由‘企业的稳步成长’和‘可持续发展’两部分构成。”其中，“企业的稳步成长”可被理解为辉瑞在其医药品生产领域的持续开拓；而“可持续发展”则涵盖了在业务基础之上、范围之外的相关公益性活动。

另一方面，为了在制药、消费品保健和动物保健领域以及公益活动领域努力有作为，辉瑞公司还尤其注重内生品牌形象的塑造。做“关怀型雇主”一直是辉瑞的口号。辉瑞内部极其重视人才培训，并将这一点作为企业成功的一大要素。即便是在大萧条时期，辉瑞也不曾因企业经营低迷而解雇一个员工、减少任何一支生产队伍，而是努力精益化生产，动员员工抱团取暖，共同熬过漫长的大萧条。同时，辉瑞以“Everyone is a Leader”作为口号，鼓励与员工不断为自己、公司、客户增值。辉瑞等多次获得美国、英国等地“最佳雇主”等称号。

除此之外，辉瑞在全世界开设生产工厂、建设营销网络，并努力在所在的每一个国家和社区发挥积极作用。这使得它曾被《财富》评为全球最佳药品生产商，被《福布斯》评为全年最佳机构，被《商业周刊》评为美国 10 家最佳表现商业机构之一，等等。

辉瑞的道德治理和关怀责任不仅在品牌传播方面为企业外部声誉增色，更重要的是强化了品牌内生力，为品牌健康成长和抵御风险打下了坚实的基础。

六、案例总结

（一）注重研发创新为品牌后续发展积蓄力量

在企业组织发展历程中，有多种形式可以在短时期内提升企业经营绩效，扩大市场份额，研发创新未必是其中见效最快、收益最好的方式。然而，研发却是保证品牌发展核心力量的根本之一。辉瑞在百余年发展历程中，坚持在创新研发方面的投入，保持领先的技术实力，为其实现品牌崛起、度过萧条时期、进行品牌重塑，尤其适应新时期环境以完成品牌转型，提供了坚实的基础，积蓄了充足的力量。

（二）打造明星产品可迅速提升品牌影响力

明星产品不但是企业利润的增长点，而且对品牌提升起着关键性的作用。它就像一把利剑，能迅速打开市场缺口，让品牌在市场上鹤立鸡群，甚至所向无敌。辉瑞早期正是凭借土霉素等明星品牌迅速成为销售之王，随后立普妥、万艾可等明星品牌凭借其优秀的品质组建成为辉瑞品牌的明星名牌矩阵，继续帮助辉瑞在市场竞争中占据有利地位，创建品牌美誉度和影响力。

后记：迈向一流品牌对策研究

品牌，是企业重要的无形资产，是企业走向世界的通行证，是体现国家核心竞争力的有力名片，更是大国崛起的象征所在。随着经济全球化的深入发展，互联网思维的广泛渗透，世界进入品牌经济时代，全球市场各个领域的竞争越来越集中地体现为品牌竞争。

历史经验表明：当时代特征发生显著变化时，必然会催生新的思维方式变革和新的实践经验积累。当前，中国特色社会主义进入新时代，习近平总书记先后多次关于品牌建设进行重要论述，提出要实现“中国制造向中国创造转变、中国速度向中国质量转变、中国产品向中国品牌转变”的战略任务，要求深刻把握品牌建设与企业转型升级之间的关系，充分发挥品牌的引领作用，大力改善供给体系、提高供给质量，满足人们更高层次的物质文化需求，进而彰显企业实力、国家形象。理性辩证认识企业在全球资源配置能力、关键领域创新能力、全球市场话语权等方面的现实基础，探索和坚持走中国特色的世界一流品牌创建之路，是当前很多企业面临的共同话题。

一、加强品牌建设是企业迈向世界一流的必然选择

（一）自主品牌形象是国家形象的重要组成

自主品牌是国家形象的重要组成部分。以美国为例，以可口可乐、IBM、波音、麦当劳、苹果、亚马逊、谷歌、脸书等为代表的企业，涉及食品、餐饮、高科技、娱乐等各行业，使美国从全球市场获得巨大的利润，提升了美国国家全球影响力。从外部环境上来看，大变局加速演进，国际经济、科技、文化、安全、政治等格局都在发生深刻调整，世界进入动荡变革期。从

国内环境看，我国已经成为世界第二大经济体，经济发展也进入新时代，已由高速增长阶段转向高质量发展的阶段，必须把提高供给体系质量作为主攻方向。品牌是企业竞争力和可持续发展能力的重要基础保障，打造世界一流品牌，有利于引领消费，满足和创造新需求；有利于优化企业结构，提高生产要素利用率；有利于激发创新活力，逐步实现资源最优配置；有利于促进企业诚实守信，强化责任担当；有利于提高规模效益，获得更高附加值。

（二）品牌是企业参与国际竞争的迫切需要

从竞争视角看，品牌是企业竞争力和可持续发展能力的重要基础保障，随着新一轮科技和经济全球化加快演进，拥有差异化和高品质的品牌优势，日益成为企业赢得市场竞争的关键。目前，我国企业在国际分工体系中多处于价值链的中低端，缺少国际话语权，全球配置资源能力和开拓国际市场能力亟待提高。企业要赢得国际竞争优势，就要积极打造国际知名品牌，带动我国成熟的产品、技术和标准走出国门、走向世界，在更宽领域和更高层次与跨国公司开展竞争合作，促进我国对外贸易的发展，努力构建与经济实力相匹配的品牌实力。

（三）技术变革为品牌建设提供战略机遇

在人类文明发展的历程中，大国战略博弈推动了世界中心的变迁。过去100年间，在技术革新引领下，全球治理体系和配置资源的主导权出现了洲际式转移。第一次工业革命爆发后，英国、德国等欧洲国家先后抓住机遇，积极创造环境，孕育出西门子、罗孚汽车等世界一流品牌，综合国力迅速增强，成为世界强国。伴随世界大战爆发，欧洲经济霸主地位转移至北美，欧洲品牌在全球市场的领导力逐渐被美国品牌所取代，以可口可乐、通用电气、IBM为代表的美国品牌引领了全球品牌的发展，定义了品牌管理的范式。当前，新一轮科技革命和产业变革正在孕育兴起，新旧技术替代趋势明显，部分核心技术交叉融合、协同跃进，跨行业、跨领域的创新合作不断冲击着传统行业，日益积累的新能量或很快带来变革性突破。全球各国纷纷抓住当前科技革命、产业变革与经济发展方式转变交会的历史机遇，大力培育各行业、各领域头部企业，希望依靠品牌企业的力量实现新一轮经济繁荣。

二、国际标杆企业品牌建设规律及借鉴

过去5年，中国质量协会基于全面的品牌战略思维，探究国际标杆企业品牌建设的路径和经验，对特定竞争环境中企业的品牌目标、资源状况、核心竞争力进行全面观察。我们发现，尽管这些品牌的成功之道千差万别，但他们都遵循着共同的品牌管理规律。比如，拥有独特的品牌愿景、有差异化的品牌定位、始终如一贯彻公司的核心价值观、保持品牌与顾客的情感关联、关注顾客体验、始终兑现品牌承诺、保持品牌价值和品牌资产的逐年增值、品牌管理渗透到产品全生命周期并有一定的决策权等。这些品牌管理规律应当引起企业的重视和思考。

（一）拥有清晰的品牌愿景和核心价值

品牌不仅是产品外形特点和商标，更是消费者的信任、认知和满足感的结合。诸多国际一流品牌都在创造消费者可以识别和认可的品牌价值，并保持长期品牌信息的一致性。因此，建立清晰的品牌愿景是每一个品牌的必修课。品牌愿景就像迷雾中的灯塔，为航船指明前进的方向。

品牌标杆企业的一个共同点是拥有差异化核心价值主张。提到每一个强势品牌，人们脑海里反映出来的不只是一件具体的产品，而是一种理念、一种精神、一种象征。例如，阿迪达斯的核心价值是“运动的精神”；万宝路诠释其“阳刚、豪迈”；欧米茄代表着一种成功人士或名人尊贵豪华的选择；浪琴意味着优雅风范和浪漫气质；雷达表是永不磨损、高科技的象征；天梭定位于运动的感觉；斯沃琪则以前卫和时髦为特性，成为潮流人士的首选……这些国际品牌在确立了品牌的核心价值之后，都能够一以贯之，在几十年甚至百年的品牌传播、重塑中，坚持核心价值不改变。如果你关注可口可乐，你会发现其商标和包装已经沿用了长达一个多世纪的时间，其赞助也保持着持续的状态，和奥林匹克的渊源可以追溯到20世纪20年代，对足球运动的赞助可以追溯到20世纪50年代。100多年来，为了使品牌更具活力和时代感，可口可乐瓶经历过重新设计和各种促销，但其品牌所传达的核心精神始终保持不变，即向消费者传递积极、乐观和喜悦的理念。正如爱迪生所说：“钻石就是坚持工作的煤块。”于品牌而言也是如此。当一个品牌的

DNA能够被精准持续地传播传承，这个品牌也一定会生动起来。

（二）在不同发展阶段制定差异化品牌战略

对任何一个组织，持续增强组织的品牌培育能力，提升品牌价值都应该是一项战略性决策。因此，企业在开展品牌建设工作时，首先要进行系统、长远的品牌规划，即制定品牌战略。

综观国内外相对成功的和持续健康发展的企业，都会对企业的战略管理高度重视，选择适合的品牌战略尤为重要。特别是在现在全球化到来以后更为动荡的竞争环境中，企业的成功已经不是依赖于经营战术的精心设计，更不是依赖于某一种成功的产品或一个出色的点子，而是要在企业的战略管理方面培养卓越的能力。比如3M公司从企业全价值链的角度来规划、设计和管理品牌，从企业经营管理的各个层面保证其品牌战略目标的实现，十分准确、贴切而完整。可以说，3M的品牌战略是“全价值链创新”。因此，它的资源分配、管理活动部署、流程管理无一不是围绕着其品牌战略管理的全价值链创新目标来进行。全价值链创新需要品牌做到三个方面：一是在顾客看来，该品牌确实独具特色，而且顾客很重视；二是该品牌能够为顾客带来情感或功用方面的某些利益；三是品牌能够始终如一地履行自己的承诺。

（三）建立系统化品牌管理机制

企业的品牌管理是一项庞大的工程，有众多内部或者外部因素会影响其系统化的运作。有了长期的品牌战略和规划，企业还应该形成系统化的管理机制，以确保企业可以长期高效利用资源、提升品牌价值、保持竞争优势。

品牌管理需要全企业、全过程和全员参与，明确品牌战略、品牌方针和目标，确定相关部门和人员的相应职责，建立相应的制度，加强品牌关键过程的实施与控制，开展品牌管理体系的检查与系统评价，以不断提升品牌管理的科学化水平，从而提高企业品牌价值。这就要求企业纵向的各个管理层次和横向各部门，均参与品牌管理的相关工作，不同程度地承担品牌管理职责和任务。在战略和制度之外，企业内部人员对品牌管理的认识也十分重要。品牌是一种承诺，其关键是可以让消费者产生信仰上的共鸣，而这种信仰首先必须根植于企业内部的每一个员工。在品牌建设过程中，企业整个价值链上的所有人员，包括员工、股东、顾客、供应商、经销商、政府和社区等利益相关方，都应共同参与品牌建设和分享成果，让他们在企业品牌建设中发挥各自的作用。

（四）积极探索品牌创建路径

在对标杆企业的研究中，我们发现，这些企业都能以卓越的国际化视角，积极探索品牌创建路径。有的企业通过诚信经营，积极与客户及利益相关方沟通，提供高质量、多样化的产品和服务等，让客户高度满意；有的持续技术创新和管理创新，提升企业的竞争能力；有的关注员工发展和维护合作伙伴间关系，打造和谐的商业环境；有的通过签订社会责任协议和建立基金会，制度化地履行企业社会责任；有的传播企业文化理念，向外输出价值观；有的践行环保理念，实现低碳清洁安全的生产和服务；有的社会效益与经济效益并重，积极参与国际竞争和合作。

三、企业加强品牌建设对策研究

打造一流品牌，是企业发展过程中追求的目标之一，也是企业获得更多国际竞争力的重要工具。品牌是企业发展的目的，反过来，品牌也要为企业发展作贡献。因此，加强企业品牌建设要处理好几个关系：一是处理好战略与战术的关系，一流品牌是战略目标，也需要差异化战术去实现目标；二是处理好长远和当下的关系，品牌资产是长期积累的结果，要统筹兼顾当下利益和长远利益之间的协调统一；三是处理好提升国际核心竞争力与扩大规模之间的关系，要善于将核心竞争力转化为品牌优势，再有效利用品牌资产扩大规模。

在急速变化的新时代，企业要主动适应和把握经济全球化、市场化、现代化的发展形势，充分利用国际、国内两个市场、两种资源，转型升级，持续优化品牌创建路径，推进各项业务品牌，实施全面品牌管理，开展“全员、全过程、全方位、系统化”品牌建设，在国际市场竞争中占据有利地位，赢得品牌优势。

（一）强化顶层设计，大力实施品牌战略

品牌战略是企业品牌建设的总体发展规划和行动方案，是品牌建设的纲

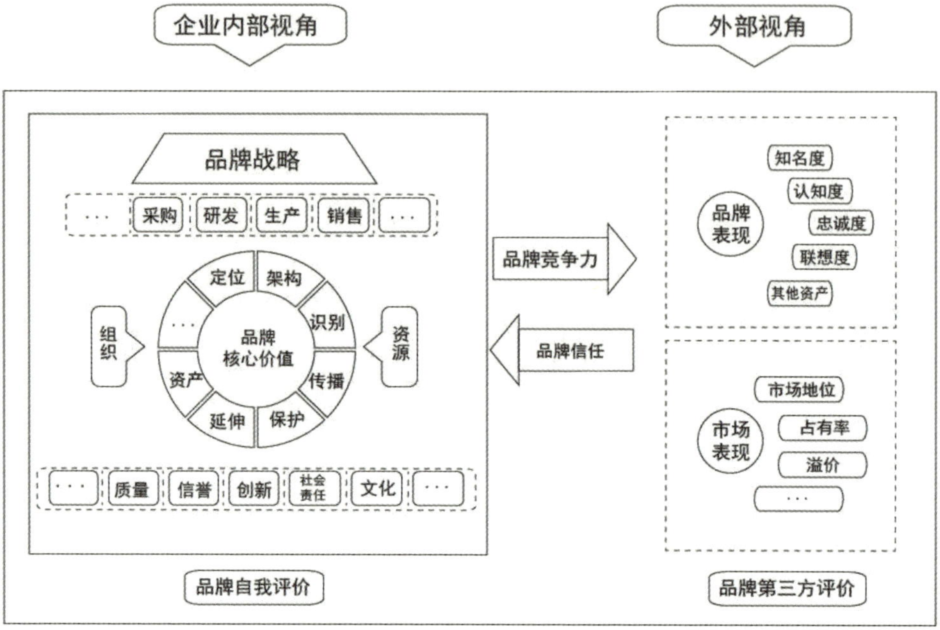

图1　全面品牌管理总体思路

领性文件。对于不同性质、不同类型、不同基础、不同发展阶段、不同竞争环境、不同服务对象、不同目标市场的企业，品牌建设面临不同的侧重点和问题，需要在深入了解企业的品牌现状，详细了解企业的品牌诉求，以及在大量翔实的调查研究基础之上，结合企业实际制定出企业的品牌战略。要顶层设计、系统规划，将品牌作为企业战略的有机组成部分，立足全局和战略的高度，将品牌建设的要求贯穿于企业运营的各个方面，实现品牌战略与业务战略、科技创新战略、市场营销战略、国际化经营战略、人才强企战略的有效衔接。

企业要准确把握品牌建设重要战略机遇期的深刻变革，强化战略引领。第一，要创新发展理念，加强顶层设计，制定适合本企业的、具有独创性和差异化的品牌战略，并与企业发展战略同步实施、系统推进，促进品牌与生产经营管理业务的协同发展。第二，将品牌贯穿到企业发展战略实施的各层面、全过程，与生产经营深度融合、协同推进，逐步形成以客户为中心品牌战略导向的机制和流程。第三，要加强市场研究，把握用户需求，不断培育对所处产业、品牌发展阶段与市场情况的预判能力，增强对市场与环境的适应性与感知力，提高品牌战略调整的前导性，实时进行战略调整。

（二）优化创建路径，实现四个品牌化

品牌是一个综合性概念，其形成需要许多基础要素，而且缺一不可。因此，我们提出一个品牌沙堆模型。在这里，品牌就相当于沙堆的外层，你能看得到多高、多好，而产品质量、企业信誉、社会责任、技术创新等就是沙堆的底层和内层，你不一定完全看得到或直接感受得到，但确实存在，并支撑着外层的品牌。要遵循社会主义市场经济规律与品牌发展规律，借鉴国际一流企业品牌建设优秀做法，充分认识质量是品牌之基、创新是品牌之核、责任是品牌之根、文化是品牌之魂、资本是品牌之翼，推进实现四个“品牌化”。

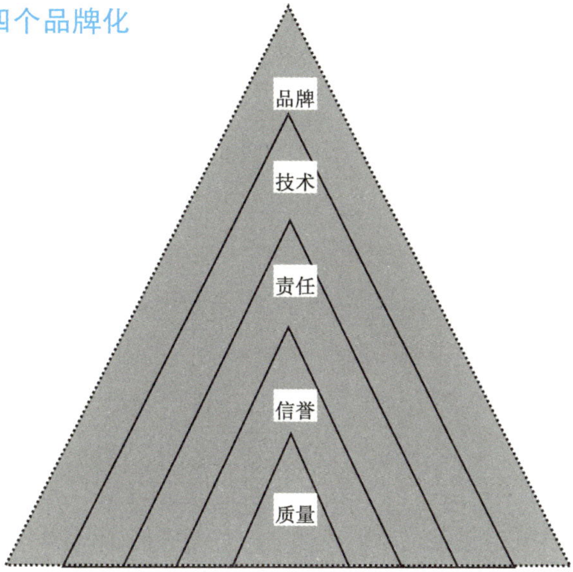

图2　品牌的沙堆模型

第一，实现优质供给品牌化。质量是品牌的基础，品牌是产品质量的体现。高质量的产品有助于企业树立良好的品牌形象，在消费者中保持良好的口碑。企业产品质量不好，投诉不断，只能留给他人不好的形象，更谈不上品牌建设。企业拥有了知名品牌后，企业管理的核心还是产品质量，否则一个品牌“大厦”也会轰然倒塌。要以深化供给侧结构性改革为主线，大力弘扬工匠精神、专业精神和企业家精神，始终坚持精益求精，大力开展质量提升行动，提升产品、服务、工程质量，不断增加优质供给，真正实现优质优价。

第二，实现科技创新品牌化。品牌从根本上讲是靠科技支撑的，技术创新是品牌的精髓所在。技术创新能保证品牌在本质上不同于其他产品，随着科技革命和知识经济的发展，新技术不断涌现，产品的生命周期不断缩短，竞争日益激烈，没有强大的科研力量作后盾，不把握好市场变化，不去推出

领先竞争对手的产品，品牌是无法在市场上长存的。要深入实施创新驱动发展战略，加快科技创新，加强产品创新、品牌创新、产业组织创新、商业模式创新，创造有效需求，形成不可替代的核心竞争力。关注科技创新成果形成品牌，由单一价值创造向全价值创造转变，增强品牌在不同国家和地区的影响力，实现品牌延伸、品牌叠加和品牌增值，形成协同效应。

第三，实现社会责任品牌化。企业的社会责任是企业品牌建设的重要内容，这是消费者和社会的要求，也是企业生存的必要条件。越来越多的企业在品牌建设方面的路径依赖，正在由传统的广告方式转型为履行社会责任的方式，即通过积极主动地履行社会责任来塑造企业形象，再造企业文化，并由此打造企业品牌影响力。构建具有特色的社会责任推进模式，打造责任品牌。把企业发展与业务所在地的社会需要相结合，积极参与公益慈善事业，拉动当地经济社会发展，增进民生福祉，加快海外履责步伐，遵循市场规律和国际规则的良好形象。树立人类命运共同体意识，强化共建共赢共享，不断增强品牌美誉度。

第四，实现特色文化品牌化。要借鉴世界文明成果，着力构筑企业品牌价值体系。不断整合内外部文化资源，弘扬优秀文化，凝练企业自身发展历史的核心精神，赋予品牌鲜活的个性，形成主题突出、个性鲜明、奋发向上的品牌发展理念和品牌文化。将品牌文化内涵融入产品和服务中，使产品和服务成为品牌文化载体。

（三）抓准六个关键，提高品牌管理水平

企业要结合行业特点与企业属性，找准品牌建设的有效切入点与着力点，积极探索个性化、差异性的品牌建设路径，科学谋划、统筹推进、多措并举，实现品牌管理水平的提升。

第一，优化品牌架构，提升品牌整合力。要基于品牌企业战略，结合业务属性和产品定位，科学构建适宜的品牌架构体系，加强企业内部各种分散品牌资源的整合力度，聚焦核心品牌建设，形成合力。要根据架构模式，完善品牌授权准入、动态审核和监查退出机制。

采用哪种品牌架构管理模式对企业更为有效，取决于该产业的市场状况以及该市场的消费者行为，取决于企业现有的资源和能力与品牌发展现状，取决于企业的发展战略和发展目标，以及企业的核心能力。通常，在进行决

策的时候，要遵循细分市场原则——产品品牌是否需要个性化形象来满足差异化的细分市场需求，以及差异性原则——一般来说，品质要求高，与健康、安全等相联系的行业多采用单品牌策略；而与时尚、表现、美感相联系的行业多采用多品牌策略。不同的行业、不同的产品、不同的发展阶段、不同的创新程度等，都会导致企业选择不同的品牌架构。科学地规划品牌架构，梳理好企业品牌与产品品牌、各产品（服务）品牌之间的关系，可以使它们相互互动、相得益彰、相互提升形成整合力。

第二，完善品牌识别，提高品牌辨识度。要借鉴国际先进经验，结合时代审美变迁，制定完善的理念识别、视觉识别和行为识别系统。整合品牌识别元素，设计鲜明易记的品牌口号和独特的品牌符号，打造清晰、一致的品牌核心价值，对外塑造一致的品牌形象，使品牌深入人心。

品牌识别系统包括：品牌的产品识别、理念识别、视觉识别、气质识别、行为识别、责任识别等。这些识别系统，界定规范了一个品牌的企业理念文化、价值观和使命，品牌的产品品质、特色、用途、档次，品牌的产品包装、VI 系统、影视广告、海报，品牌的气质特点、品牌在同行业中的地位、品牌的企业社会责任感等。这些品牌识别系统具体界定了企业营销传播活动的标准和方向，使品牌核心价值这个抽象的概念能和企业日常活动有效对接，具有可操作性。把品牌战略的文字性东西，分解到产品的研发、生产、品质、特色、渠道、广告、促销、服务等方面，甚至每个员工的行为上。

第三，创新品牌传播，扩大品牌影响力。要善于应用新一代信息技术，整合各类渠道资源，建立全媒体传播体系。创新品牌传播方式，转变以我为主的传播理念，把握移动新媒体和数字传播动向，积极运用全球品牌数字化传播手段，有效传递品牌价值。强化优质内容建设，讲好品牌故事，增强互动式、服务式、体验式新闻信息服务，不断树立良好品牌形象。

如 GE 对于品牌建设所投入的热情与经历是 B2B 企业无法比拟的，GE 的重大企业战略转变都是从品牌开始着手，是真正意义上的品牌战略引领企业战略。GE 每年都会围绕“多元化”和“绿色”做大量品牌推广活动，其中公司品牌的形象广告占集团整体广告费用的 80%，而产品广告只占用了少部分。注重企业整体品牌形象的做法让 GE 从一种工业化、老牌的、庞大甚至有点“老旧”的感觉转变为现在的产品创新、高科技和年轻的品牌形象。这种超越公司产品、将品牌精神融入企业 DNA 的品牌传播，被 GE 看作是最高层面的品牌传播。

第四，加强品牌保护，增强品牌显著性。要积极维护品牌形象，巩固品牌的市场地位。坚持品牌建设与知识产权保护工作相结合，及时规范注册专利、商标、商号等，加强商业秘密保护，建立完善的品牌保护体系。加强危机公关，建立健全危机预警机制，做好危机预案。加强法律保护，实时监控、调查、评估品牌资产保护状态，维护品牌资产的权益。

第五，开展品牌评价，夯实品牌管控力。为了实现企业的跨越式发展，企业要非常重视品牌管理的科学规划，只要有科学的态度与高超的智慧来设计品牌管理方略，就能实现品牌价值的最大化。对于一个组织的内部而言，通过规范的、客观的、覆盖整个组织范围的流程进行资源分配的能力是品牌化成败的重要因素。研究国际标杆企业，发现企业所采用的品牌管理组织形式多种多样，各有特色。企业应该分析自身的行业地位和所处不同发展阶段，依据不同企业文化和特点，选择适合自己的品牌管理组织形式。

要建立健全品牌工作评价机制，制定评价指标体系，确保层层落实。健全绩效考核机制，将品牌工作纳入企业经营绩效考核体系，发挥考核导向作用，有力推动企业加快品牌建设。强化激励，采取有效措施，增强员工参与品牌工作的事业心和荣誉感，提升企业品牌建设活力。

第六，强化资产管理，提升品牌增值力。要重视品牌资产管理，制定相关制度，将品牌资产管理工作规范化、体系化。研究制定品牌价值评估标准，对品牌价值进行准确评估，为企业兼并、收购、融资等经营活动提供决策依据。完善集团品牌授权准入、动态审核和监查退出机制。开展高水平品牌并购，获取全球优质品牌资产，增强品牌张力，推动并购品牌和集团品牌有机融合，不断增值品牌资产。

利用品牌资产投资实现未来增长的主要途径有：第一，品牌延伸；第二，品牌授权。品牌延伸绝对不是把原有的品牌放在新的产品上这么简单，而是需要一个完整的策略来支撑，包括对延伸产品的市场调研、对原有品牌的资产评估、分析对原有品牌可能造成的影响、延伸产品与原有产品的关系等。品牌授权为品牌开发分担了一部分甚至是大部分的成本，从而让品牌开发方能把更多的预算用于提高产品质量上。在美国，电影的票房收入往往只占三成，其余七成收入都来自品牌授权，这些领域可能包括服装、玩具、家居用品、电子游戏、电视版权、图书音像制品、主题乐园等。与此同时，品牌形象能广泛地被用于各种领域，这可能比品牌本身的生命力更长。

总之，在新的产品类型、新的沟通方式、新的媒体环境、新的营销渠道、新的接收方式、新的商业模式的全面影响下，企业要从影响品牌的宏观、中观、微观生态要素出发，建立一种系统、深层次、全方位、互动的品牌关系管理模式。作为品牌生态系统的最重要个体，企业的视角不应该拘泥于狭隘的品牌传播，而是要关注整个品牌价值链和由不同品牌价值链构成的品牌价值网。品牌的微观视角往往是企业品牌职能部门的视角，从满足客户的需求、企业形象和产品形象的建立、传播，品牌产品的创新与销售等出发，开展品牌管理工作；品牌的中观视角是投资人、股东、董事长、总经理、高管团队和企业全员等企业和组织的利益相关者的视角，关注的是品牌战略，包括规划、部署和执行；品牌的宏观视角是政府、社会团体、社会舆论的视角，关注的是品牌与社会、文化、科技、环境的关系。

图书在版编目（CIP）数据

镜鉴：透视一流品牌的成功密码／中国质量协会编著.
—北京：中国社会出版社，2021.5
ISBN 978-7-5087-6531-0

Ⅰ.①镜…　Ⅱ.①中…　Ⅲ.①品牌战略—研究—中国
Ⅳ.①F279.23

中国版本图书馆 CIP 数据核字（2021）第 065858 号

书　　名： 镜鉴：透视一流品牌的成功密码
编　　著： 中国质量协会

出 版 人： 浦善新
终 审 人： 李　浩
责任编辑： 朱永玲

出版发行： 中国社会出版社　**邮政编码：** 100032
通联方式： 北京市西城区二龙路甲 33 号
电　　话： 编辑室：（010）58124829
销售部：（010）58124848
网　　址： www.shcbs.com.cn
shcbs.mca.gov.cn
经　　销： 各地新华书店

中国社会出版社天猫旗舰店

印刷装订： 河北鑫兆源印刷有限公司
开　　本： 170mm×240mm　1/16
印　　张： 26
字　　数： 405 千字
版　　次： 2021 年 5 月第 1 版
印　　次： 2021 年 5 月第 1 次印刷
定　　价： 80.00 元

中国社会出版社微信公众号